Humanismo y Música
Propuesta formativa y de transformación social

Humanismo y Música
Propuesta formativa y de transformación social

Esther Sestelo Longueira

CEU | Ediciones

Humanismo y Música. Propuesta formativa y de transformación social

1ª reimpresión (marzo 2013)

CEU *Ediciones*
Julián Romea 18, 28003 Madrid
Teléfono: 91 514 05 73, fax: 91 514 04 30
Correo electrónico: ceuediciones@ceu.es
www.ceuediciones.es

ISBN: 978-84-15382-64-5
Depósito legal: M-41986-2012

Fotografía de solapa: Ricardo Ceratto

Impresión: Imedisa
Impreso en España - Printed in Spain

Índice

APUNTES

Prólogo

Muchos estudios recientes demuestran los beneficios de la llamada Música Clásica, Culta o de Arte para el desarrollo intelectual, en particular, y para resolver diferentes problemas de salud física y psicológica de las personas, en general. También con la Música se ayuda a desarrollar las habilidades personales y sociales necesarias para la relación entre iguales (compañeros, colegas, amigos, familia...), así como para las personas con responsabilidad (profesores, empresarios, directores), quienes necesitan captar los objetivos, finalidades, esperanzas e ilusiones de quienes tienen a su cargo, a través de su inteligencia emocional y creatividad. Por extensión, está demostrado que el Arte de la Música no sólo distingue a las personas que lo disfrutan porque aporta cultura y sensibilidad, sino porque ayuda a percibir mejor la vida, a nosotros mismos y a los demás, ya que potencia nuestros sentidos, preparándonos para descubrir lo mejor, preparándonos para descubrir la ética y la estética; la belleza en toda su dimensión.

Por todo esto, es muy necesario que cualquier universitario, primero, futuro especialista de cualquier profesión, después, como cualquier persona en general interesada en desarrollar su cultura y sensibilidad, y todo tipo de profesional que quiera seguir en la formación continua que debe desarrollar a lo largo de su vida, se adentre en los contenidos de esta asignatura, pues de esta forma emprenderán un interesante viaje por los distintos contextos históricos, comprobando cómo las estéticas artísticas en general, y las musicales, en particular, se han ido configurando y transformando, aprendiendo también ciertas claves del lenguaje musical en el objetivo prioritario de mostrar pautas, teóricas y prácticas, para llegar a comprender este complejo pero maravilloso arte que es la Música.

Porque, a través del desarrollo de esta asignatura, se pretende mostrar y demostrar el valor, alcance y transcendencia de la Música en todos los ámbitos de la persona, ya que se podrá comprobar que es un valor educativo y didáctico, el cual forma y transforma al ser humano, ya que, además de aportar conocimientos y habilidades como cualquier otra disciplina, desarrolla las más importantes capacidades de las personas si logramos captar, debidamente, su mensaje de humanismo y de belleza.

En conclusión, con esta asignatura, además de cumplir con todos los objetivos básicos requeridos en cualquier materia universitaria de grado, postgrado o formación continua, se obtendrán unas herramientas muy necesarias en ese objetivo idílico, pero posible, no solo de vivir y sobrevivir, sino de ayudar a madurar mejorando y crecer en la excelencia, personal y profesionalmente. Porque los posibles estudiantes de esta asignatura conseguirán y ofrecerán –primero a ellos mismos, y después a sus futuros alumnos o a las personas que tengan a su cargo o a su alrededor de distintos ámbitos, en los diferentes futuros profesionales y personales en donde se desarrollen– la posibilidad de ser, cada día, un poco mejores y más felices.

Esther Sestelo Longueira

1

Música, mensaje y comunicación, en el contexto histórico-artístico-cultural

Sinopsis

El tema 1, *Música, mensaje y comunicación, en el contexto histórico-artístico-cultural,* nos ayuda a reflexionar sobre qué nos aporta aproximarnos a la música y por qué su poder de comunicación es universal. Después de adentrarnos en el papel del creador, intérprete y receptor, se nos presentan fórmulas para escuchar y apreciar la música cultivando, de esta forma, nuestra sensibilidad musical.

Árbol temático

MÚSICA, MENSAJE Y COMUNICACIÓN, EN EL CONTEXTO HISTÓRICO-ARTÍSTICO-CUTURAL

MÚSICA Y MENSAJE

ARTE, MÚSICA Y CREACIÓN

TRANSMISOR DEL MENSAJE: EL INTÉRPRETE

RECEPTOR DEL MENSAJE: EL OYENTE

FORMAS O PLANOS PARA OIR/ESCUCHAR ESE MENSAJE

PASIVO

SENSUAL

EMOCIONAL

INTELECTUAL

PERCEPTIVO/INTEGRAL

CÓMO APRECIAR ESE MENSAJE

ESCUCHANDO/COMPRENDIENDO

DOCUMENTÁNDOTE

PARTICIPANDO

CULTIVANDO TU SENSIBILIDAD MUSICAL

1. Música y mensaje

Célebres personajes históricos coinciden en el poder de la música para elevar al ser humano. En cómo el arte en general, y la música en particular, ayudan a nuestro conocimiento humano y espiritual, acercándonos a la meta de la felicidad.

Y aunque muchas personas creen que solo es posible comprender y amar la música si se posee el talento de la creación o de la técnica instrumental, toda persona medianamente sensible puede conseguir este objetivo, si se le muestran ciertas normas o herramientas para tal cometido. Con esto demostramos que el lenguaje de la música es universal, aunque podemos encontrar variedad de gustos.

2. Arte, música y creación

El proceso que sigue el creador musical o compositor hasta la culminación de su obra es muy complejo. La inspiración es esa idea primigenia por donde comienza todo y que muestra la singularidad y genialidad de lo que consideramos obra artística. Pero sin la inteligencia –para realizar la selección y estructuración de materiales e ideas–, la memoria –donde combinar recuerdos y conocimientos– y el aprendizaje y la técnica, esa inspiración o primer germen compositivo no podría ser plasmado y la obra de arte no tendría lugar.

3. Mensaje y agentes transmisores: el intérprete

Para que la partitura –o conjunto de signos o notaciones musicales– creada por el compositor, se convierta en Belleza Artística y pueda llegar al oyente en forma de mensaje, tiene que existir la figura del intérprete, verdadero recreador de la obra de arte. Individual (cantante o instrumentista) y colectivo (grupos camerísticos, orquesta o coro) son las clases de estos agentes interpretativos humanos. Cuando el intérprete colectivo es muy numeroso (orquesta, coro) se necesita otro intermediario más entre el compositor y los intérpretes individuales: el director. Los agentes mecánicos también son fundamentales para que cualquier audición o concierto tenga lugar: los instrumentos. Pero también existen otros medios mecánicos entre el ejecutante y el oyente: radio, televisión, reproductores, fonógrafo, cinematógrafo.

EL CREADOR

NOCIÓN MUSICAL

Editor

INTÉRPRETE

Individual (Cantante, Instrumentista) **Colectivo (Dúo, trío..., orquesta, coro...**

MEDIOS DE QUE SE VALEN

Humanos: Naturales (Voz); Materiales (Instrumentos) **Mecánicos: TV, Radio, Cine...**

OYENTE (Receptor)

4. Oyente o receptor del mensaje. Fórmulas para escuchar

El creador (compositor), el emisor (el intérprete) y el receptor (el oyente) del mensaje son los tres escalones para que la audición, comprensión y goce estético se puedan alcanzar.

Hay varias fórmulas de oír/escuchar música:

a) Pasiva: la música ha penetrado en el cerebro, pero no en lo más profundo de nuestro ser, no en nuestra alma. (Ej: los que asisten a un concierto sólo como acto social, pendientes de muchas cosas, pero ajenos realmente a lo que allí se interpreta).

b) Sensitiva: aquí el oyente sí que presta atención a sus sentidos, produciéndose entonces la sensación, pero quedándonos simplemente con el placer del sonido. (Ej: los que acuden a un concierto buscando una evasión. Esa actitud puede tener valor, pero está muy alejada de la verdadera valoración del arte musical.

c) Emocional e intelectual: los que escuchan la música siguiendo exclusivamente las explosiones sentimentales que despiertan su subconsciente o por el estímulo intelectual que la misma provoca. Es decir, una persona que se mueve en la vida o por la razón o por la emoción.

d) De concentración y percepción puramente musical: es cuando se atiende a la música en sí misma, en su integralidad: su materia musical, sus ritmos, armonías y timbres. Una misma persona puede pasar por todas las fórmulas, por todos los planos y escuchar algunos simultáneamente, pero es ésta cuarta fórmula la que amplía la propia capacidad de oír/escuchar música.

Si desarrollamos esta última estaremos cultivando la sensibilidad musical.

Cultivando la sensibilidad musical

- Atención y concentración
- Positividad; disposición favorable hacia lo que se escucha
- Repetir varias veces la audición
- No intentemos comprenderlo todo en la primera audición
- No intentemos visualizar descriptivamente toda la obra o pasaje musical
- Cuanto más conozcamos una obra musical más disfrutaremos de ella

Conociendo, aprendiendo y apreciando

En general

- Asiste a los conciertos
- Oye CDs
- Escucha conciertos en radio y TV
- Lee biografías musicales
- Lee historias de la música
- Lee libros sobre formas musicales

En cada obra infórmate sobre
- Autor
- Época
- Estilo

Forma y circunstancia en que fue escrita
- Propósito
- Ideas del autor

Participa en
- Coros
- Toca algún instrumento
- Forma parte de orquestas y de bandas escolares o de aficionados

5. Humanismo y música: una propuesta formativa y de transformación social

A través del artículo que configura este apartado, se muestran los aspectos principales de la evolución de la enseñanza de la música en el sistema educativo para, después, exponer cómo mejorar la enseñanza de la música.

Se teoriza y se dan ejemplos del por qué la música es un valor formativo diciendo que, además de aportar conocimientos y desarrollar habilidades, humaniza y nos coloca en el camino de la espiritualidad. La música potencia los valores humanos y espirituales que ayudan a vivir, que ayudan al desarrollo de un ser humano libre, inteligente y solidario quien, además, practica la excelencia en el camino del descubrimiento de la belleza. La música descubre y eleva a la verdadera madurez humana, es decir, ayuda a desarrollar las más importantes capacidades de los verdaderos seres humanos, si logramos captar, debidamente, su mensaje de humanismo y de belleza.

6. Recomendaciones y prácticas

6.1. Recomendaciones preferentes

6.1.1. Aprende y disfruta con OYE Y ESCUCHA

Para conocer y comprender la música debes cultivar tu sensibilidad y de ahí que has de disfrutarla oyendo/escuchando con frecuencia diferentes estilos, estéticas, géneros...: música sinfónica, de cámara, dramática, en recitales y conciertos, en CDs, por radio, televisión, etc. Si no escuchas, no disfrutarás ni comprenderás.

Para abrirte camino en el modo de escuchar música, te voy a ayudar en este primer tema, proporcionándote ejemplos diferentes que te preparen para que tú mismo utilices igual sistema en la audición de otras obras musicales. Te doy varios ejemplos para, después, seleccionar el audio de uno en concreto en el propósito de evitarte el trabajo de la búsqueda.

Mi primer objetivo es llevarte desde el plano de la escucha sensitiva hasta el plano emocional, intelectual y el de la música pura. Procederás por varios peldaños, partiendo de una danza popular, siguiendo con otras transformadas y más elaboradas, hasta llegar a la música pura.

PRIMER PELDAÑO

- Puedes escoger cualquier danza popular.
- OYE Y ESCUCHA la obra seleccionada: Jota punteada (de la provincia de Segovia).

SEGUNDO PELDAÑO

- Danzas similares instrumentales han sido apropiadas en ritmo y forma por célebres compositores. Podrías escuchar danzas de corte de los siglos XVII y XVIII (allemande, zarabanda, rigodón, minué, gavota, giga de las Suites de cualquiera de los compositores siguientes: Lully, Couperin, Rameau, Scarlatti, Bach, Haendel).
- OYE Y ESCUCHA la obra seleccionada: Minué nº 6 en FaM del *Album de Ana Magdalena* de J. S. Bach.

TERCER PELDAÑO

- La danza vista por diferentes compositores. Podrías escuchar Valses de Chopin, Weber, Brahms o Saint-Saëns.
- OYE Y ESCUCHA la obra seleccionada: Danza española nº IX *Romántica* de E. Granados.

CUARTO PELDAÑO

- La danza en la música pura: sonata, sinfonía, música de cámara. Podrías escuchar algún Minué de Haydn o Mozart, o algún Scherzo de Beethoven o alguna pieza-danza de Bartók.
- OYE Y ESCUCHA la obra seleccionada: Scherzo de la Quinta Sinfonía de L.V. Beethoven.

QUINTO PELDAÑO

- La danza estilizada. Podrías escuchar piezas-danzas de Ravel o Debussy o Chabrier.
- OYE Y ESCUCHA la obra seleccionada: *La plus que lente* de C. Debussy.

Mi segundo objetivo es ayudarte a que te fijes en aspectos diferentes al escuchar una obra musical. Aunque esto lo iremos viendo a lo largo del estudio de las diferentes estéticas y estilos de la Historia de la Música, a continuación te adelanto una serie de rasgos musicales principales y elementales de las obras de algunos compositores:

- Muchas obras de Mozart nos muestran: claridad de melodía, forma y fraseo, simetría, orden, estilo elegante.
- Sinfonías de Brahms nos muestran: gran sonoridad orquestal, amplias y continuas melodías, cambios rítmicos.
- Muchas obras de Chopin nos muestran: gran lirismo, estilo cantábile, adornado, rica sonoridad en el piano.
- Muchas obras de Liszt y Paganini nos muestran: gran virtuosismo.
- Óperas de Wagner nos muestran: cromatismo armónico-melódico, melodía continua, orquestación rica y brillante.

- Muchas obras de piano de Debussy nos muestran: gran riqueza tímbrica del piano, pianismo delicado, transparente, con abundancia de pianíssimos, bruma sonora, sensación lejana del sonido, fusión de música oriental con occidental.
- Muchas obras de Stravinsky nos muestran: diferentes dinámicas, complejidad rítmica, disonancias, colorido orquestal.
- Muchas obras de Schönberg nos muestran: atonalidad, disonancia, saltos melódicos, texturas complejas.

SEXTO PELDAÑO

- OYE Y ESCUCHA la obra seleccionada: el Adagio Cantábile de la Sonata nº 8, Op. 13, en Dom (*Patética*) de L. V. Beethoven. Muestra fuerza, dinámica, subjetividad, cambios repentinos de agógica y dinámica[1].

A continuación, sigue las indicaciones dadas para cada obra seleccionada:

1. Escribe unos breves comentarios sobre cada pieza para demostrar que las has escuchado. Y para ello, el estudio del tema te ayudará. Cada tema añadirá conceptos que deberás ir incluyendo.
2. Esos breves comentarios serán relativos a las indicaciones que el profesor va marcando para su escucha.
3. Comenta todo lo que percibas a través de la escucha. Por ejemplo: qué instrumento o instrumentos te parece que participan, si suena toda la orquesta o no, si es un instrumento solista y orquesta, etc.
4. También, si el carácter es rítmico o melódico, si notas frases largas o cortas, etc.
5. Si notas un ritmo ordenado y simétrico o lo contario, lirismo o brusquedad, apasionamiento o una música más racional y sin implicaciones emocionales, algún elemento extraño a resaltar, alguna inclusión de música oriental fusionada con la occidental, etc.
6. Y, por supuesto, si te ha gustado realizar esta experiencia y si hay algunas obras que te han llamado más la atención que otras y los porqués.

Todos estos comentarios deberán expresarse de forma breve y concisa.

[1] El término agógica tiene relación con los cambios de ritmo y movimiento. El término dinámica tiene relación con los cambios de matices (piano, pianíssimo, forte, fortíssimo, mezzo forte...).

El objetivo no es la extensión, sino la demostración de que te estás iniciando en la escucha de la música y que intentas reflexionar y disfrutar con ella.

6.1.2. Lee

Título del artículo: *Humanismo y música, una propuesta formativa* y *de transformación social.*

Autor: Prof. Dra. Esther Sestelo Longueira (www.esthersestelo.com)
Revista: Música y Educación
Fecha: octubre, 2011
Vol. Núm. Año: Año XXIV, 3, Número 87
Editorial: Musicalis S.A.
ISBN: 0214-4786
Depósito Legal: Madrid 24.116-1988
Páginas: 182-192

Breve descripción y relación con el tema

La autora se posiciona en la importancia de la Música en la educación y en la formación integral de las personas, dando su propuesta de cómo tendría que mejorar su impartición en la enseñanza obligatoria y superior. SUMARIO: 1. Introducción. 2. Exposición. 3. Desarrollo. 4. Reexposición. 5. Coda.

6.1.3. Aprende y disfruta con Música y Cine

A través de las películas *Los chicos del coro* y *El pianista*, en el objetivo de reflexionar sobre el tema *El valor formativo* y *transformativo de la música.*

Título: *Los chicos del coro*
Año: 2004
Países: Francia y Suiza
Duración: 92 min. aprox.
Dirección: Christophe Barratier
Guión: Christophe Barratier y Philippe Lopes-Curval, basado en la película *La cage aux ressignols* (1945) de Jean Dréville.
Música: Bruno Coulais
Interpretación: Gerard Jugnot (Climent Mathieu), Francois Berléand (Rachin), Kad Merad (Chabert).

Sinopsis: En 1949 Clément Mathieu, profesor de música en paro, empieza a trabajar como vigilante en un internado de reeducación de menores. El sistema de este centro, especialmente represivo, no logra mantener la autoridad sobre los alumnos difíciles. El profesor Mathieu, en sus esfuerzos por acercarse a ellos, descubre que la música les atrae poderosamente y se entrega a la tarea de familiarizarlos con la magia del canto, al tiempo que va transformando sus vidas para siempre.

Puedes observar el tráiler de la película desde tu ordenador en la siguiente URL:

http://www.youtube.com/watch?v=YNOkarACP1Q

Título: *El pianista*

Año: 2002

Países: Francia, Alemania, Reino Unido, Polonia, Holanda.

Duración: 148 min. aprox.

Dirección: Roman Polanski

Guión: Ronald Harwood, basado en la novela El pianista del gueto de Varsovia de Wladyslaw Szpliman.

Música: Wojclech Kilar

Interpretación: Adrian Brody (Wladyslaw Szpliman), Thomas Kretschmann (Capitán Wilm Hosenfeld), Daniel Caltagirone (Majorek).

Sinopsis: Wladyslaw Szpliman, un brillante pianista polaco y judío, escapa de la deportación. Obligado a vivir en el corazón del gueto de Varsovia, comparte el sufrimiento, la humillación y los esfuerzos. Es perseguido y consigue escapar, escondiéndose en las ruinas de la capital donde encuentra un piano, el cual le ayuda a volver a refugiarse en su música. Cuando un oficial alemán le escucha tocar aquel piano se conmueve, transformándose interiormente y ayudando al pianista a sobrevivir.

Puedes observar el tráiler de la película desde tu ordenador en la siguiente URL:

http://www.youtube.com/watch?v=itR0-I9idXk

6.2. Recomendaciones adicionales

Se recomienda la lectura de los dos artículos que se mencionan a continuación, los cuales profundizan en la figura y función del creador musical a través de la historia, sus inquietudes, deseos y aspiraciones.

- SESTELO LONGUEIRA, Esther: "El creador musical y el valor del goce creativo frente a la soledad social", Música, Revista del Real Conservatorio Superior de Música de Madrid, Años 2000-2002, Números 7, 8 y 9, pp. 181-183. ISSN: 0541-4040 (Clave: Revista).
- SESTELO LONGUEIRA, Esther: "El creador musical: historia, comunicación y búsqueda", Revista Música y Educación Año XVI, 1, Núm. 53, Marzo 2003, pp. 19-27. ISSN: 0214-4786. (Clave: Revista).

Se recomienda la lectura de los *pensamientos* que se muestran a continuación, profundizando, los primeros, en qué es el Arte en general y la Música en particular, teniendo la oportunidad de, con los restantes, conocer algunos pensamientos de compositores e intérpretes.

El Arte, patrimonio de todos

> "El arte es una forma de actividad humana que consiste en transmitir a otro los sentimientos de un hombre por medio de signos externos. Se engañan los metafísicos que ven en el arte la manifestación de una idea misteriosa de la Belleza o de Dios. Tampoco es un juego en el que la persona gasta su exceso de energía; ni la expresión de emociones humanas, ni la producción de objetos agradables, y menos aún, un placer... Si el Arte es una cosa importante, equiparable a la Religión, debe ser accesible a todos, cosa que no sucede con el actual. Los hombres inteligentes e inmorales proclaman que el Pueblo no tiene derecho al Arte, y que de éste sólo deben gozar los escogidos, los intelectuales, los superhombres, y que el resto de los mortales, vil rebaño, incapaz de saborear tales goces, debe limitarse a colaborar para que los otros lo saboreen... En el futuro sólo se considerará Arte lo que impulsa a los hombres a la unión fraternal o a sentimientos bastante universales...." (León Tolstoi, *Qué es el Arte*).

La Música y sus efectos

> "Emana de la música una fuerza que se adueña de todo y que nadie acierta a explicar" (Goethe, *Coloquio con Eckermann.*).

Música y espiritualidad

"La música es el arte más alejado de la corporeidad, pues representa el movimiento en toda su fuerza y es transportada por alas casi espirituales" (Schelling, *Philosophie de Kunst.*).

La música, alimento del espíritu (idea principal de este pensamiento)

"Nutriendo a los niños con golosinas no se forman hombres sanos. La nutrición del espíritu, como la del cuerpo, debe ser sencilla y sustanciosa. Los grandes maestros te han provisto abundantemente; aliméntate de sus obras" (Robert Schumann, *Consejos a los jóvenes estudiantes de música*).

Creación e inspiración. Confesiones de célebres artistas

"No sólo es el corazón el que crea lo hermoso, emotivo, patético, afectivo y encantador; no es sólo el cerebro el que es capaz de producir lo bien construido, lo sólidamente organizado, lo lógico y complicado. Todo lo que tiene un supremo valor en arte exige la intervención tanto del corazón como del cerebro. Después, el espíritu realmente creador no tiene dificultad en controlar sus sentimientos ni el cerebro produce únicamente lo seco y repelente, mientras se concentra en lo lógico y correcto" (Schönberg, *Estilo e Idea*).

"En Música todo procede de la idea y todo nos conduce nuevamente a ella. ¿Que cómo se me ocurren las ideas musicales? Dejo que se escape la melodía de la explosión de los sentimientos; luego la persigo y mientras aletea, la recobro; pero vuela de nuevo, desaparece y se sumerge en un caos de emociones diversas; mas yo aguardo, y cuando vuelvo a cogerla, lleno de gozo la acaricio con delirio, pues nada me separará de ella" (Beethoven, *Conversaciones con Bettina Bretano*).

Misión del intérprete a través de su confesión

"El trabajo del intérprete y su valoración consisten en acercarse en lo posible al sentido profundo de la música que interpreta; sentido profundo que en una gran obra ofrece una rica complejidad, y que los signos escritos no pueden transmitir, sino incompletamente. El ejecutante, quiera o no, es un intérprete y no redescubre la obra más que a través de su personalidad. La ejecución debe proporcionar a la obra la plenitud de la existencia sensible y convertir en real su existencia ideal" (J.M. Corredor, *Conversaciones con Pablo Casals*).

6.3. Haciendo prácticas: música y cine

El objetivo principal de esta práctica es el siguiente:

A partir del visionado de las dos películas recomendadas en el apartado correspondiente, (*Los chicos del coro* y *El pianista*), y de haber reflexionado sobre el tema *El valor formativo y transformativo de la música*, realizar un trabajo sobre una de ellas, a partir de las pautas y contenidos dados a continuación.

Extensión mínima: 7 páginas, sin contar dibujos o ilustraciones. Tipo de letra: Times New Roman 12; interlineado: sencillo.

Pautas para la realización del trabajo sobre música y cine:

- PORTADA
- ÍNDICE
- INTRODUCCIÓN (presentación del alumno/a, asignatura, profesora y el trabajo: por ejemplo, soy el alumno x, de la signatura x, que dirige la profesora x y el objetivo de este trabajo es profundizar en la importancia de la Música en el Cine, aprender y conseguir una mirada y escucha crítica ante una película, y reflexionar en la importancia de la Música en la formación y en la transformación de la persona.
- FICHA TÉCNICA (director, guión, productores, fotografía, vestuario, maquillaje, música...).
- FICHA ARTÍSTICA (los actores y el papel que interpretan).
- CRÍTICA O COMENTARIO TÉCNICO (podéis adjuntar críticas o comentarios que personas relevantes han realizado de los profesionales de la ficha técnica, pero, lo más importante, tenéis que fundamentar vuestra propia crítica o comentario de esos profesionales técnicos de la película, teniendo en cuenta la contextualización histórica, social y estética de la misma).
- CRÍTICA O COMENTARIO ARTÍSTICO (podéis adjuntar críticas o comentarios que personas relevantes han realizado de los profesionales de la ficha artística, es decir, de los actores relacionados con el papel que interpretan en esta película, pero, lo más importante, tenéis que fundamentar vuestra propia crítica o comentario de esos profesionales de la ficha artística, es decir, de esos actores o artistas, teniendo en cuenta su contextualización histórica, social y estética).

- CRÍTICA O COMENTARIO MUSICAL (podéis adjuntar críticas o comentarios que personas relevantes han realizado de la música original de la película y de la seleccionada de otros o de las versiones escogidas, pero, lo más importante, tenéis que fundamentar vuestra propia crítica o comentario de esas clases de músicas y el rigor o veracidad en la interpretación de las mismas, en cuanto a su puesta en escena de aquellos momentos específicos de esta película).
- CONCLUSIONES PERSONALES (generales y específicas. *Generales*: establecidas y estudiadas todas las partes y secciones del trabajo, cuál es tu conclusión personal, cuál es tu opinión ante el objetivo que te habías propuesto en el inicio o introducción de este trabajo y si, realmente, te ha interesado, gustado y convencido la película y por qué. *Específicas*: establecidas y estudiadas todas las partes y secciones del trabajo, cuál es tu conclusión personal respecto a lo que te ha aportado realizar este trabajo).
- CONTRAPORTADA

Contenidos o apuntes para el trabajo de música y cine:

La música de cine es la música que acompaña a las imágenes de las películas cinematográficas. Se llama *música incidental, música de ambientación* y también *música aplicada* y puede ser clasificada en dos grandes apartados:

Música diegética: es aquella que ha sido compuesta para ilustrar una imagen cinematográfica en la que existe una fuente visible de emisión de sonidos (un reproductor de CDs, una orquesta de baile, un violinista...). La música compuesta para ilustrar una secuencia de estas características debe contener, necesariamente, el objeto emisor o los instrumentos que figuran en la imagen.

Música no diegética: su composición no está sujeta a la presencia en la pantalla de ninguna fuente sonora. Por consiguiente, el compositor goza de libertad en la elección de la plantilla instrumental. La música no diegética tiene como finalidad principal subrayar el carácter poético y/o expresivo de las imágenes proyectadas.

La relación existente entre estos dos apartados no es de antagonismo, sino de complementariedad. La música diegética se convierte en no diegética cuando su presencia continúa, habiendo desaparecido ya de la pantalla la imagen que la originó, adquiriendo en este momento un nuevo papel desde el punto de vista discursivo. Lo mismo ocurre en sentido contrario: una música no diegética se convierte en diegética cuando aparece en imagen el instrumento u objeto que generaba una música presente con anterioridad. Es frecuente encontrar música diegética y no diegética simultáneamente, logrando un resultado conceptual y sonoro de enorme belleza.

La composición de música para cine:

Se rige por determinados parámetros:

- **Tiempo (minutaje).**
- **Etiquetado de los diversos estados de ánimo.**
- **Leitmotiv.**

La norma para la creación cinematográfica viene impuesta por la imagen, que determina la sumisión de la partitura a los presupuestos espirituales y estéticos de la película. La música se suele elaborar una vez vista la película por el compositor. Básicamente, la música de cine ha de cumplir, con respecto a la película, las siguientes funciones:

- Atmósfera (tiempo y lugar).
- Subrayar refinamientos psicológicos (por refuerzo o por contrapunto).
- Fondo neutro (mantenedor del tono de la película).
- Continuidad (montaje sonoro).
- Sentido final de la escena o película (punto culminante, etc...).

Existen tres procedimientos para la creación de una banda sonora: cuando la música es encargada en su totalidad a un compositor; cuando la banda sonora incluye única y exclusivamente música pregrabada; y, finalmente, cuando se emplean conjuntamente las dos opciones anteriores. La elección de uno u otro procedimiento dependerá del criterio del director, según las intenciones narrativas del argumento literario, las propuestas escénicas que tenga previsto llevar a cabo y la incidencia que la música deba representar en relación a ambos aspectos. En la actualidad, existen prácticas más sujetas a criterios comerciales que a necesidades narrativas, como es la inclusión de una canción de moda en la banda sonora (en ocasiones acompañando la lista de créditos) para facilitar la venta de ésta como un nuevo producto, independientemente de la película.

El ritmo en el discurso cinematográfico está presente a través de la duración de los diferentes planos que lo conforman. En secuencias breves dependerá del movimiento de la cámara, de los diálogos, de las características de la imagen...

No será el ritmo el único elemento que posibilitará el diálogo entre imagen y sonido. En un segundo plano, encontraremos otros vínculos de identidad entre ambos discursos expresivos, basados, fundamentalmente, en el carácter asociativo de elementos sonoros y visuales, regidos por hábitos culturales propios de cada sociedad:

- El valor representativo del sonido: la música puede crear una imagen que no está presente en la pantalla, por lo que su representación se incorporará a la acción que sí estamos contemplando. Este fenómeno se conoce como imagen fuera de campo.
- La suspensión: es el fenómeno contrario al anterior y consiste en la no existencia o en la desaparición de un sonido producido por un objeto o medio sonoro que sí está presente en la imagen. Es un procedimiento que genera tensión.
- Negación de la imagen: ante lo evidente, la música permanece inalterable en un discurso que no acompaña las características de la imagen. La ignora con una intención de simultanear discursos diferentes.
- Fuentes musicales históricas: cada período histórico posee una música determinada cuya utilización, para ilustrar imágenes del mismo período, es aconsejable aunque no siempre respetadas.
- El leitmotiv: es una técnica compositiva que consiste en la asignación a un personaje, a un sentimiento o a una situación, de un motivo melódico, tímbrico, etc. que lo identifica, y que será presentado a lo largo de la obra sometido a diferentes transformaciones.
- Configuración sonora de un personaje: atendiendo a las características físicas y humanas de un personaje, se le dota de una configuración sociológica y psicológica (voz, sonrisa, llanto... con un timbre específico).
- Configuración sonora de un paisaje rural o urbano: según las intenciones dramáticas, un paisaje presentará diferentes estructuras sonoras con un elevado valor simbólico.

2

El material sonoro, su organización y lenguaje

Sinopsis

El tema 2 –*El material sonoro, su organización y lenguaje*– nos ayuda a reflexionar, por una parte, sobre qué es el sonido y sus cualidades fundamentales y, por otra, acerca de qué es eso del material sonoro y cómo es su configuración y organización. En todo este proceso, aprenderás cuáles son las formas, géneros y estilos musicales más importantes, y sus diferenciaciones y significados principales.

Árbol temático

EL MATERIAL SONORO, SU ORGANIZACIÓN Y LENGUAJE

EL SONIDO Y SUS CUALIDADES

- TONO
- TIMBRE
- INTENSIDAD

ELEMENTOS CONSTITUTIVOS DEL LENGUAJE MUSICAL

- RITMO
- MELODÍA
- ARMONIA

NOTACIONES DEL SONIDO, SU LENGUAJE Y PARÁMETROS

- PENTAGRAMA
- CLAVE
- COMPÁS
- FIGURAS
- NOTAS
- SILENCIOS
- INTERVALOS
- ALTERACIONES...

ESTILOS MUSICALES

- MONOFÓNICO
- HOMOFÓNICO
- POLIFÓNICO
- INTELECTUAL
- PERCEPTIVO/INTEGRAL

ORGANIZACIÓN DEL MATERIAL SONORO

- ORGANIZACIÓN MUSICAL
- FORMAS MUSICALES
- GÉNEROS MUSCIALES

1. El sonido y sus cualidades

Es necesario establecer bien qué es el sonido para después reconocer o apreciar qué sonido o sonidos configuran el arte musical. Es decir, para que exista arte musical ese sonido necesita de unas determinadas combinaciones que realizará el compositor, el artista. Esas combinaciones tienen que ver con la manipulación sonora o la manipulación de las cualidades del sonido: tono (la diferente sensación de altura), timbre (la calidad del sonido) e intensidad (la potencia con que se produce el sonido). La intensidad aplicada no a una nota, sino a una pieza se llama dinámica (diferentes grados de suavidad o de fuerza, indicados también musicalmente por crescendo o diminuendo). Las graduaciones dinámicas o matices: pp *–pianíssimo,* muy suave–; p *–piano,* suave–; mp *–mezzo-piano,* medio suave–; mf *–mezzo-forte,* medio fuerte–; f *–forte,* fuerte–; ff *–fortíssimo,* muy fuerte–.

2. Constitutivos esenciales del lenguaje musical

Relativo a esas combinaciones a las que aludíamos en el punto anterior, la duración y el tiempo son contextos casi imprescindibles para que la música tenga lugar. Y digo casi, puesto que hay algunas excepciones como el canto gregoriano y cierta música del siglo XX, pero algún tipo de ritmo y medida es necesario para que ese lenguaje musical sea entendido y cumpla con el valor de la comunicación que intrínsicamente posee. El ritmo se basa en la duración de los sonidos. En su forma más simple se expresa como pulso o latido, así el de la circulación sanguínea o el movimiento del péndulo del reloj. La medida es la concreción o regulación del ritmo mediante fórmulas o reglas que se expresan por medio de signos colocados al principio y, a veces, en el transcurso de la pieza. Esto dará como resultado diferentes agrupaciones regulares o irregulares de dos, tres o más sonidos, llamadas compases, separadas por medio de barras y con leves acentuaciones. Los distintos movimientos del ritmo, es decir, las diferentes graduaciones rítmicas o del movimiento representadas por accelerando –acelerando– y ritardando-retrasando, se conoce por *Agógica.*

La melodía, sucesión de sonidos organizados que ascienden o descienden, y la armonía, combinación simultánea o vertical de varios sonidos, son otros dos constitutivos fundamentales del lenguaje musical.

3. Notaciones del sonido, su lenguaje y parámetros

Aunque el propósito de esta asignatura o curso no es que dominéis el lenguaje musical, no es adecuado hablar de profundidad de la música, si después no tenemos unas herramientas mínimas para conocer su lenguaje y parámetros. Así pues, tendréis la oportunidad de aprender los conceptos de figuras, notas, silencios, intervalos, claves..., y su aplicación y significado, adentrándoos en su conocimiento y análisis. (Esto lo realizará el profesor con el texto recomendado o con otro similar.

4. Estilos musicales

Las fórmulas específicas de unir todos los elementos tratados con anterioridad, originan lo que denominamos estilos musicales, los cuales no excluyen la posibilidad de combinarse entre sí.

Estilos opuestos en cuanto al concepto melódico: el monofónico tiene melodía sin acompañamiento alguno, el no melódico, como su nombre indica, excluye ese contenido melódico y el polifónico, varias melodías o voces tienen lugar a la vez y cuando éstas no son simultáneas lo denominamos contrapunto.

Y, por último, se llama estilo homofónico cuando una melodía es acompañada por uno o varios instrumentos que se subordinan, armónicamente y de forma vertical, a la misma.

5. Organización del material sonoro

Todas estas combinaciones del material sonoro, configuran unas estructuraciones especiales que, de forma elemental, denominaremos *fraseo musical*, es decir, le otorgamos una equivalencia fraseológica de la música con el lenguaje gramatical.

LENGUAJE	MÚSICA
Letra	Nota musical
Sílaba/palabra/palabras	Motivo
Sujeto/predicado	Semifrase
Frase	Frase
Período-oración	Período
Párrafo	Sección
Capítulo	Movimiento
Obra	Obra
Ciertas Puntuaciones	Cadencias

Hay algunos teóricos que no establecen diferencias entre formas y géneros musicales. Pero, sin lugar a dudas, es mejor establecer el matiz. Se puede decir que formas musicales son las que están ordenadas atendiendo a su estructura (uno o más movimientos) y géneros musicales los que hacen mención a su contenido, pretensiones o elementos interpretativos de la misma. De esta manera, la sonata es una forma musical y la música programática, un género musical.

5.1. Formas musicales

Formas simples –de un solo movimiento– (por repetición: binaria, ternaria, variación –ostinato, chacona, passacaglia, tema con variaciones–; por imitación: canon, fuga, madrigal, canción polifónica). Formas compuestas –varios movimientos– (instrumentales: sonata, concierto, suite; vocales: cantata, misa, pasión, oratorio, ópera); Formas libres (fantasía, poema sinfónico).

5.2. Géneros musicales

Atendiendo a la división o contraste entre música *Abstracta, Programática* y *Dramática.*

La abstracta no pretende más que expresar ideas musicales, eliminando todo lo que pueda llevarnos a cualquier relación extramusical. Incluiríamos aquí la mayor parte de la música orquestal e instrumental que no describe ni está ligada a un guión literario o palabra.

La música dramática es la que está ligada a la palabra. El ejemplo es la música teatral (ópera, opereta, zarzuela, etc) y la no teatral, como el lied o la canción.

Pero hay otra música que también está ligada a la palabra, aunque indirectamente y, por tanto, se contrapone a la música abstracta. A ésta la denominamos *música de programa o programática,* pues hace referencia a cualquier fenómeno extramusical (poema, historia, carácter, emoción...). Tal sería el caso del poema sinfónico, el cual, sin llegar a ser cantado, sigue mentalmente un guión o argumento literario. También tenemos la música descriptiva que sugiere cosas concretas (tormentas, cantar de los pájaros...). (Hay que tener cuidado y no identificar toda la música con esta género).

Atendiendo a la división o contraste entre *música vocal* e *instrumental o mixta*

Esta división está relacionada con los elementos interpretativos de la misma, según sean voces (coros, solistas...) o instrumentos. Cuando la voz está sin acompañamiento instrumental se la denomina *a capella.*
Cuando los instrumentos son pocos se denomina música de cámara (dúos, tríos, cuartetos...) y cuando son muchos, orquesta (de cámara, sinfónica, gran orquesta sinfónica, concierto...).

Atendiendo a la división o contraste entre *música religiosa* y *profana*

Se llama así según haya sido compuesta con propósito religioso o no.
La primera suele dividirse en litúrgica (compuesta para las ceremonias de la iglesia –canto gregoriano, coral protestante, misa musical, motete...– o no litúrgica (oratorio, pasión, cantata...).

Atendiendo a la división o contraste entre *música popular o culta*

La primera podríamos dividirla en folklórica (expresión espontánea de un pueblo, raza, región o nación, transmitida oralmente de generación en generación) y ligera (tiene carácter urbano y es la llamada canción de moda, ligada, generalmente, a intereses comerciales y cantantes de turno).
La llamada música culta (*de arte, clásica...*) es la que, poco a poco, a través de la historia, va adquiriendo caracteres de intelectual y artística, es decir, es producto del estudio y academicismo.

6. Recomendaciones y prácticas

6.1. Recomendaciones preferentes

6.1.1. Aprende y disfruta con OYE Y ESCUCHA

Para conocer y comprender la música debes cultivar tu sensibilidad y de ahí que has de disfrutarla oyendo/escuchando con frecuencia diferentes estilos, estéticas, géneros...: música sinfónica, de cámara, dramática, en recitales y conciertos, en CDs, por radio, televisión, etc. Si no escuchas, no disfrutarás ni comprenderás.

En este segundo tema mi objetivo es que, a través de algunos ejemplos que te propongo, comiences a diferenciar, en la práctica, algunos contenidos que has aprendido en la teórica. Aunque esto lo iremos viendo a lo largo del estudio de las diferentes estéticas de la Historia de la Música, a continuación, te adelanto una serie de rasgos musicales principales y elementales en los que debes focalizar en las obras de algunos compositores.

PRIMER PELDAÑO

- Puedes escuchar atendiendo a un RITMO medido.
- OYE Y ESCUCHA la obra seleccionada: *Vals de las flores* del ballet *Cascanueces* de P. I. Tchaikovsky.

SEGUNDO PELDAÑO

- Puedes escuchar atendiendo a un RITMO obsesionante, repetitivo.
- OYE Y ESCUCHA la obra seleccionada: *Bolero* de M. Ravel.

TERCER PELDAÑO

- Puedes escuchar atendiendo a un RITMO complejo e irregular.
- OYE Y ESCUCHA la obra seleccionada: *Historia de un soldado: Marcha real* de I. Stravinsky.

CUARTO PELDAÑO

- Puedes escuchar atendiendo a una MELODÍA de una frase larga.
- OYE Y ESCUCHA la obra seleccionada: Concierto de oboe, nº 8, Op. 9 (3º mov.) de T. Albinoni.

QUINTO PELDAÑO

- Puedes escuchar atendiendo a una MELODÍA de estructura regular y normal extensión.
- OYE Y ESCUCHA la obra seleccionada: *Te Deum: Preludio* de M. A. Charpentier.

SEXTO PELDAÑO

- Puedes escuchar atendiendo a una ARMONÍA tonal, transparente y melódica.
- OYE Y ESCUCHA la obra seleccionada: Sonata en Re Mayor, KV 311 (1º mov. Allegro) de W. A. Mozart.

SÉPTIMO PELDAÑO

- Puedes escuchar atendiendo a una ARMONÍA cromatizante y compleja.
- OYE Y ESCUCHA la obra seleccionada: Ópera *Tristán e Isolda* (Preludio acto I) de R. Wagner.

OCTAVO PELDAÑO

- Puedes volver a escuchar una obra anterior, focalizando ahora en una ARMONÍA de varias tonalidades superpuestas.
- OYE Y ESCUCHA la obra seleccionada: *Historia de un soldado: Marcha real* de I. Stravinsky.

NOVENO PELDAÑO

- Puedes escuchar atendiendo a un ESTILO monofónico (estate atento a este inicio, donde el órgano toca, primero, el tema de esta obra sin acompañamiento alguno).
- OYE Y ESCUCHA la obra seleccionada: Tocata en Re menor, BWV 565 (el primer fragmento del inicio) de J. S. Bach.

DÉCIMO PELDAÑO

- Puedes escuchar la siguiente obra, de nuevo, ahora atendiendo a un ESTILO homofónico.
- OYE Y ESCUCHA la obra seleccionada: Concierto de oboe, nº 8, Op. 9 (3º mov.) de T. Albinoni.

UNDÉCIMO PELDAÑO

- Puedes escuchar atendiendo a un ESTILO polifónico. Deberás fijarte en la parte del arpa, escuchando bien las voces contrapuestas; en un estilo polifónico contrapuntístico.
- OYE Y ESCUCHA la obra seleccionada: Concierto en Sib Mayor, nº 6, Op. 4 de G. F. Haendel.

DUODÉCIMO PELDAÑO

- Puedes escuchar atendiendo a una ESTRUCTURA BINARIA.
- OYE Y ESCUCHA la obra seleccionada: *Melodía, pieza* nº *1 del Album de la juventud* de R. Schumann.

DÉCIMOTERCER PELDAÑO

- Puedes escuchar atendiendo a una ESTRUCTURA TERNARIA.
- OYE Y ESCUCHA la obra seleccionada: *Preludio* nº *15 en ReM* de F. Chopin.

DÉCIMOCUARTO PELDAÑO

- Puedes escuchar atendiendo a una FORMA RONDÓ.
- OYE Y ESCUCHA la obra seleccionada Sonata en Sol m., Op. 49, nº 1 (2º mov.: Rondó-Allegro) de L. V. Beethoven.

DÉCIMOQUINTO PELDAÑO

- Puedes volver a escuchar una obra anterior, atendiendo ahora a la FORMA SONATA.
- OYE Y ESCUCHA la obra seleccionada: Sonata en Re Mayor, KV 311 (1º mov. Allegro) de W. A. Mozart.

DÉCIMOSEXTO PELDAÑO

- Puedes escuchar una SINFONÍA.
- OYE Y ESCUCHA la obra seleccionada: Sinfonía nº 9, Op. 95, en Mim, *Nuevo Mundo* (4º mov.) de A. Dvorak.

DÉCIMOSÉPTIMO PELDAÑO

- Puedes escuchar un CONCIERTO.
- OYE Y ESCUCHA la obra seleccionada: Concierto para piano nº 2, Op. 18, en Dom, (1º mov.) de S. Rachmaninov.

A continuación, sigue las indicaciones dadas para cada obra seleccionada:

1. Escribe unos breves comentarios sobre cada pieza para demostrar que las has escuchado. Para ello, el estudio del tema te ayudará. Cada tema añadirá conceptos que deberás ir incluyendo.
2. Esos breves comentarios serán relativos a las indicaciones que el profesor va marcando para su escucha.
3. Comenta todo lo que percibas a través de la escucha. Por ejemplo: qué instrumento o instrumentos te parece que participan, si suena toda la orquesta o no, si es un instrumento solista y orquesta, etc.
4. También, si el carácter es rítmico o melódico, si notas frases largas o cortas, etc.
5. Si notas un ritmo ordenado y simétrico o lo contario, lirismo o brusquedad, apasionamiento o una música más racional y sin implicaciones emocionales, algún elemento extraño a resaltar, alguna inclusión de música oriental fusionada con la occidental, etc.
6. Y, por supuesto, si te ha gustado realizar esta experiencia y si hay algunas obras que te han llamado más la atención que otras y los porqués.

Todos estos comentarios deberán expresarse de forma breve y concisa.

El objetivo no es la extensión, sino la demostración de que te estás iniciando en la escucha de la música y que intentas reflexionar y disfrutar con ella.

6.1.2. Lee

Los conceptos teóricos sobre lenguaje musical que te solicito en el apartado 3 (notaciones del sonido, su lenguaje y parámetros). Aunque hay muchas y estupendas referencias bibliográficas donde puedes acudir, yo te recomiendo una en concreto por haber sido ésta referente de casi todas las demás. En poca extensión, y de forma sintetizada, se resume perfectamente lo que, de momento, necesitas conocer.

Recordad que los conceptos que debéis aprender son los siguientes: *Pentagrama* y *notas* (en figuras de las notas solo las siguientes: redonda, blanca, negra, corchea, semicorchea, fusa y semifusa); *claves* o *llaves* (de momento, sólo la clave de Sol en 2ª línea); *líneas adicionales, silencios* o *pausas* (en figuras de los silencios, lo mismo que respecto a las figuras de las notas); *intervalos, compás* y *calderón; ligadura* y *puntillo; alteraciones* (sólo: sostenido, bemol y becuadro), *tresillo, repeticiones*.

Título del libro: *Teoría de la Música* –Libro I– (De este texto, sólo lo denominado primer curso)

Autor: Joaquín ZAMACOIS

Editorial: IDEA BOOKS (Barcelona)

Edición: (1ª edición 1949, LABOR)

ISBN: (Obra completa) 84-335-7838-3 (datos de la 10ª ed. Labor)

ISBN: (Tomo I) 84-335-7837-5(datos de la 10ª, ed. Labor)

Depósito Legal: B. 10801-1974(datos de la 10ª, ed. Labor)

Páginas: 25 (de la 15 a la 40, en esta 10ª, ed. Labor)

Breve descripción y relación con el tema:

El autor realiza un recorrido, de forma sintetizada y con ejemplos, de la terminología, sus conceptos y significados más elementales de la Teoría de la Música, sustento teórico del lenguaje musical.

6.2. Recomendaciones adicionales

Además del apartado de Sinopsis, donde se realiza un importante resumen del tema que nos ocupa, lee en los Apuntes del Clasicismo, los apartados Sonata y Forma Sonata, en el objetivo de que no sólo te sirvan de ayuda y complemento al estudio que nos ocupa, sino que en ellos encontrarás matices, concreciones y añadidos que te facilitarán el aprendizaje, pues comprobarás que están presentados de forma ágil y sintetizada. Aunque este apartado concreto se estudiará en el tema de la Estética Clásica o Clasicismo, he creído conveniente que tengáis ya una idea general y real sobre estos fundamentales aspectos.

Se recomienda la lectura de los *pensamientos* que se muestran a continuación, donde se reflexiona sobre el poder interno de la música, sus elementos principales y la expresión de la música religiosa.

Melodía, armonía y ritmo

> "La melodía, inagotable e inagotada, domina sobre todo como una forma básica de la belleza musical; la armonía ofrece siempre nuevos recursos con sus infinitas posibilidades. A ambas les anima el ritmo, arteria de la vida musical y coloso de múltiples timbres que les proporcionan encanto" (Hanslick. *De lo bello en la música,* siglo XIX).

> "La música es como el ajedrez: la reina (melodía) tiene el poder; pero la decisión del juego depende siempre del rey (armonía)" (Schumann, siglo XIX).

El poder de la música

> "El poder de la música tiene su razón de ser en la esencia misma del sonido, que, manifestando lo que los seres tienen de más íntimo, obra también sobre los que perciben esta manifestación. Por eso la música no depende de las simples leyes, aplicadas a la resonancia de los cuerpos sonoros, sino que es el resultado de leyes físicas, fisiológicas y morales, actuando directamente sobre el principio interno que constituye la naturaleza de los seres" (Lamenais. *El arte y la belleza,* 1841).

Sonido, transformaciones y arte musical

> "La escultura y pintura encuentran sus propios materiales (madera, piedra, metales, colores, etc.) ya hechos, sin necesidad de sufrir nuevas transformaciones, para convertirse en la posibilidad de ser utilizados artísticamente. Pero la música debe de proceder por elaboración más difícil, antes de ser capaz de producir sonidos Al margen de la voz humana, que es un don directo de la Naturaleza, la

música debe de buscarse por sí misma los medios que le permitan crear sonidos, sin los que no podría subsistir" (Hegel, *La estética*, siglo XIX).

Armonía, Universo y Música

"Vemos prevalecer en todo la ley de adaptación, relación, consonancia y unión de dos elementos diversos, lo que los griegos llamaron armonía. No es del caso demostrar cuán agradable es esta relación natural de la unidad a la dualidad. Pero el sentimiento de esta armonía es innato en nosotros, por la voluntad de Dios que nos creó. Por lo cual los mismos que ignoran toda ciencia musical son sensibles a la música al oìr cantar o al cantar ellos mismos. Es por la armonía que concuerdan entre ellas las diferentes sonoridades de la música" (San Agustín, *La Encarnación del Verbo*, II, siglo IV).

Los tres elementos de la música según Platón

"La melodía se compone de tres elementos: palabra, armonía y ritmo. Entre el texto puesto en música y el lenguaje hablado no hay diferencias, ya que deben concebirse según las reglas enunciadas. En cuanto a la armonía y ritmo deben de acomodarse al texto. No es preciso rebuscar ritmos variados ni cualquier pie, sino discernir cuáles son los ritmos que convienen a la vida de un hombre honesto y valiente y acomodar la métrica y melodía al texto de tal hombre" (Platón, *La República*, I, III).

La música religiosa y su expresión

"La música de un motete debe ser expresiva, sencilla y agradable. Será diferente de la música profana, en cuanto que debería tener las dos primeras cualidades reseñadas de un modo eminente sin preocuparse por la tercera, teniendo presente la decisión de San Agustín: cuando el mismo canto conmueve más que lo que se canta, confieso haber cometido un pecado y merezco un castigo" (Lecerf de la Viéville, *Comparación de la música italiana y francesa*).

Los tres elementos de la música según Rousseau

"Toda música se compone de melodía o canto, armonía o acompañamiento y medida y movimiento. La armonía fundada en la Naturaleza, es idéntica para todas las naciones. La imposibilidad de inventar cantos agradables, posiblemente obligaría a los compositores a prestar atención a la armonía; a falta de belleza real, ellos introdujeron belleza convencional, que no tendría otro mérito que vencer la dificultad" (J. Rousseau, *Carta sobre la música francesa*, siglo XVIII).

El dominio de los sonidos

Escribe E. Lalo ante la acogida de su *Sinfonía en Sol menor* en 1887: "Quizá deseen (dirigiéndose al público) una información más minuciosa sobre el pensamiento predominante en la misma; quizá pueda escandalizarles, pero no he tenido ningún pensamiento literario, tal como ustedes podrían suponer: cuando escribo una obra con texto me vuelvo esclavo de su expresión musical; pero cuando escribo sin el mismo, tengo tan sólo delante y alrededor de mí el mundo de los sonidos, armónico y melódico. Para un músico este vasto dominio posee ya en sí mismo y al margen de toda literatura, su propia poesía y drama" (Eduardo Lalo, *Carta al crítico Jullien*, siglo XIX).

6.3. Haciendo prácticas 1: Concierto

Esta actividad consiste en la asistencia a un concierto[2] o en una audición, en directo, en radio o en televisión.

Los objetivos de esta práctica son los siguientes:

1. Experimentar la interpretación de la música a través del directo.
2. Preparar, con anterioridad, la asistencia al mismo leyendo algo sobre el compositor, las obras y el intérprete o intérpretes de las mismas.
3. Comprobar, a través de esa escucha, y de la posible documentación encontrada en el programa de mano del mismo, qué estás escuchando y si te gusta o no.
4. Realizar unos breves comentarios sobre las obras escuchadas (el mismo método que se lleva a cabo en la sección Aprende y disfruta escuchando música).
5. Describir tus emociones al realizar esta experiencia (llegada al teatro, entrada en la sala, salida de los intérpretes al escenario, comienza a sonar la música, llegan los aplausos, etc.).
6. Completar la actividad estableciendo, por escrito, las reflexiones y conclusiones de todos los puntos anteriores, de qué te ha aportado realizarla y si te interesa repetir la experiencia.

Opcionalmente, puedes entrevistar al intérprete o intérpretes del mismo. (Os presentareis y, con humildad, le realizaréis preguntas sencillas acerca de qué supone para él o ella la experiencia de la interpretación y el acercamiento a los grandes compositores, a través del estudio e investigación de sus obras. También podéis hacer preguntas curiosas sobre cuánto tiempo aproximado estudian diariamente y cuánto tiempo, también aproximado, les lleva la preparación de un concierto, en general, y de ese en particular. También, si realizan algún deporte o ejercicio físico para cuidar su cuerpo y evitar posibles lesiones ante el estudio continuado de ese instrumento).

2 Por supuesto, estamos hablando de asistir a un concierto de lo que llamamos música clásica, culta o de arte.

6.4. Haciendo prácticas 2: Aprender y Experimentar

El objetivo principal de esta práctica es el siguiente:

A partir de los contenidos de este tema relativos al lenguaje musical, el sonido y sus parámetros, realizar los ejercicios dados a continuación hasta conseguir aprender y reflexionar en el sentido y mensaje de los mismos.

Experimenta:

1. La resonancia armónica de los cuerpos:

a) Experimenta con un diapasón metálico, golpeándolo contra diferentes objetos (metálicos, de madera) y, también, en una guitarra o un violín. Describe lo que ocurre.

b) En un piano da una nota grave con cierta fuerza. Sin subir dicho dedo, baja la de su octava superior -sin golpearla para que no suene- y en ese momento levantas ya el dedo de la anterior, y comprobarás que sonará esta segunda por simpatía, sin haber golpeado la cuerda con el macillo.

2. El sonido de las notas musicales:

a) En un piano toca las notas Do que localices (cualquier Do se encuentra en la tecla blanca a la izquierda del grupo de dos teclas negras), para después deducir la localización del Do central, situado aproximadamente en el centro del piano.

b) A partir del Do central (correspondiente a la clave de Sol, primera línea adicional debajo del pentagrama), toca y entona las demás notas de la escala, de forma ascendente y después descendente, comprobando que siempre estás haciendo sonar los tonos excepto cuando no hay teclas negras en el medio, distancia de semitono (Mi-Fa y Si-Do).

c) A partir del Do central, toca las teclas blancas y negras del teclado, comprobando que estás haciendo sonar los semitonos de la escala.

d) Experimenta tocando notas que tengan la duración de las figuras siguientes: redondas, blancas, negras y corcheas.

3

Voces, instrumentos y agrupaciones

Sinopsis

El tema 3 –*Voces, Instrumentos y Agrupaciones*– nos ayuda a reflexionar, ahora y por una parte, acerca de cómo es la producción del sonido en los diferentes instrumentos y, por otra, sobre las distintas agrupaciones instrumentales que hay en la actualidad y cuál ha sido su origen y evolución.

Árbol temático

VOCES, INSTRUMENTOS Y AGRUPACIONES

- **VOCES**
  - MUJER O NIÑO (soprano –o tiple–, mezzo-soprano y contralto)
  - HOMBRE (tenor, barítono y bajo)
- **LOS INSTRUMENTOS Y SU PRODUCCIÓN SONORA**
  - IDIÓFONOS
  - MEBRANÓFONOS
  - AERÓFONOS
  - CORDÓFONOS
- **LOS INSTRUMENTOS EN LA ORQUESTA, CLASIFICACIÓN TRADICIONAL**
  - CUERDA
    - (punteada, frotada, percutida)
  - VIENTO
    - de soplo humano, de soplo mecánico
  - PERCUSIÓN
- **ESQUEMA/PRESENTACIÓN DE LOS INSTRUMENTOS DE LA ORQUESTA ACTUAL**
  - **AGRUPACIONES INSTRUMENTALES HABITUALES**
    - CÁMARA
      - Dúos, tríos, cuartetos…
    - ORQUESTA
      - de cuerda, sinfónica
    - CONJUNTOS MIXTOS
      - Voces e instrumentos con solistas, Coro y orquesta
    - BANDA
      - de viento/ de viento y percusión
  - **LA ORQUESTA SINFÓNICA**
    - ORÍGENES
    - EVOLUCIÓN

1. Voces

La voz humana es un tipo de instrumento aerófono. En la laringe se encuentran las cuerdas vocales, cuatro repliegues de mucosa, que actúan como lengüetas membranosas, vibrando al entornarlas y pasando el flujo de aire procedente de los pulmones. La boca y las fosas nasales sirven como caja de resonancia.

Cuando el hombre pasa a la adolescencia, sus cuerdas vocales se hacen algo más gruesas que en la mujer y los niños, produciendo, de esta manera, sonidos más graves. La división general de las voces, de su registro agudo al grave, es la siguiente:

Mujeres o niños: Soprano (o Tiple), Mezzo-Soprano, Contralto.
Hombres: Tenor, Barítono, Bajo.

2. Los instrumentos y su producción sonora

Como ya se ha dicho en temas anteriores, el timbre es una de las cualidades fundamentales del sonido. Su específico color hace que cada instrumento o voz sea singular. Por esta razón, dependiendo de cómo se produce el sonido en cada instrumento, así será su timbre. Los más antiguos instrumentos, dados por la propia naturaleza, fueron los que hoy denominamos *idiófonos* o de percusión o choque (huesos y cañas vaciados, como silbatos; troncos huecos de árbol, como tambores...), los que ya se producen por la tensión de parches o membranas son los *membranófonos* (tambores, cajas y timbales), los *aerófonos* son los instrumentos de viento y los *cordófonos*, los de cuerda.

3. Los instrumentos en la orquesta, clasificación tradicional

Y atendiendo a la orquesta actual y a la clasificación más tradicional y extendida, diremos que los instrumentos se clasifican en tres grandes tipos: *de cuerda* (frotada o de arco, punteada –aquí se incluye el instrumento de teclado el clavicémbalo o clave o clavecín– y percutida –aquí se incluyen los instrumentos de teclado el clavicordio y el piano–), *de viento* (de soplo humano –de madera, de metal–, de soplo mecánico –con tubos, sin tubos–) *de percusión* (de sonido fijo o determinado –timbales, xilófonos, vibráfono, etc.–, de sonido indeterminado –caja, pandereta, platillos, etc.–).

4. Esquema/presentación de los instrumentos en la orquesta actual

De Cuerda: Frotadas –generalmente con arco– (violín, viola, violoncello, contrabajo), Punteadas –dedo y púa– (guitarra, mandolina, banjo, laúd: poco número de cuerdas; tantas cuerdas como notas: arpa, clavecín, cítara antigua); golpeadas –con macillo– (cimbalón antiguo, clavicordio –hasta el siglo XVIII–, piano).

De Viento: Soplo humano de madera (de embocadura: flautín y flauta; de lengüeta doble: oboe, corno inglés, fagot, contrafagot; de lengüeta simple: requinto, clarinete bajo –tubo cilídrico–; clarinete, saxo –cuatro registros, tubo cónico–. Soplo humano de metal (de boquilla y tubo cónico: saxhorno, trompa, cornetín; de boquilla y tubo cilíndrico con final cónico: trompeta, trombón, tuba). Soplo mecánico con tubos (órgano clásico no electrónico); soplo mecánico sin tubos (armonio y acordeón –fuelle y lengüeta–.

De Percusión: de sonido determinado de membranas (timbales –2 ó 3-); de sonido determinado metálicos –placas o láminas (carillón, campanas, juego de timbres, celesta –teclado–, xilófono –láminas–, marimba, vibráfono –planchas de metal con resonancia–); de sonido indeterminado de membranas (tambores, caja clara –tambor–, caja redoblante –tambor militar–, tamboril, pandereta, bombo); de sonido indeterminado metálicos (platillos, crótalos o platillos antiguos, tam-tam –gong chino–, triángulo, cascabeles); sonido indeterminado de madera (castañuelas, matraca, maracas, caja china).

Electrónicos: ondas Martenot y órganos.

5. Agrupaciones instrumentales habituales

A las agrupaciones de pocos componentes las denominamos grupos de cámara (dúos, tríos, cuartetos, etc.) y se agrupan en diferentes combinaciones (de cuerda, de cuerda y piano, de viento, de viento y piano).

A las agrupaciones de bastantes o muchos componentes las denominamos de orquesta (de cámara, de cuerda, sinfónica).

Cuando sus componentes son vocales e instrumentales los denominamos conjuntos o grupos mixtos.

Cuando la agrupación es de bastantes o muchos componentes que interpretan sólo viento o viento y percusión la denominamos banda.

6. La orquesta sinfónica

Como en todo, hay un origen y una historia hasta llegar a la orquesta sinfónica moderna. Pero podemos decir que los verdaderos precursores del arte sinfónico serán, a mediados del siglo XVIII, Sanmartini y la Escuela de Manheim con Stámitz.

Y la orquesta clásica encontrará su apogeo, en la segunda mitad del siglo XVIII, con Haydn, Mozart y, sobre todo, con Beethoven.

Pero el verdadero creador de la orquesta sinfónica será, en el siglo XIX, Berlioz. Éste influirá en los que la llevaron hasta sus máximos recursos como fueron: Wagner, la escuela rusa, Strauss, Stravinsky, Debussy y Ravel.

7. Recomendaciones y prácticas

7.1. Recomendaciones preferentes

7.1.1. Aprende y disfruta con OYE Y ESCUCHA

Para conocer y comprender la música debes cultivar tu sensibilidad y de ahí que has de disfrutarla oyendo/escuchando con frecuencia diferentes estilos, estéticas, géneros...: música sinfónica, de cámara, dramática, en recitales y conciertos, en CDs, por radio, televisión, etc. Si no escuchas, no disfrutarás ni comprenderás.

En este tercer tema mi objetivo es que, a través de algunos ejemplos que te propongo, comiences a diferenciar, en la práctica, algunos contenidos que has aprendido en la teórica. Aunque esto lo iremos viendo a lo largo del estudio de las diferentes estéticas de la Historia de la Música, a continuación, te adelanto una serie de rasgos musicales principales y elementales en los que debes focalizar en las obras de algunos compositores.

Por si no estuvieses habituado a oír música distinguiendo bien el timbre de cada instrumento, te propongo escuchar, con mucha atención, los instrumentos solistas que sobresalen en las obras seleccionadas y, después, otras más generales donde cada instrumento va presentando su sonido de forma particular.

PRIMER PELDAÑO: Puedes escuchar atendiendo al PIANO.

- OYE Y ESCUCHA la obra seleccionada: *Vals* nº 1, Op. 64 *(Del minuto)* de F. Chopin.

SEGUNDO PELDAÑO: Puedes escuchar atendiendo al ÓRGANO.

- OYE Y ESCUCHA la obra seleccionada: Tocata y Fufa en Rem, BWV 565 de J. S. Bach.

TERCER PELDAÑO: Puedes escuchar atendiendo al CLAVICÉMBALO (clave o clavecín).

- OYE Y ESCUCHA la obra seleccionada: Concierto para cuatro claves y cuerdas en Lam, BWV 1065 (1º mov.: Allegro) de J. S. Bach.

CUARTO PELDAÑO: Puedes escuchar atendiendo al VIOLÍN.

- OYE Y ESCUCHA la obra seleccionada: Concierto para violín y orquesta en Mim, Op. 64 (1º mov.) de F. Mendelssohn.

QUINTO PELDAÑO: Puedes escuchar atendiendo a la VIOLA.

- OYE Y ESCUCHA la obra seleccionada: Concierto para viola y orquesta de B. Bartók.

SEXTO PELDAÑO: Puedes escuchar atendiendo al VIOLONCELLO.

- OYE Y ESCUCHA la obra seleccionada: Sonata para violoncello y piano en La M, nº 3, Op. 69 (1º mov.: Allegro ma no tanto) de L. V. Beethoven.

SÉPTIMO PELDAÑO: Puedes escuchar atendiendo al CONTRABAJO.

- OYE Y ESCUCHA la obra seleccionada: *El Carnaval de los animales: El Elefante* de C. Saint-Saëns.

OCTAVO PELDAÑO: Puedes escuchar atendiendo a la FLAUTA TRAVESERA y al ARPA.

- OYE Y ESCUCHA la obra seleccionada: *Preludio a la siesta de un fauno* (Introducción) de C. Debussy.

NOVENO PELDAÑO: Puedes escuchar atendiendo a la FLAUTA DULCE.

- OYE Y ESCUCHA la obra seleccionada: Concierto para flauta dulce (1º mov.: Allegro) de G. Ph. Telemann.

DÉCIMO PELDAÑO: Puedes escuchar atendiendo al CLARINETE y al FAGOT.

- OYE Y ESCUCHA la obra seleccionada: Sonata para clarinete y fagot (1º mov.: Allegro), de F. Poulenc.

UNDÉCIMO PELDAÑO: Puedes escuchar atendiendo al OBOE y al FAGOT.

- OYE Y ESCUCHA la obra seleccionada: Trío para oboe, fagot y piano (2º mov.: Andante), de F. Poulenc.

DUODÉCIMO PELDAÑO: Puedes escuchar atendiendo al CORNO INGLÉS.

- OYE Y ESCUCHA la obra seleccionada: Sinfonía nº 9, Op. 95, *Del Nuevo Mundo* (2º mov.), de A. Dvorák.

DÉCIMOTERCER PELDAÑO: Puedes escuchar atendiendo a la TROMPA.

- OYE Y ESCUCHA la obra seleccionada: Adagio y Allegro, Op. 70 (Allegro) de R. Schumann.

DÉCIMOCUARTO PELDAÑO: Puedes escuchar, además de la explosión de la GRAN ORQUESTA, con todos los instrumentos interactuando, atendiendo a los instrumentos de VIENTO METAL (trompa, trombón, tuba y trompeta) y de PERCUSIÓN.

- OYE Y ESCUCHA la obra seleccionada Ópera *Las Valquirias "Cabalgata de las Valquirias"* de R. Wagner.

DÉCIMOQUINTO PELDAÑO: Puedes escuchar, ahora, a toda la orquesta mostrando los instrumentos casi de uno a uno o de grupo a grupo (observa que comenzará por los instrumentos de viento madera –flautín, flauta travesera, oboe, clarinete, fagot, contrafagot–, después se intercalarán con la cuerda –primero, violines y, poco a poco, violas, cellos, contrabajos, arpas, piano–, mientras todo el viento-madera sigue sonando para, después, ir al viento metal –trompa, trombón, tuba, trompeta–. Después, ya está toda la explosión de la orquesta en pleno donde, y también, los instrumentos de percusión irán apareciendo). No te preocupes si no los distingues todos, es normal; es un proceso de tiempo; lo importante es que ya vayas distinguiendo a las familias instrumentales y a algunos instrumentos concretos.

- OYE Y ESCUCHA la obra seleccionada: *Guía de orquesta para jóvenes* (Variaciones y fuga sobre un tema de Purcell) de B. Britten.

A continuación, sigue las indicaciones dadas para cada obra seleccionada:

1. Escribe unos breves comentarios sobre cada pieza para demostrar que las has escuchado. Y para ello, el estudio del tema te ayudará. Cada tema añadirá conceptos que deberás ir incluyendo.
2. Esos breves comentarios serán relativos a las indicaciones que el profesor va marcando para su escucha.

3. Comenta todo lo que percibas a través de la escucha. Por ejemplo: qué instrumento o instrumentos te parece que participan, si suena toda la orquesta o no, si es un instrumento solista y orquesta, etc.
4. También, si el carácter es rítmico o melódico, si notas frases largas o cortas, etc.
5. Si notas un ritmo ordenado y simétrico o lo contario, lirismo o brusquedad, apasionamiento o una música más racional y sin implicaciones emocionales, algún elemento extraño a resaltar, alguna inclusión de música oriental fusionada con la occidental, etc.
6. Y, por supuesto, si te ha gustado realizar esta experiencia y si hay algunas obras que te han llamado más la atención que otras y los porqués.

Todos estos comentarios deberán expresarse de forma breve y concisa.
El objetivo no es la extensión, sino la demostración de que te estás iniciando en la escucha de la música y que intentas reflexionar y disfrutar con ella.

7.1.2. Lee

Título del artículo: *Experiencias musicales a través de la pintura y la literatura.*

Autor: Prof. Dra. Esther Sestelo Longueira
Revista: Música y Educación
Fecha: Junio, 2008
Vol. Núm. Año: Año XVI, 1, Núm. 53
Editorial: Musicalis S.A.
ISSN: 0214-4786
Depósito Legal: Madrid 24.166-1988
Páginas: 12-27

Breve descripción y relación con el tema

A través de los siempre interesantes mundos pictórico y literario, la autora nos propone dos atractivas experiencias musicales como ejemplos divulgativos y pedagógicos. El análisis de la estética ubediana, a través de la contemplación de una exposición, y la investigación de Cervantes, a través de su novela Don Quijote como muestra de profundización musicológica en diferentes aspectos técnicos y pedagógicos, nos desvelan y muestran las posibilidades del arte musical como nexo integrador y punto de partida de las artes, de las letras, de la ciencia..., y de la cultura en general.

Además, y específico de este tema, es el punto 2 del citado artículo (Pedagogía: música y educación en el Quijote, una experiencia musical a través de la literatura) cuyo SUMARIO es el siguiente: 2.1. Referencias musicales de términos del arte sonoro relativos a la técnica y a la interpretación musical. 2.2. Referencias musicales de instrumentos. 2.3. Referencias musicales de danzas y bailes. 2.4. Referencias musicales de romances y canciones. 2.5. Referencias musicales del sonido y la musicalidad de las palabras. 2.6. Referencias musicales de aspectos humanísticos con valores éticos y pedagógicos.

7.2. Recomendaciones adicionales

Se recomienda leer los apartados sobre La Sonata y Forma Sonata incluidos en los Apuntes del Clasicismo, pues el último punto trata, específicamente, del Origen de la Sinfonía, aspecto que quiero matizar y concretar a lo dado en la Sinopsis de este tema, por considerarlo fundamental.

Como este punto es breve, y para hacerlo más cómodo, os adjunto, a continuación, el mencionado apartado.

Origen de la Sonata y de la Sinfonía: la transición al Clasicismo Musical

Como dijimos anteriormente, la invención de la sonata se le atribuye a C. P .E. Bach (hijo de J. S. Bach), quien compuso importantes Sonatas y Sinfonías en esta época. Por lo tanto, los hijos de Bach, sobre todo el anteriormente citado y Johann Christian, tuvieron un papel muy destacado en esa transición al Clasicismo.

Ellos y lo que se denomina Escuela de Mannheim, donde también ejercieron, fueron los que lograron esa transición.

Los compositores de la Escuela de Mannheim fijaron las bases de la música orquestal y adoptaron para ella una forma estructural absolutamente nueva y de prodigiosa capacidad expresiva y contrastante: la sonata, con arreglo a la cual ordenaron la composición de sus sinfonías.

Entre los primeros sinfonistas destaca el italiano Sanmartini (1701-1775), maestro de Gluck. Sanmartini ya anuncia el juego temático de la estructura Sonata y cuya extensa obra fue bien conocida en Viena, París y las principales ciudades alemanas.

Uno de los músicos más importantes de este momento fue Stamitz, quien dio un paso más en la construcción de sus sinfonías.

Como conclusión, fue en la ciudad alemana de Mannheim donde se produjo un interesantísimo, aunque breve, foco de producción musical para orquesta. A partir de 1740 se creó en Mannheim un vigoroso estilo orquestal lleno de contrastes y fuerza dramática, que se hizo rápidamente famoso por su calidad y brillantez.

La importancia mayor de la Escuela de Mannheim, además de fijar el esquema sonata y partes de la Sinfonía, fue en la manera de utilizar la orquesta, convirtiéndola en un *instrumento* alejado ya de la tiranía del bajo continuo, suficientemente flexible, explorando su capacidad de contrastes expresivos en sus aspectos tímbricos y, especialmente, en la graduación de intensidades y de planos sonoros.

Se recomienda la lectura de los *pensamientos* que se muestran a continuación, donde se reflexiona sobre el papel del piano como medio sonoro expresivo y el de los instrumentos en el culto judío. Sobre los modos de tocar la trompa de caza en la Edad Media, la descripción de un concierto amoroso de instrumentos bélicos y sobre el recibimiento que hicieron distintas gentes a Don Carnal.

El piano: comunicación y expresión sonora

> "El piano es para mí lo que el navío para el marinero o el caballo para el árabe. Más aún, es mi propia lengua, mi vida, mi yo. Mi pasión hace vibrar sus cuerdas y su teclado participa íntimamente en mis diferentes estados de alma" (LISZT, en *Gazzette musicale*, 1837).

Función de los instrumentos y culto judío

> "Alabad al Señor tocando trompetas,
> alabadlo con arpas y cítaras,
> alabadlo con tambores y danzas,
> alabadlo con trompas y flautas,
> alabadlo con platillos sonoros,
> alabadlo con platillos vibrantes"
> (DAVID, *Salmo 150*).

La trompa de caza en la Edad Media

> "Cuando hayas encontrado un ciervo, debes de tocar un sonido largo con la trompa, para que los perros se aperciban. Y si los perros están muy lejos y te corre prisa que acudan, debes tocar primero un largo sonido y luego uno corto. Así todos los que tengan una trompa deben de tocar al mismo tiempo, a fin de tener una bella melodía" (Henri de Ferrières, *Libro del Rey Modo y de la Reina Razón*, siglo XIV).

Un concierto amoroso singular

"Ya sonaban los clarones (clarines)
e las trompetas bastardas,
charamías (chirimías) e bombardas
fazían distintos sones: las baladas e canciones,
e rondeles que fazían,
apenas los entendían
los turbados corazones"
(Marqués de Santillana, poema *Sueño*, siglo XIV).

7.3. Haciendo prácticas 1: Didáctica de lo aprendido

Comprobar lo aprendido en este tema visualizando un DVD, el cual servirá también como material didáctico para posibles futuros alumnos o niños de vuestro entorno.

El objetivo principal de esta práctica es el siguiente:

1. A partir de los contenidos de este tema, relativos a los instrumentos de la orquesta, comprobar los aspectos positivos de este DVD para vosotros personalmente y para vuestro futuro profesional.
2. Realizar una crítica constructiva respecto a si todos los aspectos dados tienen rigor académico o, por el contrario, prima más el público al cual se dirigen.
3. Exponer cuáles son aquellos aspectos que modificarías o añadirías.
4. Comentar si conocíais, por vuestra iniciativa o por la de otros, este material y si os había gustado en ese momento y si ahora lo valoráis más o menos.
5. Si no lo conocíais, comentar si os ha sorprendido positiva o negativamente.
6. Escribir unos breves comentarios, donde se incluyan los puntos anteriores y todo aquello que consideréis interesante añadir.

Título del DVD: Baby Einstein

Autora: Julie Clark
Directores: Jim Janicek/ Len Marino
Marca comercial: The Baby Einstein Company
Todos los derechos reservados: Einstein y Albert Einstein
Depósito legal: B-55165-2006
Expediente nº 97187 (Ministerio de Cultura)
Especialmente recomendado para la infancia
Distribuído en exclusiva por: Essential Minds, S.L.

4

Estilos, estéticas y períodos musicales en la Historia: Edad Primera

Sinopsis

El tema 4 –*Estilos, estéticas y períodos musicales en la historia: Edad Primera*– nos va a seguir ayudando a reflexionar acerca de la importancia de la Música en la historia, en la sociedad, en definitiva, en la vida de la persona y cómo este arte no sólo está integrado en las demás artes y en cualquier hecho político-social y de cultura en general, sino que puede servir de nexo integrador de todo. Y en este tema comenzamos a estudiar lo que denomino EDAD PRIMERA, lo cual nos va a adentrar en cómo y cuáles fueron esos hechos y manifestaciones primigenias de la Música y su entorno.

Árbol temático

ESTILOS, ESTÉTICAS Y PERÍODOS MUSICALES DENTRO DE LA HISTORIA: EDAD PRIMERA

LA MÚSICA COMO SOPORTE SONORO EN LA HISTORIA Y LA CULTURA

LA MÚSICA ES UN HECHO INTEGRADO E INTEGRADOR DE LA HISTORIA

PARALELISMO HISTÓRICO ENTRE PLÁSTICA Y MÚSICA

LOS ACTUALES JUICIOS DE VALOR DE LA MÚSICA DEL PASADO

FUENTES BÁSICAS PARA EL ESTUDIO HISTÓRICO DE LA MÚSICA

DIVISIÓN DE PERÍODOS, ESTÉTICAS Y ESTILOS EN LA HISTORIA DE LA MÚSICA

ALTERNANCIA HISTÓRICA ENTRE PERÍODOS QUIETUD Y MOVIMIENTO O REACCIÓN

ÉPOCA PRIMITIVA

PANORAMA HISTÓRICO, CULTURAL, ARTÍSTICO

PANORAMA MUSICAL

CULTURA GRECO-LATINA

PANORAMA HISTÓRICO, CULTURAL, ARTÍSTICO

PANORAMA MUSICAL

1. La música como soporte sonoro en la historia y la cultura

La música es parte y forma parte de la historia, sociedad y cultura de cada época. Todo artista –dice el famoso musicólogo Lang– "forma parte de los tiempos que le ha tocado vivir, pero también ayuda a crearlos". Poetas y literatos creaban muchas obras pensando en música; numerosos músicos eran a la vez poetas. Y en el Renacimiento, era frecuente que los músicos fueran a la vez pintores. Porque el paralelismo histórico en las artes plásticas y en la música es un hecho más que demostrado. El Barroco, Romanticismo, pero, sobre todo, el Impresionismo hizo gala de ello. La relación del impresionismo musical con el pictórico, bebiendo en las fuentes de lo filosófico y literario, es un excelente ejemplo.

2. Los actuales juicios de valor de la música en el pasado

A los historiadores se nos enseña que no debemos juzgar hechos del pasado con ojos del presente. Si queremos ser justos y rigurosos debemos contemplarlos según la mentalidad, grupo, idiosincrasia, educación, religión y costumbres de cada época o pueblo.

Pero para realizar lo dicho anteriormente, debemos acudir a las fuentes básicas para el estudio histórico de la música. Éstas son los monumentos y los documentos (textos musicales, tratados de música, referencias históricas).

3. División de períodos, estéticas y estilos en la historia de la música

Si toda clasificación histórica es compleja, ésta es a la vez fuente de desacuerdos respecto a la terminología a lo largo de los años, porque no es fácil tener una misma opinión entre historiadores, musicólogos, teóricos y demás investigadores. Mi pensamiento es que lo mejor es aunar criterios y llegar a puntos de encuentro entre unos y otros y, así, os lo voy a mostrar. Algunos manuales de Música, aunque de autores acertados y rigurosos en muchos aspectos, presentan clasificaciones, en mi opinión, no demasiado acertadas. Yo os voy a mostrar lo que se adecúa a mi perfil y unánime con la mayoría de los musicólogos. Esta asignatura o curso la he organizado en el conjunto de 11 TEMAS. Los cuatro temas que ya os he presentado y los siguientes: TEMA 5- EDAD MEDIA; TEMA 6- RENACIMIENTO; TEMA 7- BARROCO; TEMA 8- CLASICISMO; TEMA 9- ROMANTICISMO; TEMA 10- IMPRESIONISMO; TEMA 11- SIGLO XX.

Algunos teóricos quieren ver entre esta sucesión de estéticas, estilos y períodos históricos una alternancia entre períodos de reacción (arte subjetivo y revolucionario, pasión, emoción, expresión, personalidad: pathos –efecto dionisíaco o excitante)– y de quietismo (objetividad, perfección, impersonalidad, serenidad, estabilización de formas, belleza, ideal: ethos –efecto apolíneo o sedante–). Pero, en general, y apoyados en últimos estudios historiográficos, ya se tiende a contemplar el fenómeno musical inserto dentro de todo el conjunto de la vida humana, en su vertiente político-social y cultural artística, a través de cada época histórica.

4. Época primitiva

4.1. Panorama histórico-artístico-cultural

Cuando hablamos de los orígenes de la música, somos coincidentes en que sus cuestiones están íntimamente relacionadas con las de las artes, la filosofía y las ciencias en general. Cuando el hombre logra sobrepasar la vital frontera del cotidiano vivir, es cuando surge la contemplación estética; la admiración intelectual y estética del Universo y de sus bellezas. Así es como algunos han explicado el origen de las artes en general. Pero, en principio, podría afirmarse que las creaciones plástico-musicales primitivas no son intelectuales ni siquiera artísticas en el sentido que hoy entendemos de creación individual, sino como manifestación espontánea del sentir general de la comunidad o tribu. Y la magia y religión son también inherentes a toda manifestación antigua. Bajo esta concepción mágico-religiosa, es como debemos contemplar las manifestaciones artísticas del hombre primitivo que en el antiguo Oriente Medio adquiere ya un alto grado de desarrollo.

4.2. Panorama musical

A partir de los trabajos etnomusicológicos, sabemos que las fuentes informativas, aparte de los folklores y tradiciones actuales de los respectivos pueblos, son los textos y tratados históricos, así como los vestigios de instrumentos y representaciones musicales que varían de unos pueblos a otros.

4.2.1. Las melodías y el creador

En líneas generales, los cantos primitivos son de ámbito melódico muy limitado, a base de muchas repeticiones y muy cercanos al lenguaje hablado.

4.2.2. La música y el éxtasis

En esa doble definición que nos daban los griegos sobre los pueblos antiguos de pathos y ethos, según el musicólogo Sach, quizá lo que significa el pathos, es decir, la música violenta, excitante que conmueve al organismo hasta llevarlo al éxtasis, es lo más antiguo. La emotividad intensa de las músicas más antiguas lleva a veces al patetismo. No olvidemos que han nacido a veces en un estado de fuerte excitación o transporte místico. De aquí el acudir en diferentes pueblos a emisiones nasales, gritos y cambios rápidos a registros agudos de falsete mediante glissandos (arrastres rápidos de la voz) por todo el ámbito sonoro.

4.2.3. ¿Escrituras musicales?

Los signos de escritura musical que se han conservado en alguna inscripción (manuscrito salzburgués del siglo X) sólo son jeroglíficos que marcan el ascenso o descenso del sonido, como ayuda en el movimiento de la mano en medio de una gran libertad improvisatoria. Pero no nos dice a qué distancia exacta (intervalo) sube o baja una melodía. Y también no nos tiene que extrañar que aunque algunos pueblos pudiesen escribirlas no lo hiciesen, al encontrarse éstas dentro del ámbito de lo divino. De esta forma, ese misterio era privilegio del grupo de hechiceros y chamanes, los cuales recibían las leyes de los dioses, las guardaban con todo el recelo y las transmitían oralmente.

4.2.4. Música, magia y religión

En casi todos los pueblos primitivos es una constante la relación de la música con la magia o religión. Esos misterios o interrogantes que rodeaban al hombre (truenos, días, noches, estaciones, enfermedades, sequía, lluvia, fertilidad, procreación...), hacen que él busque y tenga la necesidad de librarse de los males y acercarse a los bienes. Por esta razón, quiere protegerse de los espíritus malignos, causa de todos sus males, buscando ayuda y refugio en los dioses benignos.

Esto será el centro de su vida. Tendrán rituales para todo: para provocar la lluvia cuando hay sequía; para provocar la fertilidad de la tierra; para alejar la muerte y, si ésta se produce, alejar los espíritus malignos del difunto, ayudándole a la reencarnación, etc. Esto será tarea del hechicero o chamán, a través de rituales con cantos, danzas y ejecuciones instrumentales.

A partir de aquí también es frecuente, entre los pueblos antiguos, la relación de la magia con las leyes y ritmo del cosmos a través del número que, utilizado por el hombre y sus instituciones, sabe que se halla en armonía con el Universo. Así la música expresará con números la distancia entre los sonidos, la altura, el ritmo. Todas estas tendencias fueron consagradas y sistematizadas por Pitágoras, quien hace de la música una ciencia matemática, concepción que se transmitió a casi toda la Edad Media a través de Boecio. Podemos decir que para el hombre antiguo todo lo existente está relacionado con la música.

4.2.5. Los instrumentos primitivos

Los instrumentos en su origen tuvieron fines no utilitarios, sino mágicos o religiosos. Comenzarían por el cuerpo humano (palmadas, pitos, golpes de los pies, golpes de las manos en las piernas, etc), por primitivos *instrumentos de percusión* (para la danza y los ritos), los cuales seguirían por las pieles tendidas sobre troncos huecos (tambores), caparazones de tortugas), piedras golpeadas, bambúes sonoros, etc. Los instrumentos de viento nacerían como prolongación o imitación de la voz: cañas, huesos y cuernos. Los instrumentos de cuerda comenzarían por los punteados (arpas, liras y cítaras). Las cuerdas frotadas con arco aparecerían más tarde en África y América del Sur.

5. Cultura grecolatina

5.1. Panorama histórico-artístico-cultural

El arte griego representa el equilibrio, la perfección, el idealismo clasicista por sus proporciones arquitectónicas y por la clara configuración del contorno. Su escultura reúne dos corrientes: la jónica, de rasgos esbeltos y ornamentales, y la dórica, sobria y severa de proporciones. Roma es un pueblo guerrero y conquistador que resaltará por su organización política y jurisprudencia. Son más ingenieros que artistas. Su arte es, pues, influencia etrusca y griega.

5.2. Panorama musical

En Grecia la Música no sólo estuvo íntimamente vinculada a las artes plásticas, sino también a la literatura, poesía, danza y drama –teatro y tragedia–. Los griegos prestaron vital atención a la música llegando ésta a ser cuestión de Estado. Platón es el gran filósofo que habla de la influencia de la música en el ser humano. También los instrumentos acompañaban la mayoría de los acontecimientos de la vida griega. Si atendemos al sentido elevado que Grecia le otorga a la música, con Roma podemos hablar de decadencia musical, ya que pasa a ser un espectáculo grotesco y de masas exaltadas.

6. Recomendaciones y prácticas

6.1. Recomendaciones preferentes

6.1.1. Aprende y disfruta con OYE Y ESCUCHA

Para conocer y comprender la música debes cultivar tu sensibilidad y de ahí que has de disfrutarla oyendo/escuchando con frecuencia diferentes estilos, estéticas, géneros...: música sinfónica, de cámara, dramática, en recitales y conciertos, en CDs, por radio, televisión, etc. Si no escuchas, no disfrutarás ni comprenderás.

En este cuarto tema mis objetivos son los siguientes:

1. Diferenciar las estéticas, estilos, períodos y sentimientos de las siguientes obras contrastantes. La primera representa el ethos (objetividad, perfección, ideal, quietismo...), mientras que la segunda simboliza el pathos (subjetividad, reacción, tensión, cambio).

2. Escuchar los fragmentos propuestos, ejemplos de la Edad Primera, en el objetivo de introducirte en otras músicas.

3. Documentar las obras seleccionadas a continuación, antes de escucharlas, informándote un poco de su autor, ambiente de la época, momento de la obra y, si puedes, también algo sobre su contenido interno. Escucharás la obra más de una vez, al tiempo que comparas los aspectos en los que contrastan.

Diferenciar estéticas, estilos, períodos, grados de creatividad y sentimientos de las siguientes obras contrastantes:

PRIMER PELDAÑO

- OYE Y ESCUCHA las obras seleccionadas:

  Sonata para piano en LaM, KV 300 i (331) (3º mov.: *Alla Turca*) de W. A. Mozart.

  Sonata para piano en Fam, nº 23, Op. 57 (3º mov.: Allegro ma non troppo), *Appassionata*, de L. V. Beethoven.

SEGUNDO PELDAÑO

- OYE Y ESCUCHA las obras seleccionadas:

  Oratorio *El Mesías* (fragmento) de G. F. Haendel.

  Ópera *Tristán e Isolda* (fragmento de la muerte de Isolda) de R. Wagner.

TERCER PELDAÑO

- OYE Y ESCUCHA las obras seleccionadas:

  Sinfonía nº 101 en ReM, *El Reloj,* (2º mov.: Andante) de J. Haydn. *Rhapsody in blue,* para orquesta y piano, de G. Gershwin.

Escuchar los fragmentos propuestos, ejemplos de la Edad Primera:

CUARTO PELDAÑO

- OYE Y ESCUCHA la obra seleccionada de:

  CHINA: *Wujiang huange*

QUINTO PELDAÑO

- OYE Y ESCUCHA la obra seleccionada de:

  EGIPTO: *Dawr Matta Hayâtak*

SEXTO PELDAÑO

- OYE Y ESCUCHA la obra seleccionada de:

  INDIA: *Dhun Man Pasand*

SÉPTIMO PELDAÑO

- OYE Y ESCUCHA la obra seleccionada de:

  NIGERIA: *Gardaoua*

A continuación, sigue las indicaciones dadas para cada obra seleccionada:

1. Escribe unos breves comentarios sobre cada pieza para demostrar que las has escuchado. Y para ello, el estudio del tema te ayudará. Cada tema añadirá conceptos que deberás ir incluyendo.
2. Esos breves comentarios serán relativos a las indicaciones que el profesor va marcando para su escucha.
3. Comenta todo lo que percibas a través de la escucha. Por ejemplo: qué instrumento o instrumentos te parece que participan, si suena toda la orquesta o no, si es un instrumento solista y orquesta, etc.
4. También, si el carácter es rítmico o melódico, si notas frases largas o cortas, etc.
5. Si notas un ritmo ordenado y simétrico o lo contario, lirismo o brusquedad, apasionamiento o una música más racional y sin implicaciones emocionales, algún elemento extraño a resaltar, alguna inclusión de música oriental fusionada con la occidental, etc.
6. Y, por supuesto, si te ha gustado realizar esta experiencia y si hay algunas obras que te han llamado más la atención que otras y los porqués.

Todos estos comentarios deberán expresarse de forma breve y concisa.

El objetivo no es la extensión, sino la demostración de que te estás iniciando en la escucha de la música y que intentas reflexionar y disfrutar con ella.

6.2. Recomendaciones adicionales

Vuelve a leer un artículo que te recomiendo en el primer tema, ya que se adecúa también muy bien a éste, pues habla del VALOR FORMATIVO Y TRANSFORMATIVO DE LA MÚSICA en el proceso educativo, intelectual, psicológico y espiritual de la persona.

Título del artículo: *Humanismo y música, una propuesta formativa y de transformación social*

Autor: Prof. Dra. Esther Sestelo Longueira
Revista: Música y Educación
Fecha: octubre, 2011
Vol. Núm. Año: Año XXIV, 3, Número 87
Editorial: Musicalis S.A.
ISBN: 0214-4786
Depósito Legal: Madrid 24.116-1988
Páginas: 182-192

Breve descripción y relación con el tema:

La autora se posiciona en la importancia de la Música en la educación y en la formación integral de las personas, dando su propuesta de cómo tendría que mejorar su impartición en la enseñanza obligatoria y superior. SUMARIO:1. Introducción. 2. Exposición. 3. Desarrollo. 4. Reexposición. 5. Coda.

Se recomienda, también, la lectura de los *pensamientos* que se muestran a continuación, donde se reflexiona sobre la música y sus diferentes concepciones históricas y su puesto en la jerarquía de las artes. También sobre cómo es la armonía, proporción y concepción pitagórica, y cómo reproduce los estados y efectos del alma. Por último, se reflexiona sobre la influencia educativa de la música en el alma y sobre la música como medio educativo, en general.

La música y sus concepciones históricas

> "La música se pliega a los caracteres de todos los pueblos y tiempos. Cuando se conoce su historia y las formas diversas que ha adoptado a través de los siglos, ya no nos asombramos de la contradicción que reina en las definiciones que de ella han dado los estetas. Unos la llaman arquitectura en movimiento; otros psicología poética. Algunos ven en ella un arte plástico y formal; otros, un arte de pura expresión moral. Para ciertos teóricos la melodía es la esencia de la música; para otros, es armonía. Y en verdad, todo ello es cierto y todos tienen razón" (Romaind Rolland, *Música de antaño*).

Música, armonía y proporción

"Lo criado
por música está fundado
y por ser tan diferente
tanto más es excelente
porque está proporcionado"
(Luis de Narváez, siglo XVI).

La concepción pitagórica de la música

"La música es una ciencia que debe tener reglas estables, que derivan de un principio evidente, y este principio no puede esclarecerse sin la ayuda de las matemáticas" (Rameau, siglo XVIII).

La música en la jerarquía de las artes

"La música no es como las otras artes, imagen de ideas, sino imagen de voluntad, y sus ideas son también objetividades. Es debido a ello que el efecto de la música resulta mucho más insinuante y poderoso que el de las otras artes; pues éstas dan únicamente el reflejo, y aquélla nos proporciona la misma esencia"(Schopenhauer, *El mundo como voluntad y como representación*, siglo XIX).

"¿Es la música superior a todo arte que se refiere al dominio visual? Por mi parte responderé que sí, como lo es todo lo del espíritu respecto al cuerpo, ya que la música es espíritu y se halla emparentado con el movimiento, potencia íntima de la Naturaleza"(Herder, *Kalligone*, siglo XIX).

La falta de cantos, signo de tristeza y desolación

"Y haré que deje de oírse en las ciudades de Judá y en las plazas de Jerusalén el sonido de los cantos de alegría y regocijo, los cantos del esposo y de la esposa, y habrá más que desolación en esta tierra" (Jeremías, VII, 34).

"Ya no hay gozo y alegría en tus vergeles; ya no hay cantos ni gritos de júbilo en las viñas" (Isaías, VII, 10).

La música y los estados y afectos del alma

"Mientras que la escultura y pintura se dirigen a la vista, imitando los objetos externos y las personas con la ayuda de los colores y de las formas, las artes musicales (música, poesía y danza) que obran a través del oído, reproducen los estados del alma, los afectos y los actos a través del ritmo, la palabra y la sucesión melódica" (Aristóteles, *Poética*, I).

Influencia de la música en el alma

> "He de afirmar con justicia que el que sepa emplear la música con fines morales es mejor músico y sabio en armonía que el toca las cuerdas de un instrumento" (Platón, *República,* Libro III).
>
> "La razón, unida a la música, conserva por sí sola la virtud durante toda la vida en el alma donde habita"(Platón, *República,* Libro III).
>
> "La música es el arte educativo por excelencia que, por medio del sonido, se inserta en el alma y la forma en la virtud" (Platón, *República, Leyes* II, 673).

Música y formación

> "¿Qué es realmente la música dentro de la triple atribución que se le concede de ciencia, juego o simple pasatiempo? Podría dudarse entre ellos, porque la música posee los tres. Como juego, tiene por objeto el recrear agradablemente; y la música, todo el mundo conviene en ello, es un delicioso placer, ya sea como música pura o acompañada de cantos. No falta en todas las reuniones y regocijos, lo cual bastaría por sí solo para admitirla en la educación. Lo que procura placeres inocentes y puros puede servir en la vida como descanso. Bastaría ahora demostrar su poder moral para afectar a nuestros sentimientos. Y directamente les afecta. ¿Quién puede negar que tantas obras compuestas entusiasman los espíritus? ¿Y qué es el entusiasmo más que un cambio moral? Nada más influyente que el ritmo y los cantos para imitar la cólera, la bondad, el ánimo, la sabiduría. La música es evidentemente una imitación de los sentimientos morales" (Aristóteles, *Política,* V, 5).

6.3. Haciendo prácticas 1: Concierto

Esta actividad consiste en la asistencia a un concierto[3] o en una audición, en directo, en radio o en televisión.

Los objetivos de esta práctica son los siguientes:

1. Experimentar la interpretación de la música a través del directo.
2. Preparar, con anterioridad, la asistencia al mismo leyendo algo sobre el compositor, las obras y el intérprete o intérpretes de las mismas.
3. Comprobar, a través de esa escucha, y de la posible documentación encontrada en el programa de mano del mismo, qué estás escuchando y si te gusta o no.
4. Realizar unos breves comentarios sobre las obras escuchadas (el mismo método que se lleva a cabo en la sección Aprende y disfruta escuchando música).
5. Describir tus emociones al realizar esta experiencia (llegada al teatro, entrada en la sala, salida de los intérpretes al escenario, comienza a sonar la música, llegan los aplausos, etc.).
6. Completar la actividad estableciendo, por escrito, las reflexiones y conclusiones de todos los puntos anteriores, de qué te ha aportado realizarla y si te interesa repetir la experiencia.

Opcionalmente puedes entrevistar al intérprete o intérpretes del mismo. (Os presentareis y, con humildad, le realizaréis preguntas sencillas acerca de qué supone para él o ella la experiencia de la interpretación y el acercamiento a los grandes compositores a través del estudio e investigación de sus obras. También podéis hacer preguntas curiosas sobre cuánto tiempo aproximado estudian diariamente y cuánto tiempo, también aproximado, les lleva la preparación de un concierto, en general, y de ese en particular. También, si realizan algún deporte o ejercicio físico para cuidar su cuerpo y evitar posibles lesiones ante el estudio continuado de ese instrumento).

---

3 Por supuesto, estamos hablando de asistir a un concierto de lo que llamamos MÚSICA CLÁSICA, CULTA o DE ARTE.

6.4. Haciendo prácticas 2: Audición

Prepara dos audiciones en tu casa (dos días diferentes), una, con un grupo de amigos aficionados a la música y, otra, también con amigos, pero a quienes no les guste este arte o que nunca, o casi nunca, se han aproximado a él; digamos que, a través de esta práctica, se convertirán en neófitos en el tema y quizás, y ojalá, futuros melómanos.

Los objetivos de esta práctica son los siguientes:

1. Observar la reacción de esos grupos de amigos ante la audición de los tres fragmentos musicales propuestos en el apartado denominado OYE Y ESCUCHA, y que tú ya habrás escuchado previamente; son los pertenecientes al primer objetivo de diferenciar obras contrastantes en diferentes aspectos (ni que decir tiene que los fragmentos serán los mismos para ambos grupos; vuelve a releer el apartado mencionado para realizar con tus amigos lo que se te solicitaba hacer a ti).
2. Comparar esa reacción, después de la observación anterior, con la tuya propia.
3. Analizar el porqué de los resultados.
4. Establecer un debate con tus amigos donde cada uno opine sobre esta práctica.
5. Reparar en el hecho de que la música está actuando como nexo de socialización y comunión entre todos vosotros.
6. Recopilar todos los datos y las reflexiones obtenidas.
7. Completar la actividad estableciendo, por escrito, las reflexiones y conclusiones de todos los puntos anteriores, de qué te ha aportado realizarla y de si te interesa repetir la experiencia.

5

Estilos, estéticas y períodos musicales en la Historia: Edad Media

Sinopsis

El tema 5 –*Estilos, estéticas y períodos musicales en la historia: Edad Media*– nos va a seguir ayudando a reflexionar acerca de la importancia de la Música en la historia, en la sociedad, en definitiva, en la vida de la persona y cómo este arte no sólo está integrado en las demás artes y en cualquier hecho político-social y cultural en general, sino que puede servir de nexo integrador de todo. Y en este tema continuaremos estudiando lo que denomino Edad Media, adentrándonos en cómo y cuáles fueron esos hechos y manifestaciones de la Música y, también, de su entorno histórico, artístico y cultural.

Árbol temático

ESTILOS, ESTÉTICAS Y PERÍODOS MUSICALES EN LA HISTORIA: EDAD MEDIA

INICIOS DE LA ERA CRISTIANA

PANORAMA HISTÓRICO-ARTÍSTICO-CULTURAL

PANORANA MÚSICAL

LA PRIMITIVA MÚSICA CRISTIANA

EL CANTO GREGORIANO

ÉPOCA DEL ROMÁNICO: MONODÍA PROFANA

PANORAMA HISTÓRICO-ARTÍSTICO-CULTURAL

PANORANA MÚSICAL

LA CANCIÓN POPULAR Y EL MOVIMIENTO TROVADORESCO

TEATRO MEDIEVAL

LOS INSTRUMENTOS Y LA MÚSICA INSTRUMENTAL

ÉPOCA DEL GÓTICO: POLIFONÍA

PANORAMA HISTÓRICO, CULTURAL, ARTÍSTICO

PANORAMA MUSICAL

LOS PRIMEROS ENSAYOS Y FORMAS DE POLIFONÍA

ARS ANTIQUA

ARS NOVA

1. Inicios de la era cristiana

1.1. Panorama histórico-artístico-cultural

Podemos denominar Edad Media a casi los diez siglos que abarcan importantes sucesos históricos: el inicio de esta época estará marcado por el cristianismo y la caída del Imperio Romano (saqueo de Roma por Alarico, año 410) hasta finalizado el siglo XIV. Las profundas transformaciones que se van a producir en los pueblos durante el siglo XV, nos adentra ya en el Renacimiento. Pero no puede hablarse de corte total con la antigüedad clásica. El cristianismo será el puente que una lo griego con el segundo milenio. El sello religioso impregnará todas las manifestaciones político-culturales y artísticas de la Edad Media. El dominio eclesiástico fue apoyado por Carlomagno, con quien Europa vuelve a sentir la idea de unidad. El Imperio Bizantino, que artísticamente dará un toque oriental a la tradición occidental, será como el escudo protector de Europa contra los ataques e invasiones de los pueblos no cristianos. Y en esta sociedad surgirá un nuevo pueblo: el árabe, el cual, y por un lado, partirá religiosamente el mediterráneo y, por otro, contribuirá al desarrollo y difusión de muchas ciencias y manifestaciones artísticas.

1.2. Panorama musical

La primitiva música cristiana tuvo en el canto de los Salmos, de influencia judía, su primer repertorio (responsorial y antifonal). Después, vinieron los HIMNOS, no bíblicos y en forma estrófica y silábica. Entre los creadores de himnos destaca San Ambrosio, arzobispo de Milán a finales del siglo IV. Hay diferentes liturgias y cantos, podemos citar los principales: galicano, ambrosiano, visigótico, bizantino y romano o gregoriano.

El canto gregoriano tiene su origen en San Gregorio Magno y es en latín, al unísono, generalmente de largas vocalizaciones, es el canto oficial de la Iglesia Romana, (monódico, colectivo, anónimo, vocal, sin acompañamiento de instrumentos, de ritmo libre, con unos signos de notación especial llamados neumas, en latín, se desliza suavemente, sin asperezas, con carácter sereno, grandioso, de paz y alegría contenidas, reposo al final de cada frase –cadencias–). Su época culminante fue del siglo VII al IX, aunque continuó con posterioridad. Y del siglo IX al XII, partiendo de las piezas gregorianas, y como especies de añadidos en lugares concretos, surgen unas nuevas composiciones llamadas tropos (son unas nuevas piezas que nacieron como añadidos de nuevas frases en estilo silábico, intercaladas entre las palabras de una pieza gregoriana vocalizada). Una modalidad del tropo fue la secuencia (era la práctica de añadir una prosa con texto silábico al pasaje vocalizado que se añade a la vocal final "a" del Aleluya; poco a poco, se irá independizando hasta convertirse en pieza propia).

1.2.1. Estilos de cantos en el Repertorio Gregoriano

- Silábicos: cada nota de la melodía corresponde a una sílaba del texto (habitual en los Himnos).
- Salmódicos: sobre una misma nota aparecen muchas sílabas del texto (habitual en los salmos –la salmodia–).
- Neumáticos: un pequeño grupo de notas corresponde a una sola sílaba del texto (es el más habitual; aparece, frecuentemente, mezclado con el primero).
- Melismáticos: se trata de un extenso grupo de notas al que corresponde una sola sílaba (habitual en los Aleluyas y en las sílabas finales de los Kiries).

1.2.2. Formas Litúrgicas del Repertorio Gregoriano

Podemos dividir el Repertorio Gregoriano en tres grandes secciones:

- Himnos
- Oficio de las Horas: Es la parte más antigua. Consistía en salmos que se repartían a lo largo de las horas del día y de la noche, con antífonas (especie de estrofas) después de cada salmo. A esto se le añadían lecturas cantadas, diálogos y oraciones recitadas. Es ésta la parte que ahora rezan o cantan en muchos monasterios y catedrales y que, privadamente, los sacerdotes recitan.
- La Misa: es la parte más importante y que más tardó en aparecer y que, en la actualidad, comprende dos secciones musicalmente diferentes: el Ordinario y el Propio. El Ordinario: comprende el Kyrie –Señor, ten Piedad–, mitad del s. V; Gloria y Credo, s. XI; Sanctus, de origen hebreo; Agnus –Cordero de Dios–, s. VII; y la despedida Ite Missa est –Podéis ir en paz–. Estas partes son invariables. El Propio: el Introito o canto de entrada, Ofertorio y Comunión. Estas tres piezas fueron cantos salmódicos con su antífona, interpretados en las procesiones de entrada, de presentación de ofrendas y de comunión

de los fieles. También pertenece al Propio el Aleluya –pieza melismática a la que después se añadirán tropos y secuencias–.

Los libros oficiales que reúne este Cantoral se llama GRADUAL (cantos de la Misa) y ANTIFONAL (cantos de las Horas Canónicas) y otros libros menores como el Kirial, el libro de Semana Santa, etc.

1.2.3. La primitiva escritura musical (las notaciones) y su evolución posterior (el pentagrama)

Los griegos tenían por costumbre llamar a las notas de la escala con letras del alfabeto y que, a través del filósofo Boecio, pasó a la Edad Media: A (la), B (si), C (do), D (re), E (mi), F (fa), G (sol). Así continúa utilizándose en la actualidad en los países nórdicos y anglosajones.

Pero lo anterior traía el problema de cómo representar las diferentes alturas de los sonidos. Esto fue una preocupación constante, prolongada en el tiempo. Los primeros intentos fueron colocar una especie de acentos agudos y graves más o menos adornados, según la melodía ascendía o descendía. Los primeros manuscritos conservados con esta notación datan del siglo VIII.

El segundo paso será idear una línea con el nombre de un sonido convencional, y situando por encima las notas que ascendían o descendían según la melodía.

A esta línea se añadirían otras en diferentes colores en posteriores siglos, llegando al siglo X en que ya eran cuatro y, posteriormente, las cinco actuales (pentagrama). Aquellos puntos y acentos primitivos evolucionaron en los puntos cuadrados en que se convirtieron en los siglos XII y XIII y que siguieron durante siglos (manuscritos).

Los nombres de las notas actuales llegaron de una forma casual. Se le atribuye al teórico Guido d'Arezzo. En un himno del Cantoral Gregoriano, perteneciente a la fiesta de San Jaun Bautista. La primera sílaba de cada verso casualmente coincidía con la nota de la escala diatónica (sin alteraciones) de forma ascendente. De esta forma, se le ocurrió denominar a cada nombre como la primera sílaba de cada uno de esos versos: UT, RE, MI, FA, SOL, LA. Estas serie de notas siguieron durante siglos y ya, en el siglo XVI, se denominó la nota SI; se cree que de la unión de las dos últimas palabras: Sancte Ioannes. Y en el siglo XVII la sílaba UT, para mejorar la calidad de la pronunciación (eufonía), se convirtió en DO.

Hieratismo - cualidad hierática de la escultura y pintura religiosa - los estilos y formas q afectan solemnidad extrema
Hierática - que tiene o afecta solemnidad extrema, aunque sea en cosas no sagradas. - perteneciente a las cosas sagradas o a los sacerdotes de la Antigüedad pagana - se dice de la escultura y la pintura religiosas que reproducen formas tradicionales

2. La época del Románico. La monodia profana

2.1. Panorama histórico-artístico-cultural

La Edad Media está representada por dos estilos artísticos diferentes: el Románico y el Gótico. El Románico está determinado por el fenómeno del feudalismo. El feudalismo y las Cruzadas traerán consigo la figura del caballero difundida por los trovadores. La literatura y las lenguas romances influyeron en el fraseo musical. El hieratismo, la severidad y la pesadez del arte Románico en las artes plásticas se traducirán en la música por el sosiego, la serenidad y la paz que representará el canto gregoriano. La línea horizontal del Románico musical sería la monodia, o música lineal en un solo plano y una sola voz, con la frase que, al igual que el arco de medio punto, se cierra en el punto de partida.

2.2. Panorama musical

La canción popular y el movimiento trovadoresco. La música de la Iglesia representó en la Edad Media el arte sabio y refinado, pero siempre tuvo a su lado la canción popular que estuvo reducida a la oscuridad durante el primer milenio. La canción popular se desarrollará muy pronto, llevada oralmente de un lugar a otro por los juglares, paralelamente a la canción culta de los trovadores y troveros. El juglar: actor y medio músico, saltimbanqui, acróbata, charlatán, cantante, improvisador. Sus canciones, donde suele figurar un estribillo: baladas, romances, cantos de amor, de boda, de campesinos, coplas picarescas y satíricas. Ministriles: juglares (hacia el s. XIV) quienes suministraban acompañamiento musical a los trovadores. El movimiento trovadoresco (s. XI-XIII), nació en Provenza y lo formaban grupos de poetas y de compositores que pertenecían a la nobleza feudal y más tarde a la naciente burguesía; solían tener ministriles que acompañaban sus canciones. Los trovadores empleaban lengua provenzal –oc–. Con sólo medio siglo de diferencia se produce un movimiento similar en el centro y norte de Francia: el de los troveros que se diferenciaba poco de los trovadores. Empleaban la lengua francesa –oil–. Formas poéticas que utilizaban: lamentaciones, pastorales, romances, serventesios, virelais…, generalmente acompañadas de refranes o estribillos. El arte trovadoresco se extendió rápidamente por el resto de Europa, especialmente por Italia, Alemania y España. En España: cantigas. Cancionero galaico-portugués. Sólo se conservan las Cantigas de Amigo (de amor) del trovador Martín Codax (siglo XIII). Alfonso X El Sabio: las Cantigas de Santa María (siglo XIII), en lengua gallega y con sabor popular y agregorianado. En sus códices aparecen más de 30 instrumentos tocados por moros, judíos y cristianos.

Teatro medieval: representaciones litúrgicas-misterios. Misterio de Navidad y Pascua. Primero se oficiaban en latín, después en lengua romance. Misterio de Elche, se sigue representando en nuestros días. Estas diversiones populares sobre temática religiosa evolucionaron hasta dar lugar al Teatro profano: mascaradas, danza y disfraces. Danzas de la Muerte. Juego. En España: villancicos y autos.

2.2.1. Los instrumentos y la música instrumental

Cuerda: *punteadas* (arpa; guitarra –guitern morisca–; laúd –5 ó 6 cuerdas, orígenes–; salterio); *golpeadas* (tympanon –deriva de cítara, pero cuerdas golpeadas–; clavicordio –siglo XV, con teclado–); *frotadas* (crota –especie de cítara–, fídula/ viela de arco –4, 5 cuerdas–, rebec, rabel, giga –vielas de 2, 3 cuerdas–, viela de cuerda chifoní –zanfona–).

Viento: *de madera* (flautas –traveseras o pífanos; rectas o de pico–; oboe/ caramillo/chirimía; cornamusa/mussette/gaita; bombarda/cromorno/ dulzaina); *de metal* (cornetas/ serpentón, trompeta recta o bocina, olifante –parecido al colmillo de elefante–, sacabuche –especie de trombón–).

Órgano (portátil –siglos XI-XIII–, positivo con teclados siglo XIII, pedales siglo XIV).

Percusión: *Nacarios* –timbales–, *Címbalos* –platillos–, *Bedón* –especie de bombo–, triángulo, juego de campanas, etc.

3. La época del Gótico. La polifonía

3.1. Panorama histórico-artístico-cultural

El arte Gótico se inicia al norte de París (San Denís) hacia el año 1120, difundiéndose por Europa a través del Císter en la segunda mitad del siglo XII. Mientras el Románico es línea horizontal, pesadez, masa pétrea y compacta que nos aplasta, el Gótico, en cambio, aparece como la línea vertical que tiende hacia las alturas. Su paralelo en música es la polifonía, o música a varias voces que suben y bajan formando una superposición o acorde que ascienden verticalmente, en vez de la ondulante, serena y hierática melodía gregoriana. La música ocupa ahora un puesto importante junto a la aritmética, la geometría y la astronomía, siendo también enseñada en las Universidades (Cuadrivium Medieval). A finales del siglo XIII, el idealismo y ascetismo espiritual del Gótico dará paso paulatinamente al estilo satírico y realista del Arcipreste de Hita, el Canciller de Ayala y otros. Esta humanización es fruto del espíritu franciscano que pretende acercar la religión al hombre y a sus preocupaciones terrenales. En esa línea humanizadora, la música de Guillaume de Machaut trata de centrar igualmente la belleza de la vida y de cuanto la rodea.

3.2. Panorama musical

Los primeros ensayos de la polifonía occidental comienzan hacia el siglo IX bajo el nombre de organum o diafonía, en el que las dos voces se mueven en un rígido paralelismo. En una segunda etapa, a finales del siglo XI, las dos voces se mueven por movimientos contrarios (discanto). Y en un tercer paso, s. XIII, se desenvuelven las voces por terceras y sextas, al estilo de nuestros dúos populares (*gymel y fabordón)*.

Ars Antiqua (Arte Antigua). A todas esas formas de componer música a varias voces –basadas en procedimientos anteriores al siglo XIV– lo llamarán los teóricos Ars Antiqua en contraposición con las nuevas orientaciones (*Ars Nova*), que surgen a lo largo del citado siglo. Francia fue la primera en desarrollar esta polifonía incipiente. Entre los siglos XI y XIV se difundieron sus enseñanzas por el resto de Europa. En España florecieron las Escuelas de Ripoll en Tarragona y, sobre todo, la de Santiago de Compostela, en cuya catedral se conserva el Códice Calixtino (s. XII; contiene una guía de peregrinaciones jacobeas, 22 piezas a dos voces y una a tres voces, la cual sería la primera de su género en

Europa). En el siglo XIII aparecerán dos formas musicales: el conductus (no sería ya el canto dado o firme, sino de creación propia y, por tanto, un ritmo silábico y más movido) y el motete (viene del vocablo francés mot y surge de la necesidad de aplicar un texto al órgano adornado; y, después, se llegó a poner texto profano a la voz superior, naciendo la polifonía profana. Más adelante, nacieron obras de tres y cuatro voces y volvió a ser religioso).

Hacia el siglo XIII aparecerá el canon, bajo forma de rondel (imitación de un tema por las diferentes voces ininterrumpidamente, sin ser cortado al entrar una voz). El Códice de Las Huelgas es un manuscrito medieval copiado a principios del siglo XIV en el monasterio de monjas de clausura de Santa María Real de Las Huelgas, cerca de Burgos. Pertenece al Ars Antiqua y es el único manuscrito polifónico de la Edad Media.

Ars Nova (Arte Nueva). El nombre de Arte Nueva aparece por primera vez en el siglo XIV, para definir las nuevas técnicas de composición que surgen en Francia. También en esta época empieza a usarse el término contrapunto aplicado a las prácticas polifónicas de moda, y que significa el empleo de la escritura de nota de una voz contra nota de otra (los antiguos llamaban puntos a las notas). Es decir, contraposición de una línea melódica superior a otra inferior. Las novedades de este arte son las siguientes: se desarrolla la individualidad del compositor; se establecen definitivamente la notación musical y los valores; se extiende el uso de la imitación entre las voces y el canon empleando corrientemente la polifonía a tres o cuatro voces; el estilo melódico es más florido; la música profana extiende su uso a la danza y a lo instrumental. Perteneciente al Ars Nova, en España, tan sólo se conserva el Llibre Vermell de Monserrat (mitad del s. XIV), donde se encuentran virelais franceses, caccias florentinas, baladas y una pieza a dos voces con doble texto.

4. Recomendaciones y prácticas

4.1. Recomendaciones preferentes

4.1.1. Aprende y disfruta con OYE Y ESCUCHA

Para conocer y comprender la música debes cultivar tu sensibilidad y de ahí que has de disfrutarla oyendo/escuchando con frecuencia diferentes estilos, estéticas, géneros...: música sinfónica, de cámara, dramática, en recitales y conciertos, en CDs, por radio, televisión, etc. Si no escuchas, no disfrutarás ni comprenderás.

En este tema voy a proporcionarte ejemplos con distintas indicaciones para que focalices en ellas y comprobarás, de esta forma, que estás reforzando, a través de la práctica, los contenidos teóricos correspondientes.

Mi primer objetivo, relativo al apartado 1 de este tema, es ayudarte a saber lo siguiente a través de mi propuesta:

Te propongo, a continuación, cinco piezas litúrgicas de Canto gregoriano. Con los conceptos teóricos dados a través del tema, deberás saber lo siguiente:

a) A qué sección pertenece (Himnos, Oficio de las Horas o Misa). Y si forma parte de la Misa, si pertenece al Ordinario o al Propio y cómo se llaman.

b) A qué Estilo pertenecen (Silábicos, Salmódicos, Neumáticos o Melismáticos).

(Al escuchar las mencionadas piezas gregorianas, observa en ellas los siguientes aspectos: monodia, ámbito reducido de la melodía, largas vocalizaciones, ritmo libre, notas de igual duración, reposo al final de cada frase, paz, serenidad, alegría contenida)

- OYE Y ESCUCHA la obra seleccionada: *Alleluia, beauts vi*
- OYE Y ESCUCHA la obra seleccionada: *Kirie fons bonitatis*
- OYE Y ESCUCHA la obra seleccionada: *Introito. Puer natus est*
- OYE Y ESCUCHA la obra seleccionada: Himno gregoriano: *Veni creator spiritus*

Mi segundo objetivo, relativo al apartado 2 de este tema, es ayudarte a que te fijes en aspectos diferentes de la canción popular interpretada por juglares, trovadores, troveros y ministriles. Intenta descubrir, en cada pieza, qué clase de los anteriores intérpretes pueden ser.

- OYE Y ESCUCHA la obra seleccionada: Anónimo: *A l'entrada del temp clar*
- OYE Y ESCUCHA la obra seleccionada: Reuenthal, N.: *Awê dirre nöt*
- OYE Y ESCUCHA la obra seleccionada: Libre Vermell: *O virgo splendens*
- OYE Y ESCUCHA la obra seleccionada: Alfonso X: *Rosa das rosas*

Mi tercer objetivo, relativo al apartado 3 de este tema, es ayudarte a que te fijes en las diferencias de la monodia y polifonía, en las características del Ars Antiqua, en qué consistía el Códice Calixtino o el Códice de La Huelgas, y en reparar en que, aunque la pieza sea a una sola voz, podemos estar dentro de una acepción polifónica (por ejemplo el conducto). No te preocupes si no puedes concretar ciertas cosas, pues no pretendo eso. Mi prioridad es que vayas percibiendo la evolución de la música y que tu oído distinga aspectos muy elementales. Por esto, insisto, no pretendo que diferencies, por ejemplo, entre Ars Antiqua y Ars Nova (para eso necesitaríamos más tiempo); simplemente, que diferencies la música monódica y la polifónica y, dentro de lo polifónico, conocer algunas características y acepciones.

- OYE Y ESCUCHA la obra seleccionada: Himno Ars Antiqua: *Christe redemptor ominium*
- OYE Y ESCUCHA la obra seleccionada: Códicc Calixtino: *Congaudeant catholici*
- OYE Y ESCUCHA la obra seleccionada: Códice de las Huelgas: *Fa, fa, mi, fa*
- OYE Y ESCUCHA la obra seleccionada: Misteri d'Elx

4.2. Recomendaciones adicionales

Se recomienda la lectura de los *pensamientos* que se muestran a continuación.

Cantar y amar

"El canto expresa la alegría del creyente lleno de amor divino; es un medio de proclamar la gloria de Dios; es un medio de concordia. La salmodia reúne a los fieles en la armonía de un solo corazón" (San Basilio, *Homilía al Salmo 1 y 2*).

"Cantar es propio de los que aman. Es la manifestación del corazón que está como hirviendo de amor" (San Agustín, *Confesiones, 9*).

El poder de la música

"Así, sin música, ninguna disciplina puede ser perfecta. Pues el mismo Universo está inmerso en una cierta armonía de sonidos y los mismos ciclos se conmueven ante las modulaciones de la armonía. La música mueve los sentimientos y cambia las emociones. En la guerra, el sonido de la trompeta enardece a los combatientes y cuanto más intenso es su sonido, más ardoroso es su espíritu. Del mismo modo, la canción da ánimo a los remeros y alivia los sinsabores del trabajo cotidiano. La música endereza los espíritus perturbados, como se lee en David, quien libró a Saúl de los malos deseos a través de la música" (San Isidoro, *Las Etimologías*, III, siglo VII).

Los inicios de la notación musical en el siglo X

"Pues bien, con la ayuda de solo Dios, yo puedo enseñar a algunos jóvenes a través de este arte, que con sólo dos o tres días, o a lo sumo tras una semana de instrucción, son capaces de aprender varias antífonas y en muy poco tiempo son también capaces de cantarlas sin vacilar, nunca habiéndolas oído previamente, sino con sólo haberlas leído a través de una copia siguiendo mis reglas. Después de no muchos días, ellos estaban cantando a primera vista, sin cometer falta, cualquier partitura musical, cosa que hasta el presente jamás había sido realizado por los cantores ordinarios, a pesar de más de cincuenta años de práctica y estudio" (Odón de Cluny, *Enchirion musices*, siglo XI).

Guido d'Arezzo y su sistema de escritura musical

"Juan, que ahora gobierna la Iglesia Romana, haciendo oído de la fama de mi escuela y habiendo indagado cómo los niños podían aprender canciones que anteriormente nunca habían escuchado, me invitó a través de tres emisarios para que fuese a verle. Fui entonces a Roma con Don Grunwald y Dom Peter, el preboste de los canónigos de la iglesia de Arezzo. El Papa, complacido, conversó largo tiempo conmigo preguntándome sobre diferentes asuntos. Después de haber rebuscado en el Antifonario (musical) y de haber reflexionado sobre mis reglas, no cesó hasta satisfacer su deseo de aprender por sí mismo a cantar un verso sin haberlo oído previamente. De este modo encontró, por sí mismo, la verdad que con tanta dificultad podía creerla por otros" (Guido D'arezzo, *Carta sobre el canto desconocido*, siglo XI).

Descripción de una velada juglaresca

"Cuando se hubo comido y lavado, sin dejar el lugar el que sabía un nuevo aire de viela, una canción o lai, lo hacía lo mejor que podía para salir del paso ; uno tocaba la viela, otro el caramillo; uno la mandora, otro el salterio. Uno ejecutaba marionetas, otro daba volteretas; uno danzaba, otro jugaba a los aros " (De Flamenca, extraído de E. Faral, *La vida cotidiana en la época de San Luis*).

Instrumentos que usaban los juglares españoles

"El pleito de ioglares era fiera nota
Avie y simphonia, farpa, gía (tipo de vielas) e rota,
Albogues é salterio, cítola que mas trota,
Cedra (especie de cítara) é viola que las coytas enbota"
(*Poema de Alexandre*, siglo XIII).

La música y la religiosidad

"El canto es un medio para conducir a los fieles hacia la contrición; las palabras no bastarán para ello. Pero la música es el medio eficaz para llevarles a un estado de espíritu verdaderamente religioso" (Rábano Mauro, benedictino del siglo XI).

La representación del drama litúrgico *La Resurrección de Cristo*

"En una parte del altar se dispondrá una cavidad que imite el sepulcro cubierto con un velo. Se acercarán dos diáconos con una cruz envuelta en lienzo, que trasportan, en medio de cantos antifonales, hasta el sepulcro, donde la depositan como si se tratase del enterramiento del cuerpo del Señor. Al día siguiente, Pascua, los sacristanes quitarán la Cruz antes de Maitines. Mientras se lee la tercera lección, cuatro monjes se visten, uno con alba y con palma en una mano, que acercándose al sepulcro se sienta silencioso; al tercer responsorio llegan los otros tres vestidos de dalmáticas y con incensario, acercándose paso a paso al sepulcro como quien busca algo, ya que representan el Ángel sentado y las tres Mujeres que vienen a ungir al Señor. Al acercarse los tres, les pregunta el que está sentado: ¿A quién buscáis?" a lo que ellos responden: A Jesús de Nazaret Entonces los tres se vuelven hacia el coro diciendo: Aleluya, el Señor ha resucitado. Dicho esto, el que está sentado les dice: Venid y ved bien, y les levanta el velo, mostrándoles que ya no está la cruz. Terminado todo con acción de gracias, suenan las campanas y el himno Te Deum" (Relato del benedictino inglés Saint Ethelad, entre 965 y 975, según Cohen).

Rango de la música

"La música ocupa el primer rango entre las siete artes liberales. Celebra en la Iglesia los combates y triunfos de Dios; es la que adoptan los santos en sus devociones. Por ella los pecadores imploran perdón; las tristeza se alivian y los ánimos se levantan. Como ya advierte Isidoro en las Etimologías, es más deshonroso no saber cantar que no saber leer. Está, pues, claro que la música es la más noble de las ciencias humanas y que cada uno debe procurar adquirirla con preferencia a las restantes; porque, aparte de la música, ninguna ciencia ha logrado franquear a los puestos de la Iglesia" (Santo Tomás, *De arte música*, siglo XIII).

La música a varias voces

"Sé arte de música, por natura cantar
sé far fermosos puntos, las voces acordar"
(*Libro de Apolonio*, siglo XIII).

La música a varias voces u órganum

"Jaciendo a la sombra perdí todos cuidados
Odí sones de aves, dulces e modulados;
Numquo udieron omes órganos (canto a varias voces) más temprados,
Nin que formar pudiesen sones más acordados,
Unos tenían la quinta (tocaban al intervalo de 5ª) e los otros doblaban.
Otras tenían el punto (la voz que se oponía al intervalo de 5ª paralela),
Errar non las dexaban;
Al posar, al mover todas se esperaban (terminaban al mismo tiempo).
Aves torpes nin roncas hoy non se acostaban.
Non serie organista nin serie violero,
Nin giga nin salterio nin manoderotero (tañedor de rota o zanfona).
Nin instrument, nin lengua nin tan claro voçero,
Cuyo canto valiese con esto un dinero".
(Gonzalo De Berceo, *Miraclos de Nuestra Señora*, siglo XIII).

4.3. Haciendo prácticas 1

4.3.1. Aprende y disfruta con OYE Y ESCUCHA

En esta actividad el objetivo es que, a través de la audición de todas las piezas propuestas y siguiendo las recomendaciones de cada tema, comiences a diferenciar en la práctica algunos contenidos que has aprendido en la teoría.

Una vez que hayas escuchado todas las piezas, selecciona:

Tres del primer objetivo (canto gregoriano)
Dos del segundo objetivo (música profana)
Uno del tercer objetivo (polifonía: religiosa y profana)

A continuación, sigue las indicaciones dadas para cada pieza seleccionada:

1. Escribe unos breves comentarios sobre cada pieza para demostrar que las has escuchado. Y para ello, el estudio del tema te ayudará. Cada tema añadirá conceptos que deberás ir incluyendo.
2. Esos breves comentarios serán relativos a las indicaciones que el profesor va marcando para su escucha.
3. Comenta todo lo que percibas a través de la escucha. Por ejemplo: qué instrumento o instrumentos te parece que participan, si suena toda la orquesta o no, si es un instrumento solista y orquesta, etc.
4. Si el carácter es rítmico o melódico, si notas frases largas o cortas, etc.
5. Si notas un ritmo ordenado y simétrico o lo contario, lirismo o brusquedad, apasionamiento o una música más racional y sin implicaciones emocionales, algún elemento extraño a resaltar, alguna inclusión de música oriental fusionada con la occidental, etc.
6. Y, por supuesto, si te ha gustado realizar esta experiencia y si hay algunas obras que te llamado más la atención que otras y los porqués.

Todos estos comentarios deberán expresarse de forma breve y concisa.

El objetivo no es la extensión, sino la demostración de que te estás iniciando en la escucha de la música y que intentas reflexionar y disfrutar con ella.

4.4. Haciendo prácticas 2

4.4.1. Practica y reflexiona

1. Escribe las siete notas musicales dentro de las cinco líneas. Seguidamente, anota tres datos:

- A quién se debe el nombre de las notas
- En qué época vivió
- De dónde tomó tales nombres

2. Elabora una lista de instrumentos que se practicaban en la España del siglo XIV. Para ello te puedes servir del *Libro del Buen Amor*, del Arcipreste de Hita.

Los objetivos de esta práctica son ahondar, un poco más, en los contenidos teóricos de este tema, pero ahora de forma práctica e integrar la música con otras artes (aquí, Música y Literatura).

6

Estilos, estéticas y períodos musicales en la Historia: Renacimiento

Sinopsis

El tema 6 –*Estilos, estéticas y períodos musicales en la historia: Renacimiento*– nos va a seguir ayudando a reflexionar acerca de la importancia de la Música en la historia, en la sociedad, en definitiva, en la vida de la persona y cómo este arte no sólo está integrado en las demás artes y en cualquier hecho político-social y cultural en general, sino que puede servir de nexo integrador de todo. Y en este tema continuaremos estudiando lo que se denomina Renacimiento, adentrándonos en cómo y cuáles fueron los hechos y manifestaciones de la Música y, también, de su entorno histórico, artístico y cultural, en dicha época.

Árbol temático

ESTILOS, ESTÉTICAS Y PERÍODOS MUSICALES EN LA HISTORIA: RENACIMIENTO

LOS ALBORES DEL RENACIMIENTO, SIGLO XV

PANORAMA HISTÓRICO-ARTÍSTICO-CULTURAL

PANORANA MÚSICAL

EL ARTE DEL CONTRAPUNTO Y SUS ARTIFICIOS

ESCUELA FRANCO-FLAMENCA

FORMAS MUSICALES

RENACIMIENTO PLENO, SIGLO XVI. POLIFONÍA RELIGIOSA

PANORAMA HISTÓRICO-ARTÍSTICO-CULTURAL

PANORANA MÚSICAL

FORMAS MUSICALES Y RELIGIOSAS

ESCUELAS Y COMPOSITORES

LA REFORMA PROTESTANTE Y LA MÚSICA

RENACIMIENTO PLENO, SIGLO XVI. POLIFONÍA PROFANA

PANORAMA HISTÓRICO, CULTURAL, ARTÍSTICO

PANORAMA MUSICAL

CARACTERÍSTICAS GENERALES

ESCUELAS Y FORMAS MUSICALES

INSTRUMENTOS Y MÚSICA INSTRUMENTAL

1. Los albores del renacimiento, siglo XV

1.1. Panorama histórico-artístico-cultural

Aquí podéis aplicar el mismo contenido del apartado siguiente –Panorama histórico-artístico-cultural del Renacimiento pleno, siglo XVI–, pues ya os enfoco integralmente el Renacimiento –albores y pleno– .

1.2. Panorama musical

Los excesos del Arte Nuevo continuaron en el siglo XV, hasta que a finales de este siglo se produce la reacción contraria, la simplicidad, aunque, inmediatamente, volverá la complejidad hasta que en la segunda mitad del siglo XVI tendremos, de nuevo, la simplicidad. La guerra de los Cien Años provoca en Francia una paralización musical que desvía la hegemonía de esta nación y de Italia hacia Inglaterra, Borgoña y Flandes donde se crearán estilos musicales propios o escuelas y, también, se fundan capillas musicales principescas que atraen a los artistas más selectos de la Europa de entonces. Dichas capillas, inicialmente sólo de cantores, se ampliarán pronto con instrumentistas, y darán lugar a la mayor parte de la música de los siglos XVII y mitad del XVIII. En general, la música instrumental no es más que la música vocal sin texto y con ciertos adornos y coloraturas.

Los maestros flamencos fundaron sus obras en el llamado canon imitativo y, a pesar del abuso de tales cánones y artificiosidades, desarrollaron de una forma tan prodigiosa la técnica del contrapunto y la imitación, que dejaron el camino preparado para la gran época de de la polifonía del siglo XVI y para las grandes obras de Bach.

Como reacción antes tales técnicas, en la segunda mitad del siglo XVI se produce una vuelta a la sencillez. La seriedad de la escuela franco-flamenca contrasta con el arte refinado y galante de la borgoñona. En la primera, predominan las escuelas catedralicias en vez de las palatinas; de aquí la preponderancia de la música religiosa. Se suelen distinguir, en la escuela franco-flamenca, tres generaciones: la primera representada por Dufay, la segunda, por Ockeghem y la tercera, por Josquin des Prez. Hay que destacar la influencia que el inglés Dunstable tuvo sobre la escuela franco-flamenca.

La España del siglo XV cuenta con interesantes cancioneros de polifonía. La música tiene gran importancia en la corte de Alfonso V el Magnánimo de Nápoles y en las Crónicas de los Reyes de Castilla. A imitación de los reyes, también los nobles tienen sus capillas. La reina Isabel La Católica estuvo siempre rodeada de músicos y poetas.

A finales del siglo XV, aunque todavía prevalecen la formas musicales de la polifonía religiosa (misa sobre tema gregoriano, pero el motete cambia de signo), las formas profanas adquieren mayor desarrollo. Y al lado de las formas profanas, rondeles, baladas y virelais, aparecen en Italia una serie de formas nuevas, de carácter popular y sencillo: villota, villanella, canzona y frottola. A finales de siglo nace en Alemania el lied.

2. El renacimiento pleno, siglo XVI. Polifonía religiosa

2.1. Panorama histórico-artístico-cultural

Algunos autores distinguen tres períodos: prerrenacimiento o los albores del renacimiento, iniciado en Florencia alrededor de 1500 y afectó a todos los ámbitos, incluido el musical; el Renacimiento, propiamente dicho o renacimiento pleno, primera mitad del siglo XVI, con centro en Roma y que musicalmente coincide con el apogeo de la escuela romana de Palestrina; y el tercer período, segunda mitad del siglo XVI, continúa en renacimiento pleno y que coincide con el manierismo y en donde el centro artístico se desplaza de Roma a Venecia. El paralelismo musical se sitúa en la suntuosidad y colorismo de los Gabrieli (música a doble coro y muchas voces) o el dramatismo o misticismo de Victoria.

Tanto en las artes plásticas como en la música, la influencia flamenca dejará sentir su peso en la mayoría de los centros artísticos de Europa.

El Renacimiento es internacional, por excelencia. El mecenazgo de la época cooperó al cosmopolitismo europeo de los artistas renacentistas. Juan de la Encina, Morales, Salinas, Fernando de las Infantas, Escobedo, Soto de Langa, Ortiz, Victoria y otros muchos se formaron o vivieron parte de su vida al servicio de cortes o capillas italianas.

2.2. Panorama musical

- Momento culminante de la polifonía vocal.
- Más protagonismo de la personalidad del compositor frente al anonimato.
- La música profana adquiere mayor importancia.
- La polifonía religiosa es practicada principalmente en la iglesia.
- La polifonía profana es practicada fundamentalmente por la nobleza.
- Las diferentes escuelas europeas practican de una cierta uniformidad de estilos.
- Italia pasa a ocupar el liderazgo musical que antes era de la escuela flamenca; aunque España e Inglaterra ocupan, también, un puesto relevante.
- Se produce una gran y rápida difusión musical (imprenta).
- Hacia el final apunta un estilo instrumental independiente.
- Los modos eclesiásticos continúan, pero van evolucionando, poco a poco, hacia el modo mayor y menor modernos.
- La Reforma protestante crea un nuevo tipo de música: el coral.
- El estilo horizontal de la música dará paso al vertical o armónico.

Las dos grandes formas musicales religiosas del Renacimiento, basada en la liturgia católica, son la Misa y el Motete. Y las que nacieron en torno a la Reforma protestante fueron el Coral alemán y el Himno anglicano. A estas dos formas hay que añadir los Laudi Spirituali italianos a varias voces, de corte vertical, en estilo muy sencillo y en lengua vulgar.

En términos generales la Misa se basa en el motete. Sus diferentes partes no son más que motetes, y el Gloria y el Credo son la reunión de varios de ellos. El estilo viene a ser el imitativo del motete. En algunas ocasiones va construida sobre un tema del gregoriano o sobre una canción profana popular. El motete alcanzará su apogeo en el siglo XVI con Palestrina. El Himno inglés es una composición para coro, sin acompañamiento de voces solistas e instrumentos, que se ejecutaba durante las ceremonias religiosas. El Coral Luterano es un canto sagrado adoptado por Lutero. Estaba armonizado a varias voces y ritmado en valores largos y regulares con un reposo característico al final de cada frase. Posteriormente, lo llevó Bach a su apogeo.

Escuelas y compositores

- Escuela flamenca: Josquin des Prez y Orlando de Lasso.
- Escuela romana: Palestrina.
- Escuela veneciana: Villaert y los Gabrieli.
- Escuela española: Morales, Guerrero y Victoria.

La reforma protestante y la música

Se puede afirmar que la historia de la música alemana empieza con la Reforma protestante y, sin ella, es difícil concebir las figuras de Bach y Haendel. Forma musical: *el Coral.*

El calvinismo tuvo también su versión musical en Francia con los famosos *Salmos de los Hugonotes* de Marot.

También la iglesia anglicana adoptará un canto peculiar: *la Antífona o Himno:* Tallis, Byrd y Gibbons.

3. El renacimiento pleno, siglo XVI. Polifonía profana

3.1. Panorama histórico-artístico-cultural

El Humanismo, con su vuelta al mundo greco-latino, trajo consigo el hecho de que los artistas vivieran el mismo espíritu y gustos estéticos de la antigüedad: como consecuencia, mezclaron en sus manifestaciones artísticas elementos griegos y cristianos, llegando a incluir en sus obras asuntos eróticos junto a poemas moralizantes.

La concepción medieval del Más Allá se cambia por el valor de la vida terrenal con sus atractivos placeres. El culto a la belleza física trata de devolver a la mujer el ideal de belleza que habían visto en ella los antiguos. De aquí, la influencia femenina en las ciencias y en las artes (Isabella de la Corte de Este de Ferrara; Isabel La Católica). Muchas cortes regias, a imitación de las papales, tenían capillas musicales y surgieron mecenas de muchos músicos y artistas.

La música dominó la sociedad artística e intelectual de la época. Fueron músicos, artistas polifacéticos: Leonardo da Vinci y Miguel Ángel, pintores: El Veronés, Rafael, Giorgione, Tintoretto o poetas: Parbosco, Tasso y el español Juan de la Encina.

3.2. Panorama musical

3.2.1. Características generales

En el siglo XVI el arte secular rivaliza con la polifonía religiosa.

Mientras que la polifonía católica (no así la protestante) emplea textos en latín, la polifonía profana los usará en lengua vulgar. La canción popular crece en importancia durante el siglo XVI y es fuente de inspiración temática para muchas de las composiciones religiosas y profanas de la época.

Con el Renacimiento, gracias a la colaboración de músicos y poetas, se potencia la música cortesana. Muchos músicos componen para una capilla musical y para las veladas palaciegas. El compositor de la época se forma de niño como cantor en una capilla; viaja, generalmente a Italia, para conocer las novedades musicales del momento y, finalmente, se asienta en una ciudad como maestro o cantor en una capilla eclesiástica o cortesana con la misión de formar nuevos alumnos.

Según las naciones, se practican diferentes formas (villotas, canzonetas, frottolas, arias, villancicos) que en la segunda mitad del período desembocan en la canción y en el madrigal.

Generalmente, la polifonía profana no está destinada al coro, sino a voces solistas acompañadas con frecuencia de algún instrumento.

3.2.2. Escuelas y formas musicales

- Italia y el madrigal (Orlando de Lasso, Palestrina, Gabrieli, Horacio Vecchi).
- Inglaterra y el madrigal inglés (Byrd, Gibbons, Dowland, Morley).
- Francia y la canción polifónica (Jannequin, Costeley y Claudio Le Jeune).
- Alemania y el lied polifónico (H. Isaac)

La polifonía en España y Portugal desde finales del siglo XV hasta el siglo XVII. España: La fuente más importante reside en los cancioneros. *El Cancionero de Palacio* (autores principales: Anchieta, Escobar, Peñalosa, Ceballos y, sobre todo, Juan de la Encina). *Los Villancicos y Canciones, y las Recopilaciones de sonetos y villancicos* del extremeño Juan Vázquez representan lo más exquisito de la música cortesana y amatoria de la época, así como las *Canciones y Villanescas* de Francisco Guerrero. En Cataluña destacan los compositores Brudieu, Vila y Mateo Flecha con sus famosas y sabrosas Ensaladas.

3.2.3. Instrumentos y música instrumental

El Renacimiento en España

En España el significado de Renacimiento no es el de revolución o ruptura, sino el de tránsito. Mientras que en otras naciones prevalecen las corrientes nuevas sobre las antiguas, en el Renacimiento español coexisten lo medieval y lo renacentista.

A pesar de conocer el estilo flamenco, nuestros artistas prefirieron el tipismo nacional. Artistas: Lucas Hernández, Lope de Rueda, Torres Naharro, Gil Vicente, Juan de la Encina, etc.

El arte está subordinado a la vida y a la expresión de valores morales del hombre y, como consecuencia de esta concepción, se produce la sencillez y simplicidad.

En las cortes reales y en las capillas de los nobles se tañían toda clase de instrumentos, pues la alta sociedad de la época no era en absoluto ajena a la música.

Formas instrumentales

Las danzas renacentistas están agrupadas por pares que contrastan en ritmo y en tiempo. Así, la baja danza, con el turdión; la pavana francesa, con la gallarda; el passamezzo, con el saltarelo italiano. Se escribían para toda clase de instrumentos, generalmente, sobre temas conocidos.

El intérprete de la obra era muy aficionado a las variaciones, que en la época del Barroco desembocarán en el bajo ostinato, la passacaglia y la chacona. Próximos a la variación fueron el ricercare, el tiento y la canzona.

El laúd y su música

El laúd fue el instrumento favorito del Renacimiento. Reviste la forma de media pera con mástil corto, roseta en el centro y clavijero doblado hacia atrás. Según su tamaño, recibía el nombre de archilaúd o de tiorba.

Pocos instrumentos musicales han tenido un repertorio tan extenso; el laúd era el acompañante obligado de cualquier danza o canción.

Los vihuelistas españoles

La práctica del laúd en Europa coincidió en España con el apogeo de la vihuela, instrumento típico español de la época. La caja de la vihuela era plana y su mástil largo. Fue el acompañamiento favorito de la canción cortesana y para el cual se produjo importante repertorio. La música española de vihuela constituye, junto con la música orgánica de Cabezón y la escuela de polifonía religiosa, una de las más gloriosas aportaciones españolas a la música europea (Milán, Mudarra).

El órgano y la música orgánica

Al comienzo del Renacimiento, el órgano registró importantes perfeccionamientos, como la introducción del pedal y de los dos teclados.

La mayoría de la música orgánica de esta época está muy ligada a la polifonía, siendo muy frecuentes las *ornamentaciones o coloraturas.*

La escuela orgánica más importante del siglo XVI fue la española, no tanto por su técnica como por su emotividad y dramatismo. Los españoles fueron maestros en el desarrollo de la variación. Su representante más ilustre es Antonio de Cabezón, prodigioso organista y músico de cámara de Carlos I y Felipe II.

Los instrumentos y la música de tecla en los diferentes países

Como antecedentes de los instrumentos de tecla podríamos citar al salterio, el tympanom y el manicordio. Como fruto del perfeccionamiento de dichos instrumentos surgieron el clave –clavicémbalo– (en el que las cuerdas son arañadas por púas o plectros, terminando también el mecanismo en teclas) y el clavicordio (a base de cuerdas golpeadas por láminas metálicas que terminan en tecla). En el siglo XVIII surgirá un nuevo instrumento de tecla: *el pianoforte,* el piano.

Los instrumentos de tecla más empleados en el siglo XVI fueron la espineta y el virginal. Este último tuvo su apogeo en Inglaterra, hasta el punto de que los virginalistas ingleses, como Byrd, Bull y Gibbons, adquirieron un renombre extraordinario. En España sobresalen Diego Ortiz, Bermudo y Santamaría.

4. Recomendaciones y prácticas

4.1. Recomendaciones preferentes

4.1.1. Aprende y disfruta con OYE Y ESCUCHA

Para conocer y comprender la música debes cultivar tu sensibilidad y de ahí que has de disfrutarla oyendo/escuchando con frecuencia diferentes estilos, estéticas, géneros...: música sinfónica, de cámara, dramática, en recitales y conciertos, en CDs, por radio, televisión, etc. Si no escuchas, no disfrutarás ni comprenderás.

En este tema sobre el Renacimiento voy a proporcionarte ejemplos de los contenidos principales: polifonía religiosa, polifonía profana y música instrumental.

POLIFONÍA RELIGIOSA:

- Escuela flamenca, 1ª mitad del siglo XV.

  OYE Y ESCUCHA la obra seleccionada: *Kirie. Missa L´homme armé de* G. Dufay

- Escuela flamenca, 2ª mitad del siglo XV

  OYE Y ESCUCHA la obra seleccionada: *Sanctus. Missa* de J. Ockeghem

- Escuela flamenca, 1ª mitad del siglo XVI

  OYE Y ESCUCHA la obra seleccionada: *Kyrie. Missa L´homme armé de* J. des Prez

- Escuela flamenca, 2ª mitad del siglo XVI

  OYE Y ESCUCHA la obra seleccionada: *Hieremiae prophetae* de O. De Lasso

- Escuela romana

  OYE Y ESCUCHA la obra seleccionada: *Cantatibus organis* de G. Palestrina

- Escuela española

  OYE Y ESCUCHA la obra seleccionada: *Dúo seraphin* de F. Guerrero

POLIFONÍA PROFANA

- En Francia:
  OYE Y ESCUCHA la obra seleccionada: *Une puce* de C. Le Jeune

- En Francia
  OYE Y ESCUCHA la obra seleccionada: *Le chant du rossignol* de C. Janequin

- En Italia
  OYE Y ESCUCHA la obra seleccionada: *Mercé grido priagendo* de C. Gesualdo

- En España
  OYE Y ESCUCHA la obra seleccionada: *Ensalada "La justa"* de M. Flecha

MÚSICA INSTRUMENTAL:

- Vihuelistas españoles:
  OYE Y ESCUCHA la obra seleccionada: *Fantasía que contrahace el arpa* de L. Narváez

- Vihuelistas españoles:
  OYE Y ESCUCHA la obra seleccionada: *Fantasía* de L. Milán

- Virginalistas ingleses
  OYE Y ESCUCHA la obra seleccionada: *The Queen Alman* de W. Byrd

- Conjunto instrumental, Escuela española.
  OYE Y ESCUCHA la obra seleccionada *Danza alta* de F. De La Torre

4.1.2. Lee

Además del apartado de Sinopsis, donde se realiza un importante resumen del tema que nos ocupa, te recomiendo mis apuntes sobre *El Renacimiento,* en el objetivo de que te puedan servir de ayuda y complemento a tu estudio. En ellos encontrarás matices y concreciones a los contenidos de la sinopsis, a la vez que comprobarás que están presentados de forma ágil y sintetizada.

- Apuntes sobre el Renacimiento (Dra. Sestelo)

4.2. Recomendaciones adicionales

Se recomienda la lectura de los *pensamientos* que se muestran a continuación.

Nacimiento del Rey Juan II

"El romper del agua eran tenores
Que con las dulces aves concordaban,
En bozes baxas e de as mayores
Duçaynas e farpas (arpas) otro sy sonavan
E oy personas que manso cantavan,
Mas por distancia non las entendía,
E tanto era su gran melodía
Que todas las aves mucho se alegravan"
(Micer Francisco Imperial, *Dezir a la siete virtudes*, Cancionero de Baena).

Canonización de San Vicente Ferrer y San Pedro de Villacreces

"Sonaba tal melodía de voces con estormentes
en músicas tan scientes que apenas las entendía.
E bien como los cantores cesan cuando el preste canta,
cesó la familia santa, los triples, contras, tenores"
(Marqués de Santillana, siglo XV).

La música, formando a reyes y príncipes

"Este virtuoso ejercicio musical es muy conveniente a los ínclitos reyes y príncipes, porque los endereza y dispone a virtudes políticas que es saber bien regir y gobernar su república" (Ruy Sánchez Arévalo, *Vergel de Príncipes*, siglo XV).

El poder de la música

"Entre las cosas adecuadas para recrear al hombre dándole placer, la música es la primera o una de las más importantes. Es, pues, un don que Dios nos concede para lograr tal cometido. Por esto no debemos de abusar de ella, por temor a poderla manchar y convertirla en nuestra propia condenación, en vez de emplearla para nuestro bien y salud. La experiencia nos enseña que ella tiene el secreto y casi el increíble poder de mover nuestros corazones en uno u otro sentido" (Calvino, *Prólogo al Salterio de Ginebra*, 1543).

Música y alma

"El hombre que no posee música en sí mismo, a quien no le conmueve el concierto de los dulces sones, es como un traidor y bandido. Los movimientos de su alma son tristes como la noche y sus afectos sombríos como el Erebo. Desconfiad de tal hombre" (Shakespeare, *El mercader de Venecia*, siglo XVI).

El poder de la música

"Es grande el poder de la música, no sólo para distraer, sino también para conducir y dirigir las almas de los hombres. Así lo han dicho los más eminentes sabios de la antigüedad y la experiencia de cada día lo confirma. Merecen ser censurados los que abusan de tal don divino, utilizándolo no sólo para entretenimientos frívolos y ligeros, sino, lo que es peor, para excitar a los hombres hacia la maldad, el placer y la pereza. Por lo que a mí concierne, aún siendo joven, no me he apartado de esta costumbre, poniendo gran cuidado en que no salga de mí nada que pueda incitar a la maldad e indecencia" (Palestrina, *Dedicatoria del primer libro de motetes a Juan Petraloysius*, 1569).

La música, un don divino (idea principal de este pensamiento)

"La música es como una autodisciplina que vuelve a las personas más pacientes, dulces, modestas y razonables. Es un don de Dios y no de los hombres; hace huir al demonio y da alegría. Con ella se olvida la cólera y los vicios. Por ello estoy plenamente convencido, y no temo decirlo, que después de la teología ningún arte puede ser igualado con la música. Es el bálsamo más eficaz para calmar, alegrar y vivificar el corazón del triste y del afligido. La música es un don sublime que Dios nos ha regalado" (Martín Lutero, *Carta a Senfl*, siglo XVI).

El Renacimiento, floración musical de cosas nuevas

"¡Desde su nacimiento cuántas veces la música se ha cambiado y renovado!... hace doscientos años que vivían Ockeghem, Obrecht, Pierre de la Rue y otros similares. Los músicos de hoy saben muy bien la música que éstos nos legaron. A éstos les sucedieron Josquin des Prez, J. Mouton, Richafort y otros, los cuales encontraron otro modo de componer. Luego vinieron Gombert, Mancicourt, Clemente non Papa, Créquillon, Certon y varios más que dispusieron la música de otra manera. Seguidamente aún fue cambiada por Villaert, Cipriano de Rore, O. de lasso, Felipe de Monte y otros varios. En nuestros días la vemos tratada diferentemente por Jacque de Wert, Lucca Marenzio, Feretti y otros. Y no solo en diferentes épocas, sino en las diferentes regiones nos proporcionará varios tipos de música; en unas partes son los madrigales italianos, en otras, las canciones napolitanas, en otras los villancicos de España; más allá, los aires de Francia, y las canciones y motetes de Alemania y de los Países Bajos. Los músicos de la misma época y países son tan diferentes entre ellos mismos, que no hay ni el más pequeño que trate de crear su propio aire, por el que puede ser reconocido y distinguido de los restantes; tantas son las novedades habidas en música" (Pierre Maillart, *Los tonos o discursos sobre los modos de música*, siglo XVI).

Guerrero y sus Canciones: texto en espiritual

"La música ocupa el primer rango entre las siete artes liberales. Celebra en la Iglesia los combates y triunfos de Dios; es la que adoptan los santos en sus devociones. Por ella los pecadores imploran perdón; las tristezas se alivian y los ánimos se levantan. Como ya advierte Isidoro en las Etimologías, es más deshonroso no saber cantar que no saber leer. Está, pues, claro que la música es la más noble de las ciencias humanas y que cada uno debe procurar adquirirla con preferencia a las restantes; porque, aparte de la música, ninguna ciencia ha logrado franquear a los puestos de la Iglesia" (Santo Tomás, *De arte música*, siglo XIII).

Recomendaciones para el cantor

"Deben cantar correctamente aquellas cosas que están escritas, como las concibió el compositor; cantando según el sentido de las palabras contenidas en la composición; guardarse del error de cambiar las letras vocales de las palabras. El cantor no debe emitir la voz con ímpetu y furor, a manera de bestia, sino cantar con voz moderada y proporcionada a la de los otros cantores, de manera que no cubra sin dejar oír las voces de los otros, con lo que más se oye el ruido que armonía; pues la armonía nace de la justa proporción de muchas cosas puestas juntas, de tal modo que una no supere a la otra" (G. Zarlino, *Instituciones armónicas,* Venecia, 1573).

Música: virtud y magnanimidad

"¿Cómo se puede vivir en armonía con un hombre que odia los acordes (= la música)? No es digno de ver la dulce luz del sol el que no hace honor a la música. Parte de ésta agita armoniosamente (según Platón) todo este gran Universo. Por el contrario, el que le concede el debido honor y reverencia es normalmente hombre de bien y tiene un espíritu sano y gallardo e, instintivamente, ama las cosas excelsas como la filosofía, la política, la guerra y todo oficio noble, apareciendo en todas ellas los destellos de su virtud" (Ronsard, *Preface aux meslanges de chansons... au roi Charles IX,* 1572).

El canto mejora al hombre

"La música es como un regulador que vuelve a los hombres más dulces, benévolos, modestos y razonables. Amo siempre la música. El que es versado en este arte es persona de buen temple, preparada para todo. Es preciso conservar la música en la escuela y que el maestro sepa cantar. Sin ella yo no sería nada. No cambiaría por tesoros lo poco que de ella sé. Es preciso habituar a los jóvenes a este arte que les vuelve buenos, finos y aptos para todo. El canto es el mejor arte y ejercicio" (Martín Lutero, *Carta a Senfl,* siglo XVI).

La música perfecciona al ser humano

"La música da perfección a toda obra humana. Por lo que no sólo los sabios de otros tiempos procuraban instruirse en ella, sino también los reyes y emperadores; teniéndose por tan rudos a los que no la sabían como hoy se tiene a los que no saben leer. Nunca se comprenden mejor las cosas que cuando se las asimila con música" (Juan Espinosa, *El arte de la música,* 1520).

La música: medicina del cuerpo y alimento del espíritu

"No estoy de acuerdo (habla el Conde) con el cortesano que no es también un músico, y que al lado de su saber y sutilezas no es hábil igualmente en manejar los diferentes instrumentos. Pues si se piensa bien, no hay trabajo ni medicina más saludable, honestos y encomiables para el descanso que éste. Y principalmente en las cortes donde se hacen muchas cosas para agradar a las mujeres, conmoviendo con suaves melodías sus tiernos corazones. Por esto en otros tiempos, y aún hoy día, ellas han estado siempre inclinadas hacia la música como un alimento de su espíritu"(Baltasar De Castiglione, *El cortesano,* siglo XVI).

La música, inseparable del cantor y del intérprete

"El tañer con el cantar
era muy bien acordado
y no menos concertado
el concierto del danzar"
(Juan De La Encina, *El triunfo del amor,* siglo XVI).

Cabezón: Epitafio

"En este sepulcro yace aquel ilustre Cabezón que fue gloria preclara de la música de órgano. ¿Para qué elogiarte cuando su fama ínclita llena el mundo y su espíritu se ha remontado sobre los astros? ¡Ay! Murió llorado por toda la corte de Felipe, que con él perdió tan singular ornamento" (Epitafio latino que Felipe II mandó grabar sobre la tumba de Cabezón. Según relato de Ildefonso Jiménez De Lerma).

La música eleva el ánimo

"Y porque se vea también que la música no sólo cría la virtud en la edad tierna, sino que la conserva y sustenta en la edad madura, hace de considerar otra excelente propiedad que tiene, y es levantar el ánimo sobre sí, despegándole de la aflicción de las cosas de la tierra, en la cual quanta parte de la perfección humana consista ninguna hay que no sepa, y mucho mejor los contemplativos, que han experimentado lo que vale levantar el espíritu sobre cuidados y embaraços de las cosas del mundo para colocarle en Dios, donde tiene librada su hartura como dice el salmista. Y aunque esta divina propiedad de robar el entendimiento es comúnmente atribuida a otras sciencias, bien claro se ve quanto más aventajadamente lo haze la Música, porque las otras sólo gozan del entretenimiento de la contemplación, que es común a todas. Pero este arte, demás deste, tiene la suavidad que comunica al sentido con el qual regala y adormesce, de manera que dexe, sin embargo, el alma hazer este salto y levantarse sobre sí" (Hernando De Cabezón, Premio al libro *Obras de música para tecla, harpa y vihuela,* de su padre Antonio, Madrid, 1578).

La música eleva el alma

"El aire se serena
y viste de hermosura y luz no usada,
Salinas, cuando suena
la música extremada
por vuestra sabia gobernada.
A cuyo son divino,
mi alma, que en olvido está sumida,
torna a cobrar el tino
y memoria perdida
de su origen primera esclarecida.
Traspasa el aire todo
hasta llegar a la más alta esfera
y oye allí otro modo
de no perecedera
música, que es de todas la primera.
Ve cómo el Gran Maestro
a questa inmensa cítara aplicado,
con movimiento diestro produce el son sagrado
con que este eterno templo es sustentado.

Y como está compuesta
de números concordes, luego envía
consonante respuesta y entrambas a porfía
mezclan una dulcísima armonía.
Aquí el alma navega
por un mar de dulzura, y finalmente
en él así se anega,
que ningún accidente
extraño o peregrino oye o siente
¡Oh! Suene de continuo,
Salinas, vuestro son en mis oídos,
por quien al Bien Divino
despiertan los sentidos,
quedando a los demás adormecidos"
(Fray Luis de León, *Oda a Francisco de Salinas*, siglo XVI).

4.3. Haciendo prácticas 1

4.3.1. Aprende y disfruta con OYE Y ESCUCHA

En esta actividad el objetivo es que, a través de la audición de todas las piezas propuestas en la sección Aprende y disfruta con Oye y Escucha de este tema, y siguiendo las recomendaciones expuestas, comiences a diferenciar en la práctica algunos contenidos que has aprendido en la teoría.

Una vez que hayas escuchado todas las piezas, selecciona:

Dos del apartado de polifonía religiosa
Dos de polifonía profana
Dos del apartado de música instrumental

A continuación, sigue las indicaciones para cada pieza seleccionada:

1. Escribe unos breves comentarios sobre cada pieza para demostrar que las has escuchado. Y para ello, el estudio del tema te ayudará. Cada tema añadirá conceptos que deberás ir incluyendo.
2. Esos breves comentarios serán relativos a las indicaciones que el profesor va marcando para su escucha.
3. Comenta todo lo que percibas a través de la escucha. Por ejemplo: qué instrumento o instrumentos te parece que participan, si suena toda la orquesta o no, si es un instrumento solista y orquesta, etc.
4. También, si el carácter es rítmico o melódico, si notas frases largas o cortas, etc.
5. Si notas un ritmo ordenado y simétrico o lo contario, lirismo o brusquedad, apasionamiento o una música más racional y sin implicaciones emocionales, algún elemento extraño a resaltar, alguna inclusión de música oriental fusionada con la occidental, etc.
6. Y, por supuesto, si te ha gustado realizar esta experiencia y si hay algunas obras que te han llamado más la atención que otras y los porqués.

Todos estos comentarios deberán expresarse de forma breve y concisa.

El objetivo no es la extensión, sino la demostración de que te estás iniciando en la escucha de la música y que intentas reflexionar y disfrutar con ella.

4.4. Haciendo prácticas 2

4.4.1. Didáctica auditiva-visual

1. Escucha una obra polifónica (por ejemplo, el *Ave María* de Victoria) y anota los siguientes aspectos:

   a. Si es melodía vertical u horizontal o en qué partes lleva uno u otro estilo
   b. Cuántas son las voces componentes
   c. Cómo entran la voces al principio
   d. Observa los momentos en los que una voz imita a otra y y en los que la voz se imita a sí misma

2. Escucha una obra de música renacentista para clave y otra para órgano. ¿Qué diferencia encuentras en sonido y efectos? Observa una lámina o foto de los mencionados instrumentos.
3. Escucha una obra de vihuelistas y otra no española para laúd y señala seguidamente las diferencias que se encuentran entre una y otra. Observa una lámina o foto de los mencionados instrumentos.
4. Valiéndote de algunos libros de arte, y también del apoyo de las nuevas tecnologías, busca cuadros pictóricos de artistas del Renacimiento que representen escenas musicales, eclesiásticas o cortesanas de voces cantando que no estén contenidas en el manual. Cita el artista y la obra.
5. Valiéndote de libros, diccionarios o enciclopedias, y también del apoyo de las nuevas tecnologías, trata de confeccionar una pequeña lista de célebres arquitectos, escultores y pintores renacentistas que tuvieron aficiones musicales o tocaron algún instrumento.

Los objetivos de esta práctica son los siguientes:

1. Ahondar, un poco más, en los contenidos teóricos de este tema a través de la audición dirigida.
2. Relacionar e integrar la música con otras artes.

7

Estilos, estéticas y períodos musicales en la Historia: Barroco

Sinopsis

El tema 7 –*Estilos, estéticas y períodos musicales en la historia: Barroco*– nos va a seguir ayudando a reflexionar acerca de la importancia de la Música en la historia, en la sociedad, en definitiva, en la vida de la persona y cómo este arte no sólo está integrado en las demás artes y en cualquier hecho político-social y cultural en general, sino que puede servir de nexo integrador de todo. Y en este tema continuaremos estudiando lo que se denomina BARROCO, adentrándonos en cómo y cuáles fueron los hechos y manifestaciones de la Música y, también, de su entorno histórico, artístico y cultural, en dicha época.

Árbol temático

ESTILOS, ESTÉTICAS Y PERÍODOS MUSICALES EN LA HISTORIA: BARROCO

EL BARROCO: CARACTERÍSTICAS Y GENERALIDADES

- PANORAMA HISTÓRICO-ARTÍSTICO-CULTURAL
- PANORANA MÚSICAL

EL BARROCO EN ITALIA

- PANORAMA HISTÓRICO-ARTÍSTICO-CULTURAL
- PANORANA MÚSICAL
- ÓPERA
- MÚSICA RELIGIOSA
- MÚSICA INSTRUMENTAL

EL BARROCO EN ALEMANIA

- PANORAMA HISTÓRICO-ARTÍSTICO-CULTURAL
- PANORANA MÚSICAL
- ÓPERA
- MÚSICA RELIGIOSA
- MÚSICA INSTRUMENTAL

EL BARRCOCO EN INGLATERRA

- PANORANA MÚSICAL
- ÓPERA
- MÚSICA RELIGIOSA
- MÚSICA INSTRUMENTAL

EL BARRCOCO EN FRANCIA

- PANORANA MÚSICAL
- ÓPERA
- MÚSICA RELIGIOSA
- MÚSICA INSTRUMENTAL

EL BARRCOCO EN ESPAÑA

- PANORANA MÚSICAL
- ÓPERA
- MÚSICA RELIGIOSA
- MÚSICA INSTRUMENTAL

1. El Barroco: características y generalidades

1.1. Panorama histórico-artístico-cultural-musical

A finales del siglo XIX el Barroco pierde el sentido peyorativo de extravagante y recargado que se le atribuyó en el siglo XVIII, para designar con ese nombre el período histórico que sigue al Renacimiento y precede a la Ilustración, y que está dotado de un estilo y sensibilidad propios (siglo XVII y primera mitad del XVIII).

Aunque algunos lo han calificado como el arte de la Contrarreforma –comparado con épocas precedentes, pues efectivamente hay en algunos lugares una preponderancia de lo religioso–, el Barroco también coincide con un período de laicismo en el que los temas profanos conviven en su espacio. El arte, especialmente en las regiones nórdicas y en los Países Bajos, no se limita a representaciones religiosas y bíblicas, sino que extenderá sus objetivos a escenas costumbristas, domésticas y paisajísticas.

En el Barroco la línea queda reemplazada por los efectos lumínicos del claroscuro. La arquitectura del Barroco no se concibe aisladamente, sino en función de lo que la rodea. En música, aunque el contrapunto llegará a su plenitud con Bach, también se iniciará la melodía acompañada donde las líneas melódicas se subordinan unas a otras.

Junto a las masas arquitectónicas del Barroco estará, en música, la dinámica interna, con claroscuros de sonoridades que van del fuerte al piano.

Dramatismo interno con un profundo realismo y expresiones extremadas que se dan tanto en las artes plásticas como en la música.

Libertad de formas al servicio del individuo. En música el virtuoso sustituye al grupo de coristas, y la expresión individualizada a la colectiva.

La riqueza ornamental del Barroco es consecuencia de la libertad de expresión. Su punto culminante se encuentra en el estilo churrigueresco español. La exuberancia decorativa se traduce en música, con cierto retraso, a finales del siglo XVII: son habituales la improvisación, las ornamentaciones y las filigranas del *bel canto.*

El abuso ornamental produjo cierta ampulosidad y teatralidad, tanto en música como en las demás artes: coros hasta de treinta y seis voces, vocalizaciones exageradas y exceso decorativo de interiores en las artes en general.

1.2. Panorama musical

Las grandes formas instrumentales creadas en el siglo XVII, que se desarrollarán y perfeccionarán en el XVIII son: la fuga, la suite, la sonata y el concierto.

La fuga es la composición polifónica más compleja, de estilo horizontal o contrapuntístico, de forma unitaria y estructurada en la reaparición constante del tema acompañado de un contratema. Hay de dos, tres, cuatro o más voces. Máximo representante Juan Sebastián Bach.

La suite, conjunto de danzas de origen en la Edad Media. Alternan una lenta y otra rápida (*alemanda, courante, zarabanda, giga*).

Sonata (originariamente cantata, para ser cantada, tocata, para ser tocada con un instrumento de tecla y sonata, por uno de arco). Los italianos distinguen desde un principio en *sonata de iglesia* y *sonata de cámara*. Su principal representante fue Corelli; después, Kuhnau.

El Concierto, una sonata para muchos instrumentos. *Tutti*, el nutrido conjunto instrumental que dialoga o contrasta con un instrumento solista (*concertino*) o con un grupo de solistas (*concerto grosso*).Uno de los primeros cultivadores fue Viadana, Correlli fijó la forma y Vivaldi la perfeccionaría.

En el Barroco no se crearon instrumentos nuevos, sino que se perfeccionaron los existentes. El clavecín, el violín y el órgano fueron los más importantes. La música de órgano ocupa uno de los puestos más destacados en la producción del siglo XVII.

2. El Barroco en Italia

2.1. Panorama histórico-artístico-cultural-musical

El Barroco nace en Italia en un esfuerzo por inyectar realismo al agotado idealismo del Renacimiento. Su dinamismo dominará la arquitectura, la escultura y la pintura, caracterizadas por el naturalismo y movilidad de las figuras con sus expresiones exaltadas, el efectismo y la teatralidad.

2.2. Panorama musical

2.2.1. Ópera: florentina, romana y veneciana

Ópera Florentina: En Florencia se celebraban ya distintas representaciones sustitutivas de los misterios medievales con intervención de música: *mayos, pastorales y representaciones sagradas.* También la corriente humanista reaccionó contra la polifonía a favor de la melodía y de la expresión individual, a través de escenificaciones e intermedios en los que colaboraron incluso pintores como Rafael y Leonardo.

Peri, Caccini, Galillei y Rinuccini, artistas, literatos y músicos, reunidos en Florencia, recogen estos intentos de representación para independizarlos y darles nueva forma. De aquí saldrá el recitativo de melodía acompañada. El lema de estos autores es la vuelta al helenismo, es decir, el intento de resucitar el drama musical griego.

Eurídice, la primera ópera de Peri, se estrenó en Florencia el año 1600 con la colaboración de Caccini. En ella aparecen los tres grandes principios del nuevo estilo: declamación dramática en estilo recitativo declamado libre, pasajes melódicos del solista (aria, con ligero acompañamiento), y el uso de una voz baja a la que se le añadirían unas cifras indicativas de los acordes que habían de improvisarse (llamado bajo continuo).

Ópera Romana: Estas innovaciones florentinas fueron enseguida acogidas por los artistas romanos. Sin embargo, estos últimos emplean mayor número de coros y de escenas cómicas. Los principales representantes son Rossi y Landi. Éste último compuso *San Alejo,* sobre la vida de este santo y que puede considerarse entre una ópera y un oratorio; y la *Muerte de Orfeo,* considerada como el inicio de la ópera bufa.

Ópera Veneciana y Monteverdi: a mediados del siglo XVII Venecia recoge la herencia operística romana. En cincuenta años se abren nueve teatros de ópera. Los argumentos siguen siendo mitológicos y griegos, predomina el solo, y disminuye el número y extensión de los coros. Surge el empleo de *intermedios,* introducciones instrumentales llamadas *ritornelos, oberturas* y *sinfonías.* La orquesta va colocada delante del escenario y predominan ya los instrumentos de arco.

Claudio Monteverdi (1567-1643), el más grande músico italiano de la primera mitad del siglo XVII, consagró definitivamente la ópera. Desarrolló sus principales actividades musicales como maestro de capilla en San Marcos de Venecia. Obras principales: *El retorno de Ulises, la Coronación de Popea y Orfeo.* Se resalta la elegancia, los sentimientos humanos y el sentido colorista y expresivo de los instrumentos.

2.2.2. Música religiosa: rasgos generales

Hasta el siglo XVII la música religiosa era eminentemente vocal. Al final del mismo siglo se perfila una corriente que concede cada vez más cabida a las formas eclesiásticas instrumentales a modo de intermedios, introducciones, ritornellos, preludios orgánicos y conjuntos para coro e instrumentos. La naciente ópera salpica también a la música religiosa y, aunque varíen los nombres de ambos géneros, se distinguen poco en espíritu y estructura. Se puede decir que durante el siglo XVII coexisten tres estilos religiosos diferentes: la polifonía vocal (*a capella*), el solo acompañado de algunos instrumentos y el estilo concertante de voces e instrumentos concertados.

Música Religiosa Italiana: el acontecimiento más importante dentro de la Música Religiosa Italiana del siglo XVII es el desarrollo del oratorio. Se trata de una composición vocal-instrumental, con partes líricas y dramáticas, sobre textos bíblicos y religiosos, de carácter alegórico, pero sin escenografía ni acción. El oratorio surge de las representaciones sagradas italianas del siglo XVII. Ya a mediados del siglo XVI, San Felipe Neri organizaba reuniones de jóvenes en una iglesia u oratorio de Roma en la que, antes o después de administrar los sacramentos, se interpretaban ciertas pequeñas obras musicales sobre textos bíblicos.

Música Instrumental: la práctica instrumental en Italia se reduce a conciertos, oberturas, concerti grossi y sonatas, formas en las que domina la cuerda –sobre todo el violín– y en menos escala el clavicémbalo.

Los dos nombres más destacados son los de Vivaldi y Tartini.

Vivaldi fue violinista de San Marcos de Venecia. Compuso cerca de seiscientas obras; de sus casi cuatrocientos conciertos, el más conocido es *Las cuatro Estaciones*, de ritmo vigoroso, gran lirismo y cierto carácter descriptivo.

Tartini se distinguió por un gran virtuosismo técnico. Toda su obra está impregnada de gran musicalidad. Es popular su sonata Trío del Diablo que, según la leyenda, el autor oyó tocar en sueños al diablo.

En el clavecín sobresalió Domenico Scarlatti, del que hablaremos más adelante.

En órgano el máximo representante es Frescobaldi, cuya técnica sobresale en *Flores musicales*.

3. El Barroco en Alemania

3.1. Panorama histórico-artístico-cultural

El Barroco fue acogido muy favorablemente en Alemania. Musicalmente coincide en el siglo XVII con la corriente italianizante de la ópera; en el siglo XVIII, con las figuras cumbres de Bach y Haendel, que representarán la culminación del Barroco musical.

3.2. Panorama musical

Ópera Alemana: fue tal el impacto de la ópera italiana entre la aristocracia alemana, que llegó a eclipsar cualquier conato de ópera nacional. En la región austrogermana casi todo el haber operístico es de origen italiano. Resaltan por su brillantez las ciudades de Viena, Munich y, sobre todo, Hamburgo, donde se producen los primeros esfuerzos por buscar una ópera nacional con Keiser, precursor de la ópera cómica.

Música Religiosa en Alemania: fue extraordinaria la influencia de la música religiosa italiana, pero también dejó su huella el coral luterano. Además del oratorio, en Alemania se practicó un género nacional: la cantata religiosa que no era más que un oratorio en pequeño. En su forma primitiva era una alternancia de arias y recitativos sobre el acompañamiento sencillo de un instrumento. Luego se convertiría en composición para una o varias voces (arias, recitativos y coros), con acompañamiento e intermedios orquestales destinada a la iglesia (cantata de iglesia) o al concierto (cantata de cámara), y de estilo similar a una ópera u oratorio en pequeño. La cantata religiosa alcanzó su mayor esplendor en Alemania. Schütz fue su principal cultivador antes que Bach, quien la elevó a la máxima perfección.

Música Instrumental en Alemania: la música de cámara tuvo un amplio desarrollo en Alemania. Se cultiva principalmente la suite, tanto en clave como en otros instrumentos. Prevalecen dos corrientes, una en el Sur, que se impondrá en el Clasicismo (segunda mitad del XVIII), donde rivalizan la Corte de Manheim con la escuela de Viena, Haydn y Mozart. Y otra, la que nos ocupa, en el Barroco (en la primera mitad del siglo XVIII), en la Alemania del Norte y Central, donde las formas instrumentales alcanzan su máximo esplendor. Figura muy relevante es Haendel, sin olvidar a otros dos contemporáneos: Matheson y Telemann. Pero, sin duda, la gran figura del Barroco alemán y de todos los tiempos es Johann Sebastian Bach. Para casi todos, el más grande de la historia. En su obra resume y prácticamente agota las posibilidades expresivas del Barroco, en especial de la fuga. Obra: Clave bien temperado, Conciertos, Suites, Arte de la fuga, Pasiones, Cantatas, Conciertos...

Alemania se sitúa a la cabeza de la música orgánica en el Barroco (Pachebell, Kuhnau, Froberger).

4. El Barroco en Inglaterra

4.1. Panorama musical

Ópera: la situación en Inglaterra es bastante semejante a la alemana: las escenificaciones propias tradicionales y las influencias continentales impedirán la creación de una ópera genuinamente inglesa.

Carlos II restaura la música en general, arrinconada durante la época anterior, dando cabida a artistas franceses y a compañías operísticas italianas. Con estos precedentes surge la figura de Purcell, organista de la Abadía Westminster y compositor oficial de la corte hasta su muerte. Alcanzó gran prestigio gracias a su música religiosa e instrumental, pero destacó sobre todo en la que compuso para teatro. Su ópera cumbre es *Dido y Eneas.*

Música Religiosa: en Inglaterra la transición del culto católico al anglicano es bastante suave, ya que el ritual anglicano conserva parte del oficio católico. Durante la época de Cromwell la música quedó desterrada oficialmente de templos y catedrales, hasta el punto de quedar abolidos los coros y destruidos los órganos. A partir de Carlos II las catedrales restauran sus coros y sus órganos. El gran motete del culto anglicano será el *Himno o Antífona.*

Música Instrumental: poca importancia tuvo en Inglaterra la música instrumental. La música para clavecín y para órgano –después de clausurada la escuela de virginalistas, si exceptuamos a la gran figura de Purcell, quien también tiene suites y danzas– fue casi inexistente.

5. El Barroco en Francia

Ópera: la ópera francesa tiene su origen en los *aires y ballets de corte*, a los que tan aficionado fue tradicionalmente el pueblo francés. Son representaciones suntuosas, con danzas y coros recitados sin fuerza dramática. Sus argumentos eran una mezcla de mitología, alegoría, política y sátira.

En principio, Francia se mostró reacia a la influencia de la ópera italiana hasta la llegada de Lully, un músico venido de Italia que llegó a director de la banda de los "pequeños violines de Luis XV". Lully adopta el nuevo estilo de ópera-ballet, que supera a la ópera italiana, pues cuenta con la colaboración de célebres literatos como Corneille y Racine. Concede gran importancia a la danza dentro de la ópera y da mayor relieve a la música instrumental y a los coros.

Música Religiosa: la música religiosa del Barroco Francés estuvo influenciada por la suntuosidad y superficialidad del estilo versallesco de la época de Lully y sus seguidores. Un ejemplo de este suntuoso estilo es el Gran Motete. Los principales representantes de la música religiosa francesa, además de Lully, son Charpentier, Campra, Lalande.

Música Instrumental: el francés se encuentra muy a gusto con la suite y sus danzas: gavotas, minués, mussetes... El instrumento que mejor muestra el espíritu del Rococó francés es el clavecín. Sus figuras cumbres fueron Couperin y Rameau.

6. El Barroco en España

6.1. Panorama musical

La Música Escénica Española: a partir de Juan de la Encina, el teatro, evolucionando hacia lo popular y profano, pasa de la iglesia a los patios y mesones. Las formas escénicas de los siglos XVI y XVII consisten en *entremeses, farsas, églogas, diálogos para cantar, villancicos dialogados, ensaladas, intermedios pastoriles, coros a voces, llamados tonos humanos...*

En el siglo XVII la música tiene una mayor intervención en las comedias, ya sea como introducción o como intermedio. La introducción coral, ejecutada por cuatro solistas, dio nombre a los llamados *Cuatro de empezar*. En ocasiones, los mismos actores presentaban a la compañía con la *loa*, que posteriormente fue sustituida por una alegre danza final llamada *jácara*. La música tuvo una extraordinaria importancia en el teatro de Tirso de Molina, Lope de Vega y Calderón de la Barca. *La selva sin amor*, hoy perdida, de Lope de Vega, podría ser la primera ópera nacional. Se conservan algunos fragmentos de *Celos aún del aire matan*, de Calderón de la Barca con música de Juan Hidalgo.

Música Religiosa: en España continúa la música polifónica a *voces solas* (*a capella*). En la segunda mitad del siglo XVII la influencia italiana se deja sentir en el barroquismo y multiplicidad de coros y voces.

Música Instrumental: en el siglo XVII, mientras que la vihuela en España y el laúd en Europa pierden importancia, la guitarra se hace popular en España y, también, en Italia. La guitarra no llega a adquirir el rango aristocrático del laúd y de la vihuela; el punteado tañer de estilo polifónico del vihuelista es sustituido por el característico rasgueado en arpegios y acordes del guitarrista. Entre los tratadistas y compositores que dieron empuje al arte guitarrístico destacan de Velasco, Ribayaz y, sobre todo, Gaspara Sanz, con su *Instrucción de música*.

En España, en el siglo XVIII, debido a diferentes causas, conservamos escasa música instrumental. De lo poco conservado lo que tiene interés son las obras de Scarlatti y del P. Soler. Desaparece la brillante escuela de guitarra, instrumento relegado a la clase baja.

Scarlatti, calificado por algunos como “el genio ítalo-español”, vivió en España el período más largo de su vida y gran parte de su obra clavecinística lleva el sello hispánico. Tras pasar por diferentes cargos en distintas ciudades, en 1729 se estableció en Madrid, llamado a la corte por la reina Bárbara de Braganza. Su obra fundamental lleva el título de Ejercicios. Son sonatas breves para clave, de un solo movimiento, en las que surge, por primera vez, el virtuosismo para teclado.

Si exceptuamos a Scarlatti, el P. Soler es el compositor español del siglo XVIII más conocido. Autor de Seis conciertos para dos violines, viola y clave y los Conciertos para dos órganos, el P. Soler debe la fama a las Ochenta sonatas para clavecín. Aunque es patente la influencia de Scarlatti, su obra lleva un sello folklórico más acusado.

7. Recomendaciones y prácticas

7.1. Recomendaciones preferentes

7.1.1. Aprende y disfruta con OYE Y ESCUCHA

Para conocer y comprender la música debes cultivar tu sensibilidad y de ahí que has de disfrutarla oyendo/escuchando con frecuencia diferentes estilos, estéticas, géneros...: música sinfónica, de cámara, dramática, en recitales y conciertos, en CDs, por radio, televisión, etc. Si no escuchas, no disfrutarás ni comprenderás.

En este tema, sobre el Barroco, voy a proporcionarte ejemplos de los contenidos principales: ópera, música religiosa y música instrumental, en los ámbitos nacionales más destacados.

Ópera

- Italiana

  OYE Y ESCUCHA la obra seleccionada: *Orfeo "In un Fiorito prato"* de C. Monteverdi.

- Inglesa

  OYE Y ESCUCHA la obra seleccionada: *Dido and Aeneas* (fragmento) de H. Purcell.

Música religiosa

- Italiana

  OYE Y ESCUCHA la obra seleccionada: *San Giovani Battista* (fragmento) de A. Stradella.

- Francesa

  OYE Y ESCUCHA la obra seleccionada: *Te Deum: Preludio* de M. A. Charpentier.

- Alemana

  OYE Y ESCUCHA la obra seleccionada: *Cantata BWV 104. Chorale* de J. S. Bach.

OYE Y ESCUCHA la obra seleccionada: *Pasión según San Mateo* (fragmento) de J. S. Bach.

OYE Y ESCUCHA la obra seleccionada: *El Mesías. "Amén"* de G. F. Haendel.

Música instrumental

- Italiana

OYE Y ESCUCHA la obra seleccionada: Concierto grosso (1º mov.: Allegro) de A. Corelli.

OYE Y ESCUCHA la obra seleccionada: Las Cuatro Estaciones, Op. 8 *La Primavera* (1º mov.: Allegro) de A. Vivaldi.

OYE Y ESCUCHA la obra seleccionada: Concierto en Solm, Op. 9, nº 8, para oboe, cuerdas y continuo (3º mov.: Allegro) de T. Albinoni.

- Alemana

OYE Y ESCUCHA la obra seleccionada: *Canon* de J. Pachebel.

OYE Y ESCUCHA la obra seleccionada: Concierto en Sib M, O. 4, nº 6, para arpa, cuerdas y dos flautas de G. F. Haendel.

OYE Y ESCUCHA la obra seleccionada: Preludio, Fuga y Allegro, para laud, en MibM, BWV 998 *(Fuga)* de J. S. Bach.

OYE Y ESCUCHA la obra seleccionada: Tocata en Rem, para órgano, BWV 565 de J. S. Bach.

OYE Y ESCUCHA la obra seleccionada: Concierto para cuatro claves y cuerdas en Lam, BWV 1065 (1º mov.: Allegro) de J. S. Bach.

OYE Y ESCUCHA la obra seleccionada: Tercer Concierto de Brandeburgo en SoM, BWV 1048 de J. S. Bach.

- Española

OYE Y ESCUCHA la obra seleccionada: *Tiento de medio registro* de Correa de Arauxo.

OYE Y ESCUCHA la obra seleccionada: Concierto en DoM. nº 1, para dos teclados, de A. Soler.

7.1.2. Lee

Además del apartado de Sinopsis, donde se realiza un importante resumen del tema que nos ocupa, te recomiendo mis apuntes sobre el Barroco, en el objetivo de que te puedan servir de ayuda y complemento a tu estudio. En ellos encontrarás matices y concreciones a los contenidos de la sinopsis, a la vez que comprobarás que están presentados de forma ágil y sintetizada.

- Apuntes sobre el Barroco (Dra. Sestelo)
- Apuntes sobre Ópera (Dra. Sestelo)

7.2. Recomendaciones adicionales

Se sugiere la lectura de los *pensamientos* que se muestran a continuación, relativos a reforzar contenidos del tema tratado, así como para conocer esa información personal y curiosa, la cual es también determinante, en el objetivo de profundizar en la filosofía de las diferentes épocas y en la psicología de sus protagonistas.

Recomendaciones para el canto

"No cantar frente a una ventana o puerta entreabierta.
Cantar lo menos posible durante o inmediatamente después de la comida.
Ejercitarse todas las mañanas en la voz.
No cantar frente al fuego sin ponerse algo delante de la boca.
Jamás cantar por la tarde al sereno" (Monteclair, *Pequeño método para enseñar la música a los niños y aún a los adultos,* 1736).

La ópera a principios del siglo XVII

"Es un espectáculo de príncipes, admirable por encima de todos; porque en él se unen todos los más nobles placeres: invención poética, drama, pensamiento, estilo, dulzura de rimas, encanto, concierto de voces e instrumentos, gracia de danzas y gestos, atractivo de la misma pintura (en decorados y vestidos); en fin, la inteligencia y los más bellos sentimientos quedan fascinados por las más perfectas artes que haya encontrado el género humano" (Marco Da Cagliano, Prefacio a su ópera *Dafne,* 1608).

Música y lenguaje

"Aprendí más con los doctos razonamientos de la camerata florentina del conde Bardi que en más de treinta años de estudio de contrapunto. Ya que esos gentilhombres siempre me han aconsejado y convencido, con clarísimas razones, de que no debía de apreciar aquella música que no dejando entender bien las palabras (se refiere a la polifonía) deforma el concepto y el verso, alargando unas veces las sílabas y otras acortándolas para acomodarse al contrapunto, con detrimento de la poesía; sino que debía de atenerme al estilo de Platón y de otros filósofos que afirmaron que en la música lo primero es el lenguaje, luego viene el ritmo y por último el sonido, y no al revés; si es que se quiere que pueda ser admirada por los oyentes, lo cual no se puede lograr con el contrapunto de las músicas modernas " (Caccini, Prefacio a su *Nuove Musiche,* Florencia, 1601).

Música y Universo

"Todo cuanto vemos en la Naturaleza es música; y nada puede subsistir sin esta armonía que sólo el hombre, a imitación de Dios, es capaz de producir" (*Los pensamientos de Mr. Dassoucy en Santo oficio de Roma,*1676).

El Coro del *Paraíso*

"El Maestro de Capilla es Cristo; los cantores son los ángeles con todos los bienaventurados. Hay tres escuadrones de ángeles, haciendo cada uno de ellos tres coros. Los Querubines, Serafines y Tronos hacen la voz de soprano y alto; las Dominaciones y los Principados hacen la voz de contralto; las Virtudes y Potestades, el tenor; los Arcángeles hacen el bajo; los Santos mismos cantan también, Cristo da el tono a todos y entonan el nuevo motete. Entre esta música celestial compuesta de tan maravillosas voces que cantan por ciencia infusa, hay aún para mayor perfección, arpas, flautas, violas, espinetas, laúd y toda clase de instrumentos que producen sensación agradable y delicada a nuestros oídos" (Pierre Arnoux, *Del Paraíso y sus maravillas,* 1665).

Variedad de gustos. Si uno no obtiene placer en una obra, búsquelo en otra.

"Sé que hay golosos entre los amantes de la música que no admiten más que lo que viene de Francia o de Italia. Mis frutos (se refiere a sus sonatas para clave) están a disposición de todos; los que no los encuentren a su gusto, no tienen más que buscar en otra parte"(Kuhnau, Prefacio a los *Frutos del Clavecín,* 1700).

El disfrute del arte

"No esperes, diletante o profesor, encontrar en estas composiciones un conocimiento artístico profundo; sino más bien el disfrute ingenioso del arte, para asegurarse la maestría en el clavecín. No me han impulsado a publicarlos ni el interés ni la ambición. Quizá te agraden, y entonces obedece otras órdenes para aumentar tu propio placer, con un estilo más fácil y variado; sé, pues, más humano que crítico y así aumentarás tu propio disfrute" (D. Scarlatti, *Carta dedicatoria de los Ejercicios de clavecín,* hacia 1750).

El placer de los sentidos

"Scarlatti decía frecuentemente a M. Lugier que era consciente de haber infringido en sus lecciones todas las reglas de la composición; pero como él se preguntaba a sí mismo si tales infracciones ofendían al oído y la respuesta le parecía negativa, terminó por pensar que no había otra regla digna de tenerse en cuenta por un genio que la de no desagradar a los solos sentidos, de los que es objeto la música" (Burney, hacia 1776).

La música instruye

"Como la palabra es el signo de nuestros pensamientos, la escritura es el signo de la palabra, y ambos tienen por fin principal la instrucción. Pues bien, la música entre las artes viene a ser como la palabra, y la pintura como la forma de escribirla. Si ambas procuran la satisfacción de la vista y del oído es para hacer más eficaces sus lecciones, por el agrado que les acompaña; pero tan pronto pretenden agradar sin instruir, ¿no comienzan, a partir de este instante, a degenerar y faltar a su fin principal?... No hay nadie a quien no le sea permitido gustar y así como sin ser poeta se puede sentir la diferencia que hay entre Virgilio que pinta la Naturaleza y Lucano que se preocupa del espíritu, del mismo modo sin ser músico se pueden sentir la verdadera belleza de la música y juzgar sanamente acerca del mérito de los músicos. Por esto no nos dejemos llevar del desprecio hacia la misma ni de querer dar a la una preferencia sobre la otra" (Abbé Pluche, *Espectáculo de la Naturaleza,* 1725).

El niño Bach y su hermano

"El hermano de Bach tenía una célebre colección de piezas de compositores conocidos a la que estaba prohibido acercarse al niño Bach, que estudiaba todo cuanto caía en sus manos. Los cuadernos estaban encerrados en una caja atada con alambres. Durante meses, por la noche, alumbrado tan sólo por la luna, porque no tenía candela, el pobre Sebastián se las copió por completo En fin, una vez finalizado este inmenso trabajo, cuando se puso a ejecutar la música adquirida con tanto esfuerzo, su hermano, habiendo descubierto lo que él llamó un crimen, le arrebató el Manuscrito, que no poseyó hasta el año de nuestro matrimonio" (Pequeña *Crónica de Ana Magdalena Bach,* segunda esposa de Bach, siglo XVIII).

Bach, organista en Arnstadt

"En Arnstadt le agradaba de tal modo el órgano que, a menudo, con un amigo abnegado que le daba a los fuelles, se iba a la iglesia a media noche y se estaba tocando hasta el alba. Enseñaba, componía, tocaba el órgano, clavecín, alto y otros instrumentos. Después se consagraba a la educación de la familia, y aún le quedaba tiempo libre para leer libros. Siempre estaba muy ocupado. Solía decir: Yo toco para el mejor músico del mundo; puede ser que no esté presente, pero toco como si lo estuviese" (Pequeña *Crónica de Ana Magdalena Bach,* segunda esposa de Bach, siglo XVIII).

El espíritu de Bach

"Sorprendía a cuantos le veían. Una maravillosa mezcla de grandeza y humildad irradiaba de su entorno. Demasiado inteligente para reconocer su genio, no le concedía importancia. Creía que estudiar profundamente bastaba para hacer de todo hombre un músico como él: Si te esfuerzas como yo –solía decir a sus alumnos–, podrás tocar tan bien como yo" (Pequeña *Crónica de Ana Magdalena Bach,* segunda esposa de Bach, siglo XVIII).

Bach, organista

"(A propósito de un concierto de órgano que dio en Hamburgo y al que asistió el padre de su esposa, Ana Magdalena, que le contó sus impresiones). Cuando mi marido hubo finalizado el concierto, M. Reincken, el célebre organista de Santa Catalina, de 97 años de edad (a quien Bach había escuchado en sus años jóvenes sugestionado por su fama), se acercó a él y, ante la estupefacción de todos, le tomó la mano y se la besó diciéndole: Saludo las manos de un genio; pensaba que semejante arte moría conmigo, pero constato que aún vive en usted" (Pequeña *Crónica de Ana Magdalena Bach,* segunda esposa de Bach, siglo XVIII).

Bach, profesor

"No ha habido jamás un profesor tan paciente (excepto con los holgazanes), infatigable y con tanto empeño como él. Sus ojos y oídos solían apercibirse del menor defecto. Vi jóvenes alumnos temblando antes de acercarse a él y regresar con lágrimas en los ojos, porque se habían conmovido ante su bondad. Les he visto palidecer cuando se enfadaba contra ellos, lo que raras veces sucedía. A veces estallaba su apasionado carácter, no concediendo indulgencia ante cierto tipo de vanidad"... (Pequeña *Crónica de Ana Magdalena Bach,* segunda esposa de Bach, siglo XVIII).

Bach y Haendel, como organistas

"Bach estaba muy interesado por lo que un inglés le había contado acerca de Haendel. Nuestro huésped le había oído tocar varias veces (a Haendel). Pero después de haber oído tocar a Sebastián, se volvió hacia mí y me dijo: Si usted me lo permite, señora Bach, le diré que entre todos los organistas del mundo, y he oído a muchos, ninguno iguala a su marido" (Pequeña *Crónica de Ana Magdalena Bach,* segunda esposa de Bach, siglo XVIII).

7.3. Haciendo prácticas 1

7.3.1. Aprende y disfruta con OYE Y ESCUCHA

En esta actividad el objetivo es que, a través de la audición de todas las piezas propuestas y siguiendo las recomendaciones de cada tema, comiences a diferenciar en la práctica algunos contenidos que has aprendido en la teoría.

Una vez que hayas escuchado todas las obras, selecciona:

Una del apartado de ópera
Tres del apartado de música religiosa
Cuatro del apartado de música instrumental

A continuación, sigue las indicaciones dadas para cada obra seleccionada:

1. Escribe unos breves comentarios sobre cada pieza para demostrar que las has escuchado. Y para ello, el estudio del tema te ayudará. Cada tema añadirá conceptos que deberás ir incluyendo.
2. Esos breves comentarios serán relativos a las indicaciones que el profesor va marcando para su escucha.
3. Comenta todo lo que percibas a través de la escucha. Por ejemplo: qué instrumento o instrumentos te parece que participan, si suena toda la orquesta o no, si es un instrumento solista y orquesta, etc.
4. También, si el carácter es rítmico o melódico, si notas frases largas o cortas, etc.
5. Si notas un ritmo ordenado y simétrico o lo contario, lirismo o brusquedad, apasionamiento o una música más racional y sin implicaciones emocionales, algún elemento extraño a resaltar, alguna inclusión de música oriental fusionada con la occidental, etc.
6. Y, por supuesto, si te ha gustado realizar esta experiencia y si hay algunas obras que te han llamado más la atención que otras y los porqués.

Todos estos comentarios deberán expresarse de forma breve y concisa.

El objetivo no es la extensión, sino la demostración de que te estás iniciando en la escucha de la música y que intentas reflexionar y disfrutar con ella.

7.4. Haciendo prácticas 2

7.4.1. Didáctica auditiva-visual

1. Escucha un fragmento de una ópera de principios del siglo XVII (por ejemplo, *L' Orfeo* de Monteverdi) y luego otro fragmento de una ópera final del mismo autor (por ejemplo *L' Coronación de Poppea*). Anota las diferencias estilísticas que observes entre una y otra.
2. Después de que hayas escuchado los diferentes fragmentos de las obras de música recomendadas en este tema sobre el BARROCO, muestra tus preferencias por una, indicando las cualidades que te impulsan a preferir, esa en concreto, a las restantes.
3. Escucha *La Primavera de Las Cuatro Estaciones* de Vivaldi y anota los siguientes datos:

   a) Nombres de los instrumentos que intervienen.

   b) Movimientos diferentes que distingues.

   c) Hay un tema o estribillo que reaparece continuamente en la orquesta, tanto en el primero como en el tercer tiempo y que alterna con el solo del violín. ¿Cómo se llamaría tal forma musical?

Anota algún motivo descriptivo, si los hay, y especifica qué te recuerdan.

1. Vuelve a escuchar el Coro de la *Pasión según San Mateo* de J.S. Bach y el *Amén* del Oratorio *El Mesías de Haendel*, recomendados ambos audios en el apartado Aprende y disfruta escuchando Música, y anota las diferencias estilísticas que observes entre ambas piezas.
2. Valiéndote de algunos libros de arte, y también del apoyo de las nuevas tecnologías, busca obras pictóricas y/o arquitectónicas y/o escultóricas de artistas del Barroco y vuelve a escuchar las obras musicales anteriores apreciando el denominador común de pertenecer esas artes a la misma estética. Cita los artistas y las obras.

Los objetivos de esta práctica son los siguientes:

1. Ahondar, un poco más, en los contenidos teóricos de este tema a través de la audición dirigida.
2. Relacionar e integrar la música con otras artes.

8

Estilos, estéticas y períodos musicales en la Historia: Clasicismo y transición al Romanticismo

Sinopsis

El tema 8 –*Estilos, estéticas y períodos musicales en la historia: Clasicismo y transición al Romanticismo*– nos va a seguir ayudando a reflexionar acerca de la importancia de la Música en la historia, en la sociedad, en definitiva, en la vida de la persona y cómo este arte no sólo está integrado en las demás artes y en cualquier hecho político-social y cultural en general, sino que puede servir de nexo integrador de todo. Y en este tema continuaremos estudiando lo que se denomina Clasicismo, adentrándonos en cómo y cuáles fueron los hechos y manifestaciones de la Música y, también, de su entorno histórico, artístico y cultural, en dicha época.

Árbol temático

ESTILOS, ESTÉTICAS Y PERÍODOS MUSICALES EN LA HISTORIA: CLASICISMO Y TRANSICIÓN AL ROMANTICISMO

EL CLASICISMO

PANORAMA HISTÓRICO-ARTÍSTICO-CULTURAL

ANTECEDENTES

RASGOS PRINCIPALES

PANORAMA MUSICAL

ANTECEDENTES

CARACTERÍSTICAS GENERALES

LA MÚSICA INSTRUMENTAL Y SUS GRANDES FORMAS

SONATA

SINFONÍA

CONCIERTO

MÚSICA DE CÁMARA

HAYDN Y MOZART

LA TRANSICIÓN AL ROMANTICISMO

PANORAMA HISTÓRICO-ARTÍSTICO-CULTURAL

PANORAMA MÚSICAL

INTRODUCCIÓN

BEETHOVEN

1. El Clasicismo

1.1. Panorama histórico-artístico-cultural

Se entiende por clasicismo el arte griego de los siglos V y IV a. de C. y, por derivación, los períodos en que se han imitado los modelos griegos, tales como el Renacimiento y la segunda mitad del siglo XVIII, que por ello ha sido denominado Neoclásico. En música, se califica como clásico el período que incluye la segunda mitad del siglo XVIII. El concepto de música clásica ha sido aplicado indebidamente a cualquier género de música histórica ya consagrada y, aún más inapropiadamente, a toda música no ligera ni folklórica.

El Neoclasicismo es un período que, algunos consideran de transición y, otros, como prolongación del Barroco (ambas aseveraciones, en opinión de quien escribe, no son muy afortunadas). Política y socialmente significa, por un lado, el desplazamiento de la aristocracia por parte de la clase media y, por otro, la revolución industrial y capitalista dentro del espíritu de la Revolución Francesa.

Frente al Barroco ornamental, pleno e intenso, el Clasicismo opone el equilibrio, la proporción, la elegancia y la belleza de un racional academicismo. Artísticamente, trata de resucitar los ideales de la Grecia y Roma antiguas.

1.2. Panorama musical

En música, el Clasicismo presentó algunas variantes respecto a las demás artes: no significa la imitación de los modelos grecolatinos -pues no existen más que escasos fragmentos difíciles de reconstruir-, sino la traducción de los cánones e ideales de la época clásica griega; lo clásico como símbolo de la perfección, la armonía y la pulcritud: en resumen, lo que en música representa la Escuela de Viena con Haydn y Mozart. Respecto a Beethoven, y aunque muchos teóricos no lo contemplan como figura de este período, hay que decir que eso no es demasiado exacto. Por supuesto, Beethoven es un compositor tan relevante que es muy difícil de clasificar. Por un lado, nos abre las puertas del Romanticismo, pero, por otro, fue el que desarrolló, como nadie, la Forma Sonata, forma musical representativa del Clasicismo, por excelencia. Es por esto, que a Beethoven hay que darle un espacio en el período clásico y, otro, como protagonista de la transición al Romanticismo, de esta forma, estaremos focalizando en una mayor precisión.

1.3. Características generales del Clasicismo musical

En general: la música clásica es racional -emociones contenidas-, objetiva, cortesana, elegante -con rasgos de cierta superficialidad, que no simpleza-.

Formas: perfección y estabilización: estructura clara y transparente.

Desaparecen: suite, coral, preludio, concerto grosso, fantasía, antigua cantata, tocata y fuga (sólo esporádicamente).

Sobreviven: variación, escasean oratorios...

Surgen: moderna sonata (procede de la suite y se aplica al trío, cuarteto, sinfonía y sonata para un instrumento); la antigua obertura da origen a la sinfonía moderna; el concerto grosso da paso al de un instrumento solista con orquesta.

Melodía: frases claras, regulares y cuadradas; con algunos adornos barrocos.

Estilo homofónico o vertical, con abandono de las formas contrapuntísticas y del bajo continuo.

Armonía: transparente; no cromática; las disonancias se resuelven de forma suave, sin brusquedades, gradualmente.

Bases de instrumentación y orquestación modernas: combinaciones instrumentales; atención al colorido y sonoridad de cada instrumento; piano.

Dinámica: contrastes expresivos -de forte y piano-; usos de crescendo y diminuendo, pero sin arrebatos, sin brusquedades, de forma tranquila y ordenada.

Ritmo: regular, cuadrado y sencillo; silencios intercalados, mostrando una música respirada y contrastante; abundancia del Bajo Alberti en los acompañamientos -acordes de tres sonidos en forma sucesiva-).

En ópera: triunfa la reforma de Gluck; la ópera cómica y la ópera bufa rivalizan con la seria (ver apuntes sobre Clasicismo y Ópera -Dra. Sestelo-)

Música religiosa: menos desarrollo; dominada por lo operístico e instrumental.

Música de cámara: trío, cuarteto, quinteto, etc.; generalmente, con forma de sonata.

Música pura, especialmente la instrumental: no describe ni imita; no quiere tener significación alguna; busca la sensación.

La obras se clasifican por números agregados a la palabra latina "opus", que significa obra (op. en abreviatura).

Los conciertos públicos se generalizan.

Se produce un gran consumo musical y de música editada.

Grandes formas en la música instrumental: sonata clásica, concierto clásico, iniciación del arte sinfónico y de la orquesta moderna, música de cámara (ver apuntes de la Dra. Sestelo sobre el Clasicismo).

1.3.1. F. J. Haydn (1732-1809). Rasgos generales de su música

- Más que innovador es perfeccionador. Consagra la sinfonía y fija definitivamente el cuarteto de cuerda.
- Maestro experto en el desarrollo de temas.
- Magistral dominio del tema con variaciones.
- Música alegre, ingenua, sencilla, llena de gracia y humor.
- Aunque su música es, en ocasiones, algo superficial, pues mucha fue destinada a la corte, en general es exquisita, elegante y profunda.
- Su música refleja la serenidad y proporciones clásicas sin mostrar tensiones.
- Empleo frecuente de la temática de raíces populares.
- Individualización y singularidad de los instrumentos de la orquesta.
- Rasgos descriptivos en algunas obras, anticipándose, de alguna forma, a lo que será el poema sinfónico del romanticismo.

1.3.2. W. A. Mozart (1756-1791). Rasgos generales de su música

- Obra muy extensa (cerca de 750) producidas en tan corta vida.
- Crea con enorme espontaneidad y naturalidad.
- Mucha de su música es sencilla y alegre, impregnada de gran ternura.
- Aunque su música reviste, en ocasiones, aparente superficialidad, pues mucha fue destinada a la corte, en general es exquisita, agradable, elegante y pura.
- Sus continuos viajes demuestran su cosmopolitismo y facilidad para asimilar estilos. Por un lado, la gracia melódica italiana, por otro, la claridad y elegancia francesa y, por otro, el rigor sinfónico germano.
- Sobre Mozart ejercieron influencia, además de Haydn, los hijos de Bach, los consejos de Sammartini en Bolonia, la reforma operística de Gluck y las innovaciones orquestales de la escuela de Mannheim.

- Además de 22 sonatas para piano, 45 para violín, 29 conciertos para piano y orquesta, trece para violín, 12 para otros instrumentos, 49 sinfonías, música de cámara, música religiosa, Mozart puede considerarse como el plasmador definitivo de la ópera nacional alemana. Incorpora a la ópera seria los elementos de la ópera bufa y emplea motivos populares. La ópera cómica se convierte para él en una obra dramática del más alto valor.

2. Transición al Romanticismo

2.1. Panorama histórico-artístico-cultural

En la segunda mitad del siglo XVIII empieza a manifestarse cierta rebeldía contra las normas y rigideces clásicas. La transición entre Neoclasicismo y Romanticismo no se produce bruscamente. La vigencia del período prerromántico, o de esa transición al romanticismo, podría situarse entre 1775 y 1830.

El romántico prefiere la naturaleza a la vida social. Cree encontrar lo libre y puro en el hombre primitivo y, como consecuencia, trata de rescatar del olvido los valores nacionales, medievales y folklóricos.

En Alemania surgen, pujantes, los primeros teóricos del movimiento prerromántico con el Sturrn und Drang (tempestad y empuje) de Lessig, Herder, Schiller y, sobre todo, de Goethe. Este último es el mejor paralelo de Goya y Beethoven, haciendo los tres un puente entre el Clasicismo y el naciente Romanticismo.

El prerromanticismo francés, iniciado por Rousseau, coloca a la Naturaleza como centro del hombre en lugar de Dios.

En arte perviven las ideas neoclásicas (pintores como Friedrich y Guerilcaux).

2.2. Panorama musical

Con relación a la música, Beethoven está considerado como el puente que conduce el Clasicismo al Romanticismo, en cuanto que liberó a la música de la servidumbre del mundo "aparente" para convertirla en vehículo de la expresión más auténtica y profunda. Sin embargo, este paso no surge en Beethoven como rebelión contra los clásicos, sino como necesidad y búsqueda personal.

2.2.1. L. V. Beethoven (1770-1827). Rasgos generales de su personalidad y de su música

- Moderno demócrata y republicano. Hombre profundamente espiritual y religioso. Su amor por la naturaleza, los seres humanos y Dios fueron su motor compositivo durante toda su vida.
- Personalidad apasionada y atormentada por los múltiples problemas sociales, políticos, familiares y amorosos que él sufría profundamente y, todo eso, presidido por el desgarrador sufrimiento que le produjo su terrible sordera, disminución que le convirtió en un hombre solitario e incomprendido.
- Nadie como él ha sabido expresar tan conmovedoramente los profundos sentimientos y emociones, las alegrías y las penas del corazón humano.
- Su escritura es firme, rotunda y armónica; en ocasiones puntuales es contrapuntística.
- Maestría en el desarrollo de los temas.
- No crea nuevas formas, sino que amplía las existentes dándoles nueva vida, liberando a las formas clásicas del su formalismo intrínseco.
- La forma "tipo sonata" domina la mayor parte de sus obras (cuartetos, sonatas, sinfonías y conciertos); en este sentido, participa del Clasicismo, aunque, en su última etapa, esta forma la rompe, la transforma –llega a rozar el espíritu de la fantasía–. Establece numerosas variantes: reemplaza el *minué* del tercer movimiento por un *scherzo.* Es un gran maestro de la variación y de los desarrollos.
- Crea un estilo nuevo en el tratamiento del piano, cuya técnica amplía mediante virtuosismos, vigor, contrastes, matices, etc. Son característicos lo acordes llenos y pesados en el registro grave.

- Introduce novedades en la orquesta, como el uso del contrafagot, trombones y flautín; amplía la percusión, etc. Una novedad insólita es el añadido de coros y solistas en la *Novena Sinfonía*.
- Aparte de toda su extraordinaria producción, sus 32 Sonatas, sus 9 Sinfonías, sus Cuarteros de Cuerda y su Misa Solemne forman parte de las obras más magistrales de la Historia de la Música en particular, y del Arte en general.

3. Recomendaciones y prácticas

3.1. Recomendaciones preferentes

3.1.1. Aprende y disfruta con OYE Y ESCUCHA

Para conocer y comprender la música debes cultivar tu sensibilidad y de ahí que has de disfrutarla oyendo/escuchando con frecuencia diferentes estilos, estéticas, géneros...: música sinfónica, de cámara, dramática, en recitales y conciertos, en CDs, por radio, televisión, etc. Si no escuchas, no disfrutarás ni comprenderás.

En este tema, sobre el Clasicismo y la transición al Romanticismo, voy a proporcionarte ejemplos de los contenidos principales y de los compositores más representativos.

- OYE Y ESCUCHA la obra seleccionada: Sinfonía de los juguetes (1º mov.: Allegro) de L. Mozart (ojo: L de Leopoldo Mozart, padre de Amadeus Mozart).
- OYE Y ESCUCHA la obra seleccionada: Sinfonía Nº 101, en ReM, *El Reloj*, de J. Haydn.
- OYE Y ESCUCHA la obra seleccionada: Sinfonía Nº 94, en SolM, *La Sorpresa* (1º mov.: Adagio cantábile-Vivace assai) de J. Haydn.
- OYE Y ESCUCHA la obra seleccionada: Sonata en LaM, Kv 331 (3º mov: *Alla Turca: Allegretto*) de W. A. Mozart.
- OYE Y ESCUCHA la obra seleccionada: *Las Bodas de Fígaro,* Kv 492, –Obertura– (ópera bufa) de W. A. Mozart.
- OYE Y ESCUCHA la obra seleccionada: Sinfonía Nº 41, en DoM, Kv 551, *Júpiter* (1º mov.: Allegro vivace) de W. A. Mozart.
- OYE Y ESCUCHA la obra seleccionada: Sonata para piano, en DoM, Kv 311, de W. A. Mozart:

  1º mov.: Allegro con spirito

  2º mov.: Andante con expressione

  3º mov.: Rondeau: Allegro

- OYE Y ESCUCHA la obra seleccionada: Sinfonía Nº 28, en ReM, Kv 200, de W. A. Mozart:

  1º mov.: Allegro spiritoso

  2º mov.: Andante

  3º mov.: Menuetto: Allegretto - Trio

  4º mov.: Presto

- OYE Y ESCUCHA la obra seleccionada: Sonata para piano Nº 20, en SolM, Op. 49 (2º mov.: Tempo di Menuetto) de L. V. Beethoven.
- OYE Y ESCUCHA la obra seleccionada: Sinfonía Nº 1, en DoM, Op. 21 (3º mov. Menuetto. Allegro molto e vivace) de L. V. Beethoven.
- OYE Y ESCUCHA la obra seleccionada: Sonata para piano Nº 23, en Fam, Op. 57, *Appasionata* (1º mov.: Allegro assai) de L. V. Beethoven.
- OYE Y ESCUCHA la obra seleccionada: Sinfonía Nº 5 (Quinta Sinfonía), en Dom, Op. 67 (1º mov.: Allegro con brío), de L. V. Beethoven.
- OYE Y ESCUCHA la obra seleccionada: Sinfonía Nº 9 (Novena Sinfonía), en Rem, Op. 125 (4º mov.: Presto. Final Coral), de L. V. Beethoven.

3.1.2. Lee

Además del apartado de Sinopsis, donde se realiza un importante resumen del tema que nos ocupa, no dejes de leer los documentos aportados por la Dra. Sestelo sobre Clasicismo, Ópera y el Testamento de Beethoven, en el objetivo de que te puedan servir de ayuda y complemento a tu estudio. En ellos encontrarás matices, concreciones y añadidos a los contenidos del manual, a la vez que comprobarás que están presentados de forma ágil y sintetizada.

- Apuntes sobre el Clasicismo (Dra. Sestelo)
- Apuntes sobre Ópera (Dra. Sestelo)
- Testamento de Beethoven –testamento de Heiligenstadt– (recopilación y comentarios: Dra. Sestelo)

3.1.3. Aprende y disfruta con CINE Y MÚSICA

Las películas *Amadeus y Copying Beethoven,* en el objetivo de reforzar los contenidos estéticos del tema que nos ocupa, a través de sus figuras más representativas: Mozart y Beethoven. Y, además, seguir reflexionando sobre *El valor formativo y transformativo de la música.*

Título: *Amadeus*

Año: 1984
Países: Estados Unidos
Duración: 160 min. aprox.
Dirección: Milos Forman
Guión: Peter Schaffer
Música : W.A. Mozart, interpretada por Neville Marriner dirigiendo a la orquesta británica The Academy of St. Martin in the Fields.
Interpretación: F. Murray Abraham, Tom Hulce, Elizabeth Berridge, Roy Dotrice, Simon Callow, Christine Ebersole, Jeffrey Jones.

Sinopsis: Se narra la vida del genial compositor austriaco W.A. Mozart desde el punto de vista de su más conocido rival, el también compositor Antonio Salieri. La película está basada en el guión escrito por Peter Schaffer, basado en su propia obra de teatro *Amadeus.*

Puedes observar el tráiler de la película desde tu ordenador en la siguiente URL:

http://www.youtube.com/watch?v=vxhLOcQGKHE

Título: *Copying Beethoven*
Año: 2006
Países: Estados Unidos, Alemania
Duración: 104 min. aprox.
Dirección: Agnieszka Holland
Guión: Stephen J. Rivele/ Christopher Wilkinson
Música : L.V. Beethoven
Interpretación: Ed Harris, Diane Kruger, Matthew Goode, Phyllida Law

Sinopsis: Es una película dirigida por Anieszka Holland basada en una ficción dramática centrada en los últimos años de la vida creativa del compositor L.V. Beethoven. La directora se toma importantes y discutibles licencias históricas. (Debéis descubrirlas y diferenciar lo real de lo que no lo es y realizar la crítica de si son coherentes o no con el período histórico correspondiente).

Puedes observar el tráiler de la película desde tu ordenador en la siguiente URL:

http://www.youtube.com/watch?v=Du-rD2QL1Pc

3.2. Recomendaciones adicionales

Al documentaros sobre la vida y obra de Beethoven, quiero sugeriros, con vehemencia, que leáis el Testamento que escribió en octubre de 1802, denominado Testamento de Heiligenstadt. A través de esta lectura podréis comprobar, realmente, su pensamiento, su sensibilidad, sus angustias, sus preocupaciones, su humanidad, su espiritualidad y su religiosidad. Aunque yo ya os adjunto una fuente de este valioso documento, y no necesitáis buscar nada más, quiero que sepáis que lo podéis encontrar en diferentes fuentes o referencias bibliográficas. Por ejemplo, el libro de Alexander Wheelock Thayer, en el de Ernesto La Guardia (*Sonatas para piano*) y en el de Grout y Palisca (aquí solo un fragmento). Pero también si buscáis en internet, encontraréis alusiones al respecto. Una fuente adecuada es la de Dominique Prevot, traducida por Cristina Barbieri.

Bibliografía de referencia

- GROUT, Donald/ PALISCA, Claude: *Historia de la Música Occidental I y II*, Madrid, Ed. Alianza Musica, 2008 (Últ. Ed,).
- DOWNS, Philip G.: *La Música clásica. La era de Haydn, Mozart y Beethoven*, Madrid, Akal Música, 1998.
- DE LA GUARDIA, Ernesto: *Las Sonatas para Piano de Beethoven. Historia y Análisis*, Buenos Aires, Ricordi Americana.
- DE LA GUARDIA, Ernesto: *Las Sinfonías de Beethoven. Historia y Análisis*, Buenos Aires, Ricordi Americana.
- WHEELOCK THAYER, Alexander: *Thayer's Life of Beethoven*, rev. ed. Elliot Forbes, Princenton University Press, 1967.

Se sugiere, también, la lectura de los *pensamientos* que se muestran a continuación, relativos a reforzar contenidos del tema tratado, así como para conocer esa información personal y curiosa, la cual es también determinante, en el objetivo de profundizar en la filosofía de las diferentes épocas y en la psicología de sus protagonistas.

La religiosidad de Haydn

"Me levanto temprano; me visto y me arrodillo. Rezo a Dios para que todo me salga bien. Después del desayuno me siento al clavecín y comienzo a componer. Si todo sale en seguida sin esfuerzo, va bien la cosa; pero cuando me estanco reconozco que he perdido la Gracia por cualquier falta o pecado, y me pongo a rezar hasta que sienta que se me ha perdonado" (*Carta de Haydn,* 1770).

La filosofía de la música de Haydn

"Con frecuencia, cuando luchaba contra los obstáculos de toda índole que se ponían en el camino, una voz me susurraba en mi interior: Aquí abajo hay tan pocos hombres felices y contentos, a quienes las preocupaciones y las tristezas les acosan, que quizá tu obra pueda ser algún día una fuente a la que ellos acudan llenos de angustias y penas para encontrar refresco y descanso. Esto era para mí un aliciente que me incitaba a perseverar; y ahora es también para mí una profunda satisfacción, cuando miro hacia atrás y veo lo realizado en mi arte durante muchos años a través de un esfuerzo constante" (*Carta de Haydn,* al final de su vida, a unos desconocidos amantes de la música, de Rûgen, que le escribían agradeciéndole el bien que les había proporcionado su música. Septiembre de 1802, Viena).

Rotunda admiración europea ante el niño-prodigio Mozart

"No sólo tocará la niña que tiene doce años y el niño que tiene siete conciertos compuestos para los más grandes del clavecín, sino que el niño interpretará además un concierto de violín. Además acompañará sinfonías al clavecín con el teclado cubierto por un paño para demostrar que toca con la misma facilidad sin ver las teclas. También reconocerá cualquier nota o combinación de notas tocadas en el clavecín o en cualquier otro instrumento (campana, cristal, reloj de música). Finalmente, improvisará en el clavecín u órgano en las claves más inimaginables durante el tiempo que se desee, con el fin de probar que domina el órgano lo mismo que el clavecín, a pesar de ser dos instrumentos totalmente distintos" (Slogan publicitario aparecido en Francfurt para anunciar un concierto que daría allí Mozart en agosto de 1763).

Mozart y el Príncipe Arzobispo de Salzburgo

"Yo no soy tan desgraciado como para estar al servicio del Príncipe de Salzburgo Dos veces ya (¡no sé cómo calificarlo!) me ha dicho a la cara las más groseras impertinencias que no se las cuento a Usted; me hubiese vengado al instante. Me ha llamado un bribón y un ser despreciable, y me ha enviado al diablo (¡abmí!). Yo todo lo he soportado y callado por mi honor y por el suyo, porque sé que Usted lo quería así" (Extracto de la correspondencia de Mozart. *Carta a su padre.* Viena, 9 de marzo de 1781).

La religiosidad de Mozart

"Teniendo presente que la muerte es la meta final de nuestra vida, desde hace un par de años me he familiarizado tanto con este verdadero amigo que para mí su imagen no sólo no me produce espanto, sino, por el contrario, me tranquiliza y consuela. Por mi parte, doy gracias a Dios por haberme proporcionado la ocasión de saber ver en Él la clave de nuestra verdadera y suprema felicidad. No me acuesto nunca sin antes pensar que, a pesar de mi juventud, puedo no llegar a ver la luz del día. No por ello los conocidos pueden notar en mí mal humor ni tristeza. Esta gran felicidad debo de agradecérsela a mi Creador y de todo corazón deseo la posean los demás hombres" (Extracto de la correspondencia de Mozart. *Carta a su padre* el 4 de abril de 1787, casi un mes antes de morir aquél).

Las obsesiones de Mozart durante la composición del *Réquiem*

"Estoy al borde de mis fuerzas y no puedo echar fuera la imagen de este desconocido (se refiere al desconocido personaje que le encargó el *Requiem* que dejó incompleto.). Le veo continuamente que me pide, solicita y reclama insistentemente mi trabajo. Sigo componiendo, porque esto me fatiga menos que el descanso. Presiento que mi hora ha sonado y que mi vida está a punto de finalizar. Termino antes de haber disfrutado del éxito. ¡La vida, con todo, es tan hermosa y el futuro se presenta tan esperanzador! Pero uno no puede cambiar su destino ni prolongar los días de su existencia. Hay que resignarse. ¡Sea lo que Dios quiera! Presiento que esta obra (el *Requiem*) va a ser mi canto fúnebre y no debo dejarlo imperfecto" (*Carta a Lorenzo da Ponte.* Viena, septiembre de 1791).

Pensamientos de Beethoven

- "La música debe hacer saltar el fuego del espíritu en los humanos".
- "La música es una revelación superior a toda sabiduría y filosofía".
- "Quien penetre en el sentido de mi música debe liberarse de toda miseria que arrastran consigo los demás hombres".
- "Lo que llevo en el corazón debe de salir fuera: por ello compongo".
- "¡Dios mío! Concededme al menos un día la alegría verdadera ¿Cuándo podré volver a encontrarla"?
- "El verdadero artista no debe sentir orgullo; sabe que el arte no tiene límites".
- "La paz y la libertad son los mayores bienes".
- "Trabaja y desempeña tu deber sin que te inquieten las derivaciones del resultado, favorable o adverso".
- "Sacrifiquemos la vida al arte y que el arte sea para nosotros un santuario".
- "Sacrifícate sin esperar la gloria ni la recompensa".

3.3. Haciendo prácticas 1

3.3.1. Aprende y disfruta con OYE Y ESCUCHA

En esta actividad el objetivo es que, a través de la audición de todas las piezas propuestas y siguiendo las recomendaciones de cada tema, comiences a diferenciar en la práctica algunos contenidos que has aprendido en la teoría.

Una vez que hayas escuchado todas las obras, selecciona 8 de las propuestas (cada uno de los movimientos de los peldaños SÉPTIMO y OCTAVO se consideran audios independientes).

A continuación, sigue las indicaciones dadas para cada obra seleccionada:

1. Escribe unos breves comentarios sobre cada pieza para demostrar que las has escuchado. Y para ello, el estudio del tema te ayudará. Cada tema añadirá conceptos que deberás ir incluyendo.
2. Esos breves comentarios serán relativos a las indicaciones que el profesor va marcando para su escucha.
3. Comenta todo lo que percibas a través de la escucha. Por ejemplo: qué instrumento o instrumentos te parece que participan, si suena toda la orquesta o no, si es un instrumento solista y orquesta, etc.
4. Si el carácter es rítmico o melódico, si notas frases largas o cortas, etc.
5. También, si notas un ritmo ordenado y simétrico o lo contario, lirismo o brusquedad, apasionamiento o una música más racional y sin implicaciones emocionales, algún elemento extraño a resaltar, alguna inclusión de música oriental fusionada con la occidental, etc.
6. Y, por supuesto, si te ha gustado realizar esta experiencia y si hay algunas obras que te han llamado más la atención que otras y los porqués.

Todos estos comentarios deberán expresarse de forma breve y concisa.

El objetivo no es la extensión, sino la demostración de que te estás iniciando en la escucha de la música y que intentas reflexionar y disfrutar con ella.

3.4. Haciendo prácticas 2: música y cine

3.4.1. El mensaje de la Música a través del Cine

El objetivo principal de esta práctica es el siguiente:

Como ya realizasteis en el TEMA 1, a partir del visionado de las dos películas recomendadas en ese tema, en el apartado correspondiente (*Amadeus* y *Copying Beethoven*), y de haber reflexionado sobre El Estilo, Estética y Período del Clasicismo, del perfil y psicología de sus protagonistas (Mozart y Beethoven) y, también, acerca de *El valor formativo y transformativo de la músi*ca, realizar un trabajo sobre una de ellas, a partir de las pautas y contenidos dados a continuación. (Aunque estas pautas y contenidos ya han sido dadas y explicadas en el TEMA 1, os las vuelvo a mostrar para facilitaros el trabajo de búsqueda).

Extensión mínima: siete páginas, sin contar dibujos o ilustraciones. Tipo de letra: Times New Roman 12, interliniado, sencillo.

Pautas para la realización del trabajo sobre música y cine

- PORTADA
- ÍNDICE
- INTRODUCCIÓN (presentación del alumno/a, asignatura, profesora y el trabajo: por ej, soy el alumno x, de la signatura x, que dirige la profesora x y el objetivo de este trabajo es profundizar en la importancia de la Música en el Cine, aprender y conseguir una mirada y escucha crítica ante una película y reflexionar en el ESTILO, ESTÉTICA DEL PERÍODO MUSICAL DEL CLASICISMO, DEL PERFIL DE SUS PROTAGONISTAS (MOZART Y BEETHOVEN) y en la importancia de la Música en la formación y en la transformación de la persona, y en la ayuda o necesidad para vivir y sobrevivir).
- FICHA TÉCNICA (director, guión, productores, fotografía, vestuario, maquillaje, música...)
- FICHA ARTÍSTICA (los actores y el papel que interpretan).
- CRÍTICA O COMENTARIO TÉCNICO (podéis adjuntar críticas o comentarios que personas relevantes han realizado de los profesionales de la ficha técnica, pero, lo más importante, tenéis que fundamentar vuestra propia

crítica o comentario de esos profesionales técnicos de la película, teniendo en cuenta la contextualización histórica, social y estética de la misma).

- CRÍTICA O COMENTARIO ARTÍSTICO (podéis adjuntar críticas o comentarios que personas relevantes han realizado de los profesionales de la ficha artística, es decir, de los actores relacionados con el papel que interpretan en esta película, pero, lo más importante, tenéis que fundamentar vuestra propia crítica o comentario de esos profesionales de la ficha artística, es decir, de esos actores o artistas, teniendo en cuenta su contextualización histórica, social y estética).
- CRÍTICA O COMENTARIO MUSICAL (podéis adjuntar críticas o comentarios que personas relevantes han realizado de la música original de la película y de la seleccionada de otros o de las versiones escogidas, pero, lo más importante, tenéis que fundamentar vuestra propia crítica o comentario de esas clases de músicas y el rigor o veracidad en la interpretación de las mismas, en cuanto a su puesta en escena de aquellos momentos específicos de esta película).
- CONCLUSIONES PERSONALES (generales y específicas. Generales: establecidas y estudiadas todas las partes y secciones del trabajo, cuál es tu conclusión personal, cuál es tu opinión ante el objetivo que te habías propuesto en el inicio o introducción de este trabajo y si, realmente, te ha interesado, gustado y convencido la película y por qué. Específicas: establecidas y estudiadas todas las partes y secciones del trabajo, cuál es tu conclusión personal respecto a lo que te ha aportado realizar este trabajo).
- CONTRAPORTADA

Contenidos o apuntes para el trabajo de música y cine

La música de cine es la música que acompaña a las imágenes de las películas cinematográficas. Se llama *música incidental, música de ambientación* y también *música aplicada* y puede ser clasificada en dos grandes apartados:

1) Música diegética: es aquella que ha sido compuesta para ilustrar una imagen cinematográfica en la que existe una fuente visible de emisión de sonidos (un reproductor de CDs, una orquesta de baile, un violinista...) La música compuesta para ilustrar una secuencia de estas características debe contener, necesariamente, el objeto emisor o los instrumentos que figuran en la imagen.

2) Música no diegética: su composición no está sujeta a la presencia en la pantalla de ninguna fuente sonora. Por consiguiente, el compositor goza de libertad en la elección de la plantilla instrumental. La música no diegética tiene como finalidad principal subrayar el carácter poético y/o expresivo de las imágenes proyectadas.

La relación existente entre estos dos apartados no es de antagonismo, sino de complementariedad. La música diegética se convierte en no diegética cuando su presencia continúa, habiendo desaparecido ya de la pantalla la imagen que la originó, adquiriendo en este momento un nuevo papel desde el punto de vista discursivo. Lo mismo ocurre en sentido contrario: una música no diegética se convierte en diegética cuando aparece en imagen el instrumento u objeto que generaba una música presente con anterioridad. Es frecuente encontrar música diegética y no diegética simultáneamente, logrando un resultado conceptual y sonoro de enorme belleza.

La composición de música para cine se rige por determinados parámetros:

- Tiempo (minutaje)
- Etiquetado de los diversos estados de ánimo
- Leitmotiv

La norma para la creación cinematográfica viene impuesta por la imagen, que determina la sumisión de la partitura a los presupuestos espirituales y estéticos de la película. La música se suele elaborar una vez vista la película por el compositor. Básicamente, la música de cine ha de cumplir, con respecto a la película, las siguientes funciones:

- Atmósfera (tiempo y lugar).
- Subrayar refinamientos psicológicos (por refuerzo o por contrapunto).
- Fondo neutro (mantenedor del tono de la película).
- Continuidad (montaje sonoro).
- Sentido final de la escena o película (punto culminante, etc...).

Existen tres procedimientos para la creación de una banda sonora: cuando la música es encargada en su totalidad a un compositor; cuando la banda sonora incluye única y exclusivamente música pregrabada; y, finalmente, cuando se emplean conjuntamente las dos opciones anteriores. La elección de uno u otro procedimiento dependerá del criterio del director, según las intenciones narrativas del argumento literario, las propuestas escénicas que tenga previsto llevar a cabo y la incidencia que la música deba representar en relación a ambos aspectos. En la actualidad, existen prácticas más sujetas a criterios comerciales que a necesidades narrativas, como es la inclusión de una canción de moda en la banda sonora (en ocasiones acompañando la lista de créditos) para facilitar la venta de ésta como un nuevo producto, independientemente de la película.

El ritmo en el discurso cinematográfico está presente a través de la duración de los diferentes planos que lo conforman. En secuencias breves dependerá del movimiento de la cámara, de los diálogos, de las características de la imagen...

No será el ritmo el único elemento que posibilitará el diálogo entre imagen y sonido. En un segundo plano, encontraremos otros vínculos de identidad entre ambos discursos expresivos, basados, fundamentalmente, en el carácter asociativo de elementos sonoros y visuales, regidos por hábitos culturales propios de cada sociedad:

- El valor representativo del sonido: la música puede crear una imagen que no está presente en la pantalla, por lo que su representación se incorporará a la acción que sí estamos contemplando. Este fenómeno se conoce como imagen fuera de campo.
- La suspensión: es el fenómeno contrario al anterior y consiste en la no existencia o en la desaparición de un sonido producido por un objeto o medio sonoro que sí está presente en la imagen. Es un procedimiento que genera tensión.
- Negación de la imagen: ante lo evidente, la música permanece inalterable en un discurso que no acompaña las características de la imagen. La ignora con una intención de simultanear discursos diferentes.
- Fuentes musicales históricas: cada período histórico posee una música determinada cuya utilización, para ilustrar imágenes del mismo período, es aconsejable aunque no siempre respetadas.
- El leitmotiv: es una técnica compositiva que consiste en la asignación a un personaje, a un sentimiento o a una situación, de un motivo melódico, tímbrico, etc, que lo identifica y que será presentado a lo largo de la obra sometido a diferentes transformaciones.

- Configuración sonora de un personaje: atendiendo a las características físicas y humanas de un personaje, se le dota de una configuración sociológica y psicológica (voz, sonrisa, llanto... con un timbre específicos).
- Configuración sonora de un paisaje rural o urbano: según las intenciones dramáticas, un paisaje presentará diferentes estructuras sonoras con un elevado valor simbólico.

9

Estilos, estéticas y períodos musicales en la Historia: Romanticismo

Sinopsis

El tema 7 –*Estilos, estéticas y períodos musicales en la historia: Romanticismo*– nos va a seguir ayudando a reflexionar acerca de la importancia de la Música en la historia, en la sociedad, en definitiva, en la vida de la persona y cómo este arte no sólo está integrado en las demás artes y en cualquier hecho político-social y cultural en general, sino que puede servir de nexo integrador de todo. Y en este tema continuaremos estudiando lo que se denomina Romanticismo, adentrándonos en cómo y cuáles fueron los hechos y manifestaciones de la Música y, también, de su entorno histórico, artístico y cultural, en dicha época.

Árbol temático

ESTILOS, ESTÉTICAS Y PERÍODOS MUSICALES EN LA HISTORIA: ROMANTICISMO

ROMANTICISMO

PANORAMA HISTÓRICO-ARTÍSTICO-CULTURAL

RASGOS PRINCIPALES

PANORAMA MUSICAL

CARACTERÍSTICAS GENERALES

EL PIANO. OTRA MÚSICA INSTRUMENTAL Y LA CANCIÓN

ALEMANES: WEBER, SCHUBERT, SCHUMANN, MENDELSSOHN, BRAHMS

COSMOPOLITAS: CHOPIN, LISTZ

OTRAS MANIFESTACIONES ROMÁNTICAS

ÓPERA

NACIONALISMO

POSTROMANTICISMO

1. Romanticismo

1.1. Panorama histórico-artístico-cultural

1.1.1. Características y aspiraciones generales

a) Quiere ser universal: abarca la literatura, arte, música, pensamiento, política.

b) Individual y subjetivo.

c) Búsqueda de la libertad expresiva.

- Liberalismo en la política: el individuo quiere tener la libertad para intervenir en el Gobierno.
- Conciencia frente a moralidad: el arte por el arte.
- Emoción y sentimiento: sin trabas de la razón.
- Inspiración, instinto e imaginación: verdaderos guías.

d) Pluralidad de estéticas y de concepciones artísticas, culturales y musicales…, según naciones o individuos.

e) Investiga en la tradición y en lo nacional: bailes, canciones, costumbres.

f) Exalta el idealismo: sentimientos que se plasman en:

- Amor a los hombres –fraternidad–, a la Patria, a la mujer ideal.
- Búsqueda de lo Infinito e interés por el Más Allá.

g) Rasgos de angustia, pesimismo y desengaño.

h) Alejamiento de la realidad y búsqueda hacia países lejanos y lejendarios:

- Interés por los temas medievales: leyendas, romances, etc.
- Autores teatrales no franceses del siglo XVII.
- Ciertos exotismos: temas orientales, moriscos, nórdicos, etc.
- Sueños y temas fantásticos.

i) Refugio de un mundo interior subjetivo y solitario:
   - Ofrecer la intimidad a través de la obra.
   - Culto a la naturaleza agreste, paisajes nocturnos, etc.

j) Vuelta al gusto por lo gótico: catedrales y edificios.

k) Novedades literarias: leyenda, novela histórica...

l) La música, protagonista en las artes para comunicar expresiones apasionadas, sentimientos y melancolías.

1.2. Panorama musical

1.2.1. Características generales

En general:

- Música más cercana al pueblo: más popular.
- Diferenciación de estilos que da lugar al nacionalismo musical.
- Difusión de la música instrumental para orquesta y piano.
- Los medios favoritos: piano, orquesta, ópera y lied.
- Una nueva consideración social para el músico: de siervos a ídolos.
- Surge la música de salón ligera-: valses, mazurcas, bailes...
- Virtuosismo del intérprete, al que se considera un ídolo.
- Austria y Alemania, protagonistas del momento.
- Decadencia de la música de cámara y de la religiosa.
- Unión especialísima de músicos y poetas.
- Música íntima e individual en piezas cortas.
- Música brillante en poemas sinfónicos.
- Tensiones entre las distintas fuerzas revolucionarias y conservadoras.
- La educación musical se imparte en escuelas y conservatorios.

Melodía apasionada e intensa sobre bases populares.

Cambios Frecuentes De Ritmo: más libre; uso del "rubato".

Armonía: nuevas disonancias y cromatismos.

Formas: menor preocupación por la forma y más por la expresión.

- Siguen las formas clásicas, aunque con menor rigidez.
- Predilección por las pequeñas formas vocales con acompañamiento de piano (lied), y por las pequeñas formas pianísticas libres (preludios, fantasías, baladas, nocturnos, estudios, impromptus...)
- Popularidad de la sinfonía clásica.
- Nuevas formas sinfónicas: poema sinfónico...
- Aumento de la popularidad de la ópera que desemboca en el drama wagneriano.
- Nace el ballet moderno.

Instrumentos u Orquestación

- Mejoras técnicas en instrumentos.
- Creación de orquestación moderna.
- El piano, instrumento favorito de la burguesía.
- Reaparición de ciertos instrumentos: guitarra, arpa...

1.2.2. El Romanticismo en Europa

En literatura cabe distinguir dos tendencias románticas: la tradicionalista histórica, que trata de revalorizar el espíritu cristiano (en Inglaterra Walter Scott, en Francia, Chateaubriand y en España Donoso Cortés y Balmes), y la liberal, que prescinde de lo religioso y de las tradiciones (en Inglaterra, Byron; en Francia, Víctor Hugo y en España, Larra y Espronceda).

En arquitectura y escultura continuó la línea de lo neoclásico. Únicamente la pintura muestra verdaderos rasgos románticos.

En música es donde mejor se plasma el espíritu romántico, ya que es el mejor medio de expresión de los ideales de libertad y de culto a los sentimientos. De ahí la preferencia musical y literaria por las pequeñas formas vocales (canción) y pianísticas (nocturnos, estudios, impromptus...). Así, muchos representantes del romanticismo poético, especialmente el alemán, son músicos (Goethe, Hoffmann) o están ligados de algún modo con la música, sintiéndola o exaltándola en sus escritos (Heine, Schiller, Novalis...). Por otra parte, son muchos los compositores con acusadas inclinaciones literarias (Berlioz, Weber, Schumann, Wagner...).

1.2.3. El Piano Romántico y sus protagonistas

El siglo XIX ha sido llamado el siglo del piano, instrumento que logrará brillar sobre cualquier otro. Su uso se extendió gracias a famosos constructores y a los perfeccionamientos de sus pianos: Stein, Streicher, Erad, Steinway y otros. También cooperaron a su popularidad numerosos pedagogos como Clementi, Bertini, Moscheles, Dussek, etc. El desarrollo técnico y de virtuosismo se culminó con Chopin y Liszt.

Surgen las danzas estilizadas como el vals, la mazurca o la polonesa, al tiempo que desaparecieron las deciochescas (minué, gavota, bourrée). Las pequeñas formas u obras románticas son pequeñas piezas de carácter libre: nocturno, romanza, capricho, leyenda, cuento, impromptu, momento musical, preludio, fantasía balada... El estudio, compuesto con fines técnicos y virtuosísticos (Chopin y Liszt), pasa por primera vez al concierto público. También desaparecen las suites y las piezas contrapuntísticas, al tiempo que continúan las sonatas, aunque más libres y en menor número.

Los más relevantes músicos románticos serán, también, los grandes compositores de música para Piano.

- Primera generación germana: Weber, Schubert
- Segunda generación germana: Mendelssohn y Schumann
- Tercera generación germana: Brahms
- Generación cosmopolita[1]: Chopin y Liszt

1.3. Otras manifestaciones románticas

1.3.1. Ópera

En Italia: Rossini, Bellini, Donizetti y Verdi

La ópera será el único género que Italia exportará a Europa a lo largo del siglo XIX. Los rasgos generales de la ópera italiana del siglo XIX son: virtuosismo vocal menos acentuado; cierta superficialidad (hasta la aparición de Verdi); gran categoría melódica; mayor importancia del coro; trasvase del realismo a la ópera a finales de siglo. El gran continuador de la tradición mozartiana fue

[1] Corresponde, cronológicamente, a la segunda generación germana.

Rossini (1792-1868). Adquiere renombre universal con *El Barbero de Sevilla* y con *Guillermo Tell*. Continuadores de Rossini fueron Bellini (1801-1835;) *La sonámbula, Norma* y *Los puritanos*, y Donizetti (1797-1848), *Lucía de Lammermoor*.

Verdi (1813-1901) es el más grande de los operistas italianos del siglo XIX. Hasta el estreno de *Nabuco* en 1842 no alcanzó éxito. En su obra se distinguen tres períodos: al primero (hasta 1855) pertenecen *Rigoletto, La Traviata* y *El Trovador*. A partir de 1855, *La Fuerza del Sino* y *Aída*. En 1887 sorprende al mundo con *Otello* y *Falstaff*.

Como consecuencia del Realismo y del Naturalismo, surge, a finales del siglo XIX, una nueva corriente dramático-musical llamada Verismo. Sus representantes son: Leoncavallo con *Los payasos*, Mascagni con *Cavallería rusticana* y, principalmente, Puccini.

Puccini (1858-1924) cosechó grandes éxitos con *La Bohème* y *Madame Butterfly*.

En Alemania: Wagner

En la segunda mitad del siglo XIX surge en Alemania el drama wagneriano. Wagner (1813-1883) nace en Leipzig. Fue director de varios teatros de importantes ciudades hasta que en 1842 es nombrado director musical en Dresde, donde estrena *Tannhäusser*, con su famoso *Coro de Peregrinos*. Su espíritu revolucionario se acentúa ante una sociedad que rechaza su obra. Obras teóricas: *El arte y la revolución, La obra del futuro*, etc. Otras óperas: *Lohengrin, Tristán e Isolda, Los Maestros Cantores, El Anillo de los Nibelungo*, en un prólogo (*Oro del Rhin*) y tres partes (*La Walkyria, Sigfrido* y *Ocaso de los Dioses*). Su última obra será *Parsifal* (1882).

Lo esencial del pensamiento de Wagner es la síntesis de todas las artes en un todo indisoluble a partir de la tragedia griega. Todos los elementos del drama se unen (melodía continua, total, infinita). La renuncia y la redención por el amor son una constante en su obra. Cada personaje está conectado con un tema simbólico que le representa siempre que reaparece y que recibe el nombre de leitmotiv. La orquesta actúa –con fines expresivos– como comentadora de los sentimientos y las actitudes externas de los personajes. Las ideas de Wagner dominan casi toda Europa a partir del último tercio del siglo. Eclipsó a casi todos sus contemporáneos en Alemania, dejando tras sí una escuela interminable de seguidores e imitadores.

En Francia: Meyerbeer, Berlioz, Gounod, Massenet y Bizet

A partir de 1829 surge la llamada gran ópera romántica. Se trata de un nuevo estilo espectacular, fastuoso, dramático, de grandes conjuntos, con asuntos heróicos e históricos de mucha intriga y de un romanticismo deslumbrante. (Meyerbeer, Berlioz).

Gounod (1818-1893) tiene 12 óperas de las que destaca con *Fausto.*

Massenet (1842-1912) es conocido sobre todo por sus 21 óperas entre las que Destacan *Manon* y *D. Quijote.*

En España: Teatro musical español

Al fundarse el Teatro Real de Madrid en 1850, el panorama operístico español era bastante sombrío. Los esfuerzos de algunos compositores españoles por crear una ópera nacional española fueron en vano. En esta línea, que iniciaron Gaztambide, Arrieta y Bretón, se producen algunas muestras como Marina de Arrieta, *La bruja* de Chapí, *Los amantes de Teruel* de Bretón. Comienza a renacer tímidamente la zarzuela, hasta que Barbieri la impulsa con *Jugar con fuego, El Barberillo de Lavapiés* y *Pan y toros.* Donde aparece más nítido lo nacional y lo castizo es en un género menor que la Zarzuela y al que se conoce como *Género chico.* Entre sus cultivadores figuran: Caballero (*Gigantes y cabezudos*), Chueca (*La Gran Vía; Agua, Azucarillos y Aguardiente*), Chapí (*La Revoltosa, El rey que rabió*), Bretón (*La Verbena de la Paloma*), etc.

1.3.2. Nacionalismo

Panorama artístico-cultural

La libertad sin límites, proclamada por el Romanticismo, conducirá a las naciones a elegir su propio destino y a las personas a elegir las estéticas que mejor se acomoden a sus sentimientos, concepciones y ambiente que les rodea.

Aunque es verdad que el arte no tiene patria, los artistas la tienen, y sus obras llevan necesariamente el sello de su tierra y de su época, pues buscan los elementos de su arte en el substrato popular. La música se convierte, a veces, en portavoz de sentimientos nacionales.

Panorama musical

En el siglo XIX los países, al tomar conciencia de sus propias raíces, trataron de liberarse de las influencias extranjeras buscando las expresiones musicales en sus folklores nacionales. Fruto de tales esfuerzos será también la incorporación de nuevos instrumentos de percusión, el nacimiento del ballet, la iniciación de estudios folklórico-musicales y, sobre-todo, la aportación de la canción popular al acervo musical de los compositores.

Países Nórdicos: Grieg y Sibelius

Edward Grieg (1843-1907) es el músico más grande de Noruega. No escribió sinfonías ni óperas. Entre sus obras destacan: *Concierto para piano y orquesta,* las dos suites orquestales *Peer Gynt,* las *Danzas noruegas, Piezas líricas* para piano y sus *Canciones.*

Jean Sibelius (1865-1957). Su Sinfonía *Finlandia* encendió el fervor patriótico contra la dominación rusa. También le hacen acreedor de fama sus hermosas *suites orquestales,* pero, sobre todo, sus *siete sinfonías.*

Rusia: El Grupo de los Cinco y los Cosmopolitas

Las invasiones napoleónicas despertaron el sentimiento nacional del que se hizo eco Glinka (1804-1857) en sus óperas *La vida por el Zar* y *Russan y Ludmilla.* Fruto de sus viajes por España son la *Jota aragonesa* y *Una noche de verano en Madrid.*

El grupo de los cinco nace a partir de los ideales de Glinka. Tienen importantes méritos: renuevan el teatro lírico y la música rusa en general y le imprimen gran colorido a la orquesta a través de su Poemas Sinfónicos. Los componentes del grupo fueron: César Cui (1835-1918), Balakirev, (1837-1910), poema sinfónico *Tamara* y fantasía para piano *Islamey;* Alexandre Borodin (1833-1887), *Danzas polovsianas de El Príncipe Igor* y poema sinfónico *En las estepas del Asia Central;* Mussorgsky (1833-1887), ópera *Boris Godunov,* fantasía orquestal *Una noche en el Monte Pelado* y *Los Cuadros para una exposición* para piano, inspirados en una exposición del pintor Víctor Hartmann; Rimsky Korsakov (1844-1908). Autor de un tratado de orquesta y otro de armonía. Destacan sus obras escénicas *Iván el Terrible* y *La historia del Zar,* así como sus sinfonías *La Gran Pascua Rusa, Schéhérezade y Capricho español.*

Los cosmopolitas se declaran absolutamente contrarios a los principios nacionalistas de los Cinco. Indiferentes al empleo del folklore, unen directamente su música con la occidental, especialmente la germánica. A la cabeza está Antón Rubistein, pero su representante más célebre es Piorr Tschaikowsky (1840-1893). Ballets *Cascanueces, La bella durmiente* y *El lago de los cisnes,* sus seis sinfonías (la más popular la sexta o *Patética)* y los tres conciertos para piano. Muy influenciado por el anterior fue Rachmaninov (1873-1943). Sus obras más conocidas son sus dos sinfonías y sus dos conciertos para piano.

República Checa: Smetana y Dvorák

Bedřich Smetana (1824-1884) fue un gran patriota frente al dominio austríaco. Entre sus obras ocupa un lugar preeminente *La novia vendida* y sus seis poemas sinfónicos comprendidos bajo el título *Mi patria.*

Anton Dvorák (1841-1904) en 1892 fue nombrado director del Conservatorio de Nueva York y posteriormente del de Praga. Escribió una docena de óperas, pero su habilidad principal es la orquesta y la música de cámara. Nueve sinfonías (*Sinfonía del Nuevo Mundo).* Otras: *Cuarteto negro, Humorescas para violín y piano.*

España: Albéniz y Granados

En el nacimiento del nacionalismo español influyeron varios factores, especialmente la música españolizante creada por músicos extranjeros y la que compusieron, en medio de grandes incomprensiones interiores, los españoles que salieron fuera del país. Tanto Albéniz como Granados ambos discípulos de Pedrell, el gran teórico del nacionalismo estuvieron en París y destacaron, sobre todo, por su música para piano. Falla nos da un paso más abriéndonos las puertas del siglo XX.

Isaac Albéniz (1860-1909). Gran obra pianística: *Danzas españolas, Recuerdos de viaje, Cantos de España, Suite española* y la singular y magistral *Suite Iberia.*

Enrique Granados (1867-1916). Ópera *Goyescas.* Su piano tiene carácter romántico: *Canciones amatorias para canto y piano* y para piano solo; *Escenas Románticas; Doce danzas españolas* y *Goyescas.*

1.3.3. Postromanticismo

Alemania: Brukner, Mahler y Strauss

Estos músicos proceden de la herencia de Brahms y coinciden en la influencia del wagnerianismo.

A. Brukner (1824-1896) debe su fama a su nueve sinfonías, especialmente, la séptima. Es un maestro de los desarrollos temático-melódicos. Su obra es de monumentalidad orquestal y gran misticismo y religiosidad.

G.Mahler (1860-1911) lo mejor de su producción son su Canciones y Sinfonías (la décima está incompleta), que vienen a ser como gigantescos cuadros dramáticos; también recurre a la danza, al vals, a la marcha y, sobre todo, a la palabra cantada. De este modo sus sinfonías parecen grandes cantatas.

Richard Strauss (1864-1949) su producción es muy extensa. Son famosos sus poemas sinfónicos *Sinfonía Alpina, Don Juan, Don Quijote,* etc. A partir de 1905 compuso varias óperas, entre las que destacan *Salomé, Electra* y *El caballero de la rosa.* En su música se desborda el virtuosismo de la orquesta.

Francia: Gounod, Bizet, Massenet, pero los más destacados: Saint-Saëns y César Franck.

A partir de 1871, la música instrumental francesa, oscurecida por la ópera, adquiere un nuevo impulso que culminará con el Impresionismo que nos abrirá el siglo XX. Pero hasta entonces, habrá unos compositores que podremos llamar con un espíritu romántico, pero que van un poco más allá.

Camille Saint-Saëns (1835-1921) pretende ser el continuador de los *Poemas Sinfónicos* de Liszt. Obras: *Danza macabra; La rueca de Onfalia* y su fantasía *El carnaval de los animales.*

César Franck (1822-1890) se apoya en los principios formales beethovenianos. Profunda espiritualidad y religiosidad. Obras: oratorios, *La Redención* y *Las Bienaventuranzas*; *Variaciones sinfónicas* para piano y orquesta –magistral tratamiento de la orquesta–. Su destreza polifónica recuerda a Bach. Instrumento favorito, el órgano: *Tres corales, Pastoral,* etc. Si grande fue su mérito como compositor, mayor fue aún como creador de una escuela que, después de su muerte, recogería su herencia a través de la *Schola Cantorum* de París (Escuela Superior de Música).

2. Recomendaciones y prácticas

2.1. Recomendaciones preferentes

2.1.1. Aprende y disfruta con OYE Y ESCUCHA

Para conocer y comprender la música debes cultivar tu sensibilidad y de ahí que has de disfrutarla oyendo/escuchando con frecuencia diferentes estilos, estéticas, géneros...: música sinfónica, de cámara, dramática, en recitales y conciertos, en CDs, por radio, televisión, etc. Si no escuchas, no disfrutarás ni comprenderás.

En este tema, sobre el Romanticismo, voy a proporcionarte ejemplos de los contenidos principales y de los compositores más representativos.

Piano, primera generación germana

- OYE Y ESCUCHA la obra seleccionada: 2 Impromptus, Op. 90, de F. Schubert

  - Nº 2, MibM, Allegro

  - Nº 3, SobM, Andante

Piano, segunda generación germana

- OYE Y ESCUCHA la obra seleccionada: Romanza sin palabras: *Canción del gondolero,* nº 6, Op. 30, de F. Mendelssohn.
- OYE Y ESCUCHA la obra seleccionada: Carnaval, Op. 9 (fragmento), de R. Schumann (nº I. Preámbulo; nº 2. Pierrot; nº3, Arlequín; nº 4. Vals noble).
- OYE Y ESCUCHA la obra seleccionada: Bufonada carnavalesca, Op. 26 (fragmento), de R. Schumann (Nº I. Allegro).

Piano, tercera generación germana

- OYE Y ESCUCHA la obra seleccionada: 2 Intermezzos Op. 118 de J. Brahms

  -Nº 1. Allegro non assai, ma molto appassionato

  -Nº 2. Andante teneramente

Piano, Cosmopolitas

- OYE Y ESCUCHA la obra seleccionada: Nocturno en Sibm, Op. 9, nº 1, de F. Chopin.
- OYE Y ESCUCHA la obra seleccionada: Estudio en MiM, Op. 10, nº 3, de F. Chopin.
- OYE Y ESCUCHA la obra seleccionada: Vals en LaM, Op. post., *Los Adioses*, de F. Chopin.
- OYE Y ESCUCHA la obra seleccionada: Nocturno *Ensueño de amor*, de F. Liszt.

Ópera siglo XIX en Italia

- OYE Y ESCUCHA la obra seleccionada: *Una furtiva lágrima (L'elisir d'amore)* de G. Donizetti
- OYE Y ESCUCHA la obra seleccionada: *Un bel di vedremo (Madama Butterfly)* de G. Puccini
- OYE Y ESCUCHA la obra seleccionada: *Casta diva* (*Norma*) de V. Bellini.
- OYE Y ESCUCHA la obra seleccionada: *Ah sí, ben mío/ Di quella pira (Il trovatore)* de G. Verdi.
- OYE Y ESCUCHA la obra seleccionada: *Se quel guerrier io fossi!... Celeste Aida* (*Aida*) de G. Verdi.
- OYE Y ESCUCHA la obra seleccionada: *Ben lo t'invenni, o fatal scritto* (*Nabucco*) de G. Verdi.

Ópera siglo XIX en Francia

- OYE Y ESCUCHA la obra seleccionada: *La fleur que tu m'avais jetée* (*Carmen*) de G. Bizet.
- OYE Y ESCUCHA la obra seleccionada: *L'amour est un oiseau rebel* (*Carmen*) de G. Bizet.

Ópera siglo XIX en Alemania

- OYE Y ESCUCHA la obra seleccionada: *Preludio y Muerte de Amor* (*Tristán e Isolda*) de R. Wagner.

Nacionalismo, países nórdicos (Finlandia)

- OYE Y ESCUCHA la obra seleccionada: *Finlandia*, Op. 26 (Poema Sinfónico) de J. Sibelius.

Nacionalismo checo

- OYE Y ESCUCHA la obra seleccionada: *El río Moldava* (Del Poema Sinfónico *Mi Patria*) de B. Smetana.
- OYE Y ESCUCHA la obra seleccionada: Sinfonía, nº 9, en Mim, *Del Nuevo Mundo* (2º mov.: Largo) de A. Dvorák.
- OYE Y ESCUCHA la obra seleccionada: Sinfonía, nº 9, en Mim, *Del Nuevo Mundo* (4º mov.: Allegro con fuoco) de A. Dvorák.

Nacionalismo ruso (de Los Cinco)

- OYE Y ESCUCHA la obra seleccionada: *Scheherazade*, Op. 35 (Suite Sinfónica), de N. Rimski-Korsakov

Nacionalismo ruso (Cosmopolitas)

- OYE Y ESCUCHA la obra seleccionada: *Danzas del hada Confite* (del Ballet *Cascanueces*) de P.I. Tchaikovsky.
- OYE Y ESCUCHA la obra seleccionada: Concierto para piano nº 2 en Dom, Op. 18 (3º mov.: Allegro scherzando) de S. Rachmaninov.

Nacionalismo español

- OYE Y ESCUCHA la obra seleccionada: *Triana* (de la *Suite Iberia*) de I. Albéniz

Postromanticismo en Alemania

- OYE Y ESCUCHA la obra seleccionada: Sinfonía nº 1, en ReM, *Titán* (3º mov.: *Procesión fúnebre del cazador: marcha al estilo de Callot*) de G. Mahler.
- OYE Y ESCUCHA la obra seleccionada: Poema Sinfónico, Op. 20, *Don Juan* de R. Strauss.

2.1.2. Lee

Además del apartado de Sinopsis, donde se realiza un importante resumen del tema que nos ocupa, lee los Apuntes que te facilito sobre Romanticismo, Ópera[2], Nacionalismo y Postromanticismo, en el objetivo de que, no sólo te van a servir de ayuda y complemento al estudio que nos ocupa, sino que en ellos encontrarás matices, concreciones y añadidos que te facilitarán el aprendizaje, pues comprobarás que están presentados de forma ágil y sintetizada.

- Apuntes sobre Romanticismo (Dra. Sestelo).
- Apuntes sobre Ópera –generalidades y siglo XIX– (Dra. Sestelo).
- Apuntes sobre Nacionalismo (Dra. Sestelo).
- Apuntes sobre Postromanticismo (Dra. Sestelo).

[2] Como comprobaréis, en el apartado de Apuntes hay dos documentos sobre ÓPERA: uno relativo a los contenidos del tema (siglo XIX) y otro informativo, el cual ya os he recomendado en temas anteriores.

2.2. Recomendaciones adicionales

Se recomienda la lectura de los *pensamientos* que se muestran a continuación, relativos a reforzar contenidos del tema tratado, así como para conocer esa información personal y curiosa, la cual es también determinante, en el objetivo de profundizar en la filosofía de las diferentes épocas y en la psicología de sus protagonistas.

El artista en la búsqueda de la inspiración

> "Hay quien desea ser melodista como Bellini o armonista como Meyerber. Por mi parte, yo no desearía ni lo uno ni lo otro. El artista joven, cuando va a componer, nunca debe de soñar ser melodista, armonista, realista, idealista o todas esas pedanterías del diablo. La melodía y armonía no deben ser más que medios en la mano del artista para hacer de veras música; y si llegase el día en que no se hable más de melodía o armonía, ni de escuela italiana o alemana, ni de presente o futuro, entonces quizá comience el verdadero reinado del arte"(Verdi, *Carta al Conde de Arrivabene,* 1875).

Los límites de la originalidad

> "Todos los jóvenes compositores manifiestan una cierta tendencia a ser originales. Dicha tendencia es loable si no sobrepasa ciertos límites. Pero ahí radica el peligro de todas las artes de nuestra época: hay artistas que teniendo fuertes pulmones y gran aliento pueden llegar lejos en el camino. Pero la mayoría, después de una breve carrera, se rompen la crisma y se quedan sin respiración. A mi entender no hay que desesperar. Yo admiro ese noble deseo de búsqueda" (Verdi, *Carta al Conde de Arrivabene,* 1879).

Puccini y sus preocupaciones

> "Debo de traducir en música verdaderas pasiones humanas: el amor, el dolor, la sonrisa y las lágrimas que yo siento y me conmueven. Yo no estoy hecho para las acciones heroicas. Amo los seres que tienen un corazón como el nuestro, que están hechos de esperanza e ilusiones, que tienen explosiones de alegría y horas de melancolía, que lloran sin gritar y que sufren en amargura interna"(A. Gautier, *Puccini*).

Wagner y la integralidad de las artes

> "Hoy nos extraña seguramente el que 30.000 griegos hayan podido seguir con interés la representación de las tragedias de Esquilo; pero si ahondamos un poco en los medios, y en cómo han obtenido tales resultados, encontramos que ha sido en la unión de todas las artes concurriendo hacia un mismo fin: hacia la

producción de la obra artística más perfecta y verdadera" (WAGNER, *Carta a Berlioz*, 1860. Citada por Baudelaire).

La reforma wagneriana

"Wagner, poco satisfecho del poder que la música ejerce sobre los corazones, en cuanto que despierta toda la gama de sentimientos humanos, hace que ella excite nuestras ideas, se dirija a nuestro pensamiento y llame a la reflexión, al dotarla de un sentido moral e intelectual. Diseña melódicamente el carácter de sus personajes, con sus principales pasiones, y estas melodías se hacen vida en el canto o en el acompañamiento, cada vez que son puestas en juego las pasiones y sentimientos que expresan. Las situaciones o personajes importantes son expresados musicalmente por una melodía que les simboliza" (LISZT, *Obra sobre Lohengrin y Tanhäuser*, 1851. Citado por Baudelaire).

Arte, belleza y técnica

"En las artes hay algo más que técnica, habilidad y conocimientos (aunque sean perfectos) de los procedimientos; todo esto está bien y hasta es absolutamente necesario. Pero no constituye más que los materiales del artista, envoltura externa y cuerpo de un arte particular. En todas las artes hay algo que no pertenece exclusivamente a ninguno, que es común, está por encima de todos y es el alma de la vida: tal es el Arte. El arte no es puro sueño o copia, ni un puro ideal o realidad. Es el hombre mismo, el encuentro, la unión de ambas cosas y la unidad en la dualidad. La Moral es la encarnación del Bien, la Ciencia los es de la Virtud y el Arte es la encarnación de la Belleza" (Gounod, *Memorias de un artista*, 1890).

Las artes: relación e integración

"Poco importa que exprese su pensamiento sobre la tela, el mármol o el teatro, pues el pensamiento es siempre el mismo. Rafael es el mismo hombre que Mozart, y Meyerber siente del mismo modo que lo haría Miguel Ángel" (Bizet, *Correspondencia*. 1857-1872. Publicada en París, 1908-1909).

Schumann: pensamientos y consejos

"La educación musical del oído es de máxima importancia.

Observa desde temprana edad el sonido y rasgos de los diferentes instrumentos. Procura retener en tu oído las cualidades particulares de sus timbres...

Respeta la música antigua, pero interésate también por la moderna; no tengas prejuicios contra los nombres desconocidos.

No juzgues el mérito de una obra por su primera audición; lo que agrada en un primer momento no es lo mejor.

No desprecies el estudio de la vida y procúrate también conocimientos en otras artes y ciencias.

Nutriendo a los niños con golosinas no se forman hombres sanos. La nutrición del espíritu, como la del cuerpo, debe ser sencilla y sustanciosa. Los grandes maestros te han provisto abundantemente; aliméntate de sus obras.

No toques música mala y, salvo que las circunstancias te obliguen, tampoco la escuches.

Procura conocer paulatinamente las obras maestras de los mejores compositores.

Al emitir un juicio sobre las composiciones, debes de distinguir aquellas que pertenecen al verdadero arte de las que sirven para deleitar a los aficionados. Aprecia las primeras; pero no desprecies las otras.

Si tu música proviene del alma y del corazón, y tú mismo te conmueves, entonces ella podrá conmover también a los demás.

Escucha atentamente las canciones populares; éstas son la fuente inagotable de las más bellas melodías que te revelarán los caracteres de los diferentes pueblos" (Schumann, Prefacio al *Album de la juventud).*

Chopin y la sensibilidad

"Dulce, jovial y fascinador en el mundo, Chopin enfermo era desesperante en la intimidad. No había espíritu más noble, delicado y desinteresado, ni alma más alegre ni inteligencia más seria y completa en lo que cabe. Pero, en cambio, ningún carácter había tan desigual, ni imaginación más sombría y delirante, ni susceptibilidad más importante de satisfacer. Y nada de esto era culpa suya; éste era su mal. Cualquier cosa hería su sensibilidad en lo más vivo; le lastimaba hasta el deshojar de una rosa o la sombra de una mosca" (George Sand, *Historia de mi vida,* 1854).

Los Preludios de Chopin y la Cartuja de Valldemosa (Mallorca)

"Para Chopin el monasterio era un lugar terrible lleno de fantasmas, hasta cuando se sentía bien. Nunca lo decía, pero se adivinaba. Cuando yo con mi hijo regresaba de los paseos nocturnos a través de las ruinas, le encontraba a las diez de la noche pálido, delante del piano, con los ojos fijos y el pelo erizado. Necesitaba algunos minutos para reconocernos, esforzándose entonces por aparecer contento y ejecutándonos algunas de las maravillosas piezas que acababa de componer. Es en estas ocasiones cuando él compuso las más bellas de estas páginas, que él titulaba modestamente *Preludios*" (George Sand, *Historia de mi vida,* 1854).

Listz y el piano

"El piano es para mí como la fragata para el marino o el corcel para el árabe, y mucho más; porque en él he tenido hasta hoy mi palabra, mi vida y un íntimo depositario de todo cuanto agitó mi cerebro. Para mí es enorme la importancia del piano; me tiene atado por cadenas que no podría romper jamás. En mi opinión, ocupa el más alto puesto entre la numerosa familia de los instrumentos musicales. Es el más completo de todos y el único que progresa y se perfecciona cada día. Su extensión es de más de siete octavas, sobrepasando, pues, la de la orquesta. Los diez dedos de un hombre bastan para manejar este rico material sonoro, mientras que la orquesta necesita del esfuerzo de cien ejecutantes. Se pueden imitar en él los acordes del arpa, cantar como los violines, hacer destacatos, ligar y ejecutar sobre el mismo cientos de ataques que antes no era posible sin el auxilio de numerosos instrumentos. Además, el piano tiene más que ningún otro instrumento la posibilidad de participar en la vida del hombre, a pesar de sus rasgos tan personales" (Listz, *Gazette musicale.* 1837).

Grupo de los Cinco Rusos: un resumen de su manifiesto

"1º. La nueva escuela quiere que la música dramática tenga un valor propio de música absoluta, independientemente del texto. Uno de los rasgos característicos de esta escuela es huir de la banalidad y vulgaridad.

2º. La música vocal de teatro debe corresponder exactamente al texto cantado.

3º. Las formas de la música operística no dependen en modo alguno de los moldes tradicionales establecidos por la rutina. Ellas deben nacer libremente de la situación dramática y de las exigencias particulares del texto.

4º. Es necesario traducir musicalmente con el máximo relieve el carácter y estilo de los diferentes personajes, no cometer anacronismo en obras históricas y restituir fielmente el color local" (Extracto de César Cui, *La música en Rusia.* 1880).

La esencia de lo nacional

"El carácter de una música verdaderamente nacional no se encuentra solamente en la canción popular y en el instinto de las épocas primitivas, sino en el genio y en las obras maestras de los grandes siglos de arte" (Felipe Pedrell, *Por nuestra música.* 1894).

La principal misión del artista

"La reproducción artística de la sola belleza, entendida en sentido rudo y estricto, es un infantilismo; como la primera infancia del arte. Descubrir los rasgos delicados de la naturaleza humana y de los grupos humanos, sondear con tenacidad este terreno virgen y conquistarlo, he ahí la misión del verdadero artista: ¡Caminar hacia nuevas riveras sin temor a las tempestades, a través de los escollos y abismos! El hombre es un animal sociable y no sabría ser otra cosa. En los grupos humanos, al igual que en el individuo, hay rasgos de caracteres sutiles que escapan a la observación y que ninguno ha tocado aún. La tarea del artista debe ser descubrirlos y estudiarlos por la lectura, observación e intuición y captarlos en su interior a fin de nutrir luego ellos a los hombres con un alimento sano y sustancial que ninguno haya gustado aún" (Mussorgsky, *Cartas a Rimsky-Korsakov,* reunidas en Moscú en 1932).

2.3. Haciendo prácticas 1

2.3.1. Aprende y disfruta con OYE Y ESCUCHA

En esta actividad el objetivo es que, a través de la audición de todas las piezas propuestas y siguiendo las recomendaciones de cada tema, comiences a diferenciar en la práctica algunos contenidos que has aprendido en la teoría.

Una vez que hayas escuchado todas las piezas, selecciona 15 de las propuestas de la siguiente forma:

Tres del apartado de Ópera (1 italiana, 1 francesa, 1 alemana)
Uno del apartado de Postromanticismo
Cinco del apartado de Nacionalismo (1 de cada nacionalismo)
Seis del apartado del Romanticismo (1 de Schubert, 1 de Schumann, 1 de Mendelssohn, 1 de Branhms, 1 de Chopin y 1 de Liszt)

A continuación, sigue las indicaciones dadas para cada obra seleccionada:

1. Escribe unos breves comentarios sobre cada pieza para demostrar que las has escuchado. Y para ello, el estudio del tema te ayudará. Cada tema añadirá conceptos que deberás ir incluyendo.
2. Esos breves comentarios serán relativos a las indicaciones que el profesor va marcando para su escucha.
3. Comenta todo lo que percibas a través de la escucha. Por ejemplo: qué instrumento o instrumentos te parece que participan, si suena toda la orquesta o no, si es un instrumento solista y orquesta, etc.
4. También, si el carácter es rítmico o melódico, si notas frases largas o cortas, etc.
5. Si percibes un ritmo ordenado y simétrico o lo contario, lirismo o brusquedad, apasionamiento o una música más racional y sin implicaciones emocionales, algún elemento extraño a resaltar, alguna inclusión de música oriental fusionada con la occidental, etc.
6. Y, por supuesto, si te ha gustado realizar esta experiencia y si hay algunas obras que te han llamado más la atención que otras y los porqués.

Todos estos comentarios deberán expresarse de forma breve y concisa.

El objetivo no es la extensión, sino la demostración de que te estás iniciando en la escucha de la música y que intentas reflexionar y disfrutar con ella.

2.4. Haciendo prácticas 2

2.4.1. Audición dirigida y documentada

1. Después de haber escuchado todos los fragmentos de las obras que he seleccionado para ti en el apartado Aprende y disfruta con OYE Y ESCUCHA, selecciona dos o tres de cada apartado (Piano, Ópera, Nacionalismo, Postromanticismo), las que, por diferentes razones, te gusten o interesen más, y documéntate bien. Es decir, lee todo lo que puedas sobre ellas: época en que han sido compuestas, momento y dónde han sido estrenadas, si fueron encargo o no, si están basadas en alguna obra literaria o pictórica, si están dedicadas a alguien...
2. Intenta analizar y descubrir características de las mismas y diferencias o similitudes que encuentres entre algunas de ellas.

Los objetivos de esta práctica son los siguientes:

1. Escuchar, como siempre, obras de diferentes estilos, estéticas y géneros, pertenecientes a distintos períodos históricos.
2. Documentar, posteriormente, las obras escuchadas.
3. Volver a realizar la audición, después de estudiar la documentación obtenida.
4. Completar la actividad estableciendo, por escrito, las reflexiones y conclusiones de todos los puntos anteriores, las aportaciones al realizarla y si es de tu interés repetir la experiencia de esta práctica.

10

Estilos, estéticas y períodos musicales en la Historia: Impresionismo

Sinopsis

El tema 10 –*Estilos, estéticas y períodos musicales en la historia: Impresionismo*– nos va a seguir ayudando a reflexionar acerca de la importancia de la Música en la historia, en la sociedad, en definitiva, en la vida de la persona y cómo este arte no sólo está integrado en las demás artes y en cualquier hecho político-social y cultural en general, sino que puede servir de nexo integrador de todo. Y en este tema continuaremos estudiando lo que se denomina Impresionismo, adentrándonos en cómo y cuáles fueron los hechos y manifestaciones de la Música y, también, de su entorno histórico, artístico y cultural, en dicha época.

Árbol temático

ESTILOS, ESTÉTICAS Y PERÍODOS MUSICALES EN LA HISTORIA: IMPRESIONISMO

IMPRESIONISMO

- PANORAMA HISTÓRICO-ARTÍSTICO-CULTURAL
- REALISMO/NATURALISMO
- SIMBOLISMO/IMPRESIONISMO

PANORAMA MUSICAL, FINALES XIX

- ANTECEDENTES
- RASGOS DISTINTIVOS
- DEBUSSY

PANORAMA MUSICAL, INICIOS XX

- GENERALIDADES
- RAVEL
- LOS INDEPENDENTISTAS

1. Impresionismo

1.1. Panorama histórico-artístico-cultural. Características generales

1.1.1. Antecedentes

1.1.1.1. Realismo y Naturalismo en literatura, artes y música

A mediados del siglo XIX el hombre se cansa de tanta fantasía romántica e idealismo y, en vez de huir de la realidad, prefiere enfrentarse a ella, estudiarla y acoplarla a sus expresiones artístico-literarias.

El nuevo rumbo postromántico viene marcado por las corrientes filosóficas y las ideologías materialistas. El Realismo busca su temática en lo cotidiano; pinta a los hombres como son y no como pudieran o debieran ser, pero sin crudeza, sin describir lo desagradable, lo feo. Iniciado en Francia con Sthendal y Balzac, encuentra su terreno abonado en el costumbrismo español de Mesonero Romanos, Fernán Caballero, Galdós, Palacio Valdés... El paso siguiente lo dan los realistas más extremados: los naturalistas. Es el Naturalismo de Zola y de Emilia Pardo Bazán. El realismo se centra especialmente en la pintura que sustituye los temas medievales y orientales por escenas contemporáneas y paisajes reales: Courbet, Corot y Daumier.

Las repercusiones del Realismo y del Naturalismo fueron más leves en música, ya que estaba absorbida por el wagnerianismo. No obstante, encontramos sus ecos en *Carmen* de Bizet y en el *Carnaval de los animales* de Saint-Saëns; pero, sobre todo, en el Verismo de Leoncavallo, Mascagni y Puccini. En España, la mejor traducción del Realismo podría situarse en el género chico, retrato del pueblo español.

1.1.1.2. Simbolismo e Impresionismo pictórico musical

Como reacción a las dos tendencias antes expuestas, surgen en Francia otras dos corrientes literarias: el Parsianismo y el Simbolismo. Los Parnasianos, con Leconte de Lisle, crean una poesía externa, fría e impersonal. Y en oposición a ellos están los Simbolistas; Verlaine, Rimbaud y Mallarmé. Para éstos, las cosas concretas son símbolos de un misterio que los seres encierran y que el poeta trata de descubrir de forma imprecisa, vaga y subjetiva. Es decir, anteponen a la forma externa, lo exquisito y musical.

La música será para el poeta lo mejor para descubrir ese misterio. Para el simbolista la poesía es propiamente música y trata de establecer correspondencia entre las sensaciones poético-musicales y las auditivas: sonidos-ásperos; música azul; voz aterciopelada.

De nuevo se producirá en París la intercomunicación entre músicos, pintores y poetas, agrupados en torno a Mallarmé y al pintor Sordes.

Tanto en el impresionismo pictórico de Manet, Monet, Renoir y Degas como en el musical de Debussy, lo esencial es la luz y el color, además del rechazo del dibujo y de la melodía definida. El objetivo es la sonoridad, obtenida por la fusión de acordes y de diseños sin desarrollar, produciendo, como con los colores, imprecisión y algo difuminado y desdibujado.

1.2. Panorama musical, finales siglo XIX

1.2.1. Antecedentes

- La saturación del wagnerianismo.
- La tradición al límite de César Franck, Massenet y Saint-Saëns.
- Los intentos de novedad sonora de Fauré.
- La Exposición Universal de París, en 1889, donde muchos músicos franceses parecen ver una salida en el exotismo colorista oriental.
- Influencias de los poetas simbolistas.

1.2.2. Rasgos distintivos

- Se dan paso a una serie de cascadas de sonidos que llamaríamos acordes superpuestos, sin que domine uno sobre otro, frente a las tonalidades clásicas.
- Lo que importa es el colorido o sonoridad de cada acorde independientemente de choques o disonancias. Nuestro oído es el encargado de fundir tales acordes y sonidos.
- Es una música subjetiva, de sensaciones, de emociones sensitivas.
- Empleo de escales orientales y exóticas.
- Utilización de ritmos imprecisos.
- Sustitución de las líneas melódicas, por ciertas frases o diseños sin desarrollar.

- El agua en todas sus manifestaciones (mar, lluvia, bruma, nieve...) es un elemento fundamental en el impresionismo.

Debussy (1862-1918) es el cerebro organizador del Impresionismo. En 1884 gana el codiciado Premio Roma. Obras primeras: *Dos arabescas, Suite Bergamasque.* Comienza a perfilar su nuevo estilo con *El preludio a la siesta de un fauno* y con *Tres Nocturnos.*

La ópera *Pelleas y Mélisande* marca un punto de inflexión en su producción compositiva. En París produjo una auténtica convulsión, además del triunfo del movimiento.

Obra orquestal fundamental: *El Mar, Iberia.*

Su obra pianística es reveladora; es el gran pianismo: *Estampas, Imágenes, 12 Preludios, Estudios, Children's corner.* Transformó la técnica del piano dando prioridad a la sonoridad (pedales, registros) sobre el virtuosismo.

Importante música vocal destacando las *Canciones de Bilitis.*

1.3. Panorama musical, inicios siglo XX

1.3.1. Generalidades

- En este siglo XX que comienza, París sigue siendo hervidero de múltiples tendencias y vanguardias que, poco a poco, definirán a este siglo.
- Por un lado, se liquidan los últimos reductos del wagnerianismo y del postromanticismo.
- Se van arrinconando y dispersando los restos del tradicionalismo, descendientes de Massenet y Gounod (Koechlin. Charpentier...).
- Impresionistas[3], postimpresionistas y eclécticos luchan contra wagnerianos y frankianos.
- Y en último lugar aparecerá Satie, liderando el Grupo de los Seis y después, otro grupo, el de la Joven Francia, quienes comenzarán el verdadero rumbo del siglo XX (será el comienzo del tema siguiente).

---

[3] Debussy es el impresionista por excelencia y a Ravel lo podemos considerar impresionista, postimpresionista y ecléctico (el que recoge varias tendencias y las va utilizando cuando mejor le conviene, adaptándolas a su estilo propio).

Ravel (1875-1937) es el compositor puente que, sin ser auténticamente impresionista, ha sabido combinar algunas de las mejores aportaciones de esta estética. Rasgos individuales de cierto neoclasicismo, junto con un empleo rítmico muy acentuado que le hacen inconfundible y un gran ecléctico. *Juegos de Agua*, refinada técnica pianística y, junto con *Espejos*, las más impresionistas. *Gaspard de la nuit*, virtuosismo romántico. *Valses nobles y sentimentales*, línea de austeridad. Esta última etapa se inicia con *La Valse*. Genial orquestador: *La Valse, Rapsodia española, Daphnis y Chloé* o el ritmo obsesionante del *Bolero*. España ejerció gran influencia: *Alborada del gracioso, Rapsodia española* o La *hora española*. Clasicista en: *Sonatina, la tumba de Couperin*, etc.

1.3.2. Los Independentistas

Se les llaman así a algunos compositores contemporáneos de Ravel y cercanos a su estética, aunque no tan sobresalientes como él. Los más relevantes: Roussel y Schmitt.

2. Recomendaciones y prácticas

2.1. Recomendaciones preferentes

2.1.1. Aprende y disfruta con OYE Y ESCUCHA

Para conocer y comprender la música debes cultivar tu sensibilidad y de ahí que has de disfrutarla oyendo/escuchando con frecuencia diferentes estilos, estéticas, géneros...: música sinfónica, de cámara, dramática, en recitales y conciertos, en CDs, por radio, televisión, etc. Si no escuchas, no disfrutarás ni comprenderás.

En este tema, sobre el Impresionismo, voy a proporcionarte ejemplos de los contenidos principales y de los compositores más representativos.

Debussy: obras para piano

Presta atención al impresionismo de su primera época; el más clásico y sobrio.

- OYE Y ESCUCHA la obra seleccionada: *Claro de luna* (de la Suite Bergamasque) de C. Debussy
- OYE Y ESCUCHA la obra seleccionada: *Arabesca Nº 1* de C. Debussy

Presta atención al impresionismo más acentuado con todos sus rasgos: efectos del agua (cayendo, en la lluvia, campanas sumergidas en el agua, olas), música oriental, cascadas de sonidos, colores sonoros, música frágil, brumosa, alejada, fuegos artificiales, exotismo español....

- OYE Y ESCUCHA la obras seleccionadas: *Pagodas* (de Estampas) y *La tarde en Granada* (de Estampas) de C. Debussy
- OYE Y ESCUCHA la obra seleccionada: *Reflejos en el agua* (de Imágenes) de C. Debussy
- OYE Y ESCUCHA la obra seleccionada: *Estudio para arpegios compuestos* (de los Estudios) de C. Debussy
- OYE Y ESCUCHA la obra seleccionada: *La catedral sumergida* (de los Preludios, Cuaderno I) de C. Debussy
- OYE Y ESCUCHA la obra seleccionada: *Fuegos artificiales* (de los Preludios, Cuaderno II) de C. Debussy

Debussy: obras para orquesta

Presta atención al impresionismo más acentuado con todos sus rasgos, en la explosión de los colores de la orquesta: efectos del agua (olas, el viento y el mar), música oriental, cascadas de sonidos, colores sonoros, música frágil, brumosa, alejada, exotismo español....

- OYE Y ESCUCHA las obras seleccionadas: II. *Juegos de olas*; III. *Diálogo del viento y del mar* (de El Mar) de C. Debussy.
- OYE Y ESCUCHA la obra seleccionada: *Nubes* (de Nocturnos) de C. Debussy.
- OYE Y ESCUCHA la obra seleccionada: *Preludio a la siesta de un fauno* de C. Debussy.
- OYE Y ESCUCHA la obra seleccionada: *Iberia: Por las calles y por los caminos* (de Imágenes para orquesta) de C. Debussy.

Ravel: obras para piano

Presta atención a su estilo un tanto clasicista, pero dentro de la estética impresionista; observa la elegancia de los valses, pero con sutil añoranza irónica por ese mundo romántico que ya pasó.

- OYE Y ESCUCHA la obra seleccionada: *Pavana para una infanta difunta* de M. Ravel.
- OYE Y ESCUCHA la obra seleccionada: *Valses nobles y sentimentales* de M. Ravel.

Presta atención al impresionismo más acentuado con algunos rasgos principales: efectos del agua, cascadas de sonidos, colores sonoros, música frágil, brumosa, alejada, brillantez y exotismo español....

- OYE Y ESCUCHA la obras seleccionadas: *Juegos de agua* de M. Ravel.
- OYE Y ESCUCHA la obra seleccionada: *Scarbo* (de Gaspard de la nuit) de M. Ravel.

Ravel: obras para orquesta

Presta atención, por un lado, al impresionismo más acentuado en esa especial paleta de colores y sonoridades (*Dahnis y Chloé*), por otro, a la ironía elegante y glamurosa de ese mundo romántico que nunca volverá (*La Valse*[4]) y, por último, la explosión rítmica con acentuado carácter español (*Bolero*).

- OYE Y ESCUCHA la obras seleccionadas: *Daphnis y Chloé* (3ª parte) de M. Ravel.
- OYE Y ESCUCHA la obra seleccionada: *La Valse* de M. Ravel.
- OYE Y ESCUCHA la obra seleccionada: *Bolero* de M. Ravel.

2.1.2. Lee

Además del apartado de Sinopsis, donde se realiza un importante resumen del tema que nos ocupa, lee los Apuntes que te facilito sobre el Impresionismo, en el objetivo de que no sólo te sirvan de ayuda y complemento al estudio que nos ocupa, sino que en ellos encontrarás matices, concreciones y añadidos que te facilitarán el aprendizaje, pues comprobarás que están presentados de forma ágil y sintetizada.

- Apuntes sobre el Impresionismo (Dra. Sestelo)

4 La Valse en francés significa El Vals.

2.2. Recomendaciones adicionales

Se recomienda la lectura de los *pensamientos* que se muestran a continuación, relativos a reforzar contenidos del tema tratado, así como para conocer esa información personal y curiosa, la cual es también determinante, en el objetivo de profundizar en la filosofía de las diferentes épocas y en la psicología de sus protagonistas.

Música: arte celestial y terrenal

> "La música es, ante todo, un arte de expresión seria y sublime. Sus primeros cantos se encaminaron hacia el Cielo. En toda época ella fue como una de las alas de la fe. Porque la música, más que cualquier arte, incluso que la poesía, da cuerpo a las aspiraciones hacia lo Infinito. Su lenguaje persuasivo basta para convencernos por la sola fuerza de la emoción y nos permite reconocerla como la voz misma de lo indecible.
>
> Sin embargo, sería un error pensar que sea esto lo único a lo que la música pueda aspirar; ella es también un arte de alegría terrenal. Lo que se le objeta a veces por espíritus agudos y aun por músicos, es su pintoresco poder y su aptitud para lo cómico, el cual deriva precisamente del canto popular y que, por tanto, le es perfectamente natural" (Paul Dukas, *Ecrits sur la musique,* 1894).

El poder de la música

> "El poder de la música se dirige, entre los oyentes que experimentaron la acción de la música sobre sus estados afectivos, a un mundo intermediario que les da como un pregusto o prenoción simbólica de la música propiamente dicha, y este mundo es el de los sentimientos. Pero si en ellos la música no pasa de ahí, es preciso advertirles que sólo permanecerán en la antesala sin haber llegado al santuario de la misma, ya que ésta solamente puede ser simbolizada, pero no manifestada por el sentimiento" (Nietzsche, *El origen de la tragedia,* 1871).

Falla, gran admirador de Debussy

> "Claudio Debussy ha sido y es mucho más que un restaurador de la pura tradición francesa representada por Rameau y por Couperin La reforma debussysta ha constituido uno de los hechos más importantes que registra la historia musical contemporánea Estos novísimos medios musicales ¿se habían empleado como ahora se emplean, de un modo sistemático, afirmativo y a veces exclusivo, antes de que Debussy, rompiendo las fuertes cadenas que aprisionaban a la música, diese a ésta libertad completa y probase que con esa libertad podía vivir en tanta lógica, con tanto equilibrio y con tanta o mayor perfección que en el período clásico?" (Manuel de Falla, *La música francesa contemporánea,* prólogo al libro de Jean Aubry. Revista Musical Hispanoamericana, Madrid, julio 1916.)

Conocer el pasado, para construir el presente

"Hoy nos extraña seguramente el que 30.000 griegos hayan podido seguir con interés la representación de las tragedias de Esquilo; pero si ahondamos un poco en los medios cómo han obtenido tales resultados, encontramos que ha sido en la unión de todas las artes concurriendo hacia un mismo fin: hacia la producción de la obra artística más perfecta y verdadera" (Gabriel Fauré, *Opiniones musicales,* 1930).

Ravel, filosofía y música: corazón, técnica e inteligencia

"Yo no soy músico moderno en el sentido revolucionario de la palabra. Siempre he dirigido mi inspiración hacia los antiguos maestros, y mi música está basada en su mayor parte en las tradiciones del pasado, como si hubiera nacido de ellas.

La música grande debe salir del corazón. Música que solamente nazca de la técnica y de la inteligencia no vale ni el papel sobre el cual se halla escrita. Este fue siempre mi argumento contra la llamada música moderna de los jóvenes compositores revolucionarios. Su música es fruto del entendimiento y no del corazón. Primero erigen teorías y luego componen música que se adapte a esas teorías. Aducen hermosos motivos explicando por qué la música de nuestro tiempo debe ser destruida y disecada... ¿Cómo se puede reducir la música a un silogismo lógico o a una fórmula matemática?... La música debe ser siempre y ante todo emotiva" (M. Ravel, reportaje hecho por D. Ewen en 1931, *Reveu Etudes y The Book of Modern Composers,* 1851).

2.3. Haciendo prácticas 1

2.3.1. Aprende y disfruta con OYE Y ESCUCHA

En esta actividad el objetivo es que, a través de la audición de todas las piezas propuestas y siguiendo las recomendaciones de cada tema, comiences a diferenciar en la práctica algunos contenidos que has aprendido en la teoría.

Una vez que hayas escuchado todas las piezas, selecciona 10 de ellas de la siguiente forma:

Tres de piano de Debussy
Dos de orquesta de Debussy
Tres de piano de Ravel
Dos de orquesta de Ravel

A continuación, sigue las indicaciones dadas para cada obra seleccionada:

1. Escribe unos breves comentarios sobre cada pieza para demostrar que las has escuchado. Y para ello, el estudio del tema te ayudará. Cada tema añadirá conceptos que deberás ir incluyendo.
2. Esos breves comentarios serán relativos a las indicaciones que la profesora va marcando para su escucha.
3. Comenta todo lo que percibas a través de la escucha. Por ejemplo: qué instrumento o instrumentos te parece que participan, si suena toda la orquesta o no, si es un instrumento solista y orquesta, etc.
4. También, si el carácter es rítmico o melódico, si notas frases largas o cortas, etc.
5. Si notas un ritmo ordenado y simétrico o lo contario, lirismo o brusquedad, apasionamiento o una música más racional y sin implicaciones emocionales, algún elemento extraño a resaltar, alguna inclusión de música oriental fusionada con la occidental, etc.
6. Y, por supuesto, si te ha gustado realizar esta experiencia y si hay algunas obras que te han llamado más la atención que otras y los porqués.

Todos estos comentarios deberán expresarse de forma breve y concisa.

El objetivo no es la extensión, sino la demostración de que te estás iniciando en la escucha de la música y que intentas reflexionar y disfrutar con ella.

2.4. Haciendo prácticas 2: Musical/Pictórica

Audición dirigida, documentada e integrada con otro arte.

1. Escucha dos Preludios de Debussy, sin fijarte en sus títulos. Anota la sensación o impresión que dichas piezas te han producido. Seguidamente, observa los títulos y escúchalos de nuevo. ¿Crees que el título es necesario?
2. Para que compruebes como, a pesar de sus diferencias, Debussy y Ravel se encuentran en el Impresionismo tocando temas que claramente definen a esta estética (por ejemplo, el agua, en sus diferentes manifestaciones), escucha las siguientes obras (*Reflejos en el agua* de Debussy y *Juegos de agua* de Ravel) y anota tus impresiones y todas las analogías y diferencias que encuentras entre ellas, si realmente las hay. También comenta si, a través de estas dos obras, serías capaz o no de diferenciar a estos compositores, y si, por el contrario, reconocerías sin problemas su estética impresionista.
3. Escucha el *Bolero* de Ravel y anota los rasgos más destacados en cuanto a ritmo, tema (cuántos hay y cuántas veces aparecen), orquestación (desde el principio hasta el final), armonía (¿cambia ésta muchas veces?).
4. Documéntate sobre las obras escuchadas, previamente, y vuelve a realizar la audición.
5. Busca obras pictóricas impresionistas y lee sobre ellas y sus autores, observándolas con detenimiento mientras vuelves a escuchar la música anterior. (Comenta cuáles son esas obras pictóricas y su autoría).

Los objetivos de esta práctica son los siguientes:

1. Escuchar, como siempre, obras de diferentes estilos, estéticas y géneros, pertenecientes a distintos períodos históricos.
2. Establecer y reconocer los rasgos estéticos que definen a lo que estamos escuchando y las diferencias o analogías entre sus compositores más representativos.
3. Documentar, posteriormente, las obras escuchadas.
4. Volver a realizar la audición, después de estudiar la documentación obtenida.
5. Buscar y documentarte sobre obras pictóricas de la misma estética para, a continuación, fusionar música y pintura.
6. Completar la actividad estableciendo, por escrito, las reflexiones y conclusiones de todos los puntos anteriores, las aportaciones al realizarla y si es de tu interés repetir la experiencia de esta práctica.

11

Estilos, estéticas y períodos musicales en la Historia: Siglo XX

Sinopsis

El tema 11 –*Estilos, estéticas y períodos musicales en la historia: Siglo XX*– nos va a seguir ayudando a reflexionar acerca de la importancia de la Música en la historia, en la sociedad, en definitiva, en la vida de la persona y cómo este arte no sólo está integrado en las demás artes y en cualquier hecho político-social y cultural en general, sino que puede servir de nexo integrador de todo. Y en este tema continuaremos estudiando lo que se denomina Siglo XX, adentrándonos en cómo y cuáles fueron los hechos y manifestaciones de la Música y, también, de su entorno histórico, artístico y cultural, en nuestra época más próxima.

Árbol temático

ESTILOS, ESTÉTICAS Y PERÍODOS MUSICALES EN LA HISTORIA: SIGLO XX

SIGLO XX, PRIMERA MITAD

EN EUROPA

PANORAMA HISTÓRICO-ARTÍSTICO-CULTURAL

PANORAMA MUSICAL

GENERALIDADES

ESTILOS Y ESTÉTICAS

PROTAGONISTAS

EN ESPAÑA Y AMÉRICA

PANORAMA HISTÓRICO-ARTÍSTICO-CULTURAL

PANORAMA MUSICAL

GENERALIDADES

PROTAGONISTAS

SIGLO XX, SEGUNDA MITAD

PANORAMA MUSICAL, ÚLTIMAS TENDENCIAS

RASGOS DISTINTIVOS GENERALES

PROTAGONISTAS

1. Siglo XX, primera mitad, Europa

1.1. Panorama histórico-artístico-cultural

Tenemos ante nosotros la llamada era mecanizada de la historia, donde los valores espirituales y culturales parecen un tanto alejados de la persona.

El ser humano se halla inmerso en un mundo materialista y, acercándose unas veces a la ciencia y otras a la religión o a la fantasía, trata de concentrarse en sí mismo buscando crear su propia personalidad. Influenciado por el pesimismo trágico de Nietzsche y de Shopenhauer o por el existencialismo de Heidegger, Sartre y Camus, se siente al margen del mundo hundiéndose en la angustia. Estas crisis se reflejan naturalmente en la música y en todas las artes.

Esta actitud angustiosa se traduce en un gran abanico de movimientos, los célebres ismos literarios que encuentran su correspondencia en las artes: ultraísmo, impresionismo, surrealismo…

Las ideas y las estéticas del siglo XX se suceden de modo vertiginoso. Las tendencias varían sin haber llegado a asimilar otras anteriores, con lo que se producen numerosas contradicciones, avances y retrocesos.

Signos evidentes de estas continuas idas y venidas son los neos (neoidealismo, neogoticismo, neopositivismo…). Además de la rapidez en los cambios, se produce una hostilidad contra las tendencias precedentes. El artista se mueve por los distintos terrenos sin pisar con firmeza. De aquí el afán de renovación.

En esta época distorsionada el arte es crispado y agresivo, lo que se traduce en las disonancias continuadas que se producen en el ámbito musical.

1.2. Panorama musical

1.2.1. Generalidades, técnicas, estructuras y novedades sonoras

La música experimenta una violenta convulsión. Es una música que surge como reacción frente al pasado romanticismo, postromanticismo y wagnerianismo, una reacción que busca un arte más intelectual frente a lo emotivo.

El campo de esa música actual es tan extenso, y las últimas tendencias tan numerosas, que resulta difícil dominar todas sus facetas.

- El arte se hace individualista e independiente, como si cada compositor tratara de forjar su propia estética.
- Los géneros musicales se funden.
- París y Viena son la cuna de las nuevas tendencias.
- Asistimos a la creación de grandes orquestas y a la difusión de la música sinfónica.
- Aparece la música de narrador y orquesta.
- Renace la música de cámara en sus múltiples combinaciones.
- La música para piano queda estabilizada.
- Disminuye la música coral.
- La canción o lied es menos practicada.
- El teatro musical parece languidecer.
- El ballet adquiere más importancia.
- Nacen la música de cine y la música incidental.
- Aparecen nuevas sonoridades instrumentales.
- Se añaden instrumentos nuevos (electrónicos) y nuevas fórmulas sonoras (música concreta). El ruido se incorpora a la música. Los instrumentos de percusión experimentan un auge, especialmente desde Stravinsky.
- Nuevos inventos en la transmisión del sonido (estereofónico, magnetófono, videófono, computadora, etc.).
- Liberación e independencia de la melodía. Uso de la voz humana como instrumento.
- Retorno al contrapuntismo (Schöenberg, Béla Bartók).
- Liberación del ritmo: nuevos esquemas métricos, complejos y variados. Polirritmia. El jazz, las danzas exóticas y las folklóricas juegan un papel importante en el enriquecimiento rítmico.
- Empleo de toda clase de disonancias sin sujeción a reglas.

1.2.2. Estilos y estéticas

En el siglo XX coexisten las tendencias más dispares e incluso contradictorias. Muchos de los *ismos* son únicamente variantes unos de otros, reduciéndose en ocasiones en ideales compartidos por simples grupos de amigos que sólo tienen en común la reacción contra lo precedente. Expresionismo, serialismo y dodecafonismo; Politonalismo; Microtonalismo; Neoclasicismo; Arcaísmo y exotismo; El jazz; Música populista o utilitaria; Maquinismo y ruidos.

Expresionismo: este término, en la música se toma de las artes plásticas y trata de registrar las impresiones no venidas de fuera o de reproducir formas y colores, sino exclusivamente, las internas o subjetivas. Pero a diferencia del romanticismo, aquí los elementos técnicos son agresivos, lacerantes y convulsivos, con el fin de acentuar internamente, por un lado, las convulsiones de una sociedad en crisis y cambiante y, por otro, una realidad distorsionada. Por eso musicalmente se traduce en una permanente disonancia. Esta estética deriva hacia el abstraccionismo y el surrealismo.

Atonalismo y serialismo: como consecuencia de esa perpetua disonancia producida en el expresionismo, se comienza con la destrucción del sistema tonal clásico vigente hasta entonces (atonalismo) y la elaboración, a muy corta distancia, de uno nuevo que se le llamaría serialismo o dodecafonismo. Schöenberg elaboró este nuevo sistema, por lo que nace en la Escuela de Viena que él crea, siendo sus representantes principales sus propios alumnos: Berg y Webern. El dodecafonismo niega todas las leyes que hasta entonces regían la armonía (atracciones de notas y acordes, resolución de disonancias...). Los 12 sonidos y los acordes que se formen con ellos tienen el mismo valor.

Politonalismo: surge como reacción al serialismo en un último intento por reafirmar no sólo una, sino varias tonalidades simultáneas. Los principales representantes de esta tendencia, que tiene lugar hacia 1920, son Milhaud, Casella y Bartók.

Microtonalismo: los microtonalistas, no contentos con el actual sistema de cinco tonos más dos semitonos, es decir, de doce semitonos, quisieron llegar a divisiones aún más pequeñas que el semitono.

Neoclasicismo: algunos compositores quieren retornar a los ideales estéticos del siglo XVIII en cuanto a inspiración, orientación, refinamiento y transparencia se refiere, al tiempo que desean mantener las actuales adquisiciones técnicas. Se trata de una vuelta al "arte puro" en el que la música no obedezca a leyes externas a ella. Como líderes de este movimiento figuran: Hindemith, Stravinsky y Bartók.

Arcaísmo y exotismo: en el camino de los retornos, el músico del siglo XX vuelve su mirada no sólo hacia el Barroco, sino también a los ideales renacentistas e incluso a los modos medievales. Este mismo arcaísmo les llevará al estudio de músicas orientales, exóticas y primitivas (Glinka, Debussy, Bartók, Ravel...).

El jazz: el jazz americano ha tenido gran influencia en la música con sus tres derivaciones: *ragtime, blue* y *jazz,* propiamente dicho.

El *ragtime* es una música americana de danza de origen negro, en ritmo vivo y sincopado, puesta de moda a finales del siglo XIX en Nueva Orleans por grupos de negros improvisadores.

Los populares *blues* influyeron en el ragtime y posteriormente en el *jazz.* El origen de sus temas está en los cánticos espirituales y de plantación de los negros americanos, aunque son para solistas en movimiento lento. En un principio no llevan acompañamiento instrumental; las frases son regulares, con texto sentimental e ingenuo.

El *jazz,* propiamente dicho, nació del ragtime y del blues hacia 1910, adquiriendo pocos años después la forma de banda, una banda instrumental. Predominan la percusión, el viento-madera, el metal (trombones con trompetas con sordina) y otros instrumentos peculiares como el banjo. Son notorias las influencias del jazz sobre la música culta. Los autores que han sacado mayor partido del jazz en este aspecto han sido Gershwin, Stravinsky, Milhaud, Honneger, Copland, Debussy, Ravel, Prokofiev, Bartók y otros.

Música populista o utilitaria: hacia 1923 surge en Alemania un movimiento llamado *música para usar* o *música utilitaria.* Sus propósitos educativos proceden de las ideas sociales de Bertolt Brech. Fueron también cultivadores Hindemith y Kurt Weil.

1.2.3. Protagonistas

(Como el inicio de este apartado ha sido incluido en el tema anterior –Introducción, Ravel y los Independistas–, y por su extensión y algunos matices que quiero hacer al respecto, reduzco aquí mucho los contenidos, ya que tenéis los APUNTES para matizar y ampliar, aunque también debéis tener en cuenta que la información sobre los compositores podéis obtenerla de forma externa).

Los compositores que os indico en mis apuntes son los siguientes:

- Satie y el grupo de los seis (a esto también le añadís el Círculo de la Joven Francia).La vanguardia alemana: Schöenberg, Webern y Berg.
- La vanguardia cosmopolita: Stravinsky, Hindemith, Bartók y Prokofiev.

A los anteriores le añadís dos de Italia: Casella y Petrassi.

2. Siglo XX, primera mitad, España y América; y siglo XX, segunda mitad en Europa, España y América

(Aunque soy consciente de la extensión de este apartado y de este tema en general, y el cometido que me he propuesto en esta asignatura es ofrecer una aproximación general a la historia y estética de la música, será suficiente la síntesis que os realizo en mis apuntes.)

A continuación sólo reflejaré, en esta sinopsis, un brevísimo resumen de dos apartados que no se contemplan –o sólo se anuncian– en los mencionados apuntes, el cual será suficiente para vuestro conocimiento y estudio.

2.1. La música en los Estados Unidos (generalidades de la primera y segunda mitad del siglo XX)

La independencia y fisonomía de la música norteamericana nace en el siglo XX como una simbiosis de los cantos religiosos de los antiguos puritanos ingleses, de la influencia germánica, de la música de los negros oriundos de África, de la música de los indios americanos y del jazz.

Charles Ives es el músico revolucionario que se adelanta incluso a muchas experimentaciones de los europeos hasta llegar al arcaísmo y a las divisiones menores de semitono.

Después de la I Guerra Mundial, Estados Unidos se convierte en el paraíso de los grandes compositores europeos, al tiempo que Europa es el paraíso para los americanos de entonces. Se funda el Conservatorio Norteamericano de Fontainebleau, del que sale Aaron Copland, el autor más importante procedente de esta escuela parisina. Su música es muy popular; pasa de las influencias del jazz a la música abstracta y casi dodecafónica. Entre 1925 y 1940 las influencias del jazz tienen a Gershwin como su máximo exponente. Se hace famoso con su *Rapsodia in blue* y *Un americano en París.* Leonard Berstein muestra cierta preferencia por el jazz.

Entre los emigrados a Estados Unidos figuran el alemán Kurt Weill y el italiano Carlo Menoti.

Los experimentalistas encontraron campo propicio en la nación de la mecánica y la industria: Henri Cowell se sitúa en la extrema vanguardia; Edger Varèse dedica preferentemente a la música atonal y a la experimentación con sonidos no temperados. Otro adelantado de las técnicas futuristas y mecanicistas es Cage.

2.2. La música en Hispanoamérica y Portugal (generalidades de la primera y segunda mitad del siglo XX)

Hispanoamérica o Latinoamérica, hasta casi el siglo XX, es una especie de resonador de todo lo que sucede en Europa, especialmente en España y Portugal. La cultura hispanoamericana es fruto de un triple mestizaje: elementos indígenas, indios y negros e influencias europeas ya citadas.

En Méjico tuvieron éxito Ponce, Revueltas y Carrillo, pero el compositor mejicano más conocido en Europa es Charles Chávez, que pasa por los más variados estilos, desde el impresionista al indigenista, pasando por la música de tendencias sociales, hasta la futurista y la abstracta.

El renacimiento musical de Argentina comenzó hacia 1929 con José María Castro y Juan Carlos Paz, que del impresionismo inicial pasa al dodecafonismo. Más joven y muy conocido es Alberto Ginastera.

En Brasil el verdadero nacionalismo surgirá con Héctor Villalobos. Tiene más de 600 obras. Es buen conocedor del folklore (*Choros para piano, guitarra y cámara)*. A partir de 1930 plasma su admiración por Bach en las *Bachianas brasileñas.*

Chile es quizá uno de los países sudamericanos más organizados musicalmente.

En Cuba hay que mencionar a Caturla.

En Portugal destacan: Vianna da Motta, Freitas Branco, Vasconcellos y otros. Más jóvenes: Ivo Cruz y Joly Braba Santos.

3. Recomendaciones y prácticas

3.1. Recomendaciones preferentes

3.1.1. Aprende y disfruta con OYE Y ESCUCHA

Para conocer y comprender la música debes cultivar tu sensibilidad y de ahí que has de disfrutarla oyendo/escuchando con frecuencia diferentes estilos, estéticas, géneros...: música sinfónica, de cámara, dramática, en recitales y conciertos, en CDs, por radio, televisión, etc. Si no escuchas, no disfrutarás ni comprenderás.

En este tema, sobre el siglo XX, voy a proporcionarte ejemplos de los contenidos principales y de los compositores más representativos.

Siglo XX: primera mitad, Europa

Presta atención cómo incluso a elementos conocidos se le van introduciendo procedimientos nuevos, tanto armónicos, melódicos, instrumentales y orquestales, dándonos cuenta de que estamos en un ámbito diferente: el siglo XX. Repara en las diferencias auditivas de la vanguardia que no rompe con la tradición y la que es favorable a esa ruptura.

- OYE Y ESCUCHA la obra seleccionada: Sinfonía en Tres Movimientos (1º mov.) de I. Stravinsky.
- OYE Y ESCUCHA la obra seleccionada: Concierto para orquesta (2º mov.) de B. Bartók.
- OYE Y ESCUCHA la obras seleccionadas: *La edad de oro (Polka)* D. Shostakovich.
- OYE Y ESCUCHA la obra seleccionada: *Carmina Burana* (Introducción: *Fortuna Imperatrix Mundi*) de C. Orff.
- OYE Y ESCUCHA la obra seleccionada: *Pierrot lunaire*, Op. 21 (parte primera) de A. Schönberg.

Siglo XX: primera mitad, España y América

Presta atención a tres representantes españoles de esta primera mitad del siglo XX, a uno de Estados Unidos y a otro de Hispanoamérica.

- OYE Y ESCUCHA las obras seleccionadas: *Noches en los jardines de España,* para piano y orquesta, (1º mov.: *En el Generalife)* de M. de Falla.
- OYE Y ESCUCHA la obra seleccionada: *Orgía* (de Danzas Fantásticas) de J. Turina.
- OYE Y ESCUCHA la obra seleccionada: *Rhapsody un blue,* para piano y oquesta, de G. Gershwin.
- OYE Y ESCUCHA la obra seleccionada: *Sensemaya* (orquesta) de S. Revueltas.

Siglo XX: segunda mitad, Europa

Imprégnate de cierto lenguaje europeo de la segunda mitad del siglo XX, el cual, como habrás comprobado en los contenidos del tema, viene bastante influenciado por la vanguardia alemana de la primera mitad y, sobre todo, por Webern. No obstante, cada compositor tiene su personalidad, pero la estética del sonido podrás reconocer que es siglo XX y, concretamente, su segunda mitad. (Fíjate bien como, incluso, cuando se tratan temas antiguos o religiosos, la estética se siente del comentado ámbito y período).

- OYE Y ESCUCHA la obra seleccionada: Concierto Nº 1 en ReM para piano y orquesta (Allegro) de B. Britten.
- OYE Y ESCUCHA la obra seleccionada: *Klavierstöcke (fragmento)* de K. Stockhausen.
- OYE Y ESCUCHA la obra seleccionada: *Stabat mater. Pasión según San Lucas* de K. Penderecki.

Siglo XX: segunda mitad, España y América

Presta atención a la personalidad de cada compositor seleccionado, pero sé consciente de que todos están situados en el siglo XX y en esa segunda mitad.

- OYE Y ESCUCHA la obras seleccionadas: *Cuarteto de Agrippa* de A. García Abril.

- OYE Y ESCUCHA la obra seleccionada: *Pentimento* (Orquesta) de J. L. Turina.
- OYE Y ESCUCHA la obra seleccionada: *Toccata* (piano) de A. de La Vega.
- OYE Y ESCUCHA la obra seleccionada: *Cinco Preludios Nuevos* (nº 3 y nº 5), piano, de R. Cordero.

3.1.2. Lee

Además del apartado de Sinopsis, donde se realiza un importante resumen del tema que nos ocupa, lee los apuntes que te facilito sobre el siglo XX, con el objetivo de que no sólo te sirvan de ayuda y complemento al estudio, sino que en ellos encontrarás matices, concreciones y añadidos que te facilitarán el aprendizaje, pues comprobarás que están presentados de forma ágil y sintetizada. Os informo que estos apuntes están basados en las investigaciones más recientes condensadas en mi Tesis Doctoral (2006) y extractadas, posteriormente, en mi libro *Antón García Abril, el camino de un humanista en la vanguardia* (2007).

- Apuntes sobre el siglo XX (Dra. Sestelo)

3.2. Recomendaciones adicionales

Te sugiero leer de nuevo los dos artículos que ya te recomendé en el TEMA 1, los cuales profundizan en la figura y función del creador musical a través de la historia, sus inquietudes, deseos y aspiraciones. Me parece que es una buena forma de unir el primero y el último tema de unos contenidos que, como el alfa y el omega, se dan la mano.

- SESTELO LONGUEIRA, Esther: "El creador musical y el valor del goce creativo frente a la soledad social", Música, Revista del Real Conservatorio Superior de Música de Madrid, Años 2000-2002, Números 7, 8 y 9, pp. 181-183. ISSN: 0541-4040 (Clave: Revista).
- SESTELO LONGUEIRA, Esther: "El creador musical: historia, comunicación y búsqueda", Revista Música y Educación Año XVI, 1, Núm. 53, Marzo 2003, pp. 19-27. ISSN: 0214-4786. (Clave: Revista).

También te recomiendo la lectura de los *pensamientos* que se muestran a continuación, relativos a reforzar contenidos del tema tratado, así como para conocer esa información personal y curiosa, la cual es también determinante, en el objetivo de profundizar en la filosofía de las diferentes épocas y en la psicología de sus protagonistas.

Objetivo surrealista

> "Todo nos lleva a pensar que existe un punto determinado del espíritu en el cual la vida y la muerte, lo real y lo imaginario, el pasado y el futuro, lo comunicable y lo incomunicable, lo alto y lo bajo dejan de percibirse como elementos contradictorios. Sería inútil buscarle a la actividad surrealista otro móvil que la esperanza de determinar ese punto" (André Bretón, *Segundo manifiesto del surrealismo,* 1929).

El artista quiere plasmar su impronta

> "Más que el cuadro considerado en sí mismo, lo que cuenta es lo que éste lanza al aire, lo que esparce. Importa poco que se destruya el cuadro. El arte puede morir: lo que importa es que haya esparcido gérmenes por la tierra No hay que preocuparse de que una pintura se conserve siempre idéntica a sí misma, sino de que deje gérmenes, de que esparza semillas, de las que nacerán otras cosas"(Joan Miró, *Trabajo como un jardinero,* entrevista recogida por Yvon Tallandier, Siglo XX. París, 1964).

Georges Braque: arte y filosofía

"El arte está hecho para inquietar; la ciencia para tranquilizar.

El arte sobrevuela; la ciencia proporciona muletas.

Sólo hay una cosa válida en arte: la que no se puede explicar.

El artista que no encuentra ya resistencia, raya en la perfección; pero sólo se trata de una perfección técnica.

La vasija da una forma al vacío, y la música al silencio"

(Jean Paulhan, *Georges Braque,* Antología, París, 1946)

Arte, pedagogía, comprensión, sentimiento y aprendizaje. Las formas clásicas: estímulo o estancamiento

"El estudio de las formas clásicas de nuestro arte sólo debe servir para aprender en ellas el orden, el equilibrio y la realización frecuentemente perfecta de un método. Ha de servirnos para estimular la creación de otras nuevas formas en las que resplandezcan aquellas mismas cualidades, pero nunca para hacer de ellas lo que un cocinero con sus moldes y recetas...

Error funesto es decir que hay que comprender la música para gozar de ella. La música no se hace, ni debe jamás hacerse para que se comprenda, sino para que se sienta. Creo que el arte se aprende, pero no se enseña"(Manuel de Falla, Prólogo a la *Enciclopedia abreviada,* de Joaquín Turina, Madrid, 1917).

Ruido musical: razones y planteamientos

"La vida antigua no fue más que silencio. Es en el siglo XIX, con las máquinas, cuando nace el ruido que hoy domina sobre la sensibilidad del hombre. El arte musical buscó primeramente la pureza límpida y cristalina del sonido. Luego mezcló sonidos diferentes, preocupándose tan sólo de acariciar el oído con suaves armonías. Hoy, en cambio, el arte musical mezcla aún los sonidos más disonantes y estridentes. Así nos vamos acercando al sonido-ruido.

Esta evolución de la música es paralela a la sorprendente multiplicación de las máquinas que participan en el trabajo humano. En la bulliciosa atmósfera de las grandes ciudades, la máquina crea hoy tan variados ruidos que el sonido puro, por su pequeñez y monotonía, no suscita emoción alguna. Para excitar nuestra sensibilidad, la música se ha desarrollado buscando una polifonía más compleja y una mayor variedad de timbres y coloridos instrumentales a través de sucesiones más complejas de acordes disonantes. Es así como se ha ido pasando al ruido musical" (Luigi Russolo, *Al arte de los ruidos,* Milán, 1916).

Manuel de Falla y la nueva música

"La música novísima es pura y simplemente la renovación de aquella otra por tantos siglos olvidada; pero renovación y resurrección de tal modo realizada que al revivir aquel cuerpo que creíamos muerto, aparece adornado con toda riqueza que el artificio ha acumulado durante tantos siglos, como si obedeciendo a una mística aspiración, hubiese ido tejiendo una túnica preciosa con que revestir al cuerpo desnudo que había de resurgir radiante para nunca más morir" (Manuel de Falla, *Introducción a la Nueva Música,* "Revista Musical Hispanoamericana", Madrid, diciembre 1916).

Música: expresión y descripción

"La gente busca en la música algo diferente a lo que ella es. Lo importante es saber lo que expresa y lo que el autor pensaba cuando la escribió. No se llega a comprender que la música sea una cosa de por sí independiente de aquello que pueda sugerir. En otras palabras: la música sólo interesa a muchos en tanto en cuanto se refiere a cosas que están fuera de su esencia (lo descriptivo), pero que despiertan en ellos sensaciones conocidas" (Stravinsky, *Revista Musical Austríaca,* marzo 1948).

Oyentes y actitudes

"El oyente está predestinado en cierto modo a ser colaborador del compositor. Esto presupone que su educación y enseñanza musical se hallen bastante desarrolladas, no sólo para seguir el cuadro sonoro conforme a un sentido, sino también para poder captar su contenido espiritual Pero ello constituye una excepción: el oyente mediano, aunque parezca atento mientras sigue el desarrollo musical, goza de la música de un modo puramente pasivo.

Lamentablemente, existe otra actitud respecto a la música; la de los snobs, esos amigos hipócritas de la música que sólo encuentran en un concierto o en una representación la ocasión para aplaudir a un gran director o a una célebre cantante. Basta observar sólo un instante esas caras grisáceas de aburrimiento, según una expresión de Debussy, para apreciar el poder de la música. Porque ella abate a esos infelices que oyen estúpidamente sin escuchar" (Stravinsky, *Poetique musicale,* París, 1946).

Nuevas combinaciones instrumentales y trímbricas

"Es preciso que nuestro alfabeto musical se enriquezca. Los nuevos instrumentos deben de ser susceptibles de prestarse a combinaciones variadas y no deben simplemente recordarnos cosas ya oídas. Los instrumentos no deben de ser, después de todo, más que medios temporales de expresión" (Entrevista para *New York Telegraph,* Varèse, 1916).

"Lo que queremos es un instrumento que pueda darnos un sonido continuo a no importa qué altura. El compositor y el ingeniero de electrónica deberán trabajar de común acuerdo para obtenerlo. Por ningún concepto podemos continuar trabajando en los viejos colores de la escuela. Rapidez y síntesis son las dos características de nuestro tiempo. Tenemos necesidad de nuevos instrumentos en el siglo XX para ayudarnos a hacer con ellos música"(Varèse, *Christian Science Monitor*, 1922).

Schaeffer y la música concreta

"La música ordinaria es a la música concreta lo que la mecánica daría a la relatividad. La música ordinaria es un caso particular dentro de la música en general; a saber, el de la nota o sonido de frecuencia definida. Parece que las discusiones sobre las notas, tonalidades y modalidades han conocido en estas últimas décadas una especie de apaciguamiento. Es ya hora de que sin olvidar la mecánica de las notas, se piense en términos más generales, concibiendo la materia sonora en su complejidad" (Pierre Schaeffer, *Revue Polyphonie*, 1949).

Falla: pensamiento y filosofía

"La música es necesario vivirla, llevarla en sí; porque la formación de la obra musical es como la creación del ser.

La música es el arte más joven, y dentro de dos o tres siglos se pondrá de manifiesto que nosotros no hacemos sino comenzar.

Los elementos esenciales de la música y las fuentes de su inspiración son las naciones y los pueblos.

Es necesario partir de las fuentes naturales vivas y utilizar las sonoridades y el ritmo en su sustancia, pero no por lo que aparentan al exterior.

Es necesario ser digno del ideal que se lleva dentro y expresarlo estrujándose: es una sustancia a extraer y algunas veces con un trabajo enorme, con sufrimiento, y luego ocultar el esfuerzo, como si fuese una improvisación muy equilibrada, con los medios más simples y seguros.

Un verdadero arte no debe jamás afiliarse a tal o cual escuela, por eminentes que sean las cualidades que en ella resplandezcan.

El individualismo es una de las primeras virtudes que debe exigirse al artista creador.

Tenga cada cual su opinión, que para eso el arte es libertad; pero respete a los que sustenten criterios contrarios"(Manuel De Falla. *Escritos sobre música y músicos*, recopilados por F. Sopeña, 1950).

Composición, inspiración y obra de arte

"Componer música consiste en desarrollar el esfuerzo necesario para ganarle a un mundo extraño, inmóvil y mal explorado, algo vivo y cercano que respire contra la naturaleza de aquella materia. Con el resultado de ese esfuerzo se elabora una teoría que, en contraposición a lo que dura el Universo, sólo es de corto efecto y de validez pasajera. Lo que dura más es la consecuencia de la victoria: la obra de arte, el latido del corazón de aquellos que intervienen, un latido que seguirá registrándose en tiempos futuros, mucho después de muertos sus dueños, y que hace vibrar además el corazón de muchos que ahora lo escuchan y que se entregan a él. Con el triunfo de la inspiración surge la necesidad de dirigir la palabra y el anhelo de poder explicar el amor, cumplir un mensaje, difundir la libertad y desafiar lo desconocido. Y cuanto más fuerte se vuelva una necesidad así, tanto más clara e importante será la obra de arte que se origine en ella" (El compositor dodecafonista Werner Henze, *Carta a un amigo,* marzo, 1955).

3.3. Haciendo prácticas 1

3.3.1. Aprende y disfruta con OYE Y ESCUCHA

En esta actividad el objetivo es que, a través de la audición de todas las piezas propuestas y siguiendo las recomendaciones de cada tema, comiences a diferenciar en la práctica algunos contenidos que has aprendido en la teoría.

Una vez que hayas escuchado todas las piezas, selecciona 8 de ellas de la siguiente forma:

Dos de la primera mitad del siglo XX en Europa
Dos de la primera mitad del siglo XX en España y América
Dos de la segunda mitad del siglo XX en Europa
Dos de la segunda mitad del siglo XX en España y América

A continuación, sigue las indicaciones dadas para cada obra seleccionada:

1. Escribe unos breves comentarios sobre cada pieza para demostrar que las has escuchado. Y para ello, el estudio del tema te ayudará. Cada tema añadirá conceptos que deberás ir incluyendo.
2. Esos breves comentarios serán relativos a las indicaciones que el profesor va marcando para su escucha.
3. Comenta todo lo que percibas a través de la escucha. Por ejemplo: qué instrumento o instrumentos te parece que participan, si suena toda la orquesta o no, si es un instrumento solista y orquesta, etc.
4. También, si el carácter es rítmico o melódico, si notas frases largas o cortas, etc.
5. Si notas un ritmo ordenado y simétrico o lo contario, lirismo o brusquedad, apasionamiento o una música más racional y sin implicaciones emocionales, algún elemento extraño a resaltar, alguna inclusión de música oriental fusionada con la occidental, etc.
6. Y, por supuesto, si te ha gustado realizar esta experiencia y si hay algunas obras que te han llamado más la atención que otras y los porqués.

Todos estos comentarios deberán expresarse de forma breve y concisa.

El objetivo no es la extensión, sino la demostración de que te estás iniciando en la escucha de la música y que intentas reflexionar y disfrutar con ella.

3.4. Haciendo prácticas 2

3.4.1. Ver, escuchar, leer, comentar

Repara en varias manifestaciones artísticas del siglo XX.

1. Selecciona dos tendencias pictóricas diferentes del siglo XX (Apuntes: Dra. Sestelo) y escoge dos cuadros que las representen. Después de documentarte sobre los mismos y sobre sus autores, escribe tus comentarios personales, relacionándolos con los contenidos musicales del tema.
2. Vuelve a escuchar, del apartado Oye y Escucha, *Carmina Burana* (Introducción: *Fortuna Imperatrix Mundi)* de C. Orff y *Sensemaya* (orquesta) de S. Revueltas. Reflexiona primero y comenta después si te parece que hay similitudes entre ellas o no y qué estilo o tendencia musical puede corresponderles.
3. Selecciona otros dos fragmentos de las obras del apartado Oye y Escucha, comenta el porqué de esa elección, si te gustan, interesan o no y qué características detectas.
4. Escoge dos textos o pensamientos del apartado Recomendaciones adicionales y realiza un comentario sobre ellos donde, además de manifestar si te interesan o no, expongas cómo lo podemos relacionar con los contenidos del tema.

Los objetivos de esta práctica son los siguientes:

1. Escuchar, como siempre, obras de diferentes estilos, estéticas y géneros, pertenecientes a distintos períodos históricos.
2. Establecer y reconocer los rasgos estéticos que definen a lo que estamos escuchando y las diferencias o analogías entre sus compositores más representativos.
3. Documentar, posteriormente, las obras escuchadas.
4. Volver a realizar la audición, después de estudiar la documentación obtenida.
5. Buscar y documentarte sobre obras pictóricas de diferentes corrientes o tendencias estéticas del siglo XX y realizar comentarios razonados de las mismas.

6. Realizar dos comentarios de texto de dos pensamientos seleccionados por ti para comprobar tu nivel de comprensión y de relación con lo aprendido.
7. Completar la actividad estableciendo, por escrito, las reflexiones y conclusiones de todos los puntos anteriores, las aportaciones al realizarla y si es de tu interés repetir la experiencia de esta práctica.

Apuntes

1

Estilo y estética del Renacimiento

1. Siglo XV, albores del Renacimiento

El siglo XV se define en torno a una gran crisis profunda e integral, la cual abarcará todo los aspectos de la vida.

Por un lado, la Iglesia venía debatiéndose en numerosas tensiones internas desde las últimas décadas del siglo anterior, culminando con el gran Cisma de Occidente. La Cristiandad se divide, dando esto origen, más tarde, a la Reforma.

La crisis económica, ahora dirigida hacia la economía monetaria, el desarrollo del comercio y la mentalidad mercantilista, traen consigo el auge de los mercaderes y negociantes.

Se instauran monarquías fuertes y el nacimiento del Estado moderno (en España, el reinado de los Reyes Católicos).

Se produce una vuelta y revalorización de la Antigüedad Clásica, Humanismo (Erasmo, Vives). El hombre, poco a poco, pasa a ser el centro de la atención humana, desplazando la idea teocéntrica medieval.

Importantes descubrimientos científicos y geográficos. Los descubrimientos de nuevas tierras (descubrimiento de América), realizados gracias al perfeccionamiento de la brújula y los instrumentos de navegación, coinciden con los descubrimientos científicos. Difusión de la imprenta.

En el arte tenemos a la Escuela flamenca; Hermanos Van Eyck, Roger Van den Weyden. Naturalismo y realismo burgués. Al mismo tiempo, los primeros artistas renacentistas italianos: Brunelleschi, Donatello, Boticelli.

La vida musical se centra en torno a las capillas eclesiásticas o cortesanas. Los temas no religiosos comienzan a cobrar importancia.

La Escuela franco-flamenca (Binchois, Dufay, Ockeghem) desarrolla el contrapunto imitativo. Pero, Josquin des Prez, además de lo anterior, investiga en la expresión de los sentimientos.

En la música instrumental destaca la escuela organística alemana. Y respecto a las estructuras y formas musicales, los géneros de carácter más popular se van imponiendo frente a las complicaciones del contrapunto flamenco: fróttolas, villancicos y chansons.

Y la Escuela Española, con influencias flamencas, se desarrolla en torno a las Cortes de Castilla y Aragón. Cancioneros más relevantes: Juan de la Encina, Anchieta, Peñalosa.

2. Siglo XVI, Renacimiento pleno

2.1. En Italia

El Renacimiento pleno tiene su centro y apogeo en Italia. Sus ciudades cobraban cada vez más importancia en torno al desarrollo de la burguesía capitalista (los Médicis, en Florencia; los Sforza, en Milán).

El desarrollo científico se plasma en todos los campos: medicina, astronomía, química, mecánica... (Copérnico, Galileo, Leonardo da Vinci, Miguel Servet).

Se produce la Reforma luterana y, frente a esto, la reacción católica –Contrarreforma–: el Concilio de Trento en 1545.

La literatura humanista italiana liderada por Maquiavelo –"El Príncipe"–; Castiglione –"El Cortesano"–; Tasso –"Jerusalén libertada"–; y Ariosto –"Orlando el furioso"–.

Es en Italia donde se muestra la plenitud del Renacimiento artístico: Leonardo, Rafael, Miguel Ángel, en Roma; Tintoretto y Tiziano, en Venecia. Tras la muerte de estos genios, sobre todo los de la Escuela Romana, los artistas italianos intentan imitar "sus maneras" (manierismo), dando origen, de esta forma, a la crisis del Renacimiento.

Es el punto culminante de la polifonía vocal. Escuela romana: Palestrina. Musicalmente, tendencia a la sencillez, a clarificar el texto y a subrayar musicalmente su contenido. Madrigalistas italianos influidos por el flamenco Willaert: Marenzio, Vecchi, Gesualdo.

Brillantez y fastuosidad en la Escuela veneciana: policoralidad. Andrea y Giovanni Gabrieli (tio y sobrino, respectivamente).

La música instrumental ya no permanece subordinada al texto. Instrumentos principales: órgano –gran desarrollo–; clavicordio; laúd. Y para los conjuntos instrumentales, la forma musical más utilizada es la suite de danzas.

De los intermezzos musicales de estilo recitativo surge el Drama musical o melodrama (*Eurídice* de Peri y *Orfeo y Eurídice* de Caccini). Son los primeros intentos de la Ópera in música.

2.2. En Francia, Alemania, Países Bajos e Inglaterra

Hay una afirmación de las Escuelas nacionales.

El éxito y el fenómeno del Madrigal italiano se extienden por toda Europa, tanto en la música religiosa como en la profana.

La forma musical cultivada en Francia es la chanson, la cual resurge de nuevo, basada en un lenguaje coloquial que puede expresar y describir sentimientos o hechos narrados en el texto.

El Coral es la forma musical alemana por excelencia y potenciada por la Reforma luterana, donde los fieles participan en el canto eclesiástico. Por esta razón, utiliza melodías populares con armonizaciones sencillas.

Por el contrario, la Iglesia anglicana, fundamentalmente aristocrática, potencia una música rica y muy trabajada según las normas de la imitación.

Y la música religiosa católica tiene al Motete y a la Misa como sus formas musicales más importantes. El motete, al no supeditarse a un texto fijo, tiene más repercusión que la Misa, donde su ordenación permanece invariable.

La música instrumental se ve favorecida por el auge de la imprenta, con lo que se pueden intercambiar estilos y procedimientos.

Los instrumentos tienen cada vez más protagonismo, independizándose de las voces. Órgano, laúd, virginal o clave son los principales, desarrollando un repertorio especializado.

2.3. En España

España es la primera potencia europea (Calos V y Felipe II), con una gran expansión imperial.

El Renacimiento en España es más tardío y singular que en Italia, pues la situación económica y social era muy diferente, ya que tanto las guerras medievales, como el poder concentrado en manos del rey y de la nobleza, y el escaso desarrollo comercial habían retrasado la formación de una burguesía poderosa.

A pesar de lo anterior, el arte español de estos momentos es brillante y extraordinario. Arquitectura: *Palacio de Carlos V* en Granada, de Pedro Machuca; *El Escorial* de Juan de Herrera; Fachada de la Universidad de Salamanca (plateresco español). Pintura: destacan Juan de Juanes y Luis de Morales, llamado *el Divino*. Escultura: el más importante escultor fue Alonso Berruguete, discípulo de Miguel Ángel.

Y es en la Literatura donde nuestro *Siglo de oro* brilla con intensidad. El castellano alcanza gran difusión y perfección a principios del siglo XVI. Estas excelencias del idioma son recogidas por Antonio de Nebrija y Juan de Valdés en sus obras. En la poesía, Garcilaso de la Vega y Fray Luis de León consagran formas como el Soneto o la Lira. Y Santa Teresa y San Juan de la Cruz, nuestros grandes místicos. En el teatro, que inicialmente se vincula a las comedias de Juan de la Encina, se sigue con un trazado más popular a través de Torres Naharro, Fernando de Rojas y Lope de Rueda, hasta su total afianzamiento con la extensa producción de Lope de Vega.

Como consecuencia de la Contrarreforma y del restablecimiento de la Inquisición, las obras de Erasmo se prohíben, retrasando así el desarrollo del Humanismo español. Sin embargo, Luis Vives o Alfonso de Valdés son personalidades que se muestran influidos por el erasmismo mencionado.

Pero las obras cumbres del Renacimiento español y reflejo de estas teorías humanistas son: el anónimo *Lazarillo de Tormes* –fruto del escepticismo– y la *Diana* de Montemayor –ejemplo del neoplatonismo idealista–. Y ambas tendencias se sintetizan magistralmente en *Don Quijote de la Mancha* de Miguel de Cervantes, obra que ya señala el paso del Manierismo al Barroco.

La Música del Renacimiento español sigue la evolución del resto de Europa y la podemos dividir en dos etapas: el Reinado de los Reyes Católicos, primacía de la escuela flamenca y el Reinado de Carlos I, primacía de la escuela italiana.

Época de esplendor en España; verdadera Edad de Oro. Los grandes músicos viajaban de una capilla a otra intercambiando su arte y saber. Peñalosa, Encina, Millán, Escobar son representantes principales. La mayor parte del repertorio musical del siglo XV se recoge en los famosos Cancioneros: de Segovia (obras de Ockenghem, Obretch, Isaak, Josquin, Agrícola, etc.); de la Colombina, así llamado por pertenecer a la Biblioteca que Hernando Colón (hijo del almirante, gran bibliógrafo y hombre de extensa cultura) poseía en Sevilla (obras del flamenco Urrede y del español Cornago); de Palacio, se guarda en la Biblioteca del Palacio Real de Madrid. Es el más extenso y completo. La gran cantidad de obras de Juan de la Encina nos ha hecho pensar en que él tiene la autoría de esta compilación, realizada tal vez para la Casa del Duque de Alba.

En estos momentos, la expansión imperial de España, las guerras contra Francia por la hegemonía italiana y las alianzas con los estados pontificios contra los turcos vinculan a nuestro país, de forma muy estrecha, con la escuela romana. El estilo que los maestros españoles practican ahora es plenamente universal: Victoria es famoso en toda europa, Vila y Guerrero imprimen en Italia, Flecha en Praga, Ramos de Pareja, Tomás de Santa María, etc. Cabezón, Diego Ortiz y los vihuelistas disfrutan también de esta fama generalizada. En música profana, se siguen utilizando las mismas formas del villancico, romance, canción, aunque revestidas de un espíritu nuevo: el madrigalismo. El cancionero de Medinaceli contiene muchos madrigales (Francisco y Pedro Guerrero, Navarro, Cebrián, Cevallos, Bernal, Ginés de Morata. Los textos son, en general, de famosos poetas: Garcilaso, Boscán, Gutiérrez de Cetina, etc). Juan Vázquez publicó dos producciones profanas: *Villancicos y Canciones*, Osuna, 1551 y *Recopilación de Sonetos y Villancicos a cuatro y a cinco*, Sevilla, 1540, valiéndose en muchos casos de textos populares. En Cataluña, podemos mencionar al compositor más importante, Mateo Flecha, autor de una serie de obras denominadas *Ensaladas*, debido a su variedad y que son de espíritu dramático. Música religiosa. Está dentro del pensamiento contrarreformista y, por tanto, muy vinculada a la escuela romana, agrupada en torno a Palestrina. Compositores más relevantes: Cristóbal de Morales, Francisco Guerrero y Tomás Luis de Victoria. Música instrumental. En 1557 se edita en Alcalá de Henares el "*Libro de Cifra Nueva*" para tecla arpa y vihuela. A pesar del título, la colección está básicamente dedicada al teclado y contiene obras de varios autores: Antonio de Cabezón, el organista ciego de Felipe II; Francisco Salinas, profesor de música en la Universidad de Salamanca. La vihuela, especie de guitarra de seis o siete cuerdas dobles, cuyo uso en España es paralelo al del laúd en Europa, tuvo gran éxito y popularidad en el siglo XVI como instrumento solista y acompañante: Luis Milán, Luis Narváez, Mudarra, Fuenllana, Pisador y Daza. Y es necesario mencionar tres teóricos importantes, quienes publicaron importantes tratados de cómo tocar los instrumentos: Diego Ortiz, Juan Bermudo y Santa María.

2

Estilo y estética del Barroco

1. Marco histórico-político-social

1.1. Situación y generalidades

Cuando hablamos del barroco nos referimos a la sociedad y cultura europea del siglo XVII y la primera mitad del siglo XVIII.

Al final del siglo XVI, y después de la plenitud del Renacimiento, Europa entra en una crisis general y profunda que abarca lo religioso, lo político, lo económico y lo artístico.

Desde el punto de vista religioso, después de todos los problemas heredados de la Reforma Protestante que divide a la Europa cristiana en dos bandos, la Iglesia Católica reacciona, tras el Concilio de Trento (1545-1563), con la actitud e intención de recuperar la importancia que ha tenido hasta ahora. Este ensalzamiento a la religiosidad católica se ve reflejado en todas las manifestaciones artísticas e intelectuales, es decir, en toda la cultura y el arte.

Desde el punto de vista económico vemos también reflejada una gran crisis: aumenta la población, la economía sigue siendo eminentemente agrícola, hay frecuentes carestías e, incluso, períodos de hambres, y las clases sociales cada vez se diferencian más: una minoría con grandes riquezas y una mayoría sin nada; la clase media es inexistente.

Desde el punto de vista del poder político, Inglaterra, Francia y Holanda son las naciones que se imponen en este período. España, tan influyente en el siglo anterior, aunque mantendrá el prestigio cultural en los siglos XVII y parte del siglo XVIII, acabará arruinada política y económicamente. (La decadencia está ligada a los últimos monarcas de la casa de Austria –Felipe III, Felipe IV y Carlos II– y llega a su más profunda crisis al final del siglo XVII. Al morir sin heredero Carlos II se produce una guerra de sucesión en la que España pierde sus posesiones flamencas, parte de las americanas y hasta determinados puntos de su propio territorio, como Gibraltar y Menorca. Una nueva dinastía sube al trono, los Borbones: Felipe V y luego Fernando VI logran una política pacifista y un lento progreso económico que dará sus frutos en la segunda mitad del siglo XVIII, en el reinado de Carlos III –clasicismo–).

Pero, finalmente, y en medio de una época tan conflictiva, la sociedad del barroco consigue caminar hacia adelante. Hay grandes avances en las ciencias, en el arte, en todas las ramas del saber y de la cultura. Después de la Paz de Utrech (1714), parece alcanzarse un cierto equilibrio social. Europa, como civilización y cultura, es líder en el mundo.

1.2. Marco artístico

El barroco está situado entre dos etapas exquisitas y sofisticadas: el manierismo y el rococó.

El manierismo es lo que ocurre a finales del siglo XVI y es ese arte irreal y sofisticado, ya que no es renacentista, pero tampoco es aún barroco. Es una estética donde los artistas se refugian para no ver la realidad que les rodea y que no les gusta. Lo conocemos hoy por el nombre de manierismo, porque los artistas plásticos estaban muy influidos a *la manera* de Miguel Ángel. Manierista es el Greco (1548-1614) que deforma y alarga sus personajes y les mancha de colores irreales; y también Cervantes (1547-1616) que se burla de las ideas que admira, en una mezcla de fantasía poética y triste realidad.

El barroco, situado entre estas dos etapas frías y exquisitas, es algo bastante distinto. Es un arte que quiere ser comprendido, volcado sobre esa realidad, abierto, sensual, dinámico. Puede parecer, a veces, exagerado, efectista, decorativo nada más. Y esa es la imagen incompleta con la que no debemos quedarnos.

El Barroco es el arte de la Contrarreforma católica y, de esta forma, ayuda a potenciar la religiosidad más piadosa, exhibiendo, de manera grandiosa y espectacular, el triunfo de la Iglesia. Los santos se pintan con realismo y seriedad (Zurbarán), pero de forma dinámica y hasta sensual (las Inmaculadas de Murillo). Rubens es el pintor que mejor asimila y expresa estos ideales. Y lo mismo ocurre en la arquitectura: templos suntuosos y perfectamente decorados, pero adaptados a la función que cumplen; y las esculturas, llenas de líneas retorcidas y en movimiento que exteriorizan perfectamente los sentimientos del hecho religioso: Bernini, Alonso Cano.

Pero el Barroco es también un arte al servicio de las cortes absolutas: Velázquez, Rubens, retratando a los reyes; y arte burgués en las repúblicas y estados protestantes: Rembrandt, Vermeer, Hals, en Holanda, que retratan a los comerciantes, a los buenos burgueses en la vida cotidiana.

1.3. Marco musical

1.3.1. El Barroco como Estilo Musical: características

Como también ocurría en las artes plásticas, se pensaba que el barroco musical era una estética decadente, con signos de llegar a su final. De hecho, nuestros antepasados la definían así. "Una música barroca es aquélla cuya armonía es confusa, cargada de modulaciones y disonancias, de entonación difícil y movimiento forzado". Hoy, naturalmente, no pensamos igual, sino todo lo contrario. La Música barroca, una estética siempre en evolución, cambiante y por eso, revolucionaria y compleja.

Características esenciales

El contrapunto y la polifonía alcanzan gran perfección.

Surge la melodía acompañada con un soporte definido: el bajo cifrado, en el cual el intérprete completa la armonía.

La utilización de los sonidos alterados, es decir, sostenidos y bemoles, es cada vez más frecuente, y la incursión y práctica del bajo cifrado desembocó en una nueva y moderna organización melódica: el uso de los antiguos modos gregorianos desaparece y, finalmente, se escribe en dos modalidades, mayor y menor. La armonía se completa, aumenta, es más variada e imaginativa.

El ritmo, la intensidad, los contrastes del tiempo musical, es decir, los factores dinámicos y de movimiento son utilizados por el compositor con más rigor y precisión.

Aumenta la dificultad de la música y su ejecución e interpretación, eso hacía que la profesionalidad también aumentase. Si en el Renacimiento la música era técnicamente sencilla, de hecho las personas cultas y educadas la interpretaban con normalidad, en el Barroco la música culta sólo la ejecutan los músicos profesionales, los músicos especializados y el público se convierte en oyente pasivo, ya no participa.

Todos estos cambios en el lenguaje, traen consigo el desarrollo de nuevas formas musicales.

1.3.2. Los nuevos procedimientos o Formas Musicales

Muchos elementos nuevos se introdujeron en esta época y los antiguos se reorganizaron y se adaptaron a todos estos cambios, originándose así formas musicales diferentes y novedosas.

La Fuga: es un procedimiento fundamentalmente contrapuntístico, consistente en el total desarrollo de la práctica del canon y las imitaciones. El resultado de esto es una estética compleja, difícil y concentrada, por lo que su audición debe hacerse con extrema atención y varias veces. Su duración suele ser breve y los temas no se extienden más de dos o tres compases. El arte de la fuga fue llevado a la máxima perfección por Johann Sebastian Bach. La fuga consiste en la presentación de un tema o motivo en una sola voz, tema o motivo que se repetirá casi literalmente e inmediatamente por una segunda voz, mientras la primera realiza un contrapunto o contratema o contramotivo. Si interviene una tercera voz, se expone de nuevo el tema o motivo del principio y la segunda voz es la que ahora lleva el contratema, quedando la primera preparada para realizar un diseño libre. Cuando todas las voces se han incorporado sucesivamente presentando el tema o motivo, finaliza la exposición. Esta exposición se une con el desarrollo, en donde el tema o motivo cambia, se modifica, amplía o disminuye en cada uno de los elementos o episodios que configuran el desarrollo. Si la construcción del tema o motivo lo permite, después del desarrollo aparece un estrecho; se llama así porque el tema o motivo entra varias veces en distintas voces (antes de finalizar una empieza la otra), alcanzando una gran intensidad, resolviendo este clímax en la cadencia final.

La Sonata: En un principio se le otorgó el nombre de sonata a la música tocada por un pequeño conjunto de instrumentos en contraposición a la cantata, destinada al canto. Durante todo el siglo XVII esto se fue transformando en dos clases de sonatas: la sonata de iglesia, normalmente para un solo instrumento y de carácter contrapuntístico y la sonata de cámara, para un grupo reducido de instrumentos y con marcado carácter danzante –venía a ser una suite para grupos reducidos–. En la época final del barroco, Domenico Scarlatti emplea un tipo simple de sonata breve con un solo tema (monotemática), pero todavía lejos de lo que será, en la segunda mitad del XVIII, la estructura de la sonata clásica.

El Concierto: su aparición se origina de la reunión de diferentes instrumentos, en la búsqueda de distintos y opuestos timbres e intensidades. Hay que diferenciar, por un lado, el concierto grosso, típicamente barroco, en el que un grupo instrumental (concertino) se enfrenta al bloque orquestal (ripieno o relleno) sin llegar nunca a la individualización total de las partes, las cuales se dedican a dialogar y colaborar entre sí. El concierto solista, por el contrario, presenta dos planos bien definidos: el protagonista o solista virtuoso, por un lado y la orquesta, por otro. La función de la orquesta, muchas veces, es de subordinación al solista, es decir, de acompañante.

La Suite: era una serie de danzas escritas en la misma tonalidad. Esto implicaba y aseguraba gran coherencia interna. El objetivo era el contraste entre movimientos rápidos y otros más lentos, combinándose también los ritmos –presentar un ritmo binario y después otro ternario–. Los cuatro tipo de danzas características y su ordenamiento son: alemana o allemande, de movimiento vivo; corranda o courante, de movimiento menos rápido; zarabanda o sarabande, de movimiento lento y noble; y giga o gige (vivo), a veces de estilo fugado. Con frecuencia, entre la zarabanda y giga, se colocaban una serie de danzas opcionales, como gavota, bourrée, minué, aire, rigodón, passapied y otras. Muchas de éstas, como su nombre indica, se practicaron en los ballets de corte franceses. A veces, ya al final del Barroco, la suite comienza con una introducción (tocata, fantasía, preludio, obertura, sinfonía, etc.), lo mismo que concluye, en ciertos casos, con una chacona, pasacalle o rondó.

1.3.3. El Barroco Musical Italiano

La música barroca aparece en toda Europa, pero es un estilo musical que nace en Italia en torno a la Contrarreforma.

La ópera, que prácticamente nace con Monteverdi, encuentra una continuidad en la escuela napolitana: Alessandro Scarlatti y, ya en la primera mitad del siglo XVIII, Juan Bautista Pergolese.

La cantata es un género vocal narrativo, pero sin acción dramática. Puede haber un solista o varios. Terminará siendo una especie de ópera en miniatura, no escenificada. En los países protestantes, especialmente en Alemania, la cantata tendrá también contenidos religiosos (como las de Bach), pero en general sus temas son profanos.

El oratorio es una cantata de grandes proporciones y contenido religioso. Se denomina así, porque toma el nombre de donde se reúnen los discípulos de San Felipe Neri, fundador de la Orden de los Oratonianos. En estos círculos católicos se acostumbraba a cantar para potenciar la religiosidad y poco a poco, la temática de estos cantos será la historia sagrada. No es teatro musical, porque no se representa escénicamente, tampoco es concierto, porque no se realiza como entretenimiento. Es una mezcla de ambas cosas.

La música instrumental alcanza un gran desarrollo a través del organista Girolano Frescobaldi. El órgano, como instrumento de la liturgia católica, inspira a muchos músicos. Nace la ejecución virtuosística de los instrumentos, para los que se escriben piezas de gran dificultad técnica. Un nuevo instrumento supera a todos por su agilidad, llegando a convertirse en el núcleo de los conjuntos: el violín. Entre los innumerables compositores de la época, sobresalen dos: Corelli y Vivaldi.

1.3.4. El Barroco Musical Alemán

Alemania, durante esta época, es el lugar de encuentro de todos los estilos, políticas y filosofías. En general, se puede decir que el norte es protestante y el sur católico, pero todo el país está dividido en pequeños estados, con frecuentes guerras entre sí.

En el siglo XVII, Heinrich Schütz introduce en Alemania la técnica musical del barroco italiano.

Las formas musicales cultivadas con acento más personal por los alemanes son el lied y el coral.

El lied es una pequeña canción monódica acompañada por algún instrumento: generalmente el clave y más tarde el piano. Está escrito sobre un poema en alemán, con melodías de corte íntimo y sin virtuosismo alguno. El lied es el germen de la futura ópera alemana, desde Mozart hasta Wagner. Pero el lied no desaparece con el barroco, sino que se desarrolla con gran impulso en el clasicismo y el romanticismo.

El coral es una composición polifónica, de estructura y melodía sencilla. Todo el pueblo lo canta en los oficios. El coral será el tema de muchas cantatas religiosas y en él se inspirarán los compositores para instrumentos, sobre todo para el órgano.

La técnica organística, de tradición germana muy antigua, se continúa con Froberger, Pachebel y Buxtehude.

La gran figura del barroco alemán –y de la música de todos los tiempos– es Johann Sebastian Bach, que en su obra resume y prácticamente agota las posibilidades expresivas del barroco, en especial de la fuga. Obra: Clave bien temperado, Conciertos, Suites, Artes de la fuga, Pasiones, Cantatas.

Contemporáneos de Bach, y también de primera importancia, fueron Haendel, Telemann y Mattheson.

1.3.5. El Barroco Musical en Inglaterra

El Renacimiento en Inglaterra fue, realmente, un verdadero renacer de las artes y las letras. Fue la época de Isabel I y de Shakespeare. Aunque la reina muere nada más comenzar el siglo XVII (1603), y el gran dramaturgo unos años más tarde (1616), este antiguo esplendor seguirá irradiando todas las manifestaciones culturales del Barroco.

La música instrumental del Barroco inglés enlaza con la práctica musical del Renacimiento a través de la escuela de los virginalistas y laudistas. Dowland, el compositor inglés más relevante, escribe para laúd.

El músico inglés más relevante del barroco, y uno de los mejores de toda la música inglesa, es Henry Purcell. Abordó todos los géneros y destacó en la música escénica: *La Tempestad, Dido y Eneas*, etc.

Haendel, aunque alemán, es considerado como un músico inglés, pues allí se afincó tras haber nacido en Alemania y formarse en Italia. Entre sus numerosas obras, suites y conciertos, destacan sus oratorios: *El Mesías, Judas Macabeo*, etc. Su estilo tiene una poderosa atracción y combina la elegancia con la espectacularidad.

Desde Haendel hasta nuestro siglo, la música inglesa estará enormemente influida por compositores extranjeros que eclipsan a los ingleses.

1.3.6. El Barroco Musical Francés

Durante los reinados de Enrique IV y Luis XIII, la evolución de la música francesa no tiene en cuenta las innovaciones italianas. Pero no en 1642, y después de la muerte del regente Cardenal Richelieu, sube al poder un cardenal de origen italiano, Mazarino, y la corte se italianiza durante 20 años. Tras su muerte, en 1661, el joven rey Luis XIV fomenta la vuelta al estilo y a las tradiciones de la música francesa. Se crea entonces un estilo musical que, aunque asimila las técnicas italianas y todo lo que definía de forma común al lenguaje barroco, se adapta *al gusto francés*. No quiere rasgos italianizantes; lucha por recuperar el espíritu de su lengua, adaptándose al estilo y fonética de la lengua francesa.

En resumen, la música francesa del primer barroco sigue una estética propia, a mediados del siglo XVII se deja influir del estilo italiano, creando después una síntesis donde nuevamente tendrá importancia el carácter francés.

Lully, aunque italiano de nacimiento, se instala en Francia desde niño. Partiendo de los modelos de composición italianos, crea un estilo más acorde con el idioma francés, musicalmente muy diferente del italiano (el italiano es lengua de palabras claras y acentuadas; el francés acentúa no las palabras, sino las frases). Al mismo tiempo, y como buen violinista, cuida la disposición de los instrumentos que intervienen en sus obras y diseña la estructura que va a tener la música instrumental francesa: primero un movimiento lento, luego uno más rápido y un final lento. En el estilo italiano era frecuente lo contrario: rápido-lento-rápido.

El gran continuador de Lully es Rameau, cuya importancia, aparte de su música escénica e instrumental, está también en sus estudios teóricos –musicólogo, investigador–.

El instrumento que mejor expresa el estilo galante francés es el clavecín, cuyo más destacado compositor es Couperin. Los clavecinistas suelen ser también organistas y, a veces, utilizan la misma técnica para uno u otro instrumento. Pero el clavecín francés no es ya el pequeño instrumento de años atrás –la espineta, el virginal–, sino un aparato de dos teclados, varios registros para obtener sonidos diferentes, etc. En resumen, un instrumento potente y de gran virtuosismo. Los clavecinistas están muy influidos por el mundo de la danza. Practican muchos adornos que sobrecargan la melodía y dan título a sus piezas, originando un estilo algo descriptivo, con diferente personalidad.

La Música eclesiástica no está pensada de forma íntima, sino con la misma grandiosidad que muestra la música profana.

1.3.7. El Barroco en España

El siglo XVII representa para España la pérdida de su poderío europeo y la decadencia económica y política, aunque ya iniciado el siglo XVIII se produce cierta estabilización.

Pero la cultura española prolonga su época dorada del siglo XVI al siglo XVII, al que pertenecen pintores como Zurbarán y Velázquez, escultores como Gregorio Fernández y Martínez Montañés –imagineros- y poetas y literatos como Quevedo, Góngora, Lope De Vega, Calderón.

En España el gusto barroco se instala también entre las clases populares, que querían imitar las formas de los poderosos, en una sociedad donde la apariencia es lo que más cuenta. La expresión máxima del barroco podemos representarla con la obra arquitectónica de Churriguera.

En el siglo XVII, la polifonía religiosa es muy practicada en España: Heredia, Comes. Y, en el siglo XVIII, Nebra y Rodríguez de Hita.

El siglo XVII abre sus puertas con la obra organística de Correa de Araujo –más cerca de fórmulas renacentistas– y finaliza con la obra de Cabanilles, de estructura muy sólida y asentada. En el siglo XVIII destaca José Elías.

La guitarra es el instrumento no religioso más valorado y practicado. Compositores y tratadistas importantes: Amat, Briceño y Sanz.

Italia ejerce gran influencia en España. Hay dos italianos que se instalan en Madrid, en la Corte de los Borbones, adaptándose e identificándose plenamente con el gusto y hacer español: Domenico Scarlatti y Luigi Boccherini. Y el compositor español más conocido del siglo XVIII, con influencia de Scarlatti, aunque con un sello personal y más nacional, es el Padre Soler.

3

Estilo y estética del Clasicismo

1. Marco histórico-político-social

1.1. Absolutismo monárquico

Alcanza su mayor esplendor en la Europa de la segunda mitad del siglo XVIII.

La aristocracia, civil y eclesiástica, viendo el ascenso de la burguesía, ahora competidora directa, se encierra cada vez más en sus privilegios.

Pero esa burguesía, que desde hacía tiempo tenía ya el poder económico, pretende alcanzar también el poder político.

1.2. La Ilustración

La oposición de la burguesía a las viejas ideas tradicionales, favorece la aparición de un movimiento cultural nuevo: la Ilustración.

La Ilustración es la heredera del humanismo y del racionalismo renacentista y está enriquecida por el desarrollo de la cultura, de la investigación y de la ciencia. Es la ideología y la cultura propias de la burguesía europea en la segunda mitad del siglo XVIII.

1.3. Intelectuales, Ilustrados: Montesquieu, Voltaire y Rousseau

Montesquieu y Voltaire hablan del valor de la razón.

Ellos dicen que el progreso científico y técnico mejoraba los valores morales del hombre.

Rousseau añade al valor de la razón la importancia del sentimiento: la bondad natural del hombre.

Para Rousseau la sociedad está organizada de forma injusta y, en consecuencia, afirma que para mejorar al hombre, antes habría que cambiar la sociedad.

1.4. La Enciclopedia

La Enciclopedia fue la gran obra de la Ilustración.

Pudo editarse por completo en 1751 y su influencia en la vida social posterior de Europa fue decisiva.

La Enciclopedia resume todos los conocimientos de la época con un alto nivel científico y con la filosofía del racionalismo ilustrado.

La importancia de las ideas enciclopedistas, especialmente las de Rousseau, fueron el espíritu dinámico que puso en marcha la conciencia crítica de los hombres de la segunda mitad del siglo XVIII.

1.5. Despotismo Ilustrado

Forma de gobierno que tiene el lema: "todo para el pueblo, pero sin el pueblo".

Las clases en el poder, monarquía y aristocracia, al comprobar que su poder peligraba, asimilan algunos aspectos de las exigencias de la burguesía, emprendiendo una serie de reformas (obras públicas, regadíos, supresión de la práctica habitual de la tortura, centros educativos y de beneficiencia, etc).

La burguesía, se deja seducir por estas reformas colaborando con los reyes, hasta que repara que siguen sin obtener lo que más desean: la verdadera igualdad y libertad. El desenlace de todo esto será la Revolución Francesa en 1789.

2. Marco artístico

2.1. Del Rococó al Neoclasicismo

El barroco, al final de la primera mitad del XVIII, alcanza un grado extremo de exageración, a través de lo que conocemos como estilo Rococó.

Se llamaba así por el empleo de la rocalla decorativa de forma excesiva, exuberante.

El estilo y la estética del rococó discurren paralelos a aquella aristocracia cuya hegemonía empezaba a sucumbir.

2.2. Arte o estilo galante

Es el arte de una parte de esta sociedad de la segunda mitad del XVIII, en donde las clases privilegiadas (corte y aristocracia) siguen manteniendo sus privilegios y se quieren adaptar a los nuevos gustos de la burguesía.

Se observa una cierta reducción de lo monumental y espectacular a lo individual, a lo íntimo, pero donde la superficialidad y cierta frivolidad están presentes. Esto se expresa en la escultura por pequeñas y características figuras de porcelana.

Los tapices de escenas cortesanas sustituyen a los grandes frescos pictóricos. Y en la pintura, los temas preferidos son las fiestas galantes –de la corte– y el retrato.

El primer pintor importante de esta época es Antoine Wateau. Otros: La Tour, Tiépolo, Hogarth.

2.3. Arte del neoclasicismo

La burguesía ilustrada reaccionó prefiriendo un arte más acorde con sus ideas basadas en el racionalismo enciclopedista.

Es el arte también de la segunda mitad del siglo XVIII y que persistirá alguna década del siguiente. Es la renovación de una estética que proclama las bellezas del arte griego.

Ejemplo de esto en la pintura está el pintor alemán Rafael MENGS, de estilo racionalista y académico, autor de un importante tratado de estética. O el francés Louis DAVID, en cuya obra, ya entrado el siglo XIX, triunfa este estilo neoclásico a través del dibujo y las líneas esbeltas.

Esta estética es todavía más evidente en la arquitectura, donde se impone la línea recta ante el retorcimiento y la exuberancia del rococó.

Ej: Museo del Prado, de Juan de Villanueva; Catedral de Pamplona, de Ventura Rodríguez.

3. Marco Musical

3.1. La Sonata: Concepto, orígenes y estructura

Es la forma musical, una forma de componer y construir la Música como principio estético de este Estilo Clásico.

Su origen remoto, como obra instrumental y no como forma, está en la antigua división entre Sonatas y Cantatas, y en las Sonatas barrocas de Iglesia y de Cámara.

Las innovaciones de Domenico Scarlatti en sus Sonatas –o ejercicios como él las llamaba– para clave, continuaron en las novedosas y sorpendentes formas con que C.P.E. Bach (hijo de Bach) construyó sus Sonatas, hasta el punto de que los historiadores le atribuyen la invención del esquema característico de la forma Sonata. Son, después, Haydn y Mozart los que la consolidan y Beethoven quien la desarrolla y perfecciona hasta sus últimas consecuencias, llegándola a romper en su última etapa.

A diferencia de otras estructuras de composición, como por ej. la fuga, no requiere tanta atención a los detalles y al tejido contrapuntístico, ni tampoco al sentido de continuidad o cambios de agógica y dinámica como la pequeña forma del romanticismo, sino que aquí se basa más en el contraste de grandes secciones ampliamente presentadas.

En la época clásica la Sonata se articula en 3 ó 4 tiempos.

Si es a 3 tiempos serán: Allegro, Adagio o Andante, Allegro o Presto. Es decir: rápido, lento, rápido.

Si tiene 4 movimientos, los tiempos serán: el primero de carácter rápido; el segundo, lento o tranquilo –Andante o Adagio– (también puede ser un tema con variaciones); el tercero, tiene un carácter más desenfadado, generalmente con carácter danzante, como un Minué; y el cuarto tiempo, de nuevo rápido, puede ser un Rondó o un Allegro.

3.2. La Forma Sonata

Donde se tiene que dar lo que llamamos Forma Sonata, es decir, esas reglas compositivas para que se llame de esta forma, es en el Primer Movimiento y éste debe ser Allegro. También se puede dar en el último cuando es Allegro, pero donde hay una obligación de cumplir estas normas es en el Primer tiempo o movimiento, Allegro.

A grandes rasgos se puede explicar como una forma tripartita y simétrica, A-B-A, o sea, Exposición, Desarrollo y Reexposición o Recapitulación.

Primera Sección o Exposición: A

Se presentan dos temas, *a* y *b*, de distinto carácter, contrastados rítmica y melódicamente. Para ayudar a este contraste, el segundo, *b*, se presenta en otro tono distinto que el primero, *a*. Por ejemplo: si el a es un Modo Mayor, el *b* es su dominante. Si el *a* es tono menor, el *b* es Mayor. Continúa un breve pasaje *c* o coda que anuncia la conclusión de la sección, en el mismo tono que el tema *b*.

Toda esta sección A o Exposición se repite íntegramente. La razón es clara: la repetición de la sección expositiva se hace para que el oyente reconozca bien los dos temas antagónicos (es el aspecto pedagógico de esta forma).

Segunda Sección o Desarrollo: B

Es una sección más libre. El compositor transforma libremente el material temático presentado anteriormente, ahora en tonalidades más o menos alejadas. Hay una completa libertad en cuanto a extensión y forma, pudiendo predominar uno u otro tema e incluso utilizar nuevos materiales con ciertas semejanzas de los anteriores.

Tercera Sección. Reexposición o Recapitulación: A'

Es el final de la Forma Sonata de la Sonata Clásica.

La tensión tonal creada anteriormente se resuelve con la Reexposición de los temas *a* y *b*, pero ahora el segundo también en la tónica. Suele seguir una pequeña parte *c* llamada Coda, que no tiene otra misión que reafirmar la tonalidad original o del principio, con una sensación de apoteosis de llegar al clímax con el material temático, finalizando así el Primer movimiento y el final de esta Forma Sonata.

La Sonata, como género musical y siguiendo este esquema formal o estructural, se componía, principalmente, para un instrumento solo, por ejemplo el piano, o junto a la intervención de otro: violín y piano, cello y piano, que son los dúos. De tres instrumentos, tríos, de cuatro, cuartetos, etc.

Si esta forma Sonata se aplica a la orquesta, estaremos en la Sinfonía y si busca contraste entre la Orquesta y un instrumento tenemos el Concierto (para piano y orquesta, etc).

3.3. Origen de la Sonata y de la Sinfonía: la transición al Clasicismo Musical

Como dijimos anteriormente, la invención de la sonata se le atribuye a C. P. E. Bach (hijo de Bach), quien compuso importantes Sonatas y Sinfonías en esta época. Por lo tanto, los hijos de Bach, sobre todo el anteriormente citado y Johann Christian, tuvieron un papel muy destacado en esa transición al Clasicismo.

Ellos, y lo que se denomina Escuela de Mannheim, donde también ejercieron, fueron los que lograron esa transición.

Los compositores de la Escuela de Mannheim fijaron las bases de la música orquestal y adoptaron para ella una forma estructural absolutamente nueva y de prodigiosa capacidad expresiva y contrastante: la Sonata, con arreglo a la cual ordenaron la composición de sus Sinfonías.

Entre los primeros sinfonistas destaca el italiano Sanmartini (1701-1775), maestro de Gluck. Sanmartini ya presenta ese juego temático de la estructura Sonata. Su extensa obra fue muy conocida en Viena, París y las principales ciudades alemanas.

Uno de los músicos más importantes de este momento fue Stamitz, quien avanzó un poco más en la construcción de sus sinfonías.

Como conclusión, fue en la ciudad alemana de Mannheim, a partir de 1740, donde se produjo un breve, pero interesantísimo ámbito de producción musical para orquesta. Un pujante y dinámico estilo orquestal lleno de contrastes y fuerza dramática, el cual pronto tuvo gran repercusión y fama debido a su calidad y brillantez.

La importancia mayor de la Escuela de Mannheim, además de fijar el esquema Sonata y partes de la Sinfonía, fue en la manera de utilizar la orquesta, la cual dejaba, de forma definitiva, la dominancia del bajo continuo. Ahora la orquesta era ya un instrumento flexible, donde su capacidad para los contrastes expresivos, tímbricos y de graduación de intensidades era todo un descubrimiento.

3.4. El Piano: origen y asentamiento

La Música del neoclasicismo se puede considerar dinámica, es decir, de contrastes entre matices.

En esta época, junto a la progresiva definición de la Forma Sonata, se afianza un nuevo instrumento: el Piano.

Ambos acontecimientos nacieron de una misma exigencia estética y su evolución será también paralela hasta que, en el Romanticismo, una nueva estructura o forma musical, junto con un instrumento más evolucionado y poderoso adquirirán su definitiva madurez e independencia.

Los dos instrumentos de teclado más importantes en la época anterior eran el órgano y el clavicémbalo, ambos muy adecuados para tocar música concebida según principios polifónicos y contrapuntísticos. Pero a medida que se fue orientando el gusto hacia la música más monódica y hacia la expresión dramática de la melodía, los compositores comenzaron a sentir la necesidad de contar con otro instrumento, con otra mecánica, capaz de expresar todas las inflexiones de las melodías y poder producir sonoridades potentes y enérgicas.

Fue el italiano Bartolomeo Cristófori quien, en 1709, aplicó a un armazón del clavicordio –verdadero precursor del piano, aunque instrumento poco potente– el sistema de macillos y apagadores. Al principio, este mecanismo era muy deficiente. Pero los avances en cuanto a resultados sonoros que se estaban obteniendo en el siglo XVIII en la Escuela de Mannheim, estimularon

Monódica - relativo a la monodia - canto a una sola voz (o instrumento)

la inventiva de músicos y constructores empeñados en perfeccionar un instrumento capaz de recordar las sutilezas y la grandiosidad del juego orquestal y sus contrastes.

El nombre de Piano procede de su primitiva denominación: piano-forte, ya que, y efectivamente, a pesar de sus primeras limitaciones, el nuevo instrumento podía pasar de obtener sonidos suavísimos a otros de sonoridad masiva, es decir, piano y fuerte. Así es como lo exigía la nueva estética basada en los contrastes de piano/forte, rítmico/melódico, etc.

Las innovaciones se sucedieron con rapidez y los constructores más importantes (Silbermann, Stein, Erad, etc.) trabajaron sin descanso en el perfeccionamiento del piano. Junto a ellos, y animados por las nuevas posibilidades, los compositores fueron creando obras para este instrumento y desarrollando una técnica particular de interpretación.

Haydn, Mozart, Clementi, etc, son nombres fundamentales en el camino de la evolución pianística hasta Beethoven, con quien –y en su última etapa– el piano entra en su momento culminante: el Romanticismo.

3.5. Ópera Seria

Comenzó siendo la mejor representación del estilo rococó, última herencia del barroco, que dominaba en la sociedad en torno al ecuador del siglo XVIII.

Era un fastuoso espectáculo de la corte, a través del cual los monarcas y aristócratas mostraban todo su esplendor. Los temas se referían a la mitología y representaban grandes tragedias lírico-heroicas exhibidas con gran aparatosidad.

Máximos representantes fueron el libretista Metastasio y el músico checo-germano Christoph Willibald Gluck (1714-1798). (Música con muchos adornos y florituras; esto representaba la estética del estilo rococó).

Pero, poco a poco, se produjo una reforma de esta estética, después de la segunda mitad del siglo XVIII, hacia 1760. Aparecía la Ópera Seria más acorde con el estilo galante (cambio que anunciaba el espíritu del clasicismo o del neoclasicismo). En esta nueva estética, la Ópera Seria estaba ya más simplificada de los excesivos adornos y lucimientos de los cantantes. Aquí estamos ante un espectáculo apoyado en un argumento de calidad y solidez dramática.

Gluck es el que realiza esta reforma buscando la sencillez y el retrato fiel de los sentimientos, destacando el recitativo con acompañamiento orquestal. (Ópera referencial: *Orfeo, Alceste y Armida*).

Continuadores de esta reforma: los italianos Antonio Salieri, Luigi Cherubini y Gasparo Spontini.

Mozart y Haydn también se vieron influidos por esta reforma.

3.6. Ópera Bufa

Es otra representación de la estética del neoclasicismo de la segunda mitad del siglo XVIII, al gusto de los enciclopedistas. Era un drama sentimental burgués, de aspectos y situaciones que se identificaban con el gusto de la burguesía. De esta forma, la Ópera Bufa, de carácter popular, nacía como antagonismo a los minoritarios y exuberantes espectáculos de la ópera aristocrática (ópera seria). En la Ópera Bufa el asunto era intrascendente, de enredos, con cierta comicidad y de más sencilla partitura musical.

El origen de la Ópera Bufa estuvo en Nápoles y se extendió a otras ciudades y países. La primera Ópera bufa fue *La serva padrona* de Pergolese. El Tema es la sirvienta que se convierte en "señora de la casa". (Compuesta en 1732 y estrenada 20 años más tarde, en 1752).

Otros compositores importantes del momento: los italianos Paisiello, *El barbero de Sevilla*, y Cimarosa, *El matrimonio secreto*.

Haydn y Mozart también compusieron ópera bufa, donde Mozart desarrolló todo su talento.

3.7. La música: el nacimiento del espectáculo comercial (final XVIII)

Asistimos al nacimiento de la música como espectáculo comercial. Al principio muy tímidamente.

A finales del siglo XVIII, el concierto público se va extendiendo, pero no ya la habitual sesión cortesana para entretenimiento de la corte, aristócrata o persona relevante y sus invitados, sino la interpretación independiente de una Ópera, u otro tipo de música, organizada por un empresario y a la que acudirán quienes quieran y puedan (es requisito imprescindible pagar entrada). Esto significaba "la libertad" del músico empleado –criado de librea–, quien seguía siendo el músico de siempre, pero que ahora quizás su "otra servidumbre" consistirá en realizar ciertas concesiones para halagar al público, ya que es de quien depende su éxito o fracaso. Pero esto es sólo una posibilidad incipiente e inmadura.

4

Testamento de Heiligenstadt, L.V. Beethoven

Con este valioso documento, deseo que reparéis en la profundidad humana, espiritual y religiosa de un genio que lo que intentaba, por encima de todo, era conseguir ser un hombre de bien, y cómo su verdadera sabiduría consistió en descubrir un sentido positivo de la vida, incluso en condiciones de extrema gravedad y tragedia.

Porque Beethoven a los 32 años, agobiado por la pena que le causaba la pérdida del oído y de toda posibilidad de vivir plenamente su arte y de realizar sus ansias de convivencia, se retira a Heiligenstadt, aldea cercana a Viena. En un momento de alivio respecto a la grave depresión que oprimía su ánimo, redactó un testamento dirigido a sus hermanos. En este valioso documento, nos desvela cómo gracias a su concepto de Amor Verdadero venció su idea recurrente de suicidarse.

Para vuestra información reiteraros que Beethoven tenía 32 años cuando lo escribió y ya a los 26, comenzó con los primeros síntomas de su terrible sordera.

El extracto de este testamento dice así:

> **"Oh, vosotros, hombres que me consideráis o me declaráis hostil, arisco o misántropo, qué injustos sois conmigo, no sabéis la causa oculta de lo que a vosotros se os presenta con esa apariencia. Mi corazón y mi espíritu se inclinaron desde la niñez hacia el delicado sentimiento de la amistad, tendía incluso hacia la realización de grandes acciones, a ello me sentí siempre inclinado. Pero pensad sólo que desde hace seis años una enfermedad incurable me afectó... Fui engañado de año en año con la esperanza de mejorar, y finalmente me veo forzado a concluir que se trata de un mal duradero...**

Nacido con un temperamento ardiente, vivaz y sensible hasta para las diversiones sociales, debí salirme de esa situación... Con qué dureza fui rechazado por la redobladamente triste experiencia de mi mal oído, y sin embargo, no me era posible gritar a los hombres: Hablad más alto, gritad porque estoy sordo: ... cómo iba a ser posible que yo confesara la debilidad de un sentido que en mí debía tener un grado mayor de perfección que en otros, un sentido que antaño había poseído del modo más perfecto, con una perfección que, ciertamente, pocos de mi profesión tienen o han tenido... No puedo hacerlo, por eso perdonadme si veis que me retiro cuando justamente me gustaría mezclarme entre vosotros, doble pena me causa mi desgracia al haber de ser malentendido por ello.

Para mí la distracción en la sociedad de los hombres, las conversaciones bien matizadas y las efusiones mutuas, ya no pueden darse, debo vivir solo..., tengo que vivir como un proscrito; si me acerco a un grupo humano me entra una angustia febril, porque temo correr el peligro de que se note la situación en que me hallo... Y qué humillación cuando alguien estaba a mi lado y oía desde lejos una flauta y yo no oía nada; tales sucesos me llevaban casi a la desesperación, faltaba poco para que yo mismo acabase con mi vida. Sólo él, el arte, me detuvo, porque me parecía imposible dejar el mundo antes de producir todo aquello para lo que me sentía dotado, y así dilataba esta vida...

Paciencia se dice que debo tomarla como guía, y así lo hice... ¡Divinidad! Tú ves en mi interior, lo conoces, tú sabes que en él habitan el amor a los hombres y la inclinación al bien. Hombres, si alguna vez leéis esto, pensad que habéis sido injustos conmigo..., porque soy un semejante que hizo todo lo que le era posible para ser incluido en la lista de los verdaderos artistas, de los verdaderos hombres...

A todos mis amigos les doy las gracias... A vosotros, mis hermanos, os declaro herederos de mi pequeña fortuna. Repartidla honradamente y llevaos bien y ayudaos mutuamente. Lo que me habéis hecho de malo sabéis que hace tiempo está perdonado... Mi deseo es que tengáis una vida mejor y menos llena de preocupaciones que la mía; recomendad a vuestros hijos la virtud, sólo ella puede hacer feliz, no el dinero, yo hablo por experiencia; ella, la virtud, fue la que a mí me levantó de la miseria, a ella, además de a mi arte, tengo que agradecerle no haber acabado con mi vida a través del suicidio. Adiós y amaos...".

¡Impresionantes palabras! ¿verdad? Es difícil añadir algo más, después de tanta lucidez y amor...

Beethoven, después de escribir este maravilloso testamento, viviría, todavía, 19 años más, durante los cuales compuso sus mejores obras, entre otras, sus maravillosos *Cuartetos de Cuerda*, su *Misa Solemne* y su *Novena Sinfonía*.

Por virtud entendía Beethoven el concepto de la solidaridad, es decir, para él, el amor de los hombres entre sí y con el Creador. Y el amor al arte avivó en él la admiración por la belleza. La virtud, y el amor al arte, las hermanó Beethoven de forma única en su *Novena Sinfonía*, que lejos de ser un *Himno a la Alegría* –como se ha presentado siempre de modo superficial– es una invitación a la solidaridad de los hombres entre sí y con el Creador –el "Padre amoroso que debe habitar más allá de la bóveda celeste"– como canta el coro con el texto del poeta Schiller.

5

Estilo y estética del Romanticismo

1. Marco histórico-político-social

1.1. Situación y generalidades

El Romanticismo es un aspecto del siglo XIX, pero no todo el siglo se puede considerar romántico.

Los límites cronológicos nos son precisos:

Algunos estudiosos lo hacen coincidir con las guerras napoleónicas (1815).

Otros, alrededor de la Revolución Francesa (1789).

Y otros lo hacen nacer con la Revolución de 1830 en la que es liquidado el Antiguo Régimen.

No en todos los países surgió al mismo tiempo ni con la misma intensidad.

1.2. Situación Internacional

Después de las guerras napoleónicas y la derrota del Emperador (1815), las clases privilegiadas consiguen frenar momentáneamente el movimiento revolucionario.

El Congreso de Viena y la Santa Alianza (1814-1815) vuelven a implantar, durante breves períodos, las Monarquías Absolutas anteriores.

Y, de nuevo, en 1830 reaparece la explosión revolucionaria de la burguesía, repitiéndose en 1848 e instaurándose, finalmente, en la mayor parte de Europa, formas de gobierno democráticas en las que todos los ciudadanos tienen derecho a votar para elegir a sus representantes.

Con la Revolución Industrial surge una nueva clase social: el proletariado.

Está claro que el orden burgués se presenta más justo o menos injusto que el anterior, pero se olvida de esta tercera clase social.

El trabajador en las fábricas, en las minas, se siente explotado, oprimido.

Surgen así dos nuevas doctrinas: El socialismo del ideólogo Karls Marx y el anarquismo de Miguel Bakunin.

La consecuencia de esto es una burguesía más conservadora.

En Francia, después de la caída del segundo Imperio Napoleónico se establece una República conservadora.

Se crea el Estado Moderno: Nuevas Nacionalidades.

Alemania e Italia consiguen agrupar los pequeños Estados en los que estaban divididos, creando un nuevo Estado Central y Moderno.

Pero en este siglo XIX, por encima de todo esto, destaca un nuevo Imperio Mundial, el Inglés, que domina las rutas marítimas y sigue recogiendo los frutos de la Industrialización.

Y, al mismo tiempo, el mundo también es testigo de la expansión de una joven nación: Los Estados Unidos de América.

1.1.3. Situación en España

Las fuerzas liberales anuncian tímidamente esta época, apoyando la subida al trono de Isabel II.

Pero las fuerzas de reacción absolutista, que no se resignan a perder sus privilegios, se concentran alrededor del hermano de Fernando VII, el infante Carlos M. Isidro, provocando las famosas guerras carlistas de nuestro siglo XIX.

Después del derrocamiento de Isabel II (1868), y el triunfo y la liquidación posterior de la Primera República, vuelve la Monarquía Constitucional de Alfonso XII (1875).

2. Marco artístico

2.1. El artista burgués: incomprendido o aburguesado

La burguesía, como público del arte romántico, es mucho más numerosa que la aristocracia.

El artista tiene que dirigirse a ese gran público y vive de él: de su respuesta.

Con el antiguo régimen, el artista era un asalariado de la aristocracia.

Ahora ha conquistado su libertad, pero existe un peligro, otra servidumbre: el gusto medio de la burguesía es mediocre; es a menudo: mal gusto.

El artista reacciona de dos formas:

Adaptándose a él, aburguesando su arte.

O bien, luchando contra él: creando un arte incomprendido para una minoría de la que apenas puede vivir.

Por eso, el artista burgués, que viene de la burguesía, suele separarse de ella, no le tiene aprecio. Se encierra en un mundo irreal, subjetivo, expresa su dolor ante esta incomprensión.

2.2. Arquitectura: edificios burgueses

Dejan de tener la máxima importancia las iglesias y palacios, que eran los edificios más representativos del arte aristocrático.

Abundan los edificios burgueses: plazas, mercados, escuelas, bibliotecas, teatros, cárceles, cuarteles, cementerios, etc.

Hay una separación entre arquitectos e ingenieros.

Son los ingenieros los que dan paso a los nuevos materiales arquitectónicos que revolucionan el arte de construir: el hierro, el cemento y el vidrio son los materiales de los puentes, las estaciones de ferrocarril y luego se extienden a los edificios.

2.3. La Escultura: el arte menos representativo

La escultura es el arte menos representativo del Romanticismo.

Vive un poco, todavía, de las ideas del clasicismo.

Pero, sin embargo, los monumentos públicos ya no son solamente para homenajear a reyes y aristócratas, sino, y también, para los nuevos ricos, los soldados ilustres o simplemente las nuevas ideas de patria y libertad.

2.4. La Pintura: el más representativo de las artes plásticas

En el Romanticismo, y entre las artes plásticas, la pintura es el arte más representativo, porque puede reflejar mejor lo individual y lo íntimo.

Después de Goya, como iniciador de la subjetividad romántica con sus *pinturas negras*, están: Gericault y Delacroix en Francia; Friedich en Alemania y Turner en Inglaterra, quienes recogieron su herencia.

2.5. La Litografía: divulgación del arte

La divulgación del arte entre la sociedad burguesa se efectúa por medio de una técnica de grabado llamado litografía.

Con esta técnica, un dibujo o pintura pueden ser reproducidas las veces necesarias. Procedimiento de bajo coste que ve nacer las primeras revistas ilustradas.

3. Marco literario

3.1. Romanticismo: concepto literario

El romanticismo, que nació como concepto literario, produjo una abundante literatura y tanto la poesía, como el teatro y la novela se convierten en los divulgadores de los sentimientos burgueses.

3.2. Hasta 1830: literatura más romántica

En el siglo XIX nace el periodismo, que con la litografía y xilografía se reproducen la palabra y la imagen artística para la mayoría.

En los periódicos no sólo se incluyen noticias, sino también novelas.

Las novelas van saliendo por fragmentos apareciendo las novelas de folletón. Gran triunfo de Alejandro Dumas en la novela (*Los tres mosqueteros*, *La dama de las camelias*) y, en el teatro, Víctor Hugo (*Hernani*).

Títulos de estas novelas y obras teatrales se llevarán a la Ópera.

Pero es en la poesía donde el romanticismo alcanza mayor relevancia e intensidad. Los poetas alemanes son los iniciadores del movimiento: Goethe; en Inglaterra, Byron; en Francia, Lamartine.

En España, el Romanticismo aparece un poco más tarde. Las figuras más representativas, Bécquer y Rosalía de Castro.

3.3. Después de 1830: literatura más realista

Hacia 1830, sobre todo en la novela, aparece un nuevo giro.

Se aparcan los temas románticos y la literatura se convierte en algo más realista y más conectada con la sociedad.

En Francia: Stendhal y Balzac *(Los pequeños burgueses, El lirio en el valle)*; en Inglaterra: Dickens *(David Copperfield, Oliver Twist, Cuentos de Navidad)*.

Y más tarde, los novelistas rusos como Dostoievsky *(Crimen y Castigo, Los hermanos Karamazov)* y Tolstoi.

A través de la novela, podemos visualizar el siglo XIX con su esplendor y sus miserias.

4. Marco musical

4.1. La Música: Arte muy representativo del Romanticismo

Al igual que la Literatura o la Pintura, la Música fue expresión sublime de ese espíritu romántico.

El triunfo de algunos músicos eclipsó a otros artistas.

Es el arte expresivo por excelencia.

La ópera es el espectáculo favorito de la burguesía.

Cantantes y compositores, grandes ídolos europeos.

Pianistas y violinistas, los grandes virtuosos de un instrumento musical que viajan constantemente de concierto en concierto.

Los mayores éxitos del romanticismo son musicales.

4.2. Aumenta la plantilla orquestal

La burguesía, clase dominante de este momento, es el público de la música romántica.

Las orquestas ahora no tocan en las salas de fiestas de los palacios, como en el antiguo régimen, sino en las salas de conciertos o teatros que tienen mayor capacidad para atender a más cantidad de público.

Consecuencia de esto es el engrandecimiento de la plantilla orquestal. La pequeña orquesta del período clásico dobla ahora el número de instrumentos de cuerda y arco, se llena de instrumentos de viento y, en menor medida, de percusión.

Incluso la música de cámara, de carácter íntimo y minoritario, se hace en salones burgueses o en centros especializados.

Nace la llamada *música de salón*, fácil y sencilla, el mayor consumo del burgués más característico.

4.3. El instrumento favorito de la burguesía es el Piano

El piano adquiere mayor sonoridad y dimensiones.

Es el instrumento al que se destinan mayor número de composiciones en cantidad y calidad.

Incluso la música que no está escrita para el piano es adaptada o transcrita.

En el salón de muchas casas y recintos pequeños hay un piano vertical. Y en la sala de conciertos o el teatro hay un instrumento mayor, horizontal, más potente y sonoro: el piano de cola, para el profesional virtuoso.

4.4. Separación entre la Música culta o seria y la de entretenimiento

Hasta el triunfo de la burguesía, la música no tenía esta separación.

Antes de esto, la música de entretenimiento estaba construida de la misma forma, dirigida al mismo público y provista de la misma calidad. El público receptor era el mismo: la aristocracia y la intelectualidad. Pero desde ahora, la música culta está destinada a una minoría que la puede comprender y la música ligera, al gran público quien no demanda excesiva calidad. Aunque hay que tener en cuenta que la excelencia también puede encontrarse en alguna música de entretenimiento.

4.5. Separación entre el Artista y el público burgués

El artista rechaza la música alegre, vivaz e irónica, asociándola a algo superficial y frívolo.

Para él la música culta no está hecha para divertir, sino para elevar al oyente. La música culta pierde alegría. Su misión es poder expresar o sugerir sentimientos y emociones.

4.6. Desarrollo del Lenguaje Musical y el triunfo de la Pequeña Forma

Al ser la Música expresión individual de sentimientos del artista, rechaza las formas musicales preestablecidas o, si las utiliza, las rompe, las magnifica, pero con menos extensión, en menor formato.

La Sonata y la Sinfonía de este período rompen los esquemas clásicos. Pasan a llamarse Poemas Sinfónicos.

Además, se prefieren las Pequeñas Formas, de estructura sencilla, pero con la doble ventaja de decir y recibir el mensaje más fácilmente. Vals, Preludios, Nocturnos, Impromptus, Momentos Musicales, Barcarolas, Polonesas, Mazurcas, Baladas, Scherzos, etc, son algunas de las Pequeñas Formas más relevantes. Su estructura o esquema suele representarse por *A–B–A*, traducido por Exposición, Desarrollo y Reexposición, pero con una extensión mínima para cada una de esas partes, a veces, de una sola frase.

A través de estas Pequeñas Formas, se quieren expresar estados de ánimo.

Es por esto, y porque el artista sigue sus inclinaciones y no el gusto de la mayoría, por lo que el lenguaje evoluciona con más rapidez que en épocas anteriores. Evoluciona su sintaxis. La armonía se hace cada vez más atrevida, así como las búsquedas rítmicas y dinámicas (agógica y dinámica).

4.7. El Romanticismo, un Estilo Internacional

El Romanticismo tiene un lenguaje que se comprende en todo el mundo, dominado culturalmente por la burguesía europea.

Pero en Música es un estilo de supremacía alemana. De Beethoven a Wagner, los artistas germánicos son líderes en su concepto de la música culta, salvo en la Ópera, en la que siguen triunfando los italianos.

4.8. París, la capital de la Música Romántica

Pero el centro musical europeo es París, la capital de la música romántica. Es allí donde conviven todas las influencias y escuelas.

En su Conservatorio –modelo de centro que imitarán muchas ciudades europeas–, y en su Ópera se marcan las modas; y los artistas, casi todos extranjeros, se consagran internacionalmente.

Junto a París, Londres y Viena –ciudades de gran actividad y consumo musical, y las ciudades-estado alemanas: Leipzig, Dresde, Weimar.

Compositores del Romanticismo Alemán

- Primera generación:
  - C.M.V. Weber (1786-1826)
  - F. Schubert (1797-1828).
- Segunda generación:
  - F. Mendelssohn (1809-1847)
  - R. Schumann (1810-1856).
- Tercera generación:
  - J. Brahms (1833-1897)
  - A. Bruckner (1824-1896).

Compositores del Romanticismo Cosmopolita
(equivale, cronológicamente, a la 2° generación alemana)

- H. Berlioz (1803-1869).
- F. Listz (1811-1886).
- F. Chopin (1810-1849).

6

Ópera (generalidades)

1. Ópera

Voz italiana que significa obra, y por extensión la obra artística en la cual se asocian la poesía y la música, la danza y la mímica, y se ordena los movimientos de los actores en escena con un sentido plástico. Hoy en día, la ópera es una representación teatral en la que los personajes cantan durante todo el desarrollo de la misma. La ópera surgió como una forma de expresión muy estilizada y refinada, tanto de la corte aristocrática como de la burguesía acomodada. Una gran variedad de circunstancias históricas, políticas, sociales y musicales, en los distintos países y los diversos estratos sociales, provocaron una amplia división de la ópera en subgéneros. La ópera perdió su posición de absoluta dominancia en la música del siglo XX, pero casi ningún compositor de renombre se resistió a experimentar en este estilo compositivo.

2. Ópera seria

Género operístico italiano que se formó hacia finales del siglo XVII, a partir de distintos elementos estilísticos. Los temas de la ópera seria procedían de la mitología grecorromana y/o la historia. La ópera seria se consideró el género operístico más ambicioso e importante hasta aproximadamente 1770.

3. Ópera bufa

Género operístico italiano de los siglos XVIII y XIX, cuyas raíces se hallan en la *commedia dell'arte.* La ópera bufa nació como un *Intermezzo* corto y cómico, que era representado en el interludio de la Ópera Seria a principios del siglo XVIII. A partir de aquí, la ópera bufa se convirtió en un género operístico independiente.

4. Opéra-comique (Ópera cómica)

Género operístico italiano surgido en la primera mitad del siglo XVIII y que sirvió como modelo para el Singspiel alemán. La Opéra-comique se compone de diálogos hablados y números de canto de contenido principalmente cómico, pero también conmovedor y lírico y, en casos excepcionales, también trágico. La Opéra-comique vivió su momento de máximo esplendor entre 1770 y 1870 y la última representante destacada de este género fue *Carmen* de Bizet.

5. Singspiel

Comedia musical en lengua alemana con diálogos hablados. El Singspiel alemán surgió en el siglo XVIII (de forma similar a la Opéra-comique francesa) en contraposición a la Ópera seria, y alcanzó su apogeo con los *Singspielen* alemanes de Mozart *El rapto del serrallo* y *La flauta mágica*. El *Singspiel* marcó el desarrollo de la ópera nacional romántica alemana.

6. Opereta

Del italiano operetta, obra pequeña. Género musical ligero con diálogos hablados, canciones y danzas que floreció en la década de 1850 en París de la mano de Jacques Offenbach. *La Opereta*, surgida también como parodia de la ópera y del mundo que ésta representaba, tenía siempre en cuenta las ganas de divertirse del público. La era de la opereta se extendió entre mediados del siglo XIX y mediados del siglo XX. Durante este período se crearon miles de operetas en los países e idiomas más diversos. La opereta es el género operístico más afín al Singspiel y a la Opéra-comique. Lo que la diferencia esencialmente de la ópera es el tono desenfadado, satírico o sensiblero.

7. Zarzuela

Obra dramática y musical en que alternativamente se declama y se canta. Obra escénica, intermedia entre el drama y la ópera, es decir, en la que la parte declamada alterna con el canto. Constituye en los países de habla hispana, un género teatral muy similar a la Opéra-comique francesa, a la Opereta italiana y al singspiel alemán. Pero conservando, a través de su evolución, sello propio y fisonomía características por la participación del elemento tradicional, literario y musical que han tenido sus producciones –salvo las inevitables influencias extranjeras ocasionales que ocurrieron desde su aparición en España–.

8. Ópera de números

Forma de ópera en la que las arias y las piezas de conjunto e instrumentales forman unidades completas. La ópera de números fue la forma operística por excelencia desde finales del siglo XIX, aunque en los finales de las óperas de Mozart ya se observaban los primeros signos de un estilo compositivo contínuo. Wagner y Verdi rompieron con la práctica de la ópera de números y utilizaron en sus óperas la técnica de la composición continuada, con transiciones fluidas entre las escenas. En el siglo XX también se compuso alguna ópera de números enmarcada en la corriente del neoclasicismo.

9. Drama musical

Nombre de las óperas reformistas de Richard Wagner y sus discípulos alemanes o italianos. Además, la expresión se refiere por extensión a todas las obras del género operístico.

- Drama Buffo
  (Ópera Bufa)

- Drama Eroico-Buffo
  (Ópera Bufa)

- Drama Giocoso
  (Ópera Bufa)

- Drama in Musica
  (Ópera Seria)

10. Tragédie lyirique

Del francés, tragedia lírica. Se trata del género más importante de la ópera barroca cortesana francesa de los siglos XVII y XVIII. La Tragédie lyrique fue creada por Jean-Baptiste Lully a partir de elementos de la tragedia francesa –la Comédie-ballet, el Ballet de cour y la Ópera italiana– y continuada por Jean-Phillippe Rameau. Consta de un prólogo (que suele hacer referencia a sucesos cortesanos de la época) y cinco actos. Los temas proceden de la mitología grecorromana. Elementos importantes son el monólogo declamatorio, las arias cortas (airs) y los dúos, así como números con pantomima y danza (divertissements).

11. Ballet

Del italiano, bailare, bailar. Espectáculo de danza con música. Ocupa un lugar importante en la historia de la música no sólo como género escénico independiente, sino también como elemento operístico. La danza fue incorporada a la ópera desde su nacimiento. El baile desempeñó un papel importante en los géneros operísticos franceses hasta el siglo XX, mientras que su relevancia para la ópera italiana fue escasa desde finales del siglo XVII. Los compositores de óperas nacionalistas románticas eran propensos a introducir elementos populares en la escena a través de bailables.

12. Ballet de cour

Del francés, ballet cortesano. Suntuoso ballet de argumento mitológico con acompañamiento vocal e instrumental (también llamado Ballet héroïque, ballet heroico), representado desde finales del siglo XVI hasta el XVIII en la corte francesa. El Ballet de cour es una fuente importante de la ópera barroca francesa (*Tragédie lyrique*).

13. Comédie-ballet

Del francés, comedia-ballet. Comedia en prosa, con cantos y danzas intercalados. Este género musical nació en 1663/1664 por iniciativa de Luis XIV y gracias a la colaboración del comediógrafo Molière y el compositor Lully.

14. Aria

Del italiano, aire, atmósfera aparición. Composición para ser cantada por una voz solista con acompañamiento orquestal. Parte integrante de óperas y obras sacras o pieza independiente (aria concertante). Originariamente, adoptó la forma de canción estrófica para transformarse en una pieza de canto refinada y, en algunos casos, muy virtuosa, en plena culminación de la ópera barroca (hacia 1670-1750). La forma estrófica predilecta del aria barroca constaba de tres partes (A-B-A) y se denominó *aria da capo*. En el siglo XIX, el monólogo dramático declamado (por ej. en los dramas musicales de Wagner) supuso una alternativa a las arias italianas y francesas. No obstante, el esquema de las arias tradicionales sigue apareciendo en obras contemporáneas.

15. Cabaletta

Del italiano, pequeña estrofa. Aria breve y sencilla. También se emplea desde el siglo XIX para designar las *strette* conclusivas de las arias y dúos operísticos italianos. Se caracteriza por una vehemente y concisa elevación rítmica.

16. Ariette

Del francés, aria pequeña. Dentro de la *opéra-comique* francesa, es una pequeña aria con forma sencilla. También, una pequeña aria virtuosa según el modelo del *aria da capo* italiana.

17. Arioso

Del italiano, composición corta para una sola voz que combina elementos del *recitativo* y del aria.

18. Recitativo

Del latín, recitare, referir, leer en voz alta. Canto declamado solista, normalmente con acompañamiento instrumental. El recitativo se desarrolló hacia 1600, probablemente a partir de la Monodia. En la segunda mitad del siglo XVII se separó progresivamcntc dcl Aria como forma de canto. En las óperas italianas del siglo XVII (Ópera seria), la acción iba acompañada de recitativos, mientras que las arias llevaban el contenido de los afectos. El recitativo puede presentarse en forma de *recitativo secco,* acompañado por acordes de Bajo continuo o de *recitativo accompagnato,* con acompañamiento orquestal en momentos dramáticos importantes. La ópera barroca francesa (Tragedie lyrique) también contiene partes recitativas largas, aunque se asemejan más a la monodia que al recitativo. La importancia del recitativo disminuyó al desaparecer la Ópera de números. Durante el siglo XIX, los recitativos aparecieron principalmente en las Opéra-comique y, en el siglo XX, en las óperas neoclásicas.

19. Acto

Del latín actus, acción. División principal de una obra dramática. Corresponde a la división de los dramas griegos. En música se emplea para designar las secciones argumentales principales de una ópera. Cada acto constituye una unidad terminada, tanto dentro de la acción como en términos musicales.

20. Coloratura

Del latín colorare, colorear. Ornamentación virtuosa de piezas de canto mediante escalas, saltos y adornos rápidos. Hasta principios del siglo XIX los cantantes, de todos los registros vocales, tenían la oportunidad de demostrar su virtuosismo gracias a la coloratura. Para este objetivo, las arias de bravura de la ópera barroca poseían una Cadencia especialmente concebida para tal fin. A partir del siglo XIX, las coloraturas aparecen, principalmente, en las arias de soprano. (Ej: el aria de venganza de la Reina de la noche de *la Flauta mágica* de Mozart).

21. Escena

Italiano, del griego skené, pared del escenario. Escenario de teatro o música. El término también se emplea para designar una subdivisión de un drama o una ópera comprendida entre la entrada y la salida de un personaje. La denominación *escena y aria* se aplica a una composición coherente compuesta por Recitativos, Arias y otras partes de canto u otros conjuntos.

22. Libreto

Del italiano libretto, librito. Texto literario que sirve de base a una obra dramática musical. En el siglo XVIII, los libretos eran a menudo más conocidos que las propias óperas y los libretistas solían ser mencionados antes que el compositor. A pesar de su gran valor literario, el libreto no deja de ser una obra *abierta,* ya que sólo la música hace que la obra sea completa. Dos de los libretistas más famosos fueron: Pietro Metastasio y Lorenzo Da Ponte.

23. Conjunto

Grupo de instrumentistas o cantantes que toca o canta conjuntamente. Existen varios tipos de formaciones de conjunto: Dúo o duetto (2 cantantes), tercetto (3), cuartetto (4), quintetto (5), sextetto (6), septetto (7), octetto (8) y nonetto (9). Las óperas barrocas rara vez empleaban conjuntos mayores. Éstas solían contener arias y dúos y, ocasionalmente, tercetos. La época dorada de las escenas de conjunto da comienzo con las óperas de Mozart. Los conjuntos de sus óperas maestras no tienen rival en la historia de la ópera.

24. Melisma

Del griego mélisma, canto. Serie de tonos cantados en una única sílaba de texto. El término melisma también se emplea para designar, de modo general, la ornamentación melódica de piezas de canto. Tanto en los cantos gregorianos como en la música popular (en particular la oriental) y en la ópera (coloratura) se pueden hallar pasajes melismáticos.

25. Tesitura

Extensión o registro de una voz. En el canto clásico, los registros vocales se dividen en las categorías fundamentales:

Soprano, mezzosoprano y contralto (mujeres); tenor, barítono y bajo (hombres).

26. Ópera contemporánea. Ópera moderna

Género operístico de los años 1920 y principios de los 30, en el que la acción se desarrolla en la época actual y aparecen inventos técnicos modernos (teléfono, telegrama, medios de transporte modernos, como el tren o el automóvil y otras máquinas). A través del género más bien efímero de la ópera contemporánea, los compositores trataron de renovar la escena operística.

7

Ópera (siglo XIX)

1. En Italia: Rossini, Bellini, Donizetti y Verdi

La ópera será el único género que Italia exportará a Europa a lo largo del siglo XIX. Los rasgos generales de la ópera italiana del siglo XIX son: virtuosismo vocal menos acentuado; cierta superficialidad (hasta la aparición de Verdi); gran categoría melódica; mayor importancia del coro; trasvase del realismo a la ópera a finales de siglo. El gran continuador de la tradición mozartiana fue Rossini (1792-1868). Adquiere renombre universal con *El Barbero de Sevilla* y con *Guillermo Tell*. Fue el gran maestro de la melodía, que construía con sorprendente facilidad. La espontaneidad de su creación, la fluidez melódica y el brillante colorido infunden a su obra vivacidad y positividad. Continuadores de Rossini fueron Bellini (1801-1835; *La sonámbula, Norma* y *Los puritanos*; su estilo es cálido, pero de débil armonía) y Donizetti (1797-1848; de gran melodismo y técnica más segura; *Lucía de Lammermoor*).

Verdi (1813-1901) es el más relevante de los operistas italianos del siglo XIX. Hasta el estreno de *Nabuco* en 1842 no alcanzó éxito. En su obra se distinguen tres períodos: al primero (hasta 1855) pertenecen *Rigoletto, La Traviata* y *El Trovador*. A partir de 1855 se acerca progresivamente al espíritu dramático con *La Fuerza del Sino* y *Aída*. Es un período de riqueza melódica. Desde 1871 hasta 1887 casi no existe más producción que el *Requiem*. En 1887 sorprende al mundo con *Otello* y *Falstaff*. La música está ligada al drama; la orquesta y los coros adquieren mayor relevancia.

Como consecuencia del Realismo y del Naturalismo surge, a finales del siglo XIX, una nueva corriente dramático-musical llamada Verismo. Sus representantes son: Leoncavallo con *Los payasos*, Mascagni con *Cavallería rusticana* y, principalmente, Puccini.

Puccini (1858-1924) nació en Lucca, de padres músicos. Cosechó grandes éxitos con *La Bohème* y *Madame Butterfly*. Su conocimiento de la personalidad femenina le hace el creador de la ópera psicológica moderna. Sus obras son de profundo lirismo, aunque a veces desprovistas de cierta profundidad.

2. En Alemania: Wagner

En la segunda mitad del siglo XIX surge en Alemania el drama wagneriano. Wagner (1813-1883) nace en Leipzig. Fue director de varios teatros de importantes ciudades. En 1842 es nombrado director musical en Dresde, donde estrena *Tannhäusser* con su famoso *Coro de Peregrinos*. Su espíritu revolucionario se acentúa, ante una sociedad que rechaza su obra. Hacia 1848 se refugia en Suiza, donde escribe alguna de sus obras teóricas: *El arte y la revolución*, *La obra del futuro*, etc. En 1850 Listz le estrena en Weimar la ópera *Lohengrin* y en 1859 finaliza *Tristán e Isolda*. Gracias a la protección de Luis de Baviera, que le llama a Munich en 1865, puede dedicarse a la composición y en 1868 estrena *Los Maestros Cantores*. En 1869 se une a Cósima, hija de su amigo Listz, de la que tendrá un hijo llamado Sigfrido. En 1876 se inaugura el Teatro de Bayreuth con el estreno de su monumental obra *El Anillo de los Nibelungo*, en un prólogo (*Oro del Rhin*) y tres partes (*La Walkyria*, *Sigfrido* y *Ocaso de los Dioses*). Su última obra será *Parsifal* (1882).

Lo esencial del pensamiento de Wagner es la síntesis de todas las artes en un todo indisoluble a partir de la tragedia griega. Todos los elementos del drama se unen sin corte alguno (arias, recitativos...) en una melodía continua, infinita, total, lo que supone un menor protagonismo de los conjuntos y de los coros. Los asuntos proceden de los mitos y leyendas germánicas, teniendo como modelo a los autores de la tragedia. La renuncia y la redención por el amor son una constante en su obra. Cada personaje está conectado con un tema simbólico que le representa siempre, que reaparece y que recibe el nombre de leitmotiv. La orquesta actúa –con fines expresivos– como comentadora de los sentimientos y de las actitudes externas de los personajes. Las ideas de Wagner dominan casi toda Europa a partir del último tercio del siglo. Eclipsó a casi todos sus contemporáneos en Alemania, dejando tras él una escuela interminable de seguidores e imitadores.

3. En Francia: Meyerbeer, Berlioz, Gounod, Massenet y Bizet

A partir de 1829 surge la llamada gran ópera romántica. Se trata de un nuevo estilo espectacular, fastuoso, dramático, de grandes conjuntos, con asuntos heroicos e históricos plenos de intriga y de un romanticismo brillante. (Meyerbeer, Berlioz).

Gounod (1818-1893) tiene 12 óperas de las que destaca con *Fausto* por su gran lirismo y elegancia francesa.

Massenet (1842-1912) es conocido sobre todo por sus 21 óperas entre las que destacan *Manon y D. Quijote.*

Bizet (1838-1875) logró fama –aunque no en vida– sobre todo por el colorido rítmico-dramático, delicada orquestación y lirismo pintoresquista de su ópera *Carmen.*

La opereta –*Opéra-comique*– procede en parte del antiguo vaudeville. El creador de este género fue Offenbach (*Cuentos*), al que seguirá Léo Delibes –con *Coppelia*–.

4. En España: Teatro musical español

Al fundarse el Teatro Real de Madrid, en 1850, el panorama operístico español era bastante oscuro, desesperanzador. Los esfuerzos de algunos compositores españoles por crear una ópera nacional española no dieron frutos. En esta línea, que iniciaron Gaztambide, Arrieta y Bretón, se producen algunas muestras como *Marina* de Arrieta, *La bruja* de Chapí, *Los amantes de Teruel* de Bretón. Comienza a renacer poco a poco la zarzuela, hasta que Barbieri la impulsa con *Jugar con fuego, El Barberillo de Lavapiés* y *Pan y toros.* Donde aparece con más fuerza lo nacional y lo castizo es en un género menor que la Zarzuela y al que se conoce como *Género chico.* Menos ambicioso que la zarzuela grande, más corto y menos enfático, este género llegó a su apogeo a finales del siglo XIX y principios del XX. Entre sus cultivadores figuran: Caballero (*Gigantes y cabezudos*), Chueca (*La Gran Vía; Agua, Azucarillos y Aguardiente*), Chapí (*La Revoltosa, El rey que rabió*), Bretón (*La Verbena de la Paloma*), etc.

8

Nacionalismo

1. Panorama artístico-cultural

La libertad anunciada por el Romanticismo será una de las razones por las que las naciones decidan elegir su propio destino y que las personas escojan las estéticas que mejor se acomoden a sus sentimientos, concepciones y ambiente que les rodea.

Aunque es verdad que el arte no tiene patria, y su concepción intrínseca parte de la universalidad, los artistas quieren mostrar y cantar a su origen. Sus obras llevan, muchas veces, el sello de su tierra y de su época, pues buscan los elementos de su arte en el substrato popular. La música se convierte, en ocasiones, en portavoz de sentimientos nacionales.

2. Panorama musical

En el siglo XIX los países, al tomar conciencia de sus propias raíces, trataron de liberarse de las influencias extranjeras buscando las expresiones musicales en sus folklores nacionales. Fruto de tales esfuerzos será también la incorporación de nuevos instrumentos de percusión, el nacimiento del ballet, la iniciación de estudios folklórico-musicales y, sobre todo, la aportación de la canción popular, muestra de la herencia musical más íntima de los compositores.

3. Países Nórdicos: Grieg y Sibelius

Edward Grieg (1843-1907) es el músico de mayor relevancia de Noruega. No escribió sinfonías ni óperas. Entre sus obras destacan: *Concierto para piano y orquesta*, las dos suites orquestales *Peer Gynt* y las populares *Danzas noruegas*. Son destacables también los diez cuadernos de *Piezas líricas* para piano y sus *Canciones*.

Jean Sibelius (1865-1957). Su Sinfonía *Finlandia* avivó el patriotismo contra la dominación rusa. Son relevantes también sus *suites orquestales*, pero, sobre todo, sus *siete sinfonías.*

4. Rusia: El Grupo de los Cinco y los Cosmopolitas

Las invasiones napoleónicas despertaron el sentimiento nacional del que se hizo eco Clinka (1804-1857) en sus óperas *La vida por el Zar* y *Russan y Ludmilla.* Fruto de sus viajes por España son la *Jota aragonesa* y *Una noche de verano en Madrid.*

El grupo de los cinco nace a partir de los ideales de Glinka. Tienen importantes méritos: renuevan el teatro lírico y la música rusa en general y le imprimen gran colorido a la orquesta a través de su Poemas Sinfónicos. Los componentes del grupo fueron: César Cui (1835-1918), portavoz ideológico del grupo; Balakirev, (1837-1910), matemático, cuyo poema sinfónico *Tamara* y su fantasía para piano *Islamey* sirvieron de guía para muchos compositores posteriores; Alexandre Borodin (1833-1887), que se inspira fundamentalmente en el folklore ruso y oriental. Lo mismo sucede con las populares *Danzas polovsianas de El Príncipe Igor* y con el poema sinfónico *En las estepas del Asia Central;* Mussorgsky (1833-1887), el más intuitivo e innovador del grupo. Su ópera *Boris Godunov* evoca las masas populares rusas, calando en la realidad social y en la profundidad del ser humano. Muy interesantes también son la fantasía orquestal *Una noche en el Monte Pelado* y *Los Cuadros para una exposición* para piano, inspirados en una exposición del pintor Víctor Hartmann; Rimsky Korsakov (1844-1908) fue el mejor preparado del grupo. Gran orquestador, brillante y colorista; autor de un tratado de orquesta y otro de armonía. Destacan sus obras escénicas *Iván el Terrible* y *La historia del Zar,* así como sus sinfonías *La Gran Pascua Rusa* y *Schéhérezade,* inspirada en las *Mil y Una noches.* Es necesario mencionar el *Capricho español.*

Los cosmopolitas se declaran contrarios a los principios nacionalistas de los Cinco. Indiferentes al empleo del folklore, unen directamente su música con la occidental, especialmente la germánica. A la cabeza está Antón Rubistein, pero su representante más célebre es P.I. Tchaikovsky (1840-1893). Tiene mucha música relevante, pero hay que destacar sus famosos ballets *Cascanueces, La bella durmiente* y *El lago de los cisnes,* sus seis sinfonías (la más popular la sexta o *Patética)* y los tres conciertos para piano. Muy influenciado por el anterior fue Rachmaninov (1873-1943), quien se mantuvo en un postromanticismo sin dejarse tentar por las corrientes contemporáneas. Sus obras más conocidas son sus dos sinfonías y sus dos conciertos para piano.

5. República Checa: Smetana y Dvorák

Smetana (1824-1884) quiso mostrarse como un gran patriota frente al dominio austríaco. Entre sus obras ocupa un lugar principal *La novia vendida*, símbolo del nacionalismo checo. Igualmente importantes son sus seis poemas sinfónicos comprendidos bajo el título *Mi patria.*

Anton Dvorák (1841-1904). En 1892 fue nombrado director del Conservatorio de Nueva York y posteriormente del de Praga. Escribió una docena de óperas, pero su habilidad principal es la orquesta y la música de cámara. Entre sus importantes nueve sinfonías hay que destacar su popular *Sinfonía del Nuevo Mundo.* De la misma época es el *Cuarteto negro,* influido posiblemente por la música de los negros. Importantes también son sus *Humorescas para violín y piano.* Su música plasma el espíritu checo con la forma clásica de Brahms.

6. España: Albéniz y Granados

En el nacimiento del nacionalismo español influyeron varios factores, especialmente la música españolizante creada por músicos extranjeros y la que compusieron, en medio de grandes incomprensiones interiores, los españoles que salieron fuera del país. Tanto Albéniz como Granados –ambos discípulos de Pedrell, el gran teórico del nacionalismo– estuvieron en París y destacaron, sobre todo, por su música para piano. Falla nos da un paso más abriéndonos las puertas del siglo XX.

Isaac Albéniz (1860-1909). Niño prodigio del piano. Gran obra pianística: *Danzas españolas, Recuerdos de viaje, Cantos de España, Suite española* y la *Suite Iberia,* una de las más grandes y difíciles obras del pianismo universal. Su música está llena de fuerza expresiva, lirismo evocativo y gran colorido armónico-rítmico.

Enrique Granados (1867-1916). Su exitosa ópera *Goyescas* fue estrenada en Nueva York. Granados falleció al ser torpedeado el barco donde regresaba España. Su piano muestra el espíritu romántico: *Escenas románticas* y *Canciones amatorias* para canto y piano. Importantes son sus *Doce danzas españolas* para piano y *Goyescas* para piano.

9

Postromanticismo

1. Alemania: Brukner, Mahler y Strauss

Estos músicos proceden de la herencia de Brahms y coinciden en la influencia del wagnerianismo.

A. Brukner (1824-1896) de niño de coro llegó a ser organista de la catedral de Linz y de la Corte vienesa, donde también fue profesor de composición del Conservatorio. Tiene más de 100 obras en el campo religioso y sinfónico, cinco misas, un réquiem, varios salmos, corales y diferentes obras para órgano. No obstante, debe su fama a sus nueve sinfonías, especialmente, la séptima. Es un maestro de los desarrollos temático-melódicos. Su obra es de monumentalidad orquestal y gran misticismo y religiosidad.

G.Mahler (1860-1911), después de fracasar en sus primeros intentos como compositor, se orientó hacia la dirección donde destacó en forma sobresaliente: director de las óperas de Budapest, Hamburgo, Viena y Nueva York. Lo mejor de su producción son sus Canciones y Sinfonías (la décima está incompleta), que vienen a ser como grandes cuadros dramáticos; también recurre a la danza, al vals, a la marcha y, sobre todo, a la palabra cantada. De este modo sus sinfonías parecen grandes cantatas; como la octava, llamada *Sinfonía de los mil* por el gran número vocal e instrumental que lleva implícito.

Richard Strauss (1864-1949) fue un célebre director de orquesta en Munich, Weimar, Berlín y Viena. Su producción es muy extensa. En sus primeras obras se inclina hacia Wagner en lo lírico y hacia Liszt en lo sinfónico. De estas fórmulas nacen sus poemas sinfónicos, de un solo movimiento, de carácter descriptivo y realista. Son famosos la *Sinfonía Alpina, Don Juan, Don Quijote,* etc. A partir de 1905 compuso varias óperas, entre las que destacan *Salomé, Electra* y *El caballero de la rosa.* Su música se caracteriza por el virtuosismo abrumador de la orquesta y un ímpetu vehemente que parece arrasar con todo.

Francia: Gounod, Bizet, Massenet, pero los más destacados: Saint-Saëns y César Franck.

A partir de 1871, la música instrumental francesa, ensombrecida por la ópera, adquiere un nuevo impulso que culminará con el Impresionismo, el cual nos abrirá las puertas del siglo XX. Pero hasta entonces, habrá unos compositores que podremos llamar en un espíritu romántico, pero que van un poco más allá.

Camille Saint-Saëns (1835-1921) pretende ser el continuador de los Poemas sinfónicos de Liszt. Lo descriptivo plasma en él caracteres muy realistas como su *Danza macabra. La rueca de Onfalia,* el primer poema sinfónico francés. Además de sus tres sinfonías hay que destacar su Fantasía *El carnaval de los animales.*

César Franck (1822-1890) se apoya en los principios formales beethovenianos. Los rasgos fundamentales de su música son los mismos que los de su vida: modestia, bondad, vigor y una profunda religiosidad que se plasma en los oratorios *La Redención* y *Las Bienaventuranzas.* En sus obras no se aparta de la forma clásica bethoveniana, aunque emplea un tratamiento cíclico que da solidez y unidad a la obra hasta alcanzar la emoción mística más intensa. Para ello necesita de una sólida arquitectura musical. En este sentido, hay que destacar sus *Variaciones sinfónicas* para piano y orquesta. Su destreza polifónica recuerda a Bach. Su instrumento favorito es el órgano, para el que compuso las más célebres obras del siglo XIX, como sus *Tres corales, Pastoral,* etc. Además de un sobresaliente compositor, hay que destacar también su relevancia como creador de una escuela que, después de su muerte, recogería su legado a través de la *Schola Cantorum* de París (Escuela Superior de Música).

10

Estilo y estética del Impresionismo

1. Marco histórico-político-social

1.1. Situación y generalidades

A finales del siglo XIX, en Francia, la alta burguesía continuaba con un papel protagonista.

Después del Manifiesto de la Comuna en abril de 1871, los conservadores reaccionan con pánico y la represión es la tónica: al mes siguiente son ejecutados alrededor de veinte mil partidarios de la revolución, apoyada por un movimiento obrero internacional.

Después, se establece la III República: etapa de desarrollo económico, lo que conduce a la implantación del gran capitalismo.

Aunque las crisis siguen sucediéndose –por lo que la sensación de inestabilidad está presente–, un gran desarrollo técnico y científico tiene lugar, originando continuos cambios en modas y estéticas.

2. Marco artístico

2.1. Fidelidad táctil frente a fidelidad óptica

Después de ese primer impulso romántico, la importancia que se le otorga a la naturaleza da lugar al Naturalismo, el cual se ocupa de la realidad concreta más precisa y objetiva, aspecto heredado del desarrollo científico y espíritu positivista del siglo XIX.

Pero esta fidelidad táctil, que se preocupa fundamentalmente de los volúmenes, verdadera aspiración de los artistas –era como si pudiéramos tocar el objeto–, se va a transformar o va a ser suplantada por una *fidelidad óptica*.

2.2. Pintura y rasgos característicos

Es en la pintura donde se manifiesta este cambio de perspectiva.

Captar lo fugitivo: el artista, en la búsqueda extrema de realismo, capta lo fugitivo, la esencia de lo huidizo.

2.3. La supremacía de la luz

Hasta ahora la luz había sido un elemento más que el artista manejaba según su conveniencia. Ahora se quiere ver y sentir la verdad, la realidad de las cosas en su ambiente, reflejando todas las sutilezas, todas las vibraciones que los cambios de luminosidad provocan en los cuerpos en cada momento.

Esto se refleja en el abandono de las líneas definidas, rasgo muy notable en algunos lienzos de MANET y también en la técnica *puntillista* empleada por SEURAT y PISARRO.

2.4. El agua: tema nuevo

El agua como perfecta expresión de lo que fluye; el mar, los ríos y su atmósfera cargada de humedad, el aire denso de las estaciones de ferrocarriles y presente también en la piedra de los edificios o esculturas; las nieblas de los puertos; todo aquello capaz de sugerir lo inestable, lo momentáneo. Monet, Renoir, Sisley.

2.5. El color: el elemento fundamental

El impresionismo utiliza el color, para explicar los efectos que la luz provoca en los contornos.

El pintor impresionista no quiere mezclar los colores en su paleta, prefiere la yuxtaposición de los mismos; quiere que esa mezcla la realice el observador en su propia retina. Piensa que ésta es la fórmula para que la intensidad de esos colores puros se mantenga, no se pierda o disminuya.

2.6. Arte de la sensación

A pesar de que este arte era coherente con la sensación de crisis del momento y la preocupación por la psicología y psicofísica, fue rechazado por el público medio, afianzado todavía en esa estética naturalista comentada que hablaba de una concepción estable y racional de la realidad, filosofía y aspiraciones de aquella burguesía conservadora.

3. Marco literario

3.1. El simbolismo: características y representantes

El Simbolismo, movimiento poético que vuelve a valorar lo misterioso y lo ausente como base de la belleza más sentimental, surgió, precisamente, como contraposición al realismo positivista de fin de siglo.

Mallarmé: máximo representante. Y así define el simbolismo: "Evocar, en una sombra adecuada, el objeto con palabras alusivas, nunca directas... Nombrar un objeto suprime las tres cuartas partes del gozo estético: sugerirlo, ese es el sueño".

La sinestesia: es el recurso típico del Simbolismo; es la figura literaria que une unos datos procedentes de diversos sentidos, como por ejemplo "música azul": combinación de un elemento auditivo más el visual.

4. Marco musical

4.1. Características y generalidades

Cuando hablamos de música impresionista, tenemos que tener presente que no significa exactamente lo que este término representa para la pintura, pero la sensaciones que evoca tienen rasgos comunes.

Cuando hablamos de color en música, nos referimos a algo muy distinto de lo que esto significa en la pintura. Por ejemplo: que el fagot tiene un color más oscuro que la flauta o que el corno inglés, le da un colorido oriental a cierto pasaje.

Si preguntamos qué color tiene un fragmento de una obra concreta, comprobaremos que no todo el mundo tiene la misma opinión, la misma sensación.

Por lo tanto, el color, elemento determinante en la pintura del Impresionismo, representa en la Música un elemento impreciso, no concreto y bien definido.

Pero en lo que podemos encontrar puntos de encuentro es al hablar de la estética particular.

De esta forma podemos decir, sin errar, que la Música de Debussy y la pintura de Renoir buscan, igualmente, la plasmación de lo fugaz.

Es decir, como en la pintura, la música capta lo fugitivo.

El agua, en todas sus manifestaciones, es también un elemento característico.

El color, en cuanto a las búsquedas de nuevas tímbricas y sonoridades, es también un aspecto fundamental de la música impresionista.

Y, también, como la pintura, la música impresionista es el arte de la sensación.

5. Compositores principales y antecesor

5.1. Antecesor

Gabriel Fauré: (1845-1924). Es el antecesor directo, el que abre las puertas del Impresionismo.

Es el más directo antecesor de este grupo quien, aunque con un recuerdo al romanticismo y con un estilo íntimo y plenamente francés, abre el camino a una nueva generación.

Defensor y apasionado de lo sutil y con un lenguaje de gran elegancia sonora, influirá tanto en Debussy como en Ravel, especialmente a través de su música de cámara, su producción pianística y sus canciones, especialidades donde plasma su delicadeza, su idiosincrasia.

En su música dramática queda patente la herencia wagneriana. Y su Réquiem le eleva a la cumbre, al reconocimiento más sobresaliente.

5.2. Principales

Claude Debussy (1862-1918)

Maurice Ravel (1875-1937)

11

Estilo y estética del siglo XX

1. Marco histórico-político-social

1.1. I Guerra Mundial (1914-1918)

Sabemos que el siglo XIX se puede datar anticipadamente en 1789 con la Revolución Francesa, de igual forma que el siglo XX puede partir con la I Guerra Mundial, acontecimiento que marca la historia para siempre.

Lo que se reflejó en esta guerra fueron los intereses de las potencias europeas y sus influencias.

El concepto humanístico del mundo era realmente un disfraz que quedó a un lado frente a las ambiciones de los gobernantes, militares, comerciantes, etc.

1.2. Revolución Rusa (1917)

Al mismo tiempo, en octubre de 1917, tiene lugar otro hecho determinante: la Revolución Rusa que destrona al Zar Nicolás II (asesinato de la familia del Zar).

Se impone una nueva forma de gobierno que, tomando la ideología del socialismo, se convierte en un poder militarizado y dictatorial: el comunismo.

1.3. II Guerra Mundial (1939-1945)

En 1939 estalla la II Guerra Mundial.

Después de la derrota del nazismo y sus aliados, Europa, y prácticamente el mundo entero, quedó sometida a la influencia de dos grandes naciones vencedoras: la URSS y los EEUU de América, dos bloques antagónicos con intereses y una visión del mundo radicalmente opuesta.

1.4. Crisis del hombre

Todo esto provoca la gran crisis del hombre occidental.

Por un lado, unos avances científicos y tecnológicos que nunca antes se podría imaginar, pero la miseria, la ignorancia, el racismo, la enfermedad y el hambre seguían presentes.

La consecuencia es una sociedad desconfiada y desencantada; los más jóvenes se apartan de todo: de sus convicciones políticas y también de las religiosas. Se deshumaniza el mundo; el hombre se aparta de Dios.

2. Marco artístico

2.1. Se rompe la unidad artística

Con todos estos acontecimientos, y el vertiginoso desarrollo científico y técnico, el artista del s. XX plasma su visión del mundo.

Ante este mundo cambiante y en crisis, el arte es testigo directo de esta situación; lo muestra rompiendo la unidad artística que lideraba los períodos anteriores, dando como resultado múltiples tendencias y procedimientos que intentan explicar la realidad desde su propia óptica.

2.2. El abandono del realismo

Lo más característico del arte de nuestro tiempo es el abandono del realismo, por lo menos del figurativo.

El artista renuncia a reproducir la realidad, porque está convencido de que la realidad no es como la vemos, sino otra muy distinta. Crea, de esta forma, realidades propias.

vehemencia - cualidad de vehemente - que tiene una fuerza impetuosa
Ardiente y lleno de pasión
Dicho de una persona: que obra de forma irreflexiva, dejándose llevar por los impulsos

2.3. Fauvismo

El primer y breve movimiento de vanguardia del siglo XX se llama Fauvismo. Nace en París en 1905 y su declive es en 1908 con el nacimiento del Cubismo.

El Fauvismo es la exaltación del color puro y quiere expresar la rebelión de los jóvenes artistas contra el academicismo de los maestros oficiales.

El máximo representante fue Matisse. Alrededor de él, Vlaminck, Moreau, etc.

2.4. Cubismo

Surge en 1908 y se llama así por su tendencia a descomponer las figuras en sencillos elementos geométricos. El objeto se rompe en múltiples y diferentes formas angulares, presentándose simultáneamente desde diferentes planos o ámbitos. Representantes principales: Pablo Picasso, Juan Gris, George Braque.

Este estilo, que toma su punto de partida en la importancia del volumen geométrico, ha plasmado gran influencia en la escultura, las artes decorativas y la concepción de la arquitectura y sus espacios.

2.5. Expresionismo

Surge en 1911 en Alemania. Intenta mostrar la interpretación subjetiva de la realidad y la expresión abstracta del mundo interior del espíritu, dejando a un lado los datos de toda realidad objetiva y creando obras llenas de rasgos e intenciones musicales.

El máximo representante fue el ruso Kandinsky, quien manifestaba con vehemencia que la pintura debía seguir el camino de la música.

2.6. Dadaísmo

Después de la I Guerra Mundial surge –en 1916 en Zurich– el Dadaísmo, que, más que un estilo fue una actitud agresiva en el objetivo de desmitificar e ironizar el concepto del arte.

Lo crean un grupo de jóvenes intelectuales que se reunían en el Cabaret Voltaire: recitan, cantan y organizan. Hugo Ball, poeta y director de escena. Marcel Janco y Tristan Tzara, pintores.

El Dadaísmo luchaba contra todo convencionalismo, ensalzaba lo irracional y lo amoral, a la vez que despreciaba todas las normas estéticas precedentes.

2.7. Surrealismo

Y ya, en 1924, vinculado al Expresionismo y al Dadaísmo, surge el Surrealismo. Investiga en los impulsos subconscientes e irracionales que existen en la mente del hombre, en el objetivo de plasmarlos con plena libertad. Según sus postulados, están reprimidos en la vida por las convenciones sociales y sólo llegan a manifestarse a través del sueño. Visiones de un espacio ilimitado,aspirando al infinito, con una presencia de lo humano en soledad. (Dalí, Miró, Paul Klee, etc.)

2.8. Pop Art

Estilos posteriores, sin renunciar a las conquistas de los anteriores, tienden a una implicación más directa de la realidad, pero no para reproducirla simplemente, sino para denunciarla en esta directa crítica.

Así el Pop Art, de origen norteamericano, se alimenta de temas típicos y tópicos de la sociedad de consumo, ídolos del espectáculo, viñetas ilustradas, reclamos publicitarios, etc. (Americanos: Andy Warhol y Jasper Johns; Ingleses: Richard Hamilton, Meter Blake).

2.9. Op Art

Surge dentro del ámbito de la abstracción. Aparecen efectos ópticos, superficies geométricas móviles, que ejercen en el espectador sensación de movimiento.

Principal representante fue Vasarely, iniciador del arte cinético. Seguidores, Malevic y Mondrian.

2.10. Happening

Tendencia a prescindir del *objeto artístico* para resaltar más la importancia del *hecho artístico*, donde lo fundamental es la participación activa –happening– del espectador. En ese momento, este espectador ya no lo es, se convierte en protagonista, actor, intérprete.

Máximo representante, Allan Kaprow. Primero fue pintor expresionista abstracto.

2.11. El Cine

No se puede omitir el arte más característico del siglo XX: el Cine, el séptimo arte.

Influido y muchas veces manipulado por el consumismo y diferentes ideologías, ha alcanzado los mayores niveles de difusión y popularidad.

Aunque todavía con una corta historia, ha llegado a lograr su madurez expresiva con representantes como Orson Welles, Stanley Kubrick, Luchino Visconti, Federico Fellini, quienes han sabido asimilar y continuar la labor de los grandes maestros anteriores: Lang, Chaplin, Keaton.

3. Marco musical

3.1. Situación y generalidades: primera mitad del siglo XX internacional

Las puertas del siglo XX se abren con una serie de tendencias novedosas y múltiples frente a una sola estética dominante, como sucedía en épocas pasadas. Los ismos de las primeras vanguardias dominaban ahora frente a la música tradicional. Las creaciones de los compositores impresionistas, y después de Satie y sus herederos del Grupo de los Seis, se vieron en corto tiempo alteradas por el regreso de la hegemonía de la música alemana, Schoenberg y la Escuela de Viena, un edificio granítico donde Debussy, Ravel, Falla y Milhaud esculpieron pocas líneas. Después, otro grupo de compositores, el triángulo Stravinsky-Bartók-Hindemith, sin romper con el lenguaje estructural y aportando nuevos tratamientos de los conceptos rítmicos y modales, establecían importantes propuestas que en los años veinte y treinta ganaban el primer puesto. 3.2. Modelos históricos/ Vanguardias históricas: primera mitad del siglo XX internacional

Pero aunque todo este siglo esté caracterizado por la multiplicidad de movimientos y estilos, en la primera mitad del siglo XX se definen dos estéticas fundamentales y antagónicas, en torno a las que se posicionarán gran parte de los compositores que comienzan su labor creativa en la segunda mitad del mencionado siglo: el triángulo formado por Schoenberg-Weber-Berg –alemanes– y el otro configurado por Stravinsky-Bartók-Hindemith –cosmopolitas–.

Durante muchos años la tríada alemana ganó la batalla, liderando y apropiándose del concepto de la nueva música, de la vanguardia –atonalismo, dodecafonismo y serialismo–. Los que optaron por la otra estética fueron tachados de conservadores, involucionistas, es decir, contrarios al significado que unos cuantos le otorgaron al término vanguardia.

Con el tiempo, la perspectiva histórica ha suavizado estos conceptos. Muchos que se habían adscrito a la filosofía del dodecafonismo, serialismo y a la idea de ruptura con lo anterior y de lo nuevo a ultranza –tríada alemana–, han empezado a escribir, desde hace algunos años, más próximos a la otra estética –tríada cosmopolita–, donde la idea del lenguaje de la tradición y de la comunicación están presentes.

Pero a la tríada cosmopolita es necesario añadirle otro compositor más, quien completa mejor la configuración anterior: Prokofiev.

De esta forma quedará una tríada (Schoenberg-Weber-Berg) y una tétrada (Stravinsky-Bartók-Hindemith-Prokofiev).

3.3. Movimientos, estilos, tendencias y novedades en el sistema, durante esta primera mitad

Expresionismo: este término, en la música, se toma de las artes plásticas; trata de registrar las impresiones no venidas de fuera o de reproducir formas y colores, sino exclusivamente, las internas o subjetivas. Pero a diferencia del romanticismo, aquí los elementos técnicos son agresivos, lacerantes y convulsivos, con el fin de acentuar internamente, por un lado, las convulsiones de una sociedad en crisis y cambiante y, por otro, una realidad distorsionada. Por eso, musicalmente se traduce en una permanente disonancia. Esta estética deriva hacia el abstraccionismo y el surrealismo. En música, dicha expresión abstracta se traduce en una absoluta independencia de las normas tradicionales, desembocando en la disolución del sistema tonal clásico. De aquí que el atonalismo y serialismo sean su más concreta aplicación, es decir, lo que técnicamente se ha llamado también dodecafonismo.

Atonalismo y serialismo: como consecuencia de esa perpetua disonancia producida en el expresionismo, se comienza con la destrucción del sistema tonal clásico vigente hasta entonces (atonalismo) y la elaboración, a muy corta distancia, de uno nuevo que se le llamaría serialismo o dodecafonismo. Schöenberg elaboró este nuevo sistema, por lo que nace en la Escuela de Viena que él crea siendo sus representantes principales sus propios alumnos: Berg y Webern.

Dodecafonismo: niega todas las leyes que hasta entonces regían la armonía (atracciones de notas y acordes, resolución de disonancias...). Los 12 sonidos y los acordes que se formen con ellos tienen el mismo valor. Dicha serie de doce notas (de ahí el nombre de música serial y dodecafónica) puede ordenarse casi de infinitas maneras. Pone todo su énfasis y tensión en la agógica y dinámica, sin temas propiamente dichos.

Politonalismo: surge como reacción al serialismo en un último intento por reafirmar no sólo una, sino varias tonalidades simultáneas. Las razones que expone son dignas de consideración: si en la Edad Media el oído occidental pasó de escuchar una única melodía a varias superpuestas, ¿por qué no escuchar hoy varias melodías superpuestas en varios tonos? Los principales representantes de esta tendencia, que tiene lugar hacia 1920, son Milhaud, Casella y Bartók.

Microtonalismo: los microtonalistas, no contentos con el actual sistema de cinco tonos más dos semitonos, es decir, de doce semitonos, quisieron llegar a divisiones aún más pequeñas que el semitono. En ciertos sistemas no occidentales el oído ha llegado a distinguir tercios y cuartos de tono. En este terreno han trabajado Julián Carrillo, Aloys Haba y otros, que han compuesto obras en estas distancias menores e incluso han construido instrumentos especiales para poderlas ejecutar.

Neoclasicismo: algunos compositores quieren retornar a los ideales estéticos del siglo XVIII en cuanto a inspiración, orientación, refinamiento y transparencia se refiere, al tiempo que desean mantener las actuales adquisiciones técnicas. Se trata de una vuelta al *arte puro* en el que la música no obedezca a leyes externas a ella. He aquí de nuevo la confusión que provoca el término neoclasicismo; en términos generales, se usa para enclavar a autores no definidos. Como líderes de este movimiento figuran: Hindemith, Stravinsky y Bartók.

Arcaísmo y exotismo: en la línea de los retornos, el músico del siglo XX vuelve su mirada no sólo hacia el Barroco, sino también a los ideales renacentistas e

Sincopados – dicho de una nota: que se halla entre dos o más de menos valor, pero que juntas valen tanto como ellas. Toda sucesión de notas sincopadas toma un movimiento contrario al orden natural, es decir, va a contratiempo
– dicho del ritmo o del canto: que tiene notas sincopadas

incluso a los modos medievales. Este mismo arcaísmo les llevará al estudio de músicas orientales, exóticas y primitivas (Glinka, Debussy, Bartók, Ravel…).

El jazz: el jazz americano ha tenido gran influencia en la música con sus tres derivaciones: *ragtime*, *blue* y *jazz*, propiamente dicho.

El *ragtime* es una música americana de danza de origen negro, en ritmo vivo y sincopado, puesta de moda a finales del siglo XIX en Nueva Orleans por grupos de negros improvisadores.

Los populares *blues* influyeron en el ragtime y posteriormente en el *jazz*. El origen de sus temas está en los cánticos espirituales y de plantación de los negros americanos, aunque son para solistas en movimiento lento. En un principio no llevan acompañamiento instrumental; las frases son regulares, con texto sentimental e ingenuo.

El *jazz* propiamente dicho, nació del ragtime y del blues hacia 1910, adquiriendo pocos años después la forma de banda, una banda instrumental que actúa a base de improvisaciones de los ejecutantes, más melódicas que en el ragtime, con acompañamiento regular de frecuentes sincopados y desplazamientos de acentuaciones rítmicas. Predominan la percusión, el viento-madera, el metal (trombones con trompetas con sordina) y otros instrumentos peculiares como el banjo. Son notorias las influencias del jazz sobre la música culta. Los autores que han sacado mayor partido del jazz en este aspecto han sido Gershwin, Stravinsky, Milhaud, Honneger, Copland, Debussy, Ravel, Prokofiev, Bartók y otros.

Música populista o utilitaria: Hacia 1923 surge en Alemania un movimiento llamado "música para usar o música utilitaria". Sus propósitos educativos proceden de las ideas sociales de Bertolt Brech. Fueron también cultivadores Hindemith y Kurt Weil.

(Investigar[5] en los compositores siguientes: Schoenberg, Weber, Berg, Stravinsky, Bartók, Hindemith y Prokofiev).

---

5 Fuente recomendada: *Antón García Abril, el camino de un humanista en la vanguardia*, de Esther Sestelo (Ver en referencias bibliográficas). Estos apuntes del siglo XX son un extracto de algunos apartados de la mencionada obra.

3.4. Situación y generalidades: inicios de la segunda mitad del siglo XX internacional

El siglo XX queda dividido en dos mitades cuyo ecuador está marcado por la II Guerra Mundial, acontecimiento bélico que repercutirá en todos los contextos.

Los años de guerra caracterizaron la década con el consiguiente exilio de muchos artistas europeos a Estados Unidos: pintores, escultores, músicos, cineastas, poetas… Mondrian, Léger, Ozenfant, Chagall, Gropius..., los músicos Milhaud, Stravinsky, Schoenberg, Bartók, Hindemith..., el autor dramático Bertolt Brecht, el cineasta Fritz Lang y varios surrealistas como Max Ernst, Yanguy, Breton, Duchamp... Todos habían huido de una Europa sumida en sangre y fuego.

Por el contrario, otros compositores permanecían en el Viejo Continente intentando comprometerse en la tarea de la recuperación de las vanguardias perdidas. Olivier Messiaen y André Jolivet, desde Francia, lideraban cierta tendencia vitalista. Casella, Malpiero, Petrassi y Dallapiccola, desde Italia, cogían con dignidad el testigo para conseguir la renovación musical en tiempos de postguerra.

Todo este rápido y desarrollado cambio de materiales culturales y de información, junto a los avances técnicos y científicos, hizo posible establecer los dos rasgos más característicos de la cultura contemporánea: el pluralismo y el eclecticismo. El contacto con el exterior era ahora la normalidad; las influencias de otras culturas traían consigo una nueva cultura mundial. La electrónica, la informática, la radio, la televisión estaban produciendo que la información se tuviese de forma inmediata; mezcla de conceptos, aumento de recursos… La fusión entre música popular y culta, entre música oriental y occidental estaban presentes: era el nuevo eclecticismo.

Estos cambios y debates fueron lentos y no se manifestaron hasta la década de los cincuenta, incluida la música. Determinante en esta compleja tarea fue la creación, bajo el amparo e influencia de Webern, de la escuela de Darmstadt. En esta pequeña ciudad alemana, en 1946, se funda el Instituto Internacional de Música que toma su nombre. Esta institución, que se identificaba en un principio con el atonalismo de los años veinte y treinta, con el neoclasicismo de Stravinsky y con las obras de Hindemith…, poco a poco fue adoptando un nuevo rumbo. Y el hecho definitivo que marcó la diferencia esencial entre la llamada vieja y nueva música fue la adopción del serialismo weberiano, tendencia a la que se llegó de forma gradual: estamos en los años cincuenta. Boulez en Francia, Stockhausen en Alemania, Babbitt en América, Henry Pousseur en Bélgica y en Italia Luigi Nono, Luciano Berio y Bruno Maderna fueron otros compositores que, junto a Webern, revolucionaron el serialismo.

Otro elemento fundamental en los desarrollos musicales característicos de la década de los cincuenta fue el denominado indeterminación. Aunque ya se había dado en los primeros años de postguerra por compositores de principios del siglo XX como Charles Ives y Henry Cowell, su aceptación como fenómeno extendido e influyente fue en la década comentada, siendo su mayor protagonista el compositor americano John Cage (representantes de la llamada música concreta, electrónica y aleatoria).

Otros compositores: Xenakis, griego nacionalizado en Francia, máximo representante de la música estocástica, es decir, de la concepción de la música como una ciencia matemática, recurriendo al cálculo y a las computadoras electrónicas para disponer los datos musicales. Henry Pousseur desarrolla similares técnicas en Bélgica. Por su parte, Pierre Schaeffer crea en el año 1949, la música concreta. Los compositores polacos Lutoslawski y Penderecki y el húngaro Ligeti –investigadores, los dos primeros de la música aleatoria y el tercero de la textural, o masas compactas sonoras– estuvieron siempre en contra del dodecafonismo o serialismo. Querían innovar, pero dentro del valor comunicativo de la música.

La II Guerra Mundial demostró, en gran parte de artistas, que la tragedia contemporánea no podía ser expresada mediante lenguajes antiguos: había que crear uno nuevo. Aunque estos creadores, por las influencias que recibieron estaban unidos al cubismo y al surrealismo es innegable que lo que decían, y sobre todo cómo lo decían, era fundamentalmente nuevo: sentían que tenían una nueva misión, un nuevo compromiso. Atonalismo y serialismo, indeterminación o aleatoriedad, música textural, música estadística o estocástica, informalismo, música electrónica, música concreta, arte cinético, y otras innovaciones en el arte, muestran que muchos artistas del momento funcionaban como científicos. Sus inquietudes se unificaban en esta época en ese denominador común de romper con lo anterior creando un nuevo lenguaje, un nuevo rumbo.

3.5. Movimientos, estilos, tendencias y novedades en el sistema, en esta segunda mitad

Maquinismo y ruidismo: última moda de la primera mitad de siglo fue el maquinismo. La máquina, símbolo de poder y energía, entra también en el arte. En la música su máximo defensor fue el italiano, Ruissolo. Dirigió un célebre concierto en Milán en que sonaban ruedas, fuelles, silbatos, motores..., etc. Fruto de esto, fueron importantes obras como Pacific de Honegger (con ruidos de tren).

Otras aplicaciones de los ruidos a la música están los llamados *clusters* y el *piano preparado* de los americanos Cowell y Cage. Los *clusters* son llamados así por la semejanza de escritura de sus masas de notas con los racimos de uvas (clusters). Son ejecutados sobre el piano con los puños, palma de la mano, el antebrazo y hasta con tablillas, intentando producir sonoridades masivas y efectos percusivos más bien que un color concreto en cada cuerda.

El *piano preparado* de Cage trata de obtener también efectos similares sugestivos mediante la alteración del sonido de las cuerdas, entre las que se introducen materiales como tornillos, tuercas, clavos, tiras de caucho, gomas, horquillas, tablillas..., los cuales resaltan el carácter coloreado y percusivo del instrumento.

Música concreta: el ruidismo de Ruissolo encontrará su eco en los deseos de algunos músicos de querer ampliar más los sonidos de los instrumentos, para cuyo fin intentan una organización rítmica y tímbrica de los ruidos recogidos de la realidad: de la naturaleza, producidos por la palabra y guturales, de instrumentos exóticos, etc. El compositor trata de incorporar todos estos ruidos a la música. Dichos ruidos son grabados en cintas magnetofónicas y manipulados en laboratorios de electrónica mediante filtros y transformaciones de toda clase que hacen variar su timbre, dinámica y tesituras. Sus creadores son Pierre Schaeffer y Pierre Henry.

Música electroacústica: casi al mismo tiempo que surge en Francia la música concreta, comienza a practicarse en Alemania la música electroacústica. Mientras que en la música concreta la materia prima o ruidos no se fabrican, sino que se toman de la realidad y luego se manipulan a base de cintas, en la electrónica lo que se trata es de producir o fabricar directamente nuevas sonoridades a base de aparatos electrónicos. Se trata de obtener mediante medios electrónicos un tipo de sonidos y música hasta hoy desconocidos.

La música electrónica nace alrededor de 1950 al crearse en los estudios de Radio Colonia un laboratorio que dirigirá Eimert y, posteriormente, Stockhausen. Más tarde se crearán los estudios de Radio Milán (Berio, Maderna), Berlín, Munich y Bruselas (Pousseur), Tokio (Takemisu), Hungría (Ligeti), y después, otros en los Estudios de Estados Unidos (Cage), entre los que destacan los de la Universidad de Columbia, en Nueva York.

Música aleatoria: son un conjunto de procedimientos que coinciden en dejar a la libre elección del ejecutante (aleatorio viene de azar), algún elemento de los que se compone la obra (duración, grados de intensidad, alturas, ritmo), con lo que la obra queda fijada definitivamente en el momento de su ejecución. Puede quedar a su libre determinación, desde una leve imprecisión rítmica hasta la total improvisación de fragmentos más o menos extensos.

Nació como una reacción en contra del dodecafonismo o serialismo que pretendió fijar cerebralmente todo en música, así como el deseo de querer dar mayor participación en la creación al intérprete.

El primer ejemplo de música aleatoria lo creó el americano John Cage; después, el pionero en Europa fue Stockhausen. El griego Xenakis trata de unir lo aleatorio con las leyes matemáticas de la probabilidad y teoría estadística, llegando así a una música que él llama estocástica.

Con el rechazo a todo el pasado, a lo que había sido válido anteriormente, se estaba también rechazando, o al menos poniendo en cuestionamiento, la visión actual del mundo. Era la crisis del hombre moderno y, como consecuencia, la crisis del arte del siglo XX. El completo divorcio de la realidad musical milenaria –exacta altura reconocible de sonidos, actividad motívica, desarrollo de ideas, complejos verticales funcionales, estructuras perceptibles– llevó al compositor de música de arte de esta época a un páramo donde de pronto se encontró solo, aislado del público. Destruida la forma, el tema –aquella sucesión organizada y accesible de sonidos que siempre había comunicado ideas por estar concebido dentro de cánones estructurados– se convertía en una sucesión amorfa de sonidos e intervalos cuyo sentido, el oído, era incapaz de detectar. Con el abandono de tantos parámetros técnico-estéticos, el oyente queda sin un punto de referencia preestablecido limitando el fin comunicativo del lenguaje musical y, como consecuencia, el alejamiento del público de las salas de conciertos. Es la gran crítica de esta nueva música: el problema de la incomunicabilidad.

3.6. Situación y generalidades: primera mitad del siglo XX en España[6].

La más dramática realidad del momento, y consecuencia inmediata del inicio de la dictadura, fue el exilio de muchos intelectuales: la dispersión y huida de poetas y músicos a diferentes lugares del exterior. Un ejemplo claro y concreto fue la casi total desaparición de la Generación del 27 en ambas ramas: música y literatura. Junto a este exilio hay que añadir la ausencia de Manuel de Falla, sin duda el compositor español más influyente, nacional e internacionalmente hablando, en ese transcurso del siglo XX.

Algunos de los compositores más relevantes de ese momento:

- Manuel de Falla (1876-1946)
- La generación Falla/ generación del 98: Joaquín Turina, Jesús Guridi...
- La generación de los maestros: Maestros Independientes, Federico Mompou (1893-1987), Xavier Montsalvage (1912-2002), Joaquín Rodrigo (1901-1999).

La II Guerra Mundial trae a Mompou de regreso a España y su música, muy personal y ya afianzada, no se deja influir por las tendencias y modas practicadas en ese momento. Sus composiciones, aunque con influencias de la música francesa –Debussy, Satie, Grupo de los Seis– y provistas de cierta catalanidad, no se las puede llamar ni nacionalistas ni folkloristas. Su música es universalista, con una filosofía intimista enraizada en el humanismo. Profundiza sobre todo en la sonoridad del piano, investigando en sus recursos tímbricos y posibilidades sonoras.

Un claro ejemplo de compositor español independiente, quien pudiéndose catalogar en períodos posteriores ya destaca en los años cuarenta, es Xavier Montsalvage. Compositor que, aún practicando el nacionalismo –*Sinfonía Mediterránea*–, se aparta de ese casticismo de moda impuesto por la política del momento. También practica un cierto eclecticismo reflejado en algunas fórmulas stravinskianas y en el reflejo de las influencias de la música francesa del Grupo de los Seis. Pero Montsalvage, en los años cuarenta, investiga en un nacionalismo totalmente diferente al habitual de entonces. Nos estamos refiriendo a la vuelta hacia el pasado antillano de España, en general, y de Cataluña, en particular. En esta línea aparecen las *Cinco canciones negras,* obra atípica en este período y provista de calidad y originalidad.

---

6 Hasta la Guerra Civil (1936-1939) / Hasta la II Guerra Mundial (1939-1945).

La música que propiciaba el nuevo régimen era la de un nacionalismo a ultranza desprovisto de toda noticia o novedad de lo que ocurría en el exterior. El resultado era un nacionalismo conservador aunque, en muchos casos, no de menor calidad artística. Además de los músicos que practicaron ese nacionalismo tradicionalista, existieron compositores que, perteneciendo a una línea más independiente, reflejada en cierta personalidad y estilo propio, consiguieron escribir su página de gloria en este casi desierto creativo. Una de estas páginas la escribe Joaquín Rodrigo, sobre todo con su obra más significativa: el *Concierto de Aranjuez* (1938-39). Este concierto pronto alcanza un gran éxito internacional y es el que define la línea estética que lideraría el compositor a partir de entonces.

- La generación del 27: Ernesto Halffter (1905-1990), Rodolfo Halffter (1900-1987), Salvador Bacarisse (1898-1939...)

3.7. Situación y generalidades: segunda mitad del siglo XX en España[7]

La generación del 51 (nacidos en torno a 1930):

Ejemplo representativo es: el Grupo Nueva Música (Ramón Barce, Cristóbal Halffter, Antón García Abril, Luis de Pablo, Manuel Carra, Alberto Blancafort, Manuel Moreno Buendía y Fernando Ember) y algunos otros compositores como Manuel Castillo y Carmelo Bernaola.

Se le asigna el nombre de Generación del 51 al grupo de compositores nacidos en torno a 1930 y a los que la historia hace protagonistas de la renovación, del gran cambio de la música española en el final de los años cincuenta y principios de los sesenta. Dentro de esta generación, el grupo que lideró este cambio o nuevo rumbo en la creación compositiva fue el Grupo Nueva Música.

Es necesario señalar que la principal misión de la Generación del 51 y, como ejemplo, del Grupo Nueva Música era "recuperar el tiempo perdido". Tenía necesidad de, en muy poco tiempo, asimilar todas las últimas tendencias que se habían producido y se estaban produciendo en Europa y en el resto del mundo: Stravinsky, Bartók, el atonalismo expresionista, el dodecafonismo, el serialismo integral, las formas abiertas y aleatorias, el grafismo, las técnicas

7 Después de la guerra civil (1936-1939) / Después de la II Guerra Mundial (1939-1945).

electroacústicas... Pero las especiales condiciones históricas españolas impidieron que esas influencias, y ese aprendizaje y asimilación, fuesen normales y graduales. Porque las generaciones de compositores nacidos entre 1925 y 1935 no disfrutaron de unos maestros directos en su país, sino que tuvieron que buscar su formación definitiva fuera de España.

Los componentes estéticos exteriores que promovieron tal renovación fueron las influencias de las dos principales vanguardias históricas surgidas en la primera mitad del siglo. Después del paréntesis forzoso de dichas vanguardias queda establecida como vanguardia dominante, a nivel internacional, la influencia de la tríada alemana y en España iba a suceder lo mismo. Ésta se haría con el patrimonio de las corrientes más vanguardistas y, por el contrario, la influencia de la otra –Stravinsky, Bartók y Hindemith– iba a ser otorgada para los compositores denominados "más tradicionales". A partir de ese momento, la memoria histórica sólo reconocería el derecho de denominarse vanguardia a las influencias de la tríada alemana, pasando a formar parte de lo que se llamarían segundas vanguardias –las que tienen lugar después de la segunda mitad del siglo XX–. Como hemos comentado anteriormente, es a la estética y filosofía de las influencias del triángulo Stravinsky-Bartók-Hindemith, a las que se adecua la poética compositiva de García Abril. A través de mi Tesis Doctoral *–Antón García Abril, el camino singular de un humanista en la vanguardia, continuador de la cultura española de su tiempo–* he querido demostrar cómo las etiquetas de momentos concretos, en muchos casos proporcionadas por modas y tendencias, se produjeron por formas un tanto sesgadas e injustas. Esta Tesis reivindica el derecho de la vanguardia denostada para que cada una ocupe su lugar y su función sin carteles de vencedores ni vencidos. Será la historia a largo plazo la encargada de mostrar el peso específico de ambas[8].

Esta opción de filosofía y estética dominante traía la posibilidad de traspasar una frontera donde se podían detectar varios peligros: primero, la total despersonalización por asimilar y hacer de todos un lenguaje internacional que se había implantado en el exterior como pensamiento único, como exclusivo entendimiento de la nueva modernidad y segundo, dejar a un lado la tradición, nuestra diferencia e idiosincrasia designándola, en muchos casos, como un conservadurismo retrógrado y trasnochado. Estos

---

[8] Fuentes recomendadas, *Antón García Abril, el camino de un humanista en la vanguardia,* de Esther Sestelo (libro, edición papel) y *Antón García Abril, el camino singular de un humanista en la vanguardia, continuador de la cultura española de su tiempo* –Tesis Doctoral, Esther Sestelo, edición digital–. (Ver nota 5)

dos peligros, despersonalización y pérdida de nuestra identidad española, han sido preocupación constante de García Abril en su lucha por conseguir un lenguaje con personalidad propia, sin olvidar las tradiciones históricas generales y españolas en particular, así como los avances y nuevas tendencias como objetivo por conseguir un lenguaje moderno y universalista, a la vez que comunicativo. Un lenguaje donde el humanismo y la espiritualidad también están presentes.

- Algunos compositores nacidos en torno a 1940:

  Miguel Ángel Coria, Tomás Marco, Ángel Oliver, Carlos Cruz de Castro, Jesús Villa Rojo...

- Algunos compositores nacidos nacidos en torno a 1950:

  José Luis Turina, Alfredo Aracil, Jorge Fernández Guerra, José Ramón Encinar, Miguel Ángel Martín Lladó...

- Algunos compositores nacidos nacidos en torno a 1960:

  David del Puerto, Jesús Rueda, Carlos Galán, Zulema de la Cruz, Consuelo Díez, Alicia Santos, Juan Durán, Xavier de Paz...

Referencias bibliográficas

Bibliografía general recomendada

- BAYER, Raymond: *Historia de la Estética,* Madrid, Fondo de Cultura Económica, S.A., 1993

- BENNETT, Roy: *Los Instrumentos de la Orquesta,* Madrid, Ed., Akal, 2006.

- BENNETT, Roy: *Investigando los estilos musicales,* Madrid, Ed. Akal, 1998.

- BURKHOLDER/GROUT/PALISCA, J. Peter, Donal J., Claude V.: *Historia de la Música Occidental,* Madrid, Ed. Alianza Música, 2008,7ª ed. (1ª ed. 1960, Norton & Company, Inc.).

- CASARES RODICIO, Emilio: *Música y actividades artístico-culturales,* León, Editorial Everest S.A., 1981.

- CRIPPS, Colin: *La música popular en el siglo XX,* Madrid, Ed. Akal, 1999.

- CRIVILLÉ I BARGALLÓ, Josep: *Historia de la música española, El Folklore Musical,* Madrid, Ed. Alianza Música, 1997.

- CHAILLEY, Jacques: *Compendio de Musicología,* Madrid, Ed. Alianza Música, 1991.

- DOWS, Philip G.: *La música clásica. La era de Haydn, Mozart y Beethoven,* Madrid, Ed. Akal (Norton & Company, Inc, 1992).

- HERRERA, Enric: *Teoría musical y armonía moderna,* Barcelona, Ed. Antoni (1ª ed. 1993/ 16ª reed. 2008).

- HONEGGER, Marc (director): *Grandes Compositores de la Música,* Madrid, Editorial Espasa Calpe, 1993.

- HOPPIN, Richard H: *La música medieval,* Madrid, Ediciones Akal, S.A., 1991.

- IGLESIAS/MARTÍN, Mercedes/Alicia: *Grandes músicos,* San Sebastián, Ed. Erviti, 1995.

- IGLESIA MARTÍN, Mercedes/Alicia: *Instrumentos y Formas musicales, San Sebastián,* Ed. Erviti, 1998.
- LANG, Paul Henry: *Reflexiones sobre la música,* Madrid, Editorial Debate, 1998.
- LÓPEZ QUINTÁS, Alfonso: *Estética Musical,* Valencia, Rivera Mota, S.L., 2005. -MORGAN, Robert P.: *La Música del siglo XX,* Madrid, Akal Música, (1994, 1999).
- PÉREZ GUTIÉRREZ, Mariano[9]: *El universo de la música,* Madrid, Ed. Musicalis (primera ed. 1981; segunda ed. 1995).
- SESTELO LONGUEIRA, Esther: *Antón García Abril, El camino de un humanista en la vanguardia,* continuador de la cultura española de su tiempo –Tesis Doctoral–, Madrid, Servicio de publicaciones, Universidad Complutense, 2007 (CDR).
- SESTELO LONGUEIRA, Esther: *Antón García Abril, El camino de un humanista en la vanguardia,* Madrid, Fundación Autor, 2007.
- TRANCHEFORT, François-René: Los instrumentos musicales en el mundo, Madrid, Alianza Música, 1996.
- ZAMACOIS, Joaquín: Teoría de la Música Vol I y Vol II, Barcelona, Ed. Idea Books. 2003 (1ª ed. 1949, Labor).

Revistas[10]

- Música y Educación (artículos de la Dra. Sestelo)
- Música. Revista del Conservatorio Superior de Música de Madrid (artículos de la Dra. Sestelo)
- Opus Música (artículos de la Dra. Sestelo)

9 Para la elaboración de mi libro, he revisado la literatura, que de forma tangencial o específica, se relaciona con el tema. Uno de los libros que me ha acompañado en este camino, ha sido la obra que señalo en este pie de página, de la que he recogido los pensamientos de artistas y filósofos que contemplo en Recomendaciones adicionales, así como algunas ideas para la audición y detalles puntuales de estructura y contenido, con la matización y transformación propia que requería mi perfil filosófico y pedagógico, y el respeto y admiración que profeso al autor de la obra mencionada.

10 Para más información sobre los artículos concretos que la Dra. Sestelo tiene en las revistas señaladas, se remite a los interesados a la página web de la autora (www.esthersestelo.com).

The English Electric **Lightning** ...and Me

A former Royal Air Force Airframe Mechanic's recollections of a classic jet fighter aircraft

PETER BUNNETT

Woodfield

PUBLISHING LTD

Woodfield
PUBLISHING LTD

To my daughters Tonie and Kerri,
who have always supported me.

~ CONTENTS ~

Preface

I joined the RAF at just under 18 years of age, training as an Airframe Mechanic at RAF St Athan in South Wales. The first aircraft I worked on was the Lightning at RAF Coltishall but I soon moved on, after volunteering for overseas duty. I was accepted for an overseas posting and this was to be 2½ years at RAF Akrotiri in Cyprus.

I was posted to Cyprus in July 1968, after completing a Vulcan Course at RAF Finningley, but the first aircraft I worked on after arriving in Cyprus was the English Electric Canberra. The Vulcan arrived in Cyprus to replace the Canberra and my work on the Vulcan was second-line servicing in the hangar.

I left the RAF in March 1972 and did numerous jobs before joining the Police in 1979, where I remained for 30 years before retiring in 2009.

When I retired from the Police I decided that I wanted to write a novel, which took over a year to complete. I then decided I would write about the aircraft I had worked on during my time in the RAF, as well as the characters I had met and the unusual situations we sometimes found ourselves in. I started to appreciate that servicemen have their own humour, which hopefully comes across in some of the stories I have included.

The book contains diagrams and explanations of the systems and components used on the English Electric Lightning. They are mostly associated with the airframe trade, which was my trade during my service, thereby allowing me to explain the workings of these systems.

Incorporated in the book are a few stories about situations I found myself in, as well as stories from colleagues I worked with.

Although my time in the RAF was relatively short, the knowledge I gained, both as a tradesman and a person, was invaluable. At the time of leaving the RAF, in 1972, there were many jobs available but I seemed to wander from one job to another until I joined Thames Valley Police in 1979.

I completed 30 years with the Police and, along the way, had two daughters, both of whom have been supportive of my writing.

❖ ❖ ❖

Foreword

Sir Frank Whittle and Dr. Hans Von Ohain stand as monumental figures in the annals of aviation history, both credited with pioneering the technology that would revolutionize air travel: the jet engine. Their contributions not only changed the face of military aviation but also laid the groundwork for the commercial jetliners that would become commonplace in the skies.

Frank Whittle, born into a modest family in England, displayed an early interest in engineering and aviation. His journey began as an apprentice in the Royal Air Force, where he honed his skills and nurtured his passion for flight. By 1931, at the young age of 23, Whittle conceived a groundbreaking idea: aircraft could be propelled by a gas turbine engine. This concept was revolutionary and, at the time, met with significant skepticism. Despite the challenges he faced in securing official support and funding for his vision, Whittle's determination did not waver. In 1936, he established Power Jets Limited, a company dedicated to developing his jet engine design. After years of hard work and perseverance, his jet engine was successfully tested in 1939, marking a significant milestone in aviation history. The engine made its public debut on May 15, 1941, showcasing the future of flight.

Across the Channel, in Germany, Dr. Hans Von Ohain was engaged in similar pursuits. At just 22 years old, he collaborated with the renowned aircraft designer Ernst Heinkel to explore the potential of jet propulsion. In 1934, Von Ohain patented his design for a jet engine, and by 1939, their combined efforts led to the successful testing of their jet-powered aircraft, the He 178. This aircraft became the world's first jet-powered plane to fly, demonstrating the viability of jet technology.

The onset of World War II brought a heightened awareness of the potential of jet technology among both the Allies and Axis powers. Traditional piston-engine aircraft, such as the British Spitfire and Hurricane, proved effective in combat, but the promise of jet fighters lurked on the horizon, heralding a new era of aerial warfare. As the war progressed, Germany developed several operational jet aircraft, including the

Messerschmitt Me 262, but these advancements came too late to impact the outcome of the conflict significantly.

In the aftermath of the war, the innovations brought forth by Whittle and Von Ohain paved the way for the widespread adoption of jet aircraft in both military and commercial aviation. The benefits of these aircraft included faster speeds, increased efficiency, and the ability to operate at higher altitudes. In the UK, advancements in jet technology continued, exemplified by the development of the Harrier jet, which became famous for its vertical take-off and landing capabilities. Furthermore, in July 1948, English Electric proposed a supersonic research aircraft, a bold step that laid the foundation for future innovations in aviation, including the iconic Lightning fighter, renowned for its speed and agility.

Today, the legacy of Whittle and Von Ohain lives on, as jet engines have become the standard in the aviation industry, fundamentally transforming how we travel and connecting the world in ways previously unimaginable. Their pioneering spirit and unwavering commitment to innovation not only shaped the course of aviation history but also inspired generations of engineers and aviation enthusiasts to continue pushing the boundaries of what is possible in flight.

❖ ❖ ❖

Introduction

I joined the Royal Air Force on 13th February 1967 and, having 'taken the oath', I was whisked off for Basic Training at RAF Swinderby in Lincolnshire. This six weeks was affectionately known as 'Square Bashing' and bore no resemblance to what was to be expected of me in the following five years of my service but it was a feature of RAF life at that time that is well remembered by all who, like me, set out on this particular adventure.

My journey began as I stood on the Parade Ground at RAF Swinderby. In front of me was a short Scotsman. He was immaculately turned out in uniform and was to be our drill instructor for the next six weeks. I recall quite vividly his first words to us, to the effect that it was his intention to get rid of as many of us as possible. This was a greeting I was not familiar with, or maybe he had taken an instant dislike to us? The six weeks that followed are a part of my life I wish to forget. The days were spent carrying out drill movements, followed by Physical Training in the gymnasium; neither were pleasant experiences. The evenings were spent preparing our kit for the following day and carrying out room jobs, which had to be done each night. I do recall sleeping well, but this slumber was ruined by the morning Reveille, when our drill instructor arrived to wish us good morning. This was followed by the daily kit inspection. I came to realise that no matter how good my kit was, it was never good enough. This was true of my colleagues as well. It was what was referred to as 'discipline'.

Those six weeks passed slowly, our kit improved daily, the marching was going well, and the physical exertions were starting to improve everyone's fitness. The end was getting closer. We did have one week under canvas in Sherwood Forest, where we took on tasks which required us to use specific knots to rope things together. I am still confused by these exercises. I never needed to tie a knot in anything during the remainder of my career. The trip to the Forest took on a further twist; the cooking was to be done by those joining as cooks, bearing in mind they had not yet started their training in that trade. Needless to say, the food was terrible.

The day of our Passing Out Parade finally arrived and, with smartly pressed uniforms and shiny bulled boots we took to the Parade Ground.

It was a relatively enjoyable experience, our final act before leaving RAF Swinderby. As was the form for all recruits, on my next posting I would be going to a station to receive training in my chosen RAF 'trade'. My posting was RAF St Athan in South Wales to be trained as an Aircraft Mechanic in the Airframe trade, which I had selected, although I had little knowledge of what was required. I knew I was going to work on aircraft and that was all I needed to know.

I had a weekend off before travelling to South Wales. A travel warrant was provided for the journey. I am not sure if these travel arrangements still exist. We were allowed three travel warrants a year in those far-off days. I was looking forward to the trade training, but on arrival at RAF St Athan I was taken sick and restricted to Sick Quarters for a week, my ailment was something suffered in those days but no so much now, I had three very large boils under my arm.

I eventually started my trade training, which consisted of different phases including Hydraulics, Pneumatics, Oxygen, Electrics, along with many others, all of which I hope I can explain in greater detail. At the end of each phase there was an examination; the pass mark was seventy per cent but everyone seemed to reach this standard without too much difficulty. Once completed, you moved on to the next phase.

One thing I remember there was Pay Day. Payment was in cash in those days, with each Entry lining up in order of seniority. When your name was called you went to the desk and saluted the officer in charge before picking up your money. As the weeks went by you moved closer to the front; this gave you an idea as to how long you had left in training.

I remember quite well, as do a lot of the recruits, that the food at the station was atrocious; breakfast was the only meal you had to go to the mess for. In those days the food was all free, breakfast was classed as a 'duty', that being the reason for enduring the mess, a quite unpleasant experience. There was a small caravan parked outside the main gate. Their trade in bacon rolls was excellent!

Prior to the end of this 13-week course, each recruit filled in a form requesting three postings of their choice. I later discovered in my service that this was a lottery and the chances of getting the posting of your choice were slim indeed. I heard of one recruit who put his three choices as England, Scotland, or Northern Ireland, you guessed it correctly, he got a posting to Wales. Whoever dished out the postings had a warped sense of humour! I applied for Devon, Cornwall and Gloucester and was posted to RAF Coltishall in Norfolk, home of 226 Operational Conversion Unit (OCU). I was about to start my working career on the English Electric Lightning.

The posting required me to start at Coltishall in August 1967. The usual travel warrant was issued and I made my way to my new station. I had told my parents it was possible I would be home on that first weekend. This promise was made because I had expected either the Devon or Cornwall posting. It was a mistake I had no intention of repeating.

You now know how it was that I came to be working on the Lightning. I thought it important to give some background to what you are about to read.

This book contains a great deal of technical information but I will try to explain it in non-technical terms. I appreciate that not everyone is familiar with the working parts of aircraft but hopefully that knowledge will be increased by reading this book.

There are also many stories in relation to this aircraft, involving personnel whose job it was to keep the aircraft airborne. I was stationed at Coltishall for eleven months but many events made it an interesting posting. Hopefully, I can share them with you.

So, my time spent working on the greatest fighter aircraft ever built was about to begin. I hope you enjoy the ride!

1 | A Brief History of the Lightning

It is fair to say that British technology in the field of aviation has always moved forward at a steady pace, usually at the same pace as other major nations. In the military field of aviation, the Royal Air Force has been forced, in the most part due to financial reasons, to move more rapidly, rather than in an orderly fashion. This in itself has brought about great disruption for pilots, training on one sort of aircraft only to find it has been superseded by another. Studies took place in July 1948 by the English Electric company to produce a manned supersonic aircraft to be known as P1 or Project 1. The contract had been awarded by the Ministry of Supply to proceed with a detailed design.

Many features of the design were a little surprising at the time: a swept-back, untapered wing attached to a long fuselage that had parallel sides. The aircraft was to have two engines housed in the fuselage; their arrangement was staggered, one engine on top of the other. The lower engine was in a position below the wing and behind it, whereas the upper engine was above the wing structure but also behind the wing. Positioning the engines in such a manner was able to produce high thrust and low drag, but the frontal area of the aircraft was small, which created a few problems.

The greatest disadvantage was that the majority of the fuselage was going to be used to provide intake ducting and the jet pipes, and this left very little room for any fuel. This problem was overcome by using the wings of the aircraft as an integral fuel tank.

When the aircraft was tested in a wind tunnel, the conclusion was that there were many good things to be said about the design.

This first design did cause some controversy, however. There was cause for concern over the low set tailplane area and it was felt that the swept-back wings were possibly going to cause adverse handling for the pilot, so some alterations were needed. As a result of the concerns, a Short SB 5 research aircraft was designed, this not only explored the concerns but also enabled the team to explore the low speed handling of the aircraft, all useful information in the final outcome. These tests, over an eighteen month period, showed English Electric had been successful in their predictions for the new aircraft.

Two of these Project 1 (P1) aircraft were ordered on 1st April 1950. A third airframe was constructed but this was to be used for static testing only. The team working on the aircraft was now looking at the supersonic part of the aircraft design. The Ministry had, in September 1949, sent a draft specification based on the supersonic flight part of the design.

It was felt that the fuselage needed to be redesigned and that the cockpit had to be raised to give the pilot a better all-round view, important in such an aircraft. It was hoped to incorporate a long spine faring, from the redesigned canopy to the base of the spine, almost the complete length of the aircraft, to provide additional space for equipment. Space did appear to be at a premium.

At the time of the original construction, the engines were Armstrong Siddeley Sapphires but these were replaced with Rolls Royce Avons, which were more powerful. It was hoped they might reach the magical Mach 2 speed but, at this point, it was felt this speed could only be reached in reheat.

The fact this aircraft was expected to travel at such high speeds provided further problems. The air intakes had to be up to the job, there were likely to shock waves at such speeds and the air intake had to manage that problem. It was hoped the team had found the answer; they were to mount a central conical 'bullet' in a circular intake and the central cone would house the Ferranti AIRPASS radar scanner, which appeared to be an option.

As far as the firepower of the aircraft was concerned, it was almost certain that air-to-air missiles were going to be the main armament although their reliability on this aircraft was unknown, so it was recommended that guns and air-to-air unguided rockets were effective alternatives. It was soon apparent that the new fighter was going to have the capability of all three types of armament.

In 1952 it was decided the two original aircraft were designated with the new name of P1A and the fighter version of this aircraft was to be called P1B [Clever these boffins... no problem too difficult to figure out!]

In August 1953, a contract for three P1Bs was agreed. Development was speeded up by a pre-production order for twenty aircraft the following year. Things were starting to move and soon the tests were going to prove that the aircraft really had the potential that the design team knew it possessed.

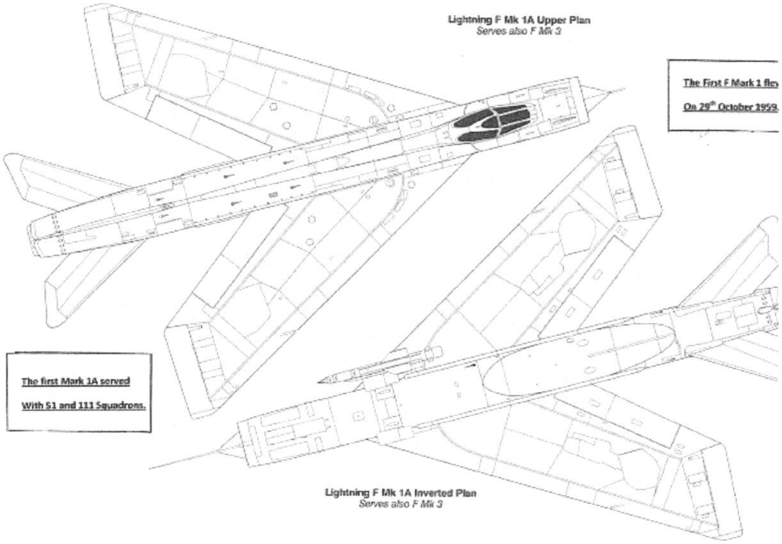

On 4th August 1954, the P1A took to the sky on its maiden flight, taking off from Boscombe Down in Wiltshire. It appeared to handle very well and was able to exceed Mach 1 in level flight, which was to happen a week later on 11th August 1954, causing delight to the team of engineers. It was then the turn of the second P1A prototype to take to the skies; it joined the programme on 18th July 1955. This particular aircraft was armed with two Aden guns in the upper nose area; it also possessed a bulged ventral faring, able to accommodate an additional fuel tank; it also had a simple afterburner for reheat purposes. It resumed flying on 31st January 1956, eventually reaching a top speed of Mach 1.53.

The first P1B, the fighter version of the aircraft, took off at Wharton on 4th April 1957 and went supersonic on that particular flight. To everyone's surprise that day, the Defence Minister, Duncan Sandys made an astonishing announcement that the contracts for all fighters in development for the Royal Air Force were to be cancelled as they were being replaced by anti-aircraft missiles. Fortunately for all involved with the Lightning, because its development had already advanced so far, it was decided not to cancel that particular contract.

The aircraft eventually reached Mach 2 on 25th November 1958 and the first of the 20 pre-production aircraft took to the air on 3rd April 1958. Because of the large number of test aircraft, development moved forward quickly and there were no problems with production.

It was not until August 1958 that the name of the aircraft was chosen. The name 'Lightning' was conferred on the aircraft in October. The first full production Lightning F Mark 1 made its first flight on 29th October 1959; it bore the number XM134. The aircraft was certified as fit for service in December 1959; a handful of aircraft went to the Air Fighting Development Squadron, based at the central Fighter Establishment. The first Lightning F1 was received by 74 Squadron at RAF Coltishall in Norfolk on 29th June 1960 while 51 and 111 Squadrons received the improved F1A, although the improvements were slight and did not cause any jealousy.

The Lightning F2 had major improvements; these included a steerable nosewheel, a liquid oxygen breathing system, and the avionics had also been updated. Another major addition was that the Rolls Royce Avon engines were fitted with a variable reheat system.

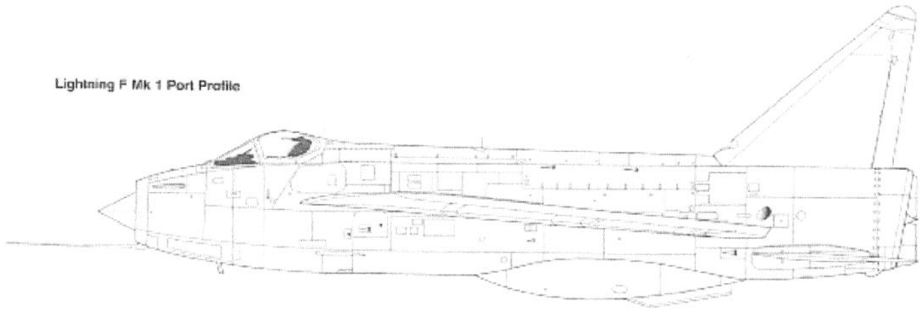

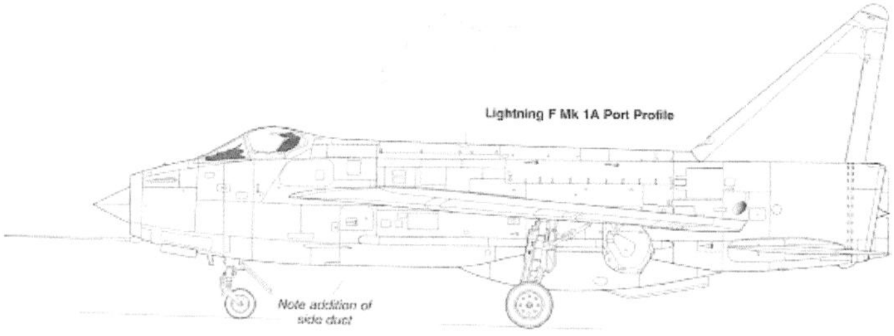

On 17th December 1962, both 19 Squadron and 92 Squadron took delivery of the new aircraft. Both Squadrons were based in Germany at the time. These particular aircraft were later to be upgraded to the F2A, details of which are outlined later. The aircraft was continually upgraded, advancements came with the F3, this included a square topped fin which was larger than the previous models, providing greater manoeuvrability in the rudder control. Also included in these changes was the introduction of the Red Top collision-course missiles, along with improved radar systems, and the Avon 301 engines were upgraded. These modifications were trialled with the P1B development aircraft, later to be introduced into the F Mark 3. The first true F3 took to the air on 16th June 1962 when several squadrons of the Royal Air Force took delivery, including 23, 29, 56, 74 and 111 Squadrons.

The next model was, of course, the Mark 4. At that time work had started on a two-seater version of the aircraft, based on the P1B. For obvious reasons the front fuselage had to be widened to accommodate two seats side by side. The new version was based on the airframe of the F2 and two T Mark 4 aircraft prototypes were produced. The first of these flew on 6th May 1959.

Design work then started on a trainer version of the F3 airframe. This aircraft was called the T Mark 5, the T standing for Trainer. A total of 22 of these machines were produced, all with combat capability. There were also two aircraft built from conversions of the T Mark 4.

The last version of the Lightning for use by the Royal Air Force was the F Mark 6, originally the F Mark 3A , containing many improvements, giving it operational effectiveness of the highest standard, a standard that never dropped.

The first change concerned the wing leading edge, a kink in the airframe and a cambering of the surface increased the wing area. It also strengthened the wing surface, which allowed for under wing pylons, although these were never fitted to RAF aircraft.

The fuel system was also improved; a longer and deeper ventral tank was fitted, double the volume of its predecessor and thus an important variation. In the front portion of this tank it was possible to house two Aden 30 mm cannons, or the extra fuel, dependent on the role of the aircraft. Both were significant improvements.

The prototype of the Mark 6, which as we know was a converted Mark 3, took its maiden flight on 17th April 1964 and the first production Mark 6 flew on the 16th June 1965. The Mark 6 entered service with the RAF in

December 1965, the first 13 of these aircraft being the converted Mark 3 version. These early aircraft did eventually receive the full upgrade to the Mark 6. The F Mark 6 served with 5, 11, 23, and 74 Squadrons. It was also decided to upgrade 30 F Mark 2s to near the standard of the F Mark 6 and this took place between 1966 and 1970. After the upgrade, the only difference was the retention of the gun muzzle outlets in the nose.

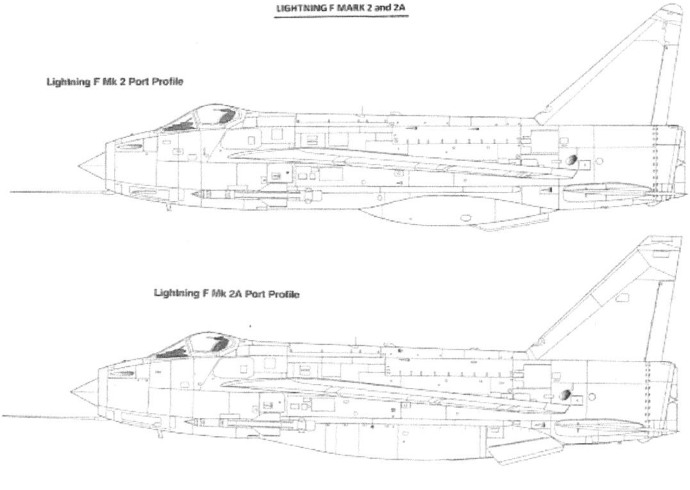

On 17th December 1962 both 19 and 92 Squadrons took Delivery of the improved Aircraft. There was now had a steerable nose wheel, liquid oxygen system, along with the Avionics being updated.

As an export the Lightning was very restricted. It had taken on the air-defence role, not what was required by many foreign countries, but this was to change. When the F6 began full production, the potential for this version was expanded and it had the possibility of being a multi-role aircraft, depending on the requirements of the foreign country. It had the capability of being a fighter, or attack and reconnaissance all in one unique airframe.

A marketing campaign was launched in the hope of doing business with overseas countries and Saudi Arabia responded with an order for forty Lightnings. The training of these pilots was taken on by 226 Operation Conversion Unit at RAF Coltishall [I know because I was there at the time]. The aircraft ordered by Saudi Arabia consisted of 34 single-seaters and six two-seater aircraft. The single seaters were the F Mark 3 but had features from the F Mark 6; they were named as the F Mark 53. The 2-

seaters were based on the T Mark 5 and were to be called the T Mark 55. In order to train the Saudi pilots to a high standard, two T Mark 4s and four F Mark 2s were supplied in 1966, their names were changed to the T Mark 54 and F Mark 52 respectively. I suppose it saved any confusion.

By December 1966 the advertising campaign had paid off and an order for 14 aircraft was received from Kuwait. On this occasion the order was made up of 12 single-seat aircraft designated as F Mark 53K as well as 2 T Mark 55K, the twin-seat version. These aircraft were of a similar standard to the Saudi aircraft; maybe it had something to do with the countries being neighbours.

The F Mark 53 first flew on 1st November 1966 and two days later the T Mark 55 took its maiden flight. Deliveries to Saudi Arabia commenced on 1st July 1968, when two F Mark 53s flew to Jeddah. Kuwait then started to receive their aircraft and both countries had received all their aircraft by December 1969.

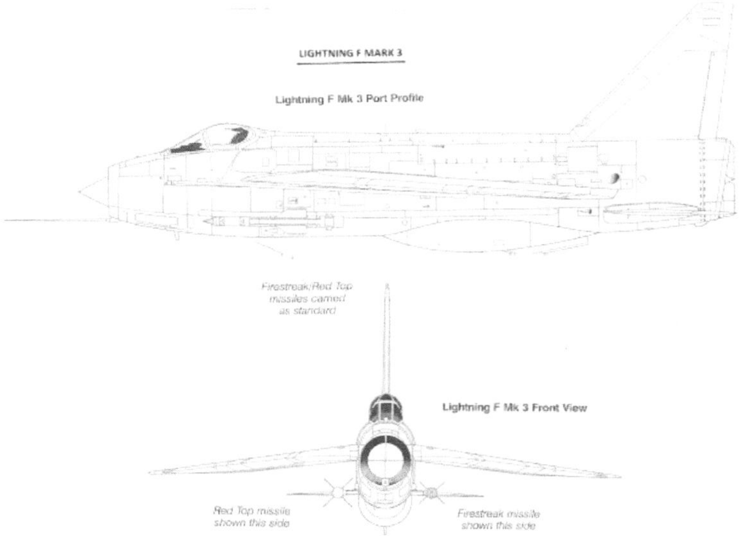

On 16th June 1962 the fiørst true Mark 3 took to the air. The aircraft was taken by 23, 29, 56. 74, and 111 Squadrons. The most obvious improvement was the square topped Fin, along with Red Top missiles. The Engines and radar systems were also upgraded.

Although the sales campaign was intensive, no more orders were received for the Lightning. The last Lightning to be built was a replacement for Saudi Arabia. That aircraft made its first flight on 29th June 1972. The

Lightning was designed with one specific purpose in mind; to be used as a defence interceptor. It was designed to carry guided missiles for the purpose of defending mainland Britain against bomber attack. In order to reduce the cross sectional area of the aircraft's fuselage and improve the all-round performance, it was felt necessary to restrict the fuel capacity of the aircraft.

In the final years of service, all RAF Lightnings were based at RAF Binbrook in Lincolnshire. Many were camouflaged to protect them when flying at low level. Prior to this, the Lightning was not camouflaged during normal operational duty, but their function of protecting the airspace above the North Sea continued.

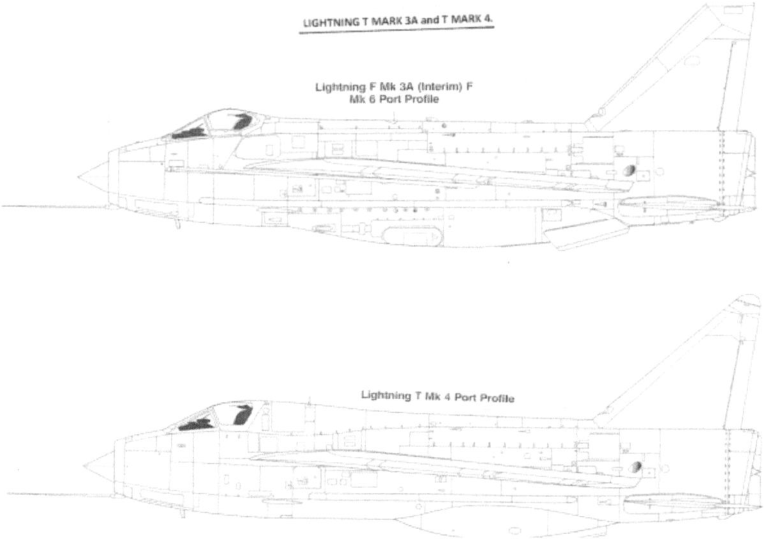

This was the two- seater version, this necessitated the fuselage being widened to accommodate two seats. The T Mark 4 was based on the airframe of the F Mark 2, the F Mark 3A was later converted to become the F Mark 6.

In these last years of service, the F3 and F6 aircraft were used and the pilots regularly pushed the aircraft to their limits, using up the remaining hours of fatigue time on the airframe. Many of the Lightnings subsequently found their way into Museum collections and even today they delight visitors with their clean and sleek lines, very much evocative of the high speeds they once attained.

The Lightning's speed and climb performance was superb, not just by the standards expected in the 1950s and 1960s but in comparison to modern fighters, the Lightning stands alone. It has been recorded that the initial rate of climb was calculated at 50,000 feet per minute while the ceiling for the aircraft was approximately 60,000 feet, although it was known in RAF circles that the aircraft had attained greater height than officially recorded. It was only in recent times that the actual ceiling was divulged to be a lot higher, when it was revealed that an F53 Lightning had reached in excess of 87,000 feet. At that height the pilot was able to see the curvature of the earth and the sky was seen to be quite dark.

In 1984, during a NATO exercise, an RAF F3 Lightning intercepted an American U2 spy plane at 88,000 feet, much to the surprise of the US Air Force, who believed this to be a safe height for the U2 to avoid any interception. An RAF pilot also took part in time-to-height trials with an American Starfighter and it was reported that the Lightning won all the races he took part in and was only equalled on the low-level supersonic acceleration phase. The Lightning's weakness was in terms of range; it only had a range of 900 miles. But by then the Lightning was an aircraft of thirty years of age, so not a bad performance!

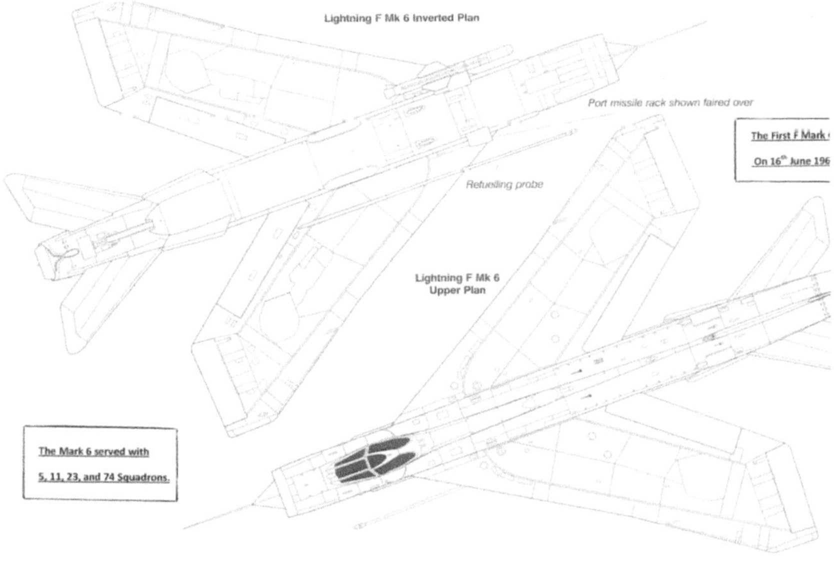

LIGHTNING T MARK 4/5

The T referred to the Trainer version, both had two seats to allow pilots to be trained. The Training of pilots took place at Operation Conversion Units.

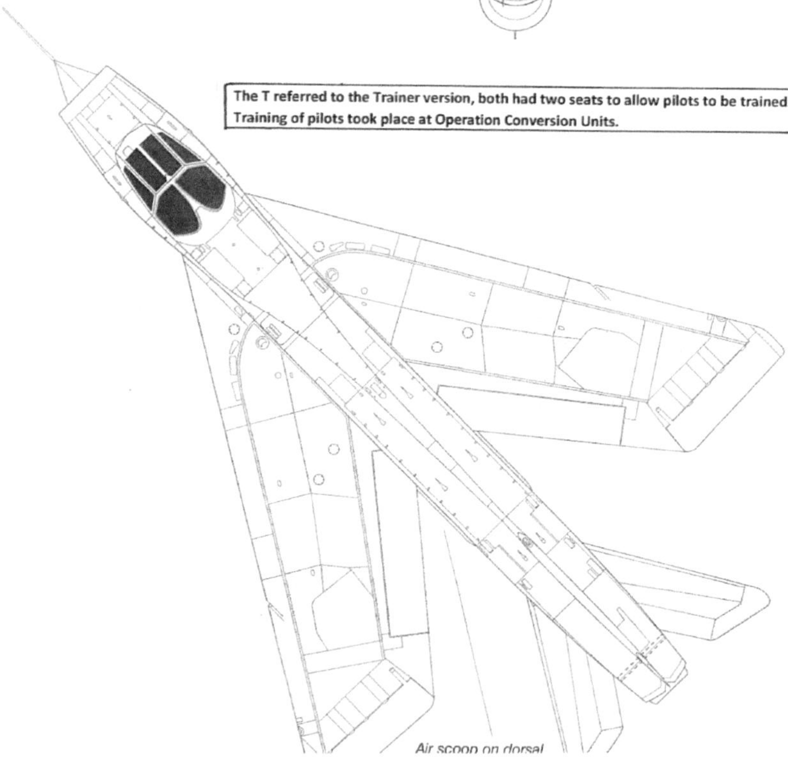

The LIGHTNING'S Pedigree.

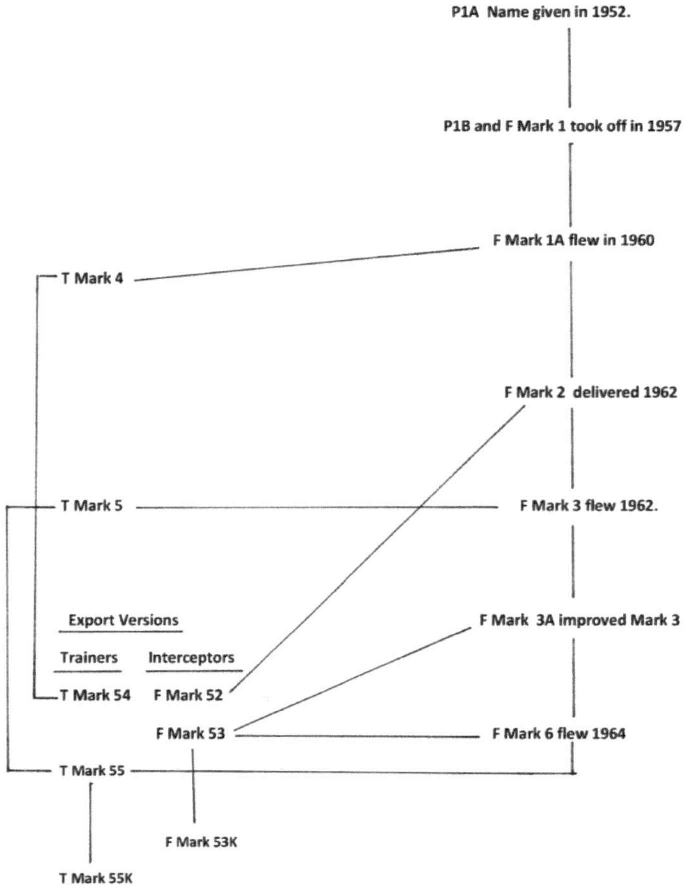

2 | The Airframe

The airframe of the Lightning was made of a substance called ALCLAD, well known in the Aircraft Industry for many years. The main ingredient was of course aluminium, this was mixed with a suitable alloy and the ALCLAD were then available for a specific purpose. In the case of the Lightning, the aluminium was designated with a four digit number, this was 2XXX and signified the alloy was copper. It was then classed as alloy 2024 and a Temper Number of either T81 was most widely used, this again related to the capability of the alloy.

In the case of alloy 2024, it possessed a yield strength of 50,000 psi, was able to withstand aerodynamic temperatures of 250 degrees Fahrenheit and was expected to last for at least 100 hours of flying. At elevated temperatures the 2024-T81 alloy provided higher strength than can be obtained from work-hardened alloys. The 2024 alloy is used in fuselage structures and wing tension members, where stiffness in the structure is required, adding fatigue performance and good strength.

An improved sheet alloy for fuselages was introduced as late as 1991; it was named C188 and offered improved toughness and fatigue crack growth. The Chemical analysis in percentages is as follows:

- Silicon 0.5
- Iron 0.5
- Copper 0.8 – 4.9
- Manganese 0.3 – 0.9
- Magnesium 1.2 - 1.8
- Chromium 0.1
- Zinc 0.25 Titanium 0.15
- Other 0.2
- Aluminium – the balance

This it shows how large the proportion of aluminium is, but copper can be 4.9%.

Mainplanes

Mainplanes is the official term but they are more commonly known as wings. They were manufactured from ALCLAD on the Lightning, as described previously. What is the purpose of wings? Wings allow the aircraft pass through the air and in many cases stabilise the aircraft. Without any wings the Lightning would have been a rocket. There were several items on the wings to enable the aircraft to fly safely. The Lightning's design was quite forward thinking, the wings being 'swept back'.

These wings were not originally intended to carry fuel tanks but the lack of space elsewhere made it a necessity. They incorporated a main fuel tank and a leading edge fuel tank, holding 312 gallons of fuel. The 'notched delta wing', as it was referred to, did have an important upgrade on the F3A; the leading edge was kinked as well as being conically cambered. This allowed the aircraft improved manoeuvrability, especially at altitude; it was swept at a 60-degree angle. The wings also contained important control equipment.

Ailerons

Ailerons are hinged control surfaces attached to the outer trailing edge of the wing. The purpose of the aileron is to control the aircraft in what is known as 'the roll scenario'. The two ailerons, one on the port side and the other on the starboard side, are interconnected, working together when brought into operation. This working together causes one aileron to go UP, thereby reducing lift, whilst the other aileron goes DOWN, thus increasing lift. This action causes the rolling movement about the aircraft's longitudinal axis.

The word aileron is derived from the French meaning " little wing". There is an unwanted side effect from the aileron movement, it is called yawing. If the aircraft rolls to the right, there is a yawing motion to the left. The adverse yaw is caused during the roll because of the change in drag between the port and starboard wings, the rising wing increases lift which then causes induced drag, whereas the descending wing has reduced lift and therefore has reduced induced drag, the rudder is used to compensate for the yaw. [The rudder will be discussed later.] Another way to compensate for yaw is the use of Differential Ailerons, which are set up in such a manner that the downward aileron deflects less air than the upward aileron, thus reducing the opposing yaw movement caused by the difference in drag between the two opposing wingtips. A diagram of differential ailerons is shown. The diagram shows that the down-going aileron moves through a smaller angle than the up-going aileron, this reduces aileron drag and therefore the effect of adverse yaw.

There is another type of aileron called the Frise Aileron. These ailerons reduce adverse yaw but increase the drag in the process; they are therefore less popular in aircraft where minimising drag is important.

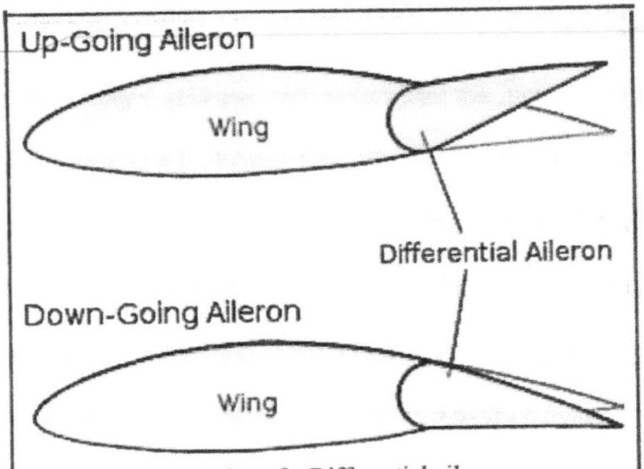

Illustration of a Differential aileron

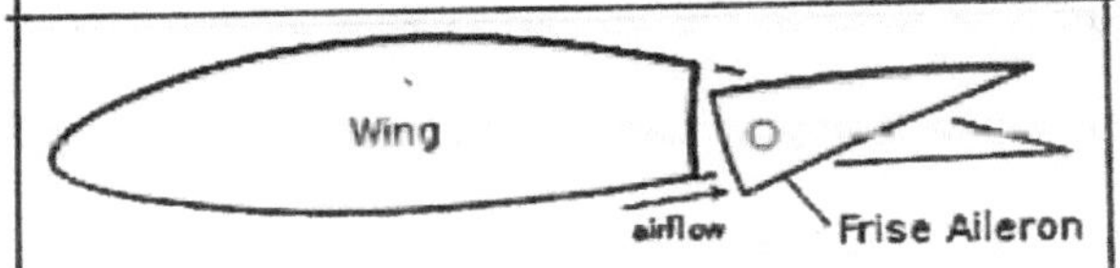

Illustration of a Frise aileron

Adverse Yaw Due To Roll Rate

When the control column is moved to the right, the right aileron moves upwards, therefore the left aileron moves downwards, this causes the aircraft to roll to the right. As the right wing starts to descend, the lift vector of that wing, which remains perpendicular to this relative motion, then tilts forward, therefore having forward component. It therefore stands to reason as the left wing moves up, that wings left vector tilts back, therefore having aft force component. The fore and aft lift force components on each wing constitute the adverse yaw moment.

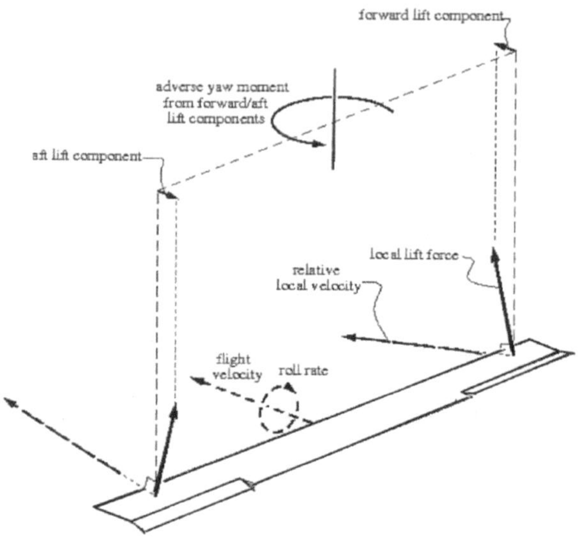

In the early days of flight the Wright Brothers used something called Wing Warping instead of Ailerons for Roll Control, and it appeared their aircraft had much better control with this system rather than using moveable surfaces. But as aileron designs became more refined and aircraft became larger, it was clear the aileron was to be a more effective system of control than Wing Warping.

There are many conflicting reports about who invented the aileron. In 1868 an English inventor called M.P.W. Bolton patented a device for lateral control, the purpose of the aileron today. There was a New Zealander called Richard Pearse who made a powered flight in 1902, his monoplane appeared to have small ailerons. Mr Pearse did claim that the aircraft was not well controllable. Bell's Aerial Experimental Association, who had Alexander Graham Bell at its head, patented the idea of ailerons, later selling the patent to the United States Government.

Other items called Aileron Spades are sometimes part of the aileron. These are usually attached to the lower aileron surface by a lever arm, forward of the aileron hinge. These reduce the force needed by the pilot to deflect the aileron and are used by aerobatic aircraft, for obvious reasons.

The spade automatically produces a downward aerodynamic force when the aileron is deflected upwards.

Aileron Balance Weights are sometimes used. These prevent what is known as 'control surface flutter'. Lead weights are sometimes added to the front of the aileron, this weight is added to the lever arm in many cases, it is well in front of the actual aileron body, they are tear-drop in shape.

Flaps

In a fixed-wing aircraft like the Lightning, flaps are hinged surfaces on the trailing edge of wings, they are as important as any other control surface. When the flap is extended, the stalling speed of the aircraft is reduced, allowing an aircraft to fly at slower speeds. This reduction in speed is important in taking off and landing. By extending the flaps it increases the camber of the aerofoil of the wing, in doing so it raises the lift coefficient, important during take-off, particularly for larger and bulkier aircraft. It is fair to say that flaps have the opposite effect when landing an aircraft; extending the flaps increases drag, thus cutting the speed. The flaps also decrease the aircraft's angle of pitch when landing, giving the pilot a better view of the runway over the nose of the aircraft.

Some of the recognised trailing edge flap systems are said to increase the planform area of the wing, this is in addition to changing the camber. Subsequently we see the larger lifting surfaces does allow the aircraft to generate lift at a slower speed, this in itself will reduce stalling speed. This effect is similar to increasing the lift coefficient, but raising the planform of the wing does not increase the lift coefficient. There are several flap formations in operation, The Fowler Flap does increase the planform of the wing in addition to increasing the camber.

There is an equation for the aircraft lift, I will not explain it but the ingredients are shown.

L = ½pV2 S CL

L is the Lift / p is the air density / V is the true airspeed of the aircraft / S is the planform area of the wing / CL is the aircraft lift coefficient.

Extending the flaps, as we have discussed, increases the drag coefficient of the aircraft at any given weight and airspeed. Depending on the type of aircraft, flaps may be only partially extended for take-off. In other aircraft the use of flaps for take-off is optional but many require the extra lift that flaps give.

Flaps are normally fully extended for landing, this gives the aircraft a slower stalling speed, allowing a steeper and slower approach to the runway, thus requiring less runway to land safely. The Lightning needed all the help it could get to slow down before landing and had the added feature of a brake parachute, which will be discussed later.

There are four main flaps in general use. A diagram shows each in the extended version.

PLAIN: This rotates on a simple hinge; it is basic but effective.

SPLIT: The upper and lower surfaces of this flap are separate, the lower surface operating like a plain flap; the upper surface remains immobile, sometimes moving only slightly.

FOWLER: This flap slides backwards before hinging downwards; this action increases both camber and chord. It does create a larger wing surface, making it more adaptable for lower speeds. This flap was invented by Harlan D. Fowler.

SLOTTED: This has a slot between the flap and the wing surface, enabling high-pressure air below the wing to re-energise the boundary layer situated over the flap. This process allows the airflow to stay attached to the flap and delays the stall.

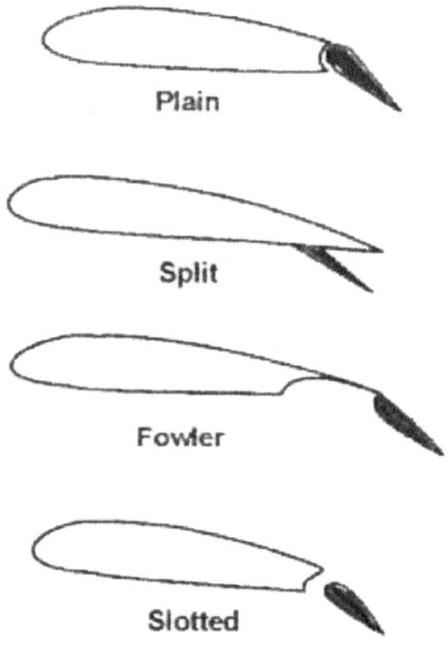

Elevators

Elevators are control surfaces on the trailing edge of the tailplane, which control the orientation of the aircraft. Put simply, the elevators make the aircraft point either nose-up or nose-down. They also alter the angle of attack of the wing. A greater angle of attack will cause greater lift on the wings, resulting in a slowing of the airspeed. A decrease in the angle of attack will cause an increase in speed. The elevators may be the only pitch control surface on an aircraft or they may be attached to a fixed tailplane surface, as they were on the Lightning, thus becoming a horizontal stabiliser.

In flight, the tailplane has the opposing effect of the main wing. Setting the elevators has an important purpose; it determines the aircraft's trim speed.

Supersonic aircraft like the Lightning had an all-moving tailplane. It was revealed in early supersonic flight that shockwaves were generated on the trailing edge of tailplanes, thus rendered hinged elevators ineffective. Delta wing aircraft like the Vulcan had combined elevators and ailerons called elevons.

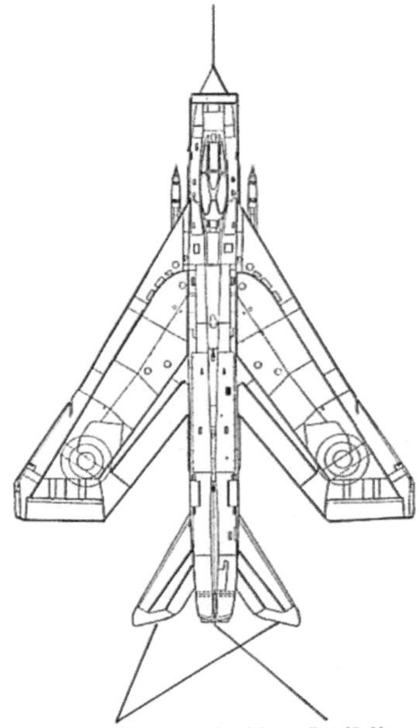

Rudder

On an aircraft the rudder is a movable control surface attached to the horizontal part of the tail structure known as the Fin. It allows the pilot to control yaw about the vertical axis, this rudder is used the horizontal direction in which the nose of the aircraft is pointing, moving side to side is the Yawing motion as explained with a Diagram later. The Rudders direction is manipulated by foot pedals which are operated by the pilot.

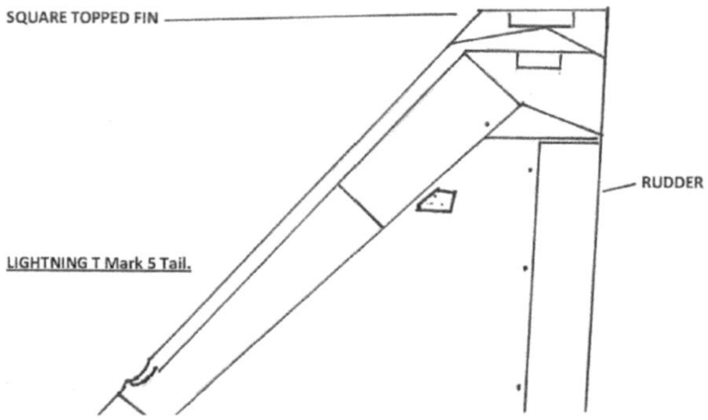

In practice both aileron and Rudder control input are used together to turn the aircraft, the ailerons imparting roll and the Rudder imparting Yaw movement. A rudder on its own has the capability to turn a conventional fixed wing aircraft, the Lightning is fixed wing but by no means is it classed as conventional, both aileron and Rudder would have been used to turn a Lightning, both control surfaces assisting the other to complete the turn.

Using Aileron and Rudder produces something called co-ordinate turns, in which the longitudinal axis of the aircraft is in line with the arc of the turn, it then avoids *slipping (under- ruddered)* , nor does it *Skid (over-ruddered).* Improperly ruddered turns at low speed can cause the aircraft to spin, which is extremely dangerous at low altitudes. Any aircraft rudder is subjected to considerable forces, in extreme cases these forces can lead to a loss of control or destruction of the rudder.

The largest achievable angle of a rudder in flight is called its Blowdown Angle, this is achieved when the force from the air equals the maximum available Hydraulic pressure.

MAINPLANE CONTROL SURFACES.

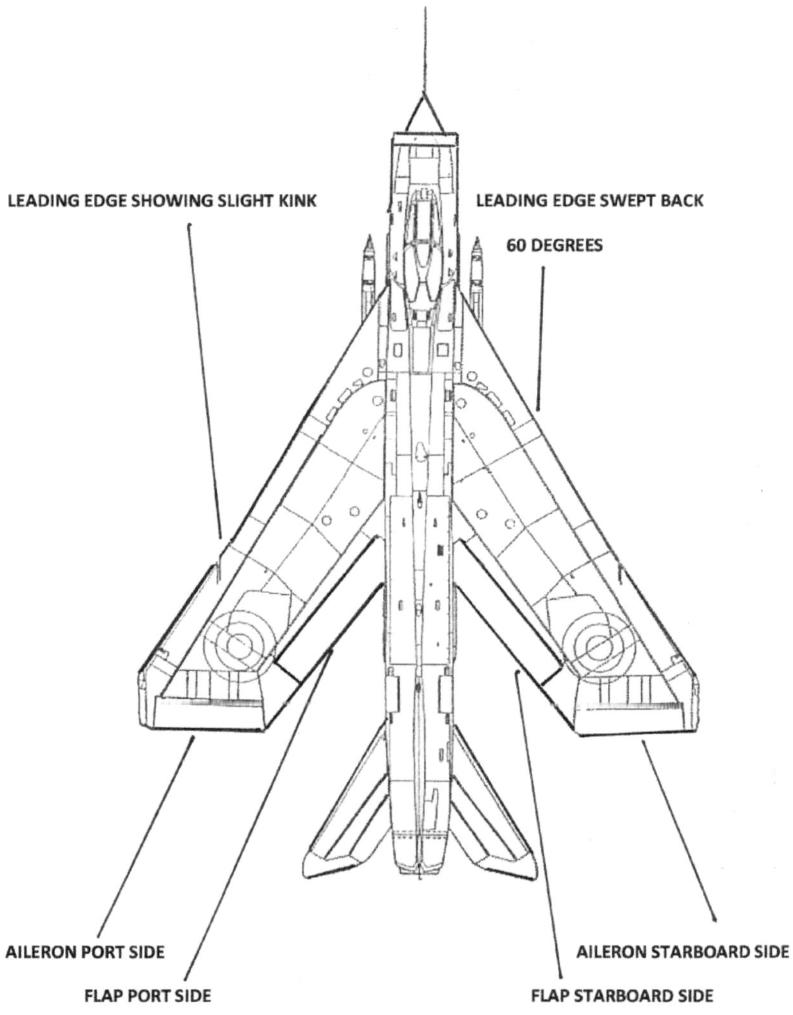

3 | The Hydraulic System

To start with it is necessary to look at the parts of a Basic Hydraulic System on an aircraft. (see diagram at bottom of page).

1. The Reservoir – Holds an extra supply of fluid for the system. Allows fluid to be drawn from the reservoir when required. Fluid is also returned when not needed.

2. Power Pump – changes mechanical horsepower into hydraulic power. It is simple but a necessary change to operate the system.

3. Filter – used to remove impurities in the hydraulic system as well as the reservoir. The reservoir also has its own filter inside the tank.

4. Pressure Regulator – does exactly as the title suggests; regulates pressure in the system.

5. Gauge – shows the fluid levels; it is important to know when the system needs replenishing.

6. System Relief Valve – used to relieve pressure in the system, as a safety measure. Also takes over as a pressure regulator should the regulator fail.

7. Accumulator – absorbs pulsation in the hydraulic system and helps reduce the "line hammer effect". It is also an emergency source of power and acts as another reservoir. The "line hammer effect" is when fluid passing through the tubes feels and sounds like a hammer striking the tubes.

8. Selector Valves – As the name suggests, these select which system is to receive the hydraulic fluid. These systems will be discussed later.

Introduction to Hydraulics

A hydraulic system works due to the simple principle that, unlike gases, liquids cannot be compressed. If more air is pumped into a tyre, for instance, the pressure inside the tyre increases whilst the tyre remains the same size. In the case of a liquid, however, no matter how much pressure is applied, it cannot be compressed. Using that principle, if you put liquid into a sealed system, and apply pressure from one end, the pressure is transmitted to the other end undiminished, where it is converted into movement by an actuating cylinder.

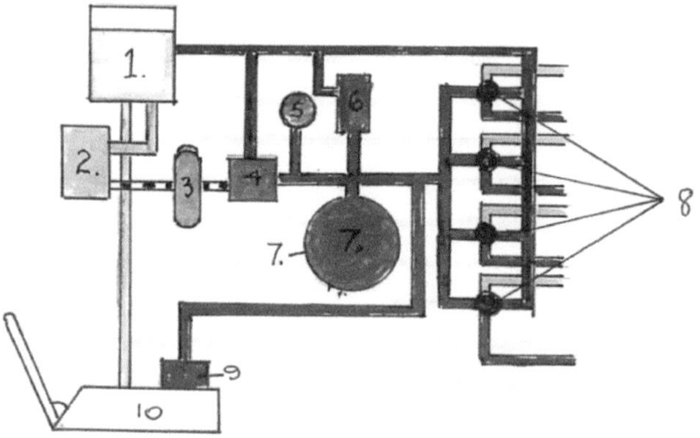

A hydraulic system is thus used to transmit energy. Aircraft hydraulic systems take power from the engines and convert it into hydraulic power by using a hydraulic pump. Distribution is via a network of tubes running throughout the aircraft, connected to control various functions.

1. Primary Control boosters
2. Extension and retraction of landing gear
3. Opening and closing of doors and hatchways.
4. Automatic pilot
5. Shock absorber systems
6. Flaps and Brakes
7. Pitch changing mechanism
8. Bomb Bay doors.

The diagram below shows an Actuating Cylinder being controlled by a selector valve.

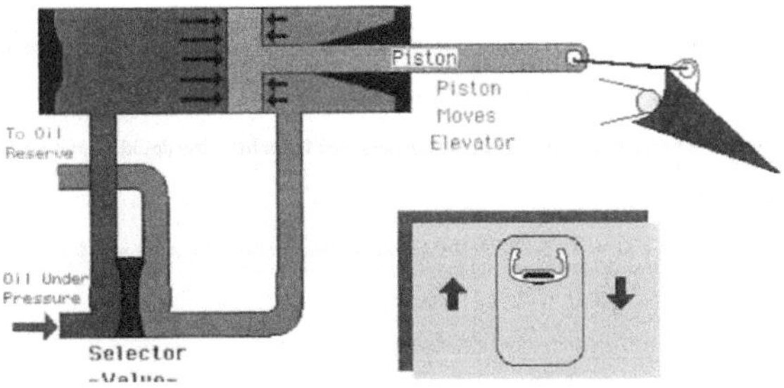

The selector valve will determine which side of the actuating cylinder the fluid is sent, in this case it is the left hand side, showing oil under pressure on the tubing. The piston rod of this particular actuating cylinder is connected to a control surface, in this case it is the elevator. As the piston moves out, the elevator moves down; as the piston retracts, the elevator moves upwards. The selector valve directs the fluid to the appropriate side of the piston head. In this diagram the fluid from the right side of the cylinder is returning to the reservoir.

Each hydraulic cylinder in the aircraft is designed to deliver the correct force required to operate the aircraft functions successfully. Pascal's theory, which applies to any hydraulic system, states that in a confined stationary liquid, neglecting the effect of gravity, pressure is distributed equally and undiminished in all directions; it acts perpendicular to the surface it touches.

In a hydraulic system the pressure (p) acting on the incompressible oil does Work. {(pressure) x (area of piston) x (pistons stroke) = Work}.

That is his theory. I hope you understood it better than I did at first!

The Aircraft Hydraulic System Reservoir

1. Provides space for expansion of the fluid due to a rise in temperature.
2. Holds a reserve amount of fluid to counteract the thermal contraction of the oil.
3. Allows for leakage when oil is used to lubricate piston rods and cylinder seals. The piston rod is automatically scraped when retracting into the actuating cylinder to remove any impurities that might have collected, resulting in a small loss of oil each time the cylinder is activated.

4. Emergency Supply of oil – this situation arises only when the hand pump is used.

5. Volume may change due to operational requirements – in theory the oil needed on one side of the piston head is less than used on the other side.

6. The reservoir also provides a place to remove air or foam from the liquid.

7. It also provides a pressure head on the pump, a pressure due to gravity and depends upon the distance of the reservoir above the power pump.

It is generally accepted that the best shape for a reservoir is a domed cylindrical shape because it is easily mounted and can be made to order.

Aircraft Hydraulic system Power Packs

The Power Pack converts mechanical horsepower into hydraulic power. Two types of pump are used in hydraulic systems, the gear-type and the piston-type; the Lightning had the more efficient piston type.

A piston pump can attain *volumetric efficiency* of up to 98% and can maintain pressures from 1500 to 6000 psi. Reliability is crucial, since many vital functions of an aircraft rely on the hydraulic system.

As the cylinder block rotates, space between the block and the piston increases, thereby letting in more fluid, the reverse occurs when the block rotates from bottom dead centre, the piston then pushes fluid through the outlet.

Check Valves

I am not certain if this type of valve was used on the Lightning but if it was not then there would have been something similar. This poppet type valve is generally in use today, this check valve permits fluid to flow in one direction only, to all intents and purposes a non-return valve, vital in any hydraulic system. When high pressure P1 comes into the valve from the left, it forces the poppet open, the fluid travels in the direction of P2 but if it trickles back it forces the poppet against the valve seat and closes the opening.

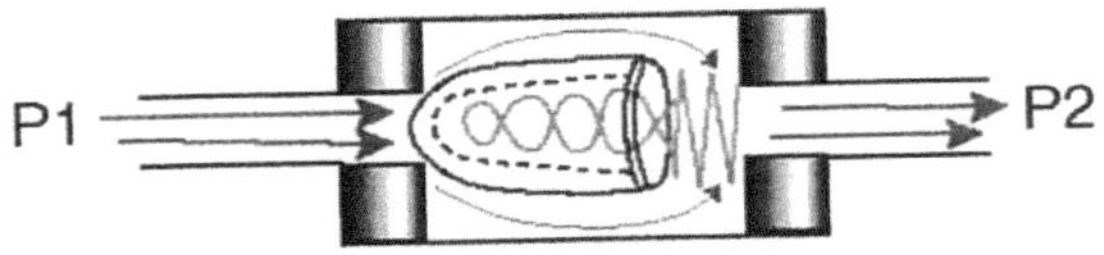

Check valves are designed in such a way that they do not tolerate leakage; the light spring on the diagram is merely to keep the poppet on the seat.

Whilst on the subject of hydraulics, I remember quite vividly having to replenish the hydraulic fluid on a Lightning. I was working out *on the line*, in what was called *first line servicing* (working on the aircraft before they flew, between flights and when they had finished for the day). One of the checks was to make sure the reservoir was full of hydraulic fluid but, as far as I can remember, it was not possible to check the reservoir directly. It must have been inaccessible. I think it was in the bomb bay, so rather than making the effort to open it, it seemed just as easy to replenish, whether it needed it or not.

I remember connecting the hand pump to the nozzle of the hydraulic system, then vigorously pumping away to send the fluid into the aircraft. There was an outlet pipe on the side of the aircraft and when the system was full, fluid trickled from the outlet and onto the ground beneath the aircraft. Although it was accepted at the time, I look back and think this practice was a serious safety hazard, but that was the way it was done in 1967.

There were two types of servicing at Coltishall, known as *first line* and *second line* servicing. *Second line* servicing involved working in the hangar, taking bits off and checking them closely, wheareas *first line* was outside in the cold. I enjoyed first line servicing best because we seemed to be on the go all the time. The Lightnings at Coltishall carried out about forty sorties a day, so the days rushed by, as busy days always seem to.

A hydraulic system also contains relief valves. I believe the Lightning had a thermal relief valve. This valve was set at 150% of system pressure. The reason for this was quite simple; when there is a temperature change, the liquid is likely to expand more than the expansion of the hydraulic tubing. Unless such a valve is in place, the tubing will burst open and the system will fail; not what a pilot needs when most of his systems are hydraulic.

These valves are set at one pressure and are connected to the return line, where the pressure is close to zero as fluid is returning to the reservoir. The valve works only when the selector valve is set in the neutral position.

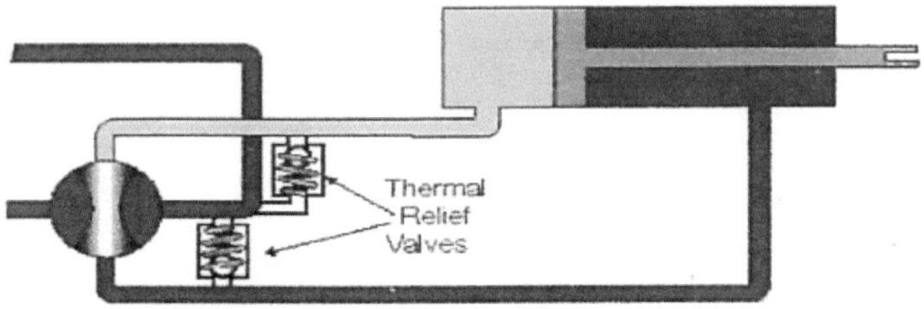

Actuation Cylinders

The actuation cylinder converts pressure/fluid flow into motion, which is either *linear* or *rotary*. The most commonly used is the double-action actuating cylinder, which works in two directions at the same time. These actuators were used on bomb doors, which of course the Lightning possessed. The diagram below shows how they work, showing the outline of the bomb doors.

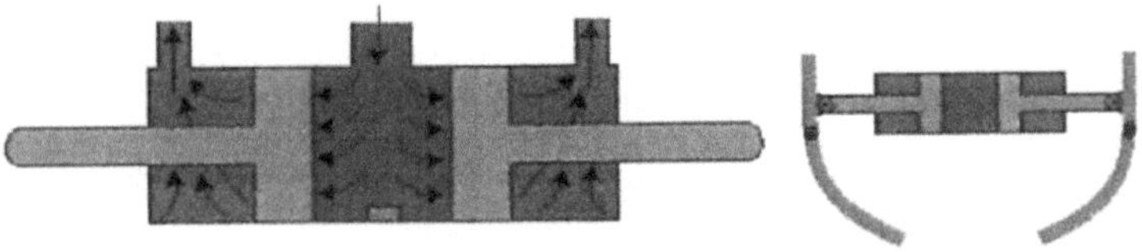

4 | Systems Dependent on Hydraulics

The Alighting Gear or Undercarriage

A retractable undercarriage enables an aircraft to be streamlined when in flight, crucial for a high-speed jet, on which drag must be kept to a minimum. But any problem lowering or raising the undercarriage is a serious problem, so the pilot needs to have complete confidence in his landing gear.

On the Lightning there were three sets of wheels, the port and starboard main undercarriage, which were single wheels, one on each wing, and the nose-wheel, which was a smaller single wheel at the front of the fuselage. During take-off the nose-wheel left the runway first and during landing it was the last to touch down. This meant that there was less wear and tear on the nose-wheel than on the main undercarriage wheels.

When the aircraft took off, lights in the cockpit would show the pilot the state of the three undercarriage wheels. When the lights show GREEN, it tells the pilot his undercarriage is locked down. Once airborne he retracts the undercarriage and the three lights change to RED. This shows the undercarriage is travelling between locked-down and locked-up. When the undercarriage is fully retracted the lights change to AMBER (although I believe in some cases there were no lights).

Occasionally a pilot would inform the Tower that he had a 'nose-wheel red', which of course meant that the nose-wheel was not locked down and therefore likely to collapse on landing. In such circumstances the necessary emergency drills would be put into place.

Once the aircraft is airborne and before selecting *undercarriage up*, the pilot must apply the brakes to stop the wheels rotating. Since the aircraft has just taken off at about 190 miles per hour, the wheels are still rotating at high speed and it is vital to halt them before retracting them into the undercarriage bay. Obvious really, but perhaps something that readers were unaware of.

To return to the undercarriage, during my time on the Lightning, the hydraulic fluid in use was OM 15. I am unable to find any records of this fluid but over time it has doubtless been improved on. I have produced a diagram of a main undercarriage hydraulic system, which hopefully I can explain in greater detail.

The undercarriage is under the control of the pilot, who selects either undercarriage UP or DOWN. The alighting gear selection switch was located on the front console of the pilot's instrument panel (on the port side of the console on the F Mark 3). The sequence of the raising and lowering of both main wheels and the tail-wheel was controlled electrically by a series of micro-switches. For obvious reasons there was a safety device incorporated into the system to prevent the UP button from being selected when the aircraft was on the ground.

The main undercarriage was controlled by *selector valves.* One operated the retraction jack, another the down lock jack, and a third operated the undercarriage doors. Once the aircraft became airborne the UP switch was selected, directing hydraulic fluid down to both the down lock jack and the retraction jack. The down lock jack then started to retract, freeing the lock strut, which caused the retraction jack to extend and the undercarriage to retract about the main pivot. Unlocking the unit caused a micro-switch on the down lock assembly to change the GREEN light to RED on the pilot's display panel, indicating that the undercarriage was travelling to the UP position but that it had not yet arrived in the locked-up position.

In the case of the Lightning the undercarriage was retracted in an outward direction. The design of the undercarriage was narrow because of the narrow wing section of the aircraft.

On completion of the travel, with respective jacks retracting to allow the undercarriage to fit safely in the stowage compartment, a micro-switch was triggered. The electrics would not allow the door to close until all relevant micro-switches had been triggered. The main wheels on the Lightning retracted quite fast, unlike the nose-wheel, which was considerably slower.

Key to Diagram

A) Restrictors
B) Undercarriage Door Jacks
C) Shuttle Valves
D) Door Control Valve
E) Undercarriage Retraction Jack

F) Restrictor Valve
G) Shuttle Valve
H) Undercarriage Sliding Tube
J) Jettison Valve
K) Retraction Jack Control Valve
L) Separator
M) Special Relief Valve
N) Pressure Reducing Valve
P) Down Lock Jack Control Valve
Q) Non Return Valve
S) Downlock Jack

HYDRAULIC SYSTEM – MAIN UNDERCARRIAGE.

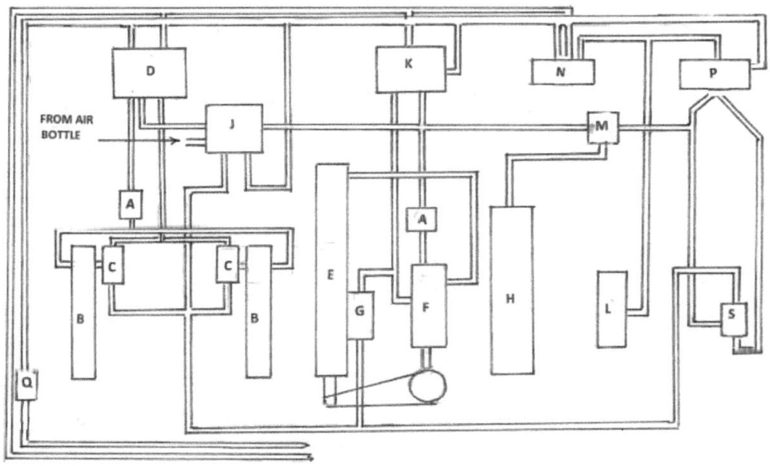

On completing retraction of the main undercarriage, the door selector was energised to close the door. On closing, the door hooks automatically engaged with their respective latches, thereby completing the sequence. Once the door had closed and all hooks were engaged, a micro-switch operated to either extinguish the red light or show an amber light. (I am not sure what the situation with the Lightning was; I only saw the aircraft showing GREEN lights). On the DOWN selection, the door jacks were initially energised. This extension of the door jacks caused them to pull the door hooks away from their latches, this activated the microswitch and the RED light illuminated to inform the pilot the undercarriage was not locked UP.

There is further extension of the door jacks which causes the door to fully open, a further micro-switch then operates to select undercarriage DOWN, this information is passed to both the retraction jack and down lock jack, thereby extending the down lock jack, which is ready to engage when the undercarriage reaches the fully down position. At this point the retraction jack shortens to lower the undercarriage, fluid that is not necessary for this operation is expelled to return. Further movement of the retraction jack completely lowers the undercarriage, the down lock strut is pulled down, this allows the down lock mechanism to lock behind the lock strut. The undercarriage is now locked down.

Main Undercarriage for Lightning Mark 3 and Mark 6.

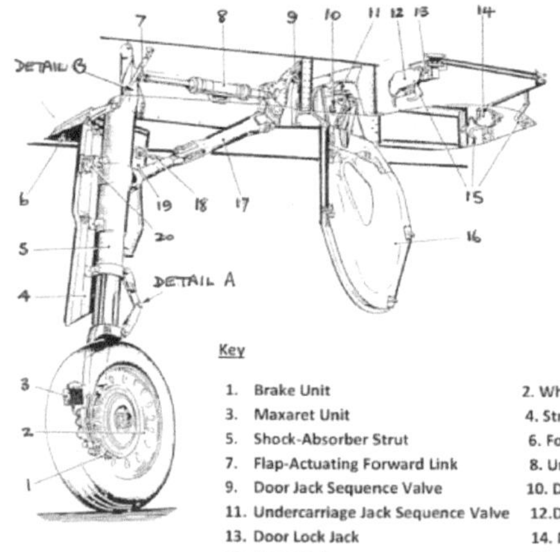

Key

1. Brake Unit	2. Wheel
3. Maxaret Unit	4. Strut Fixed Fairing
5. Shock-Absorber Strut	6. Forward Fairing Flap
7. Flap-Actuating Forward Link	8. Undercarriage Retraction Jack
9. Door Jack Sequence Valve	10. Door Jack
11. Undercarriage Jack Sequence Valve	12. Door Master Locking Mechanism
13. Door Lock Jack	14. Microswitch-operating Mechanism
15. Door Latches	16. Door
17. Radius Rod	18. Flap-Actuating Aft Link
18. Aft Fairing Flap	20. Taxying Lamp

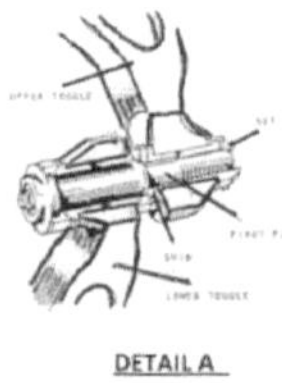

DETAIL A

DETAIL B

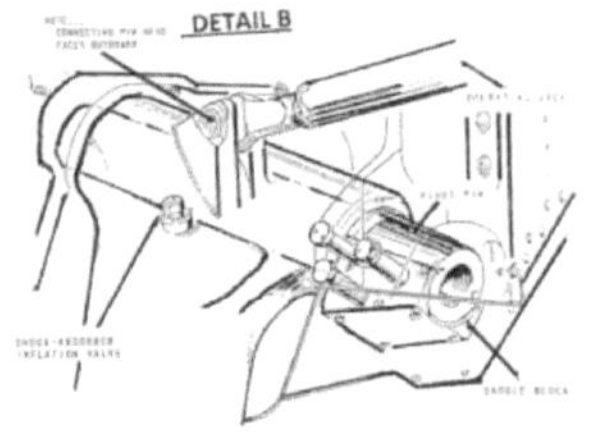

The inevitable micro-switch on the down lock assembly caused the RED light to be extinguished and the GREEN light to be illuminated, indicating to the pilot his undercarriage was locked down. There was a restrictor in the retraction jack circuit, which imposed a restriction on the speed of the lowering. I have no idea how restricted it was for the Lightning but I believe lowering was a quite quick exercise. There is a required pressure necessary in the shock absorber for landing, this is maintained by the separator unit. By size alone I can only assume the Lightning's pressure was unlikely to be as great as much larger aircraft, but having never checked that pressure, I have no idea.

Before moving on to the nose-wheel, I have another personal tale to tell...

I had been stationed at Coltishall for quite a few months when the next incident arose, in relation to what has just been discussed. Word had got to those of us working out on the line that an incoming aircraft was showing a red light on one of the undercarriages. I cannot remember whether it was the main or nose wheels but you are now aware this means one of the undercarriages was not locked down. I believe it was probably the nose-wheel, simply by what happened next.

Like anybody in this caring world of ours, we all stopped work, expecting the aircraft to crash and not wishing to miss the show. Not the best way to behave, I admit. As we stood patiently watching the aircraft approach in the distance, we all looked to see if the undercarriage was down, and if not, which part was not locked down. As the aircraft got closer it was agreed all the undercarriages were down, but it was impossible to tell whether they were locked down. Certainly, none of the undercarriages was waving about, out of control.

The aircraft touched down on both main wheels, keeping nose in the air, leading us to believe that the nose-wheel was the problem. Eventually the pilot dropped the nose.

All seemed to be going well but then the aircraft suddenly veered off the tarmac and onto the soft grass verge at the side of the runway, where he eventually came to a stop. Several of us got hold of one of the aircraft ladders and ran towards the stricken aircraft, to allow the pilot to climb out safely. He was grateful that we had turned up to help him out. He looked at the plane and shrugged his shoulders, indicating that there was little else he could have done. I then appreciated why he had taken the grassy route. Had the wheel collapsed on the runway it would have been a major problem since there were other aircraft in the air. It would certainly have disrupted flying for the day.

Unfortunately, the stricken aircraft had started to sink into the grass and about 18 inches of the undercarriage was already below the surface; this being mostly the wheel unit. The man in charge of the line appeared on the scene and, with his usual humour, decided that we had two options. We all thought there was only one option. A large crane was needed. This aircraft weighed around 20,000 pounds when empty and this particular one was probably a lot heavier. It was a massive undertaking to lift this aircraft. Our chief agreed that this was one of the options but he had a less conventional second option; he suggested we got some spades and bury the aircraft, although he was concerned that the hierarchy might ask questions about a large mound in the middle of this field!

The aircraft was eventually lifted out by crane, which certainly saved a lot of digging. I think this particular aircraft did resume flying, having spent some time recuperating from the experience.

The Nose Undercarriage

The nose-wheel undercarriage was situated exactly where one might expect, at the front of the fuselage. Although part of the undercarriage system, working in conjunction with the main undercarriage, the nose-wheel also performed several other functions. All will be revealed in the following chapter. The nose-wheel was able to steer the aircraft when on the ground, a vital part of taxiing, it also had a *centring device* that aligned the wheels to the fore and aft position.

The nose-wheel was controlled by two selector valves, one to operate the retraction jack, the other to control the nose-wheel doors, the opening and closing of which must of course synchronise with the undercarriage. When the aircraft left the ground, a microswitch operated to de-energise the stop valve in the steering circuit, opening the by-pass valve, which allowed hydraulic fluid to flow from one side of the steering jack to the other. This allowed the centring jack to centre the nose-wheel in preparation of the nose-wheel being retracted into the bay.

The retraction jack now moved, causing a turning moment to the torque lever shaft, which in turn pulled the latch away from the latch pin, starting the retraction process. A microswitch on the latch caused the

GREEN light to change to RED, showing the pilot the nose undercarriage was about to be retracted. Further movement of the jack body imparted a turning movement to the shafts, thus disengaging the geometric lock, which in turn caused the undercarriage to retract, as selected.

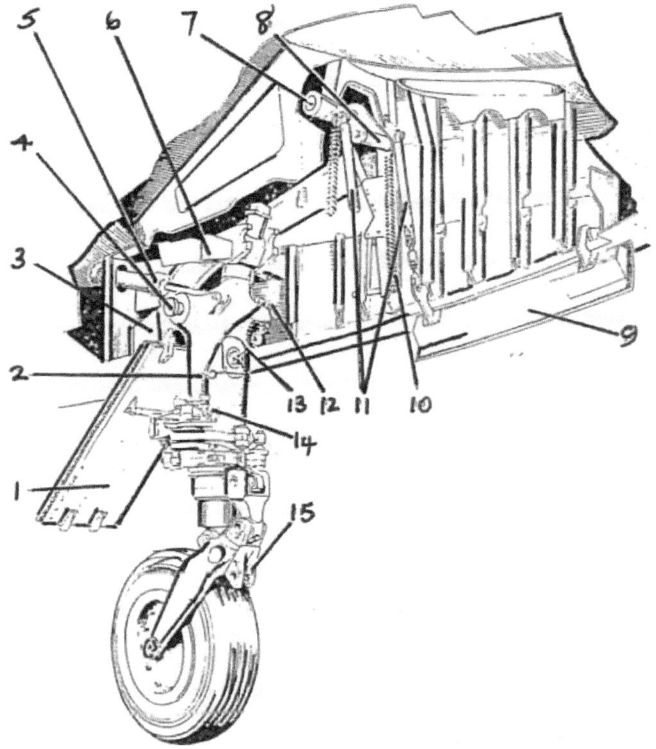

1. Rear Door.
2. Undercarriage Strut
3. Up-Lock Bracket
4. Strut Pivot Pin
5. Hydraulic Jack
6. Down-Lock Bracket
7. Door-Mechanism Torque Shaft
8. Torque Shaft Roller
9. Forward Door
10. Tension Springs
11. Door-Operating Rods
12. Strut Pivot Pin Port Bracket
13. Shock-Absorber Inflation Valve
14. Shimmy Damper Accumulator Charging Point
15. Roller Guide Bracket

Once the undercarriage had retracted, the door selector was energised by a microswitch, causing the doors to close. Now the undercarriage was safely retracted. The door hooks then automatically engaged with their respective latches, causing the microswitch to either extinguish the pilot's console light or turn it to amber.

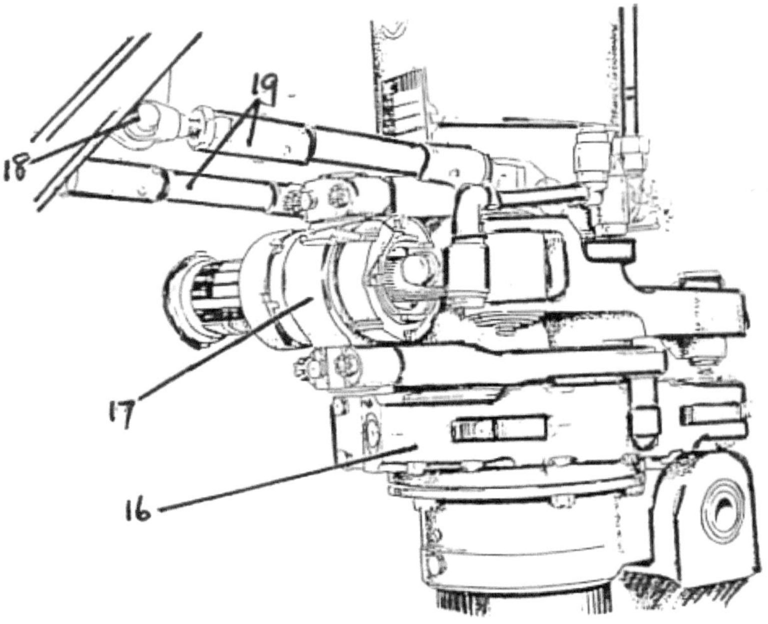

Area above Shock Absorber
16. Castor Auto-Disconnect Unit
17. Shimmy Damper and Centring Unit
18. Line Pin
19. Door Links

When the DOWN selection was made, only the door selector was energised. This action delivered fluid to extend the jacks. This initial movement of the jacks pulled the door hooks away from the latches, which activated a microswitch that illuminated the red light on the pilot's console. The doors then opened and the latch microswitches worked in series, causing the undercarriage down selector to be energised. Fluid was then directed to the retraction jacks, this extended to lower the undercarriage, moving the retraction struts, forming a geometric lock.

The final movement of lowering was achieved by the latch pin striking the taper face to move it against the latch tube spring. As the pin entered the latch recess, the latch snapped into place under the influence of the latch tube spring to securely lock the upper and lower retraction struts. The micro-switch then put the RED light out, changing it to GREEN so the pilot knew the undercarriage was locked. This was the sequence of the nose undercarriage for most jet aircraft of that period.

Nose Wheel Steering – In General Terms

The nose- wheel steering is generally controlled by one single solenoid selector, which operates as both a steering and stop valve, as well as a twin solenoid, this decides which side of the mechanism the fluid is directed, depending on whether turning right or left.

Steering Selection

The steering selection is on the pilots flying controls handgrip, when the button is depressed, the steering stop valve is energised and admits fluid via the pressure reducing valve. The steering selector is controlled by a drum switch, which is in turn controlled by the pilots rudder control pedals. When all these conditions are satisfied the pilot uses the rudder controls to select direction of travel, the drum switch contacts are made, energising the appropriate solenoid, the nose-wheel will then move in the required direction. Any overloading of the steering circuit during taxying is relieved by a two way relief valve.

With that in mind, I have another personal tale to tell...

I was asked, along with a colleague, to marshal an aircraft into a slot on the line, a simple process under normal circumstances. To the uninitiated, I will explain the art of marshalling. This is when someone is stood on the airfield with two large bats in their hands, rather like very large table tennis bats, moved around in such a fashion to assist the pilot of the aircraft, each movement is the signal for the pilot to carry out some sort of action with the aircraft.

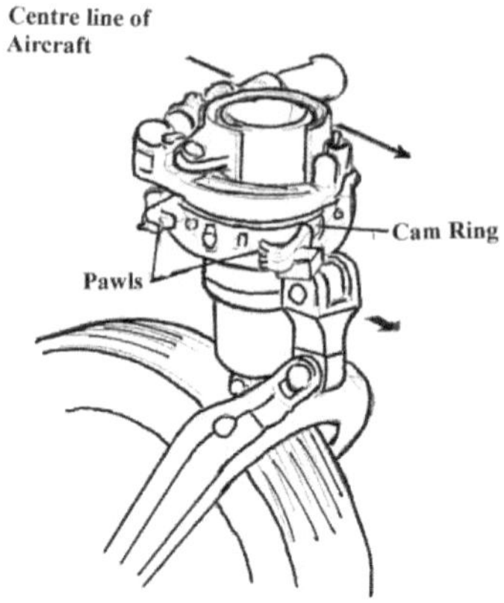

Nose-Wheel centred.

Nose-Wheel Centring Unit

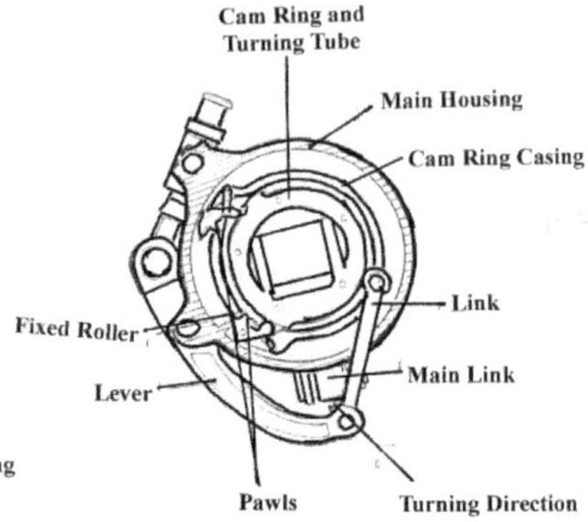

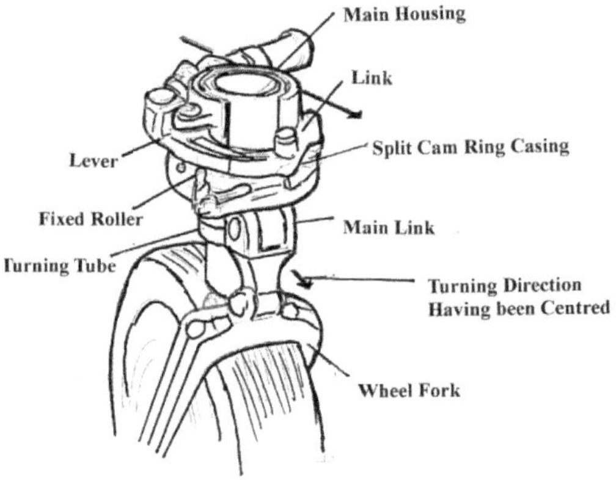

While my colleague and I waited on the edge of the perimeter track, the aircraft would travel along the track, turning right towards us about fifty yards from where we stood. I would then indicate to him where the aircraft was to park whereupon he would taxi the aircraft further along the perimeter track and behind other parked aircraft to his designated slot. This procedure was carried out about forty times a day and both we and the pilots were able to complete it without undue difficulty. That is, until this particular day.

I waited, anticipating an easy marshalling exercise, as usual. I watched the aircraft approach but it was travelling slower than I had anticipated. I waited for it to turn right towards me but my wait would have been in vain. I raised the bats in the air, the signal to tell the pilot that I was his marshal. They usually gave the thumbs up to indicate they understood, but not on this occasion. The pilot was waving his arms about, which told me that he was not steering the aircraft.

As I watched in disbelief, the aircraft did not start to turn but continued straight ahead, moving ever closer to a grassy area near the hangar. I realised that the pilot was trying to tell me that he had no control of the aircraft, which quickly became very apparent. The aircraft rumbled onto the grassy area, heading towards the hangar. I remember being rooted to the spot, like my colleague, as we watched in horror what was unfolding. Other tradesmen were stood nearby; they too had obviously guessed what the problem was.

As the aircraft continued onwards towards the hangar, the pilot appeared to be bracing himself for the inevitable impact.

He was not to be disappointed.

The aircraft hit the hangar nose-first. Strangely, the sound of the crash was not as loud as I thought it might be, but it was certainly loud enough to alert the people inside the hangar. My colleague and I picked up the aircraft ladder and ran towards the stricken aircraft. As we arrived and fixed the ladder to the aircraft, the pilot was casually unstrapping himself from his harness. He appeared very calm about the whole thing. As we helped him out of the aircraft he apologised for not allowing me to marshal him in. He said the brakes and nose wheel steering had failed, so all he could do was wait until the aircraft hit something that stopped it, in this case the hangar.

The aircraft was eventually removed from the hangar, where the damage to one of the offices was found to be beyond repair, I have no idea whether the aircraft reappeared in a serviceable state. I suspect it was probably scrapped. You hear about such things happening but to be there was unreal. The pilot, of course, was not to blame. In fact, the damage was probably quite minimal. On an airfield there are many expensive things to collide with, including other aircraft, of course, so the damage to the hangar was quite minor when one considers the possible alternatives.

Aircraft Wheel Brakes

The wheel brake circuit is controlled by a brake control valve that allows fluid from the main feed to be passed to the brake units. It is at a reduced pressure, which is variable and dependent on the amount of pressure the pilot applied to the rudder pedals. There are *accumulators* installed in the system, which meet the requirements of normal operations but also provide a supply of fluid in case of main system failure, allowing for brake application during a towing operation. It would appear from the story above that the pilot did not get the emergency supply he was supposed to. Not all systems work in practice as well as they do on the drawing board.

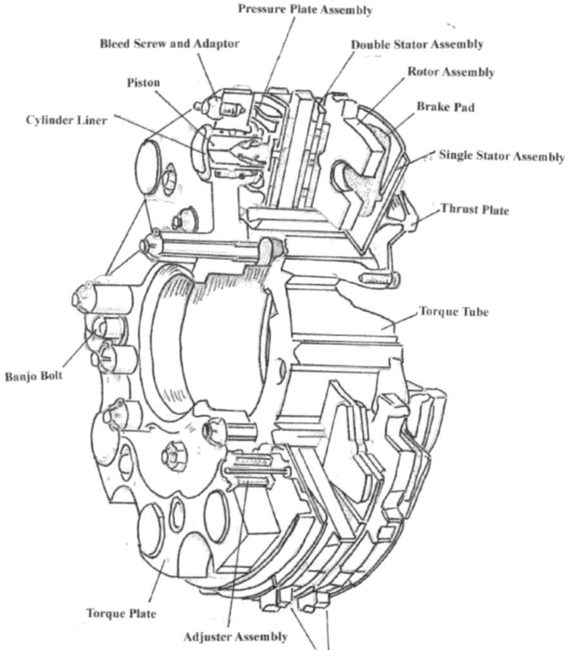

The teeth are normally lined up when the Brakes are ON, if the Brakes are OFF when the wheel is being changed, the teeth do not line up, then the Spider is used to line up the teeth as explained.

The brakes are applied by means of *brake foot motors* mounted one on each rudder pedal (although this does not apply when the aircraft is stationary and the parking brake is applied – as in the story that follows).

The brake foot motors provide the necessary pressure to operate the brake control valve, which allows hydraulic fluid to pass to the brake units. This fluid is also passed to the *maxaret unit*, which will be discussed later. The pressure delivered to the brakes is dependent on the pressure delivered to the foot motors by the pilot, combined with the spring pressure in the control valve. This pressure is transmitted to the foot motor system by the *lever beam mechanism*. When the brakes are released, the brake control valve is closed and the main system reduces pressure. This fluid is exhausted to the main return. There is a safety precaution installed in the system; should either the port or starboard system fail, the failed brake will receive pressure from the remaining line, thereby compensating for the failure.

The accumulators can be charged by a ground servicing trolley, this does not require the engines to be running.

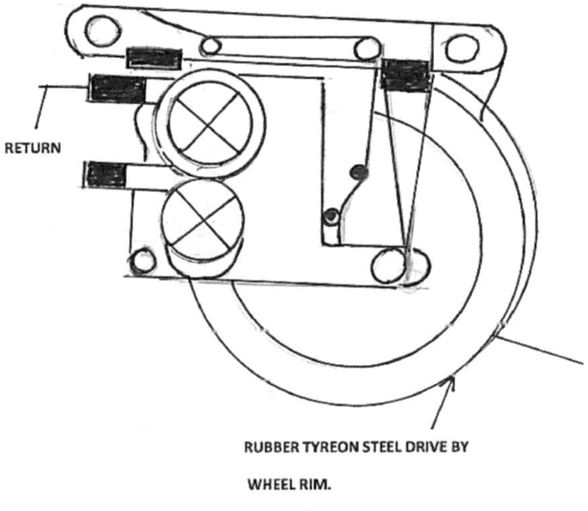

Maxaret Unit

These units are vital when the brakes are applied during landing. They allow the pilot to exert maximum braking power without the wheels locking. It is also known as an *anti-skid unit*, because that is exactly what it does. The unit is fitted to both undercarriage wheels and consists of a valve arrangement, regulated by a flywheel, housed in a rubber-tyred shell, the tyre being driven by direct contact with a track on the aircraft wheel. This valve arrangement is connected in the line to the brake units and is very sensitive to *angular deceleration* which indicates the risk of wheel locking. When this condition arises, the unit's valve mechanism will momentarily connect with the pressure line to return, thereby reducing the pressure in the brake unit, it then re-applies the brakes when the locking tendency ceases.

As an important precaution with this unit, the pilot must not land with the brakes ON because the wheels must rotate before the unit functions correctly. Unlikely though it is that the pilot would brake while still in the air. The brakes on the Lightning were segmented plates and had a device to maintain a minimum set clearance in respect of brake pad wear. The relevance of these segmented plates will become apparent in my next story.

In the airframe trade, working on the line with an aircraft that carries out forty sorties a day, there is one job that becomes a daily routine, and that job is carrying out wheel changes. On the Lightning it was a relatively simple process. A small jack was supplied to jack up the undercarriage unit that needed a wheel changed. The wheel nuts were wire locked so that had to be removed first, then the nuts were removed. Under normal circumstances it was then simply a case of removing the worn wheel and replacing it with a new one, ensuring that the bolts lined up correctly. There was one more vital aspect of this procedure; the brakes must be ON when changing a wheel.

As mentioned above, the brake unit had segmented plates, which fitted perfectly into the grooves on the wheel. If the brakes were applied before changing the wheel, the segmented plates remained in the position they were in when the wheel was removed. This made the job of fitting the new wheel simple. But the job was much more complicated if the brakes were OFF. Everyone who changed a Lightning wheel will have no doubt forgotten to apply the brakes at some time before changing the wheel but it was one of those mistakes you only make once. Actually, that is not quite true; I did it on several occasions. I must have been a slow learner!

On this particular occasion I had forgotten to apply the brakes. I merrily removed the wire locking and the nuts, the new wheel on the ground next to me. As I pulled off the old wheel, I heard a clunking noise. The segmented plates had dropped, as did my jaw. I knew what had happened. I also knew what my next step was. I went and got a piece of equipment we called *the spider.* I have no idea what the official name was. It was used to re-align the segmented brake plates, which was not as easy as it sounds. The plates had be lined up one at a time. When finally all were lined up beneath the spider, the brakes were applied; the spider could then be removed and the new wheel fitted.

When fitting a new wheel it was also necessary to ensure the maxaret unit fitted into the grove on the wheel. If not fitted correctly it would not operate correctly. That story was able to cover two items of interest, the brake unit and the maxaret unit.

Wheel Jacking

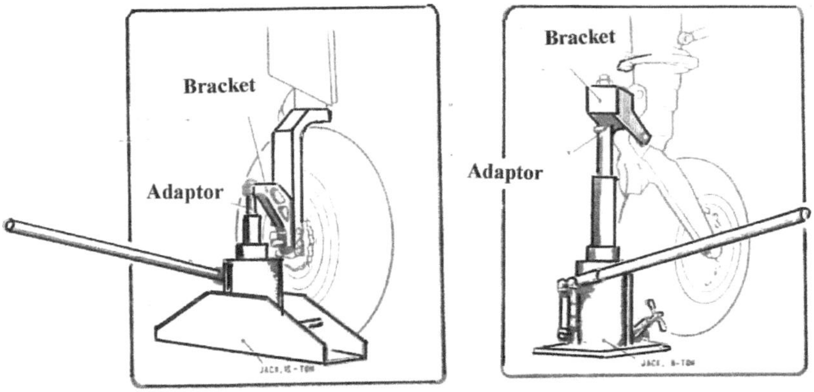

Main wheel and Nose wheel

I have another personal story to relate in connection with wheel changes. I suppose the same situation occurs on every runway in the world, due to climatic conditions that cause problems for the wheels of aircraft. At RAF Coltishall they obviously paid attention to the weather forecast, as I was to find out on one of many days. The problem aircraft have is when there is a crosswind. Not a problem if there are several runways facing in different directions but unfortunately at RAF Coltishall there was only one runway. A crosswind will buffet the wheel unit as the aircraft lands, waggling it from side to side, with the result that the tread on the tyre is ripped to shreds (a good description of some of the tyres I changed). Consequently whenever there was a crosswind at Coltishall, the crew chiefs knew that a large number of wheel changes would be needed, which necessitated one or more tradesmen being designated solely to that task. On this particular day I was one of two airmen allocated that job.

Main Undercarriage Ground Lock

Every aircraft that came in needed at least one wheel changed and most required both to be changed. My colleague and I were issued with a small trolley on which to carry the undercarriage jack, a wheel-brace for releasing and tightening the nuts, a pair of pliers and a lot of thin wire to lock the nuts, as explained earlier. I remember that the new wheel units were piled up outside the crew-room. Business was expected to be brisk and we were not disappointed; it was an exceptionally busy day.

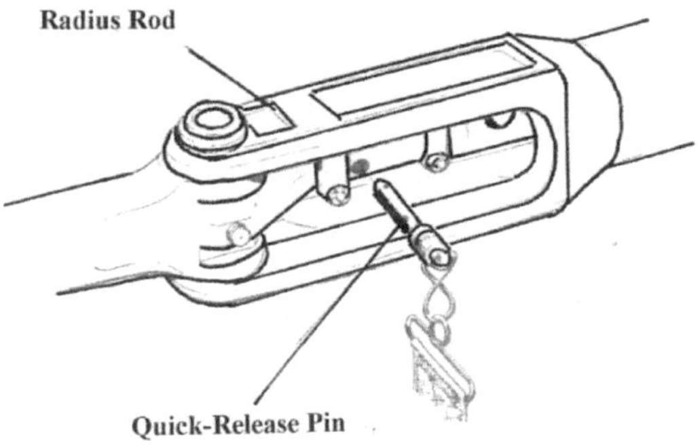

This Ground Lock is situated at the Knuckle Joint of Port and Starboard Radius Rods.

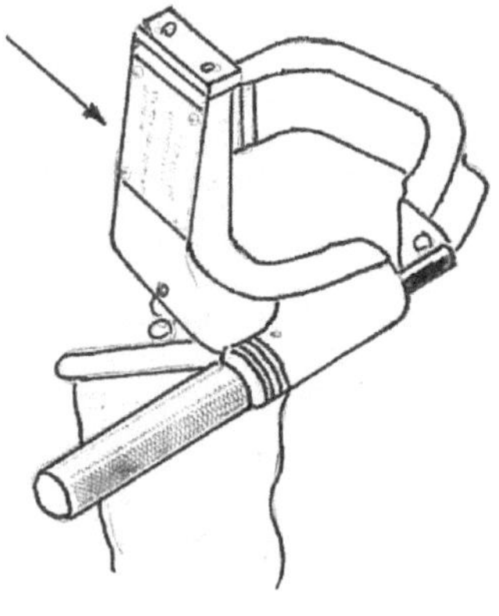

Nose undercarriage Ground Lock fitting.

I went to each aircraft that was marshalled in with my trolley and jack, along with a couple of new wheels. Between flights we started to place new wheels in the parking slots of the forthcoming aircraft, to save a bit of time. In the course of an eight-hour day, I completed sixty wheel changes, a personal record for me. I didn't mind the job, as it kept me busy for the whole shift, but some of the tradesmen detested it, probably because it was also a very dirty job; you got black hands from handling the tyres. I suspect it was a very busy time for the tyre bay. The wheels with worn tyres were dropped there, new tyres were fitted and the wheels sent back to the line, only to return later with worn tyres again. I had a friend who worked in the tyre bay, who told me that everyone working there hated to hear that there were crosswinds, knowing it was going to be a non-stop shift for them all.

Nose undercarriage ground lock prior to being fitted

All the undercarriage systems were easily checked by the pilot. His console indicated the pressure for the brake units as well as main system pressure, and the state of the undercarriage was shown by coloured lights, as previously mentioned.

Once the aircraft was on the ground it also became necessary to install the Ground Locks. These are shown in their respective positions on the previous page.

Hopefully the above explanations will help you to understand the complexity yet simplicity of the hydraulic system. We will now move onto the *pneumatic system* but will return to hydraulics later, since other functions of the aircraft depend on them.

5 | The Pneumatic Systems

The pneumatic system uses compressed air to control the functions on the aircraft and is exclusively intended as an emergency backup in case of a *hydraulic system failure*. Pneumatics have many advantages. The system is lightweight, safe and reliable; it is also eco-friendly, unaffected by atmospheric changes and the components are relatively inexpensive. The pressure seals are the weakest point but these are usually problem free (although this is not guaranteed). Air is, of course, compressible, Hydraulic Fluid is not.

A *basic pneumatic system* consists of the following items.

Compressor

This mechanical pump compresses the air for use in the system.

Check Valve

This allows pressurised air to enter the pneumatic system but prevents any backflow towards the compressor. It is also known as a *non-return valve*. In the same way as a valve on a bicycle tyre, it allows air to be pumped in but prevents it from leaking out, thereby retaining the pressure in the system.

Accumulator

This is a cylinder where the compressed air is stored, waiting to be used for whatever service is required. The accumulator prevents surges in pressure and avoids the need for the constant operation of the compressor.

Directional Valve

This type of valve directs the pressurised airflow towards the selected equipment. Some are one-way only, some are two-way (which allows for exhaust operation). These valves can be operated manually or electrically.

Actuator

A piston mechanism that converts the compressed air into a mechanical motion.

High Pressure Air System

This system is able to operate functions such as wing flaps, brakes, and landing gear if the hydraulic system fails. Pneumatic systems also power the auto-pilot and de-icing systems. The disadvantage of pneumatics is that air is compressible, which may lead to pressure variability, but this is not always the case. Pressurised aircraft also use pneumatics to pressurise the aircraft.

Possible causes of Pneumatic Failure

The first possibility is contamination. Any solid particle in the system has the ability to damage both the pump and the valve openings. Any liquid entering the system, be it oil, water, or even engine cleaning solvents, can cause problems. A loose fitting or damaged hose can have a detrimental effect on the system, as can worn out or incorrectly routed hoses. These are just a few of the possible causes, which is why so much care must be taken in dealing with pneumatic systems.

Signs of Pneumatic Failure

Here are just a couple of the signs that should be spotted by the pilot, although the ground crew may well become aware, depending on what checks they are carrying out.

1. The information on the instrument panel is either inaccurate or conflicting.
2. The pressure gauges show a reading outside the normal operating range.

Bearing in mind that the emergency systems are pneumatic, it is important to spot any pneumatic failure at the earliest opportunity. For the pilot to find that the pneumatics do not work in an emergency is not an ideal situation.

Pneumatics is one of three *power systems* on the aircraft. We have already discussed hydraulics. The third power system, and the one that all others count on, is the *electrical system,* which we will look at later.

Starter Crew

Another task performed many times during the day by all the RAF tradesmen working *on the line* with a Lightning squadron was to be part of a two-man *starter crew.* If the aircraft was the two-seater trainer version, each of the starter crew helped the pilot and his co-pilot into their harnesses. This was done by fixing the ladders to the side of the aircraft. Once at the top, the groundcrew would be overlooking the crewmembers. The most important part of this procedure was the removal of the *ejection seat pins.* The pilot and his co-pilot would strap themselves in; then they removed four of the ejection seat pins, leaving the fifth one until they were ready to take off. I was always fascinated by the fact they pulled on their face blind before the removal of the last pin. I am not sure what they expected to happen.

At the appropriate signal it was the starter crew's job to remove that final pin; we then then showed it to the pilot or co-pilot, who would nod that he understood the pin was out. It was then placed in the rack with the other pins. I always made sure my crewman understood, pointing to the rack with the full set of pins, giving him the thumbs-up. He returned the thumbs-up to indicate he knew his seat was *live.*

The ladders were then removed from the aircraft, one of the starter crew took hold of the mobile fire extinguisher, the other was allocated to marshalling the aircraft out, having first done the starting process.

When I was doing the marshalling, the following procedure was adopted. The pilot indicated he wanted to start *Number 1 engine*, by placing one finger in the air. I responded by indicating *Number 1* in the same manner, twirling my finger to indicate it was clear to start that engine. This told the pilot there was nobody behind the engine intake. I always checked that before responding to the request. The same procedure was carried out for *Number 2 engine.* My colleague was close by with the fire extinguisher, just in case things did not go as planned, although to my knowledge nobody ever needed to use a fire extinguisher during a starter crew.

The pilot then indicated he wished to try out the flaps. These needed to be checked on the ground, a sensible precaution; it was a bit late to find out there was a problem when coming into land. Once I had indicated that the flaps were working and the pilot was ready to leave, my colleague moved the fire extinguisher out of the way and prepared to remove the chocks on my signal.

The pilot then put both hands together with thumbs pointed outwards. When he moved his hands apart it was the signal to *remove chocks.* I passed the same signal on to my colleague and the chocks were removed to allow the aircraft to move forward. I then raised my hands in the air, with a *marshalling wand* (large table tennis bat) in each hand. The pilot indicated he was ready to be marshalled out and I provided the appropriate hand signals.

During this initial move forward the aircraft would brake sharply as the pilot checked his brakes to ensure that they worked before he took off.

That was basically what a starter crew did, a duty we all became very proficient at.

Shock Absorbers

The shock absorbers on a Lightning were what is known as *oleo-pneumatic.* They had a telescopic action like the front forks of a motorcycle, with an outer and inner cylinder, the lower cylinder sliding into the upper cylinder cushioned by a mix of air and hydraulic fluid to provide the shock-absorber effect. There were oil and air replenishment points at top of each shock absorber and it was important that the *shock* was properly serviced to keep it in prime order. The hydraulic fluid in this case was OM15. As already discussed, the main undercarriage and the nose undercarriages were different. The main undercarriage were *cantilever units* whereas the nose undercarriage was a *levered suspension.* Both had shock absorbers.

Shock Absorbers on the Main Undercarriage

This shock absorber was incorporated on the main undercarriage leg. The leg was produced by Dowty-Rotol, a well-respected company, no doubt still producing excellent quality aircraft parts. The actual shock absorber was fitted in the *inverted position,* this means the outer cylinder is at the bottom. The drawing below shows the position of the shock absorber for the *nose undercarriage* but the main undercarriage was basically the same.

The outer cylinder slides in the plain bearing, which is housed in the leg, the lower bearing is thereby retained by a nut which is crewed into the lower end of the leg, a sleeve nut which is on the outer cylinder lies adjacent to the top of the bearing when the shock absorber is extended. (Our drawing shows the shock absorber extended.) The *wheel half fork* is subsequently screwed into the bottom end of the outer cylinder. It is kept in position by *keys* which are bolted to the top of the *forging*. There is an *anti-torque link* which prevents the rotation of the lower cylinder assembly, this is fitted between the lugs situated on the half-fork and the main body of the leg.

Adjustment to the alignment of the wheels is achieved by using *shims*. The *thrust pad* at the top of the leg is in contact with the upper and inner cylinders of the shock absorber. A spherical fitting on the top of the shock absorber inner cylinder locates in the thrust pad. The complete assembly is kept in position by a pair of threaded *dowels*, to be found on either side of the neck of the spherical end-fitting. These dowels are screwed in, situated on the forward side of the leg, they are level with both the air and oil charging valves; the valve is screwed into an *extension piece*.

The extension piece is subsequently screwed into the spherical head of the inner cylinder of the shock absorber. When the aircraft is landing, when the shock absorber has to function correctly, the *flutter plate* in the counter piston is open; this gives free flow between the two pistons. At the particular time the flutter plate, situated at the bottom of the hollow piston rod is caused to close, this is caused by fluid pressure, this restricts the flow through the rod and into the chamber between the two pistons. During the *recoil stroke* the function of the flutter plate is reversed, thereby allowing free flow through the piston rod into the chamber. In order to stop the possibility of rebound, the flow is restricted from the chamber between the two pistons.

Shock Absorber on the Nose Undercarriage

This shock absorber was also an oleo-pneumatic shock absorber, again produced by Dowty-Rotol.

This shock absorber is also fitted in an inverted position, thereby having the outer cylinder at the bottom of the component. The outer cylinder slides in the *turning tube*, the latter rotating in plain bearings housed in the main leg. The head of the inner cylinder is located in the top of the turning tube and there is a lever which prevents rotation of the cylinder in respect of the turning tube. The *oil and air charging valve* is attached by what is known as a *banjo connection*, the attachment is connected to an extension adaptor in the head of the upper cylinder.

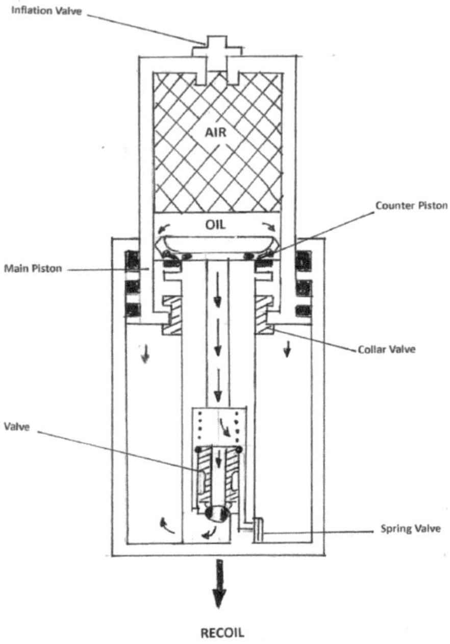

This piece of equipment can be accessed through an aperture situated in the front of the leg. The lower end of the outer cylinder has to be attached, it is therefore attached to the *wheel fork*, the wheel fork being pivoted to a *link*, this is pivoted to the lug on the turning tube. This turning tube is then connected to the *shimmy damper unit*, which is near the *cam ring*, also by the disconnecting mechanism, which does exactly what it says.

This damper unit forms part of the closed hydraulic circuit system. It is seen in the diagram there is a valve in the *hollow piston rod* and the *flutter plate*, although the flutter plate is not shown, but within the *counter piston*, they are open to allow the free flow of fluid through both the piston rod and counter piston. The *collar valve* on the main piston is closed during landing, this prevents the flow of fluid into the *annular chamber* (this is also not marked on the drawing because the drawing is of the recoil stage of landing).

As we have said, on the recoil stage both the valve and flutter plates are closed; this restricts flow through the piston rod, also restricting flow through the open spring valve situated at the base of the rod. The collar valve is open; this allows fluid to escape from the chamber between the pistons. This restricted flow through the piston rod damps out any rebound.

This component is both pneumatic and hydraulic. We now move onto another piece of vital equipment, which needs a *hydraulic jack* to operate successfully, the component is the *air brake.*

The Air Brake

The Air Brake on a Lightning is a vital part of the landing gear and plays an important part in assisting the aircraft land safely, as do the *brake parachute* and the *flaps*, which help to slow the aircraft down. Before getting into the technical side of the air brakes, I include another personal story for some light relief.

Working Gear Parade

Although I only served at Coltishall for a year, we did on one occasion have a *working gear parade*. What this actually meant was that everyone on the station had to turn up for work in our *working blue* (our second-best uniform). Because of the weird shifts we worked on the line, this particular uniform was never used. Apart from this one parade, my working blue remained in my wardrobe, still almost new. It seems the idea for this parade was to find out the condition of our uniforms, whether any items needed replacing. Of course, none of the people on the line needed anything replacing.

Perhaps I should explain the shift pattern we worked. The early shift started at 6.45am and finished at 3pm; the late shift started at 9.30am and finished when flying was completed, usually around 6pm. The rest of the station personnel, most of whom were office-bound, started work at 9am and finished at a civilised 5pm. Because of this, we did not come into contact with anyone else on the station, which in many ways was a blessing. I was able to leave the billet and go to work in my overalls; nobody in authority saw me because they had either not come to work or they were already at work. This situation was the same for all personnel on the line, particularly the married men who lived off camp. The car park was not far from the line, so they only had a short distance to travel to work.

There was, of course, one man on the camp who everyone tried to avoid – the Station Warrant Officer, affectionately known as *The SWO.* He was in charge of discipline on the camp. Any ex-RAF personnel will tell you about the SWO – and it has to be said, usually not in affectionate terms.

At RAF Coltishall during the winter months it was a very cold and bleak existence on the line but, fortunately, the cold weather had been catered for. Part of the clothing issued to the line personnel was something called a *Zoot Suit.* I am not sure if that was what it was officially called, but that is what we called it. I can only assume it was the correct name. This suit was made of rubber and it covered you from head to toe. No matter how bad the weather got, this suit kept you warm. I heard later that these particular suits were expensive items, possibly hundreds of pounds each.

The parade in question took place in the winter. We were all waiting outside the crew room for the inspecting officer to turn up, all of us smartly dressed in No.2 uniform, when one of the married men turned up, dressed in his *zoot suit.* We waited patiently as the officer made his inspection. He eventually reached the individual in question and enquired as to where his uniform was. The response was not expected but perhaps should have been, knowing this person as I did. He stated this is what he worked in, believing it to be an inspection of working gear. The officer was a little stumped for a reply, so he politely asked the airman to bring in his No.2 uniform for inspection the following day. The airman duly obliged, having made his protest.

To return to the subject of the SWO, I can only reiterate that he was someone to be avoided at all costs. It was often said in jest that he read a copy of *Queens Regulations* on the bus trip to work. When airmen had business in other parts of the camp, it was necessary to move around with extreme caution in order to avoid crossing his path. This particular SWO was able to find something wrong with most perfectly turned out airman and was able to quote a particular regulation at will, so perhaps the stories about his bus ride were true. I, like everyone else, tried to avoid him. I had heard stories that airmen had hidden behind obstacles when they saw him coming, some even re-routed to avoid passing Station

Headquarters, where his office was located, although he also had a habit of leaving there and prowling around the camp. Strangely, he never visited the line; I think maybe he had given up with the personnel there!

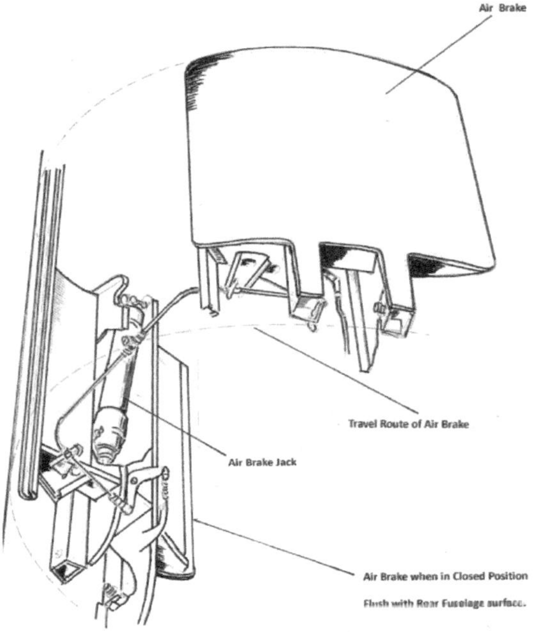

We did have spare uniforms on the line, just in case any of us had to venture onto other areas of the camp, although I preferred to go back to my billet and put on my own uniform. This was a rarity but it did happen on one occasion, which I will always remember. I was in the fortunate position of being smartly dressed, shoes well-polished, hair was short, no cause for concern if I were to bump into the SWO. That was my first mistake; I was so confident that I did not carry out the usual precautions of looking in all directions to see the SWO in the distance. Before I knew it, he was on me. I greeted him as we passed, he then called me back. I cannot remember everything that he claimed was wrong with my appearance, the list seemed to go on and on. I apologised and went on my way. At least I did not have to report to his office for an inspection.

There was lesson learnt: never be too complacent when dealing with this man. My colleagues laughed at my altercation with the SWO but I never made that mistake again.

I did come into contact with him again, however, the outcome of which surprised me, but that is another story, which will be related later.

I will now return to the Air Brakes, possibly not the most interesting of components, but in my opinion worthy of mentioning, since they are used widely on most aircraft today.

There were two Air Brakes on the Lightning, shaped like small doors situated on either side of the rear fuselage, behind *No.2 engine hatch.* These components were hinged forward to extend; when retracted they were flush with the rear fuselage. The air brakes were hydraulically operated and connected by *trunnions* to the air brake structure. The control of these air brakes was carried out by using an *electro-hydraulic selector*, the control for this being on the *engine control handle* of No.2 engine. It had three positions on the switch, which was spring-loaded and remained in the OFF position until used.

In order to avoid *asymmetric opening*, there was a *synchronizing mechanism*. This mechanism was effective during both the extension and retraction of the jacks. There was an *air brake indicator* for the pilot, situated on the port side instrument panel, in circuit with a transmitter unit linked mechanically to the starboard air brake. This instrument also indicated when the air brakes were fully retracted.

Locks for the Air Brakes

As in most systems it is necessary to be able to lock certain components into position, and the air brake fits into that category. The *air brake locks* were located within the rear fuselage structure and were easily accessible through access panels. Each of these locks comprised of a spring-loaded *locking plunger*, which has a *transverse roller* that was responsible for engaging the air brake *latch plate* when the air brake was retracted. There was a lever that passed through the locking plunger, which was pivoted at one end and pinned at the other end to a small hydraulic jack, enabling the system to work.

When the pilot selected *Air Brake OUT*, usually during landing, the jack retracted and this caused the plunger to disengage from the latch plate. This happened before the main jack was brought into operation. During the retraction of the air brake, the extension of the locking plunger operated the micro-switch via a two-part spring-loaded linkage, one part of which was in the air brake door. This process caused the air brake to retract as required.

Synchronising Mechanism

The process of synchronising the air brake movement was effected by a *hydraulic valve,* although this has not been shown on the Air Brake diagram. This valve was inserted in the pipeline from the *air brake selector valve.* The *synchroniser valve* was located between the *hinge arm* of the port side air brake. It was mechanically connected to both starboard and port air brakes by a system of separate linkages.

When the pilot selected *Air Brake OUT,* the hydraulic fluid entered the synchroniser valve through a single pipe. Provided movement of both air brakes was equal, the fluid was divided equally between both supply jacks. If the fluid does not pass equally to each jack, the mechanical linkage operates a sleeve inside the valve, to either reduce the amount of fluid or increase it, depending on which jack was unequal, until the jacks are correctly synchronised.

Speed Limitation

For obvious reasons it was not acceptable to select the Air Brakes unless the airspeed of the aircraft was below a certain threshold, so various safety measures were included. A *pitot head Mach switch,* controlled the supply of current to the air brake switch in the cockpit. If the airspeed exceeded the safe speed for opening the air brakes, the pressure switch activated and isolated the cockpit switch. As it does this, it energised the IN solenoid, causing the Air Brake to either close or remain closed.

As well as flaps and air brakes, the Lightning had one further means of slowing the aircraft on landing, although it was not always deployed. I mean, of course, the *Brake Parachute.*

The Brake Parachute

The *brake parachute,* also known as a *drogue parachute,* was of an elongated design to enable it to be deployed at high speed and to inflate easily without tangling. The diagram shows the parachute just as it is deployed, along with the position of the aircraft when fully deployed. It also shows where the relevant cables are located on the aircraft. The drogue parachute had strange beginnings.

It was invented by a Russian called Gleb Kotelnikov in 1912, considerably before such an invention was going to be associated with aircraft. He was able to demonstrate the braking effect of a drogue parachute by attaching it to a car, which he drove at full speed (I have no idea what that speed was). He then deployed the parachute to slow the car down, this effect being referred to as *drag*.

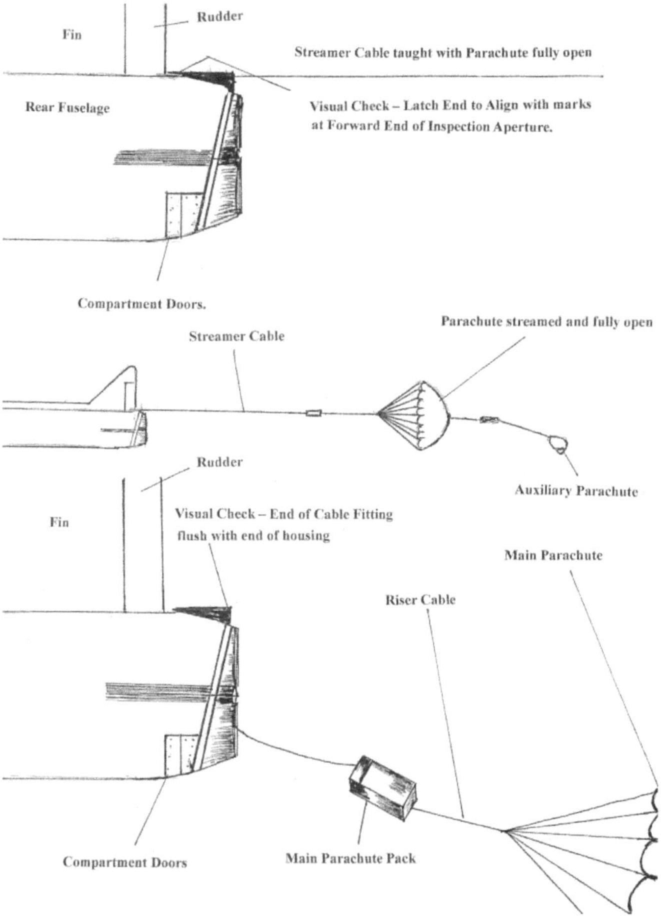

In aviation *drag chutes*, as they are sometimes called, did not make an appearance until 1937. Again, it was the Russians who were the innovators. These chutes were deployed by Soviet aircraft operating in the Arctic in support of polar expeditions of that time, as the ice station *North Pole 1* was set up in that year. These chutes enabled aircraft to land safely on ice-floes, some of which were quite small.

My personal knowledge of the Brake Parachute on the Lightning was very limited, although I often saw them being used when the aircraft were landing. Once the required drag had been achieved, the parachute was jettisoned somewhere on the runway. I cannot remember how the parachute was retrieved but I suspect a Land Rover was tracking the aircraft off runway. The parachutes were retrieved and re-packed for future use.

Hangover Cure

On any RAF station the NAAFI was always a hub of social activity, particularly for the single men, of whom there were many, of course. I was no different from the majority and it was pretty much routine for us to go to the NAAFI each night, where the drink was cheaper than the outside world. It was a very sociable place. Almost all the single men on the line visited the NAAFI most nights, where we talked about what sort of a day we'd had and abused the officers we did not like. Inevitably there were times when the couple of pints turned into a session of many drinks, which did not bode well for the following day, particularly if you were on the early shift. Going to work with a hangover is a terrible stigma to bear, as anyone who has experienced it will know.

One morning I turned up for an *early turn* having consumed more alcohol than was good for me the night before. My head hurt and I felt quite unwell. A colleague appreciated my predicament and offered some ground-breaking advice. The first aircraft I was to service was going to ease my pain. I was to sit in the pilot's seat, place the oxygen mask over my face, then select 100% pure oxygen on the selector switch. I then had to breathe in deep gulps for about a minute, before turning off the oxygen. I was amazed by the result, I stepped from the aircraft a little light headed but with no hangover; it was an instant cure.

I always remember that piece of advice, although obviously not everybody has a supply of 100% oxygen available to them. Those of us who worked *on the line* kept quiet about our secret hangover cure and let the rest of the camp suffer!

6 | The Oxygen System

The *oxygen system* in any aircraft capable of flying at high altitude is vitally important. Although the oxygen content of air remains constant at all altitudes, in the region of 21 per cent, the *ambient pressure* reduces as the altitude increases, with the result that the air becomes so 'thin' that above a certain altitude it is not possible to obtain sufficient oxygen via normal breathing. If the oxygen level in the blood stream and therefore the brain falls to critical level, a condition known as *hypoxia* takes hold. The symptoms of this condition are similar to those of intoxication by alcohol. It affects a person's vision and judgement, followed by light-headedness, nausea and eventually unconscious-ness. Due to the incredible speed of climb that the Lightning was capable of, there was a danger of pilots experiencing hypoxia before being aware of the symptoms. And for a pilot to suddenly lose consciousness is something neither the pilot, nor the aircraft's owners would wish to happen.

It was therefore necessary to take precautions to prevent this from happening, and this was done in the following ways.

The first thing was to enrich the oxygen content of the pilots air supply when flying at lower altitudes. The second step was to increase the air pressure via cabin pressurisation or the use of a pressure suit.

Thirdly, the pressure of the oxygen supply at higher altitudes was increased, this also safeguards from loss of pressurisation within the cabin.

Oxygen Systems within the aircraft

There are two forms of oxygen and both have been used in high altitude aircraft. The first is *gaseous oxygen*, stored in high pressure cylinders. The second is *liquid oxygen*, stored at low pressure and converted into gas as required. These two forms have various advantages and disadvantages but the system to supply either is the same.

Gaseous Oxygen

The cylinders used to store the gaseous oxygen are steel wired, the storage pressure is 1800psi. The gas is piped from these cylinders to the individual user, passing through control units and regulators, allowing the correct amount of oxygen to reach the user, too much can be as bad as too little. The system requires a lot of space for storage and storage cylinders are heavy. Modern aircraft tend to opt for liquid oxygen, gaseous being retained for emergency purposes only.

Liquid Oxygen

The three main gases in our atmosphere are Nitrogen (about 79 per cent), Oxygen (about 21 per cent) and Argon (about 1 per cent). G

Carbon Dioxide is the next highest at 0.03 per cent. There are many other gases present in even smaller traces. Gases can be turned into liquid by cooling them to a sufficiently low temperature. This process also reduces the volume, thereby requiring less storage. This is why *liquid oxygen* is used for breathing systems on aircraft.

Provided that a few basic precautions are observed, liquid oxygen can be transported and stored in complete safety. It is therefore important that we discuss the characteristics of the liquid, along with the properties in its possession, seeking the advantages it has over the gaseous oxygen system.

Colour - translucent blue.

Weight – Slightly heavier than water, which might come as a surprise.

Odour – It has no smell, not that it is a problem because it is Oxygen. If it were a noxious substance, then having no smell might be dangerous.

Boiling Point at Sea Level – At normal atmospheric pressure it is 183 degrees centigrade. This aspect will be discussed later in one of my stories.

Expansion – The gas given off will be equivalent to 840 times the volume of the liquid, this increases with the temperature. The reason for preferring Liquid Oxygen is now apparent. At a temperature of 20 degrees, the gas will be approximately 860 times the volume of the liquid.

Pressure – When the pressure is increased the boiling point of the liquid will be raised.

Critical Temperature – At a temperature above 118 degrees centigrade, oxygen is unable to exist in liquid form.

Stability – Liquid Oxygen is perfectly stable, it cannot be disturbed by shock and in itself it is not combustible. This does not mean it is not an explosive power, it has to be cared for to prevent such a disaster.

Advantages of Using Liquid Oxygen

As already mentioned there is a large saving in both weight and space in comparison with gaseous oxygen, liquid oxygen also evaporates quicker than liquid oxygen and can be stored at a lower pressure. Liquid Oxygen is non-toxic, it is also non-corrosive.

Disadvantages

There is what is known as an *explosion hazard*, this is because the liquid is at a low temperature, but unfortunately it attracts heat from the surroundings, making it something of a serious risk. There does not appear to be a solution to this problem, the possible infiltration by heat cannot be entirely prevented, therefore the fact the liquid in continually evaporating does help the situation, it is vital this evaporation continues to prevent a disaster.

In these circumstances there has to be a safety outlet or any form of release, the pressure in a closed container will cause it to rupture, causing serious problems, even at a low pressure. This system in itself is a hazard if not in good working order, all necessary precaution should be adhered to strictly, otherwise the results are too dire to consider, respect must be given to this liquid. I will now go onto a story in respect of my working on the aircraft, it is to show how dangerous the Liquid Oxygen is.

❖ ❖ ❖

I had been tasked one day (I must stress this was not the only occasion I carried out the task) to replenish the Liquid Oxygen system of the aircraft, this was in fact the first occasion I had carried out the service alone. I had previous watched fellow tradesmen, in doing so I had learned the rudiments of the process. It was a process that needed to be carried out with all safety precautions intact, this was needed for my own protection.

I remember there was a large pair of substantial gloves, a face mask of some description, it was possibly only a pair of goggles, possibly a protective coat of some sort, I cannot remember if there was a coat. The liquid Oxygen was transported around the base in a trolley form, this trolley had a hose attached, the hose was to be connected to the aircraft, the trolley contained the Liquid Oxygen that was going to replenish the aircraft system. There were several aspects of this servicing I remember quite clearly, the gloves were to be worn all the time, the very low temperature of the Liquid Oxygen made this a necessity, it was not advisable for this substance to come in contact with the skin. Once the nozzle had been connected to the aircraft the replenishment began, although I cannot remember how we knew the system was full, I can only assume there was some kind of vent valve, this was obviously located close to where the replenishment took place.

What I do remember was it was necessary to remain at the controls of the trolley, it was important the pressure gauge did not rise passed a certain point, therefore the operator had to keep a close eye on the pressure, adjusting it as necessary. I believe that if the pressure rose above this pressure, there was a strong possibility of a major explosion, that was the kind of pressure the operator was under, not the most pleasant of thoughts.

I was always glad when the tank had been filled, the nozzle was removed from the aircraft, obviously with the use of the gloves, a dangerous job completed.

I never actually came across any aircraft exploding, several of my colleagues had said they had seen such an event, stating categorically that the debris covered a wide area, I do not know if this was true or not. I do know that whenever I replenished the Liquid Oxygen system of any aircraft, I took all the necessary safety precautions, treating the liquid with the respect it deserved, not something it was possible to cut corners with.

I had heard that a colleague of mine, who was posted to a Lightning Squadron in Cyprus had caused something of a problem. He had for some time been suffering from depression, not too well recognised in the late 1960s, everyone just thought he was acting a bit strange. Going around the twist did not have the same impact in those days.

On one particular day the problem had reached breaking point, he was working out on the line. He casually made his way out onto the line and started connecting the Liquid Oxygen trolleys to the aircraft. This particular Squadron had several trolleys, I cannot be sure how many, but it was certainly more than two. He then switched on the trolleys and walked onto the next one, connecting that one and switching it on. As I have already stated it was important to keep a check on the pressure, this was something he did not do, without supervising the trolley it was likely to exceed the acceptable pressure, but he was past the point of caring.

It was fortunate that someone else had noticed what he was doing, the trolleys were eventually switched of and disconnected, he was quickly taken to Sick Quarters for evaluation, whatever that was at the time. I do know that he flew back to the United Kingdom the following day, taken to an RAF hospital that dealt with psychological problems, I never knew what happened to him, I can only assume his service career had ended that fateful day.

Fire Hazards with Liquid Oxygen

It is sensible to assume that when the atmosphere contains approximately 21 per cent oxygen, it must be a considerable fire risk. Although oxygen in itself is not combustible, it does form a major part in the process of combustion. We all know that any substance ignited in oxygen will burn fiercely, this fierce burning will continue until the oxygen is used up. Any form of oil or grease is usually accepted to be combustible items, if in contact with the pressurised gaseous oxygen it is possible they will ignite. Because oxygen is heavier than air, it will be highly concentrated at ground level, or below ground level if the area has drainage grills or the like, it will collect in pits as well.

The Effects of Low Temperature on Liquid Oxygen

Liquid Oxygen as we have already discussed operates at a very low temperature, minus 183 degrees to be exact, for this reason it will extract heat from its surroundings, causing that heat to reduce in temperature as well. This reducing of the temperature will bring it down to that of the Liquid Oxygen, as already mentioned to a very cold temperature. This has a effect on the surroundings, anything that is metal may become brittle, rubber will become as hard as glass, therefore care MUST be taken when using and venting Liquid Oxygen. Because Liquid Oxygen covers a large area when spilled, the gas that comes from that area is very cold, it has the capacity to cause burns, as well as the possibility of frostbite.

Any small drop of this substance can cause some discomfort, not necessarily serious injury. Although any sustained contact may cause severe burning. The eyes can be seriously affected by the cold gases, hence the reason some type of goggles is worn during replenishment. All surfaces within the system should have some sort of insulation, any frost forming within the system may have serious consequences.

Safety Precautions

Some of these have already been discussed, but one in particular makes me think my idea when replenishing could be fact. It states that the Liquid Oxygen should not be confined to an enclosed space, unless there is the facility for venting, or as it is put there should be facilities to release the pressure automatically, some way of venting the system. From this I can only assume the filled Liquid Oxygen container did vent off when full, that was how I knew the system was full without leaving the trolley I was operating.

It is also important the area is clear of any sort of debris, a particular reference is made to metal filings, they have a tendency to detonate if in contact with Liquid Oxygen, strangely enough this is done by way of shock. I am not sure how that works, I do know I have no intention of being around when that happens. We have already mentioned there should be no oil or grease in the immediate vicinity, as well as stating the substance should not be used on tarmac surfaces, I do not know how it reacts with tarmac, I do know the area on the airfield was covered in concrete where the Liquid Oxygen was replenished.

Precautions to avoid Fire

Obviously the first two are self-explanatory, no smoking and no naked flames. It is also important that all electrical circuits on the aircraft are switched off, a spark could ignite the substance. The vents must be clear of any underground ducts or drains, not something we had to look out for, the area allocated to park the Lightning had no such systems, somebody had thought that out during the construction of the airfield.

It was also necessary to provide adequate ventilation, this was done as the aircraft were serviced outside in the open air. It was also necessary for clothing not to be impregnated with either Liquid or Gaseous Oxygen, if it was it was necessary to ventilate the said clothing, smoking with such clothing on was also a Fire Hazard, common sense really. If conditions are such that the Oxygen does ignite, a foam fire extinguisher should be used, the item that caused the fire should be removed from the area, water is no good as it contains oxygen.

Liquid Oxygen at Low Temperatures

The biggest point to emphasis is that Liquid Oxygen pipelines should not be touched with bare flesh, the result of such an action is serious and painful. As already mentioned, protective clothing should be worn when dealing with the system, overalls should be grease and oil free. It is preferable to have overalls without pockets and turn-ups, shoes or boots should be covered. I feel the precautions are very much stricter than when I used this system, time as in this case made the recipient safer.

It is also necessary to replace the connection fitting as soon as the replenishment has been completed. If for some reason a component on the system needs a hammer to be used, a metal hammer would not be appropriate, either a wooden mallet or a hide faced hammer should be used, whichever it is it should be clean. During replenishment it is important to have a water supply available, this is a part of First Aid, in case the Liquid Oxygen makes contact with the flesh, if so immediate medical attention should also be sought.

THE LIQUID OXYGEN SYSTEM

There are two types of Liquid Oxygen storage and conversion Systems installed in aircraft.

a) The Basic System

b) The Stabilised System

We will now look at the basic components of both systems.

Liquid Storage Container

This is an important part of the system, it is used to store the Liquid Oxygen, therefore it must be insulated by a vacuum, and it must reduce the amount of heat absorption. This is done by way of the construction of the unit, it has three concentric shells, a vacuum is formed between the outer and intermediate shells, reducing the rate the heat is absorbed. The inner most shell is perforated, acting with the intermediate shell, forms a series of plates of a capacitor, this senses the contents of the container.

These capacitor plates are linked by a co axial cable to a control unit, these units are linked to the contents gauge.

This Liquid Storage Container is shown on the Liquid Oxygen System drawing which goes with this Chapter. There are several other components which are shown in greater detail, mainly because of the complex role they play in the system. There is a drawing of the Fill and Vent Valve, the Automatic Change-Over Valve which appears in the Stabilised System, as well as the Pressure Control Valve which appears in the Basic System. I have tried to put these units in the position they appear in the system, hopefully their details of construction are easily understood. The first of these drawings refers to the next item in the system, The Fill and Vent Valve, which is described in greater detail below, hopefully allowing the reader to understand its function.

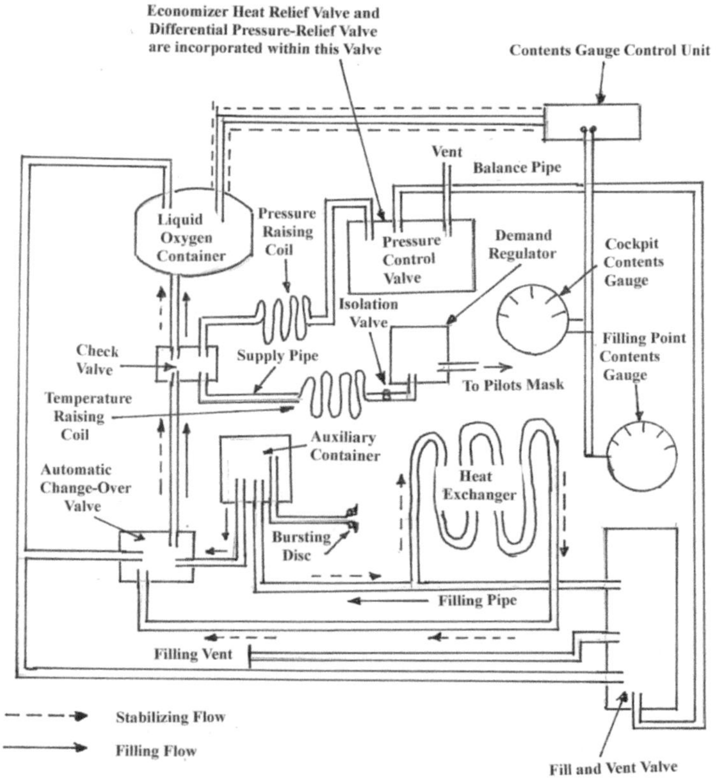

Fill and Vent Valve

As the diagram shows this is a combination of three valves, situated on a common spindle through which the storage container is replenished, that is under normal operating conditions. In doing so it assists in forming a closed pressure balanced gas circuit. When the aircraft is being replenished, the coupling of the replenishing hose displaces the valve spindle. This then opens the fill line, in turn it opens the fill vent line, this vents the storage container to atmosphere, and the balance line is closed to the pressure control valve.

Check Valve

This is a simple non-return valve, it controls the amount of liquid oxygen that passes from the storage container, this liquid passes to the un-insulated piping coils, there it is converted to gas.

Temperature Raising Coil

This coil is also made up of un-insulated piping, it is situated between the check valve and the breathing supply circuit. It has the ability to convert the liquid into gas, it also heats this gas to a comfortable breathing temperature.

Pressure Raising Coil

A similar piece of coil to the Temperature Raising Coil, this is between the Check Valve and the Pressure Control Valve. This also converts the liquid into gas, in doing so it increases pressure to function the pressure control valve.

Perhaps at this point another story may alleviate the technical side of the system, merely a brief respite from the oxygen phase. This is actually two stories in one, referring to colleagues at the camp. The first was a Scotsman who resided in the next bed to me, a charming_ young man who had a somewhat strange hobby, strange that is to most Englishmen, he played the bagpipes. When I say play the bagpipes, it was not a continual thing, he never played during the hours of darkness whilst we slept, he just practised some evenings. It was not a problem for me, in fact quite the opposite, with Scottish descendants it was a pleasure to listen, particularly because he was very good. In fact, he was so good that he was requested to pipe in the Haggis on Burns Night in the Officers Mess, his reputation had obviously gone before him. He did not practice that often, it was only when he had a special event that the practising increased in tempo. To the best of my knowledge nobody in our room complained about the noise, mind you he was a big man to upset.

The second colleague was a very strange case. A very smartly dressed young man, we both had the same trade, you got to know people better who shared the same trade, it was of those anomalies of life. His home town was Ipswich and the camp was just outside Norwich, about an hour from his home town, so he went home every weekend. That in itself is not strange, if you are stationed close to home why not take advantage of it? But he was somewhat different. He had requested and gained this particular posting.

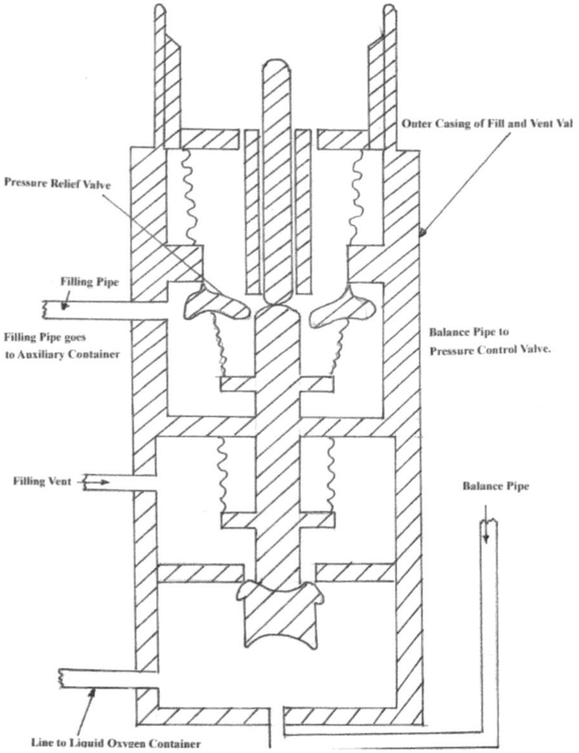

When I met him he had been in the RAF for just over a year. I mentioned the fact I wanted to travel abroad with the RAF, it was a great opportunity to broaden my outlook. He appeared stunned by this remark. He stated he wanted to remain at the camp for the remainder of his service, there was no ambition for him to travel, as things were he could go home every weekend, it was like having a job in civilian life, working away all week and coming home for the weekend.

I remember when I joined the RAF I was drawn by the possibility of travel but my colleague had no such ambitions, in fact he was at a loss to explain why he joined, but he was very content to be close to his home.

Another colleague lived in Essex and went home every weekend, but his problem was somewhat greater. On many occasions he forgot to come back. It appears the allure of his girlfriend in Essex was such that he did not want to leave her. I had the impression it was a very sexual relationship and that he was just too tired to return – at least, that was his version of events! On many occasions the Military Police were sent to his house in Essex, he said his goodbyes to his girlfriend and was banged up for a week, this meant he was unable to see her the following weekend, this seemed to be a continual pattern in his life. I am not sure if this relationship had any love involved in it, I believe it was purely lust.

The unfortunate thing was that these Absent Without Leave incidents appeared to happen every time he went home, on the first occasion he was sentenced to just a few days in the Guardhouse, but with him continually forgetting to return to camp, the sentences got longer and longer. He did not learn anything from his misdemeanours; unaware that time spent in custody did not come off your service time. The last time I heard of this character was following another failure to return. The rumour was that he had been sent to Colchester Military Prison, by all accounts not a pleasant place, affectionately known as *The Glasshouse.* I know his clothes were removed from his locker, a good indication he was not going to return in future.

I never actually knew what happened to him. No doubt the RAF got fed up and discharged him, which gave him the opportunity to spend the rest of his life in bed with his girlfriend, although surely the novelty was going to wear off eventually.

I often wonder about the people I met in my service life. How did they spend their lives after the RAF? It is a sobering thought. Some, I suspect, not as successfully as others.

Pressure Control Valve

This valve is shown in detail in the diagram but it is a complicated configuration. It is a combination of valves in one body, it controls all the pressures within both the storage and conversion circuits, it also provides an automatic venting system, this will protect the system against excessive pressure. The valve is made up of several components, which includes both a pressure opening and closing valve, a differential pressure valve, a vent valve and an economiser valve.

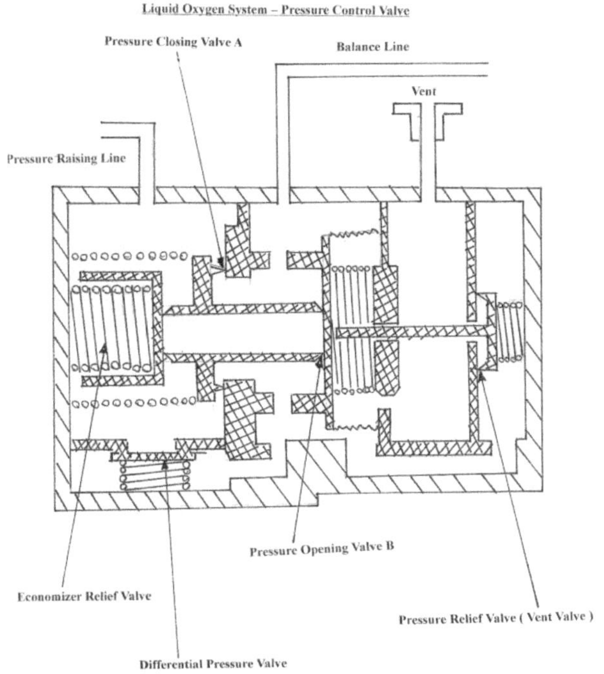

When the liquid oxygen enters through the check valve, it is passed to the pressure raising coil where it absorbs heat, this it converts into gaseous oxygen, the resultant pressure causes the pressure closing valve and the differential pressure valve to close the Pressure Control Valve. In doing this the Differential Pressure Valve is opened and thus linking the pressure raising line to the storage container, this is done through the Fill and Vent Valve.

The question of balance pressure acts on the bellows of the vent valve, this is does until the vent valve opens to vent gas to the atmosphere. The pressure opening valve seats on the vent valve bellows opens as the vent valve bellows are compressed, this bypasses gas to the economiser valve. If there is any usage of oxygen almost certainly results in a loss in pressure through the temperature and pressure raising coils, this loss is felt in the pressure control valve. All the existing gas is delivered through the economiser valve to the actual breathing supply circuit, causing the vent valve to close and therefore economising the use of the liquid.

Stratification

This terms refers to the liquid be in a stratified state, the explanation below is easier to understand. What it basically means is that liquid entering the storage container expands and the temperature increases, this results in several layers of the liquid, these layers have different temperatures, they are in a stratified state. The lower layers have the lowest temperatures, therefore it follows that the upper layers have the highest temperatures. Over time the different temperatures will balance out, then a stable uniform temperature will exist. In the case of Fighter aircraft the stratification process can prove to be a negative effect.

To explain the reasons we show that the aircraft is turned round in short times, which is a vital requirement for such an aircraft. The word turn round refers to servicing between flights, under these conditions the liquid oxygen is being replenished between short flights, this allows for stratification to come into play, the aircraft does not have time for the balance to be achieved. It is also possible under these circumstances that problems may be caused to the system, as well as problems to the structure.

Such aircraft pose intolerable limitations for replenishment bay facilities, a risk that on occasions is necessary. There is of course ways to improve the basic system, thereby alleviating many of the problems. The first obvious idea would be to stabilise the liquid oxygen quicker, turning into the liquid temperature quicker. Any such system must be permanently installed in the aircraft, not put there for one specific set of circumstances. A vital addition is a system that can be replenished in situ, such a system overcomes the detrimental factors of the basic system as already discussed, the unstabilised liquid oxygen system which applies to Fighter aircraft.

Stabilised System

There are of course additional components required to form a stabilised system, each are explained which includes a diagram of the Automatic Change-Over valve.

The first thing to consider is Stabilising Container, which is a small uninsulated container which is on the fill line possessing a stack pipe outlet to the storage container. This unit normally has a bursting disc safety device fitted.

We now move on to the *Heat Exchanger,* a coil of uninsulated piping tapped into the fill line, situated between the fill and vent valve and the stabilising container, connected to the automatic change-over valve.

The *Automatic Change-Over Valve* is shown on the diagram below. Also located in the fill line, it is a non-return valve assembly to be found between the stabilising container and the storage container. This particular valve is dependent on balance line pressure, which will provide alternative flow paths, this is necessary for liquid replenishment and the stabilising function.

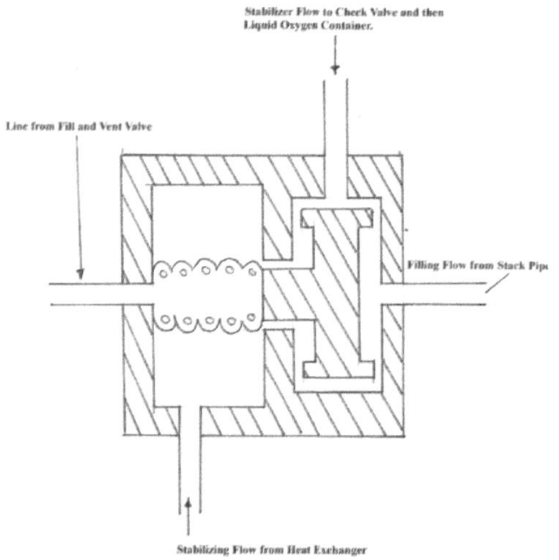

When the replenishment hose is coupled to the fill and vent valve, the gas pressure in the balance line is relieved, this is done via the fill vent, this will then off load the automatic change-over vent.

Incoming fluid going through the fill and vent valve will pass to the stabilising container, this overspills through the stack pipe, passing across the automatic change-over valve and the check valve to the storage container. The replenishment is stopped before the container is full and the replenishment hose is disconnected, this closes the fill vent. Gas pressure in the balance line will then cause the automatic change-over valve to close off the normal fill line, this is from the stabilising container stack pipe.

The liquid that has been retained in the stabilising container, this is done with the assistance of the stack pipe, this liquid will rapidly absorb heat, in doing so it will expand and build up pressure. The liquid is then displaced back through the fill line to the heat exchanger, there it is converted into gas at a high temperature. The gas, which is now hot, is routed across the back of the automatic change-over valve, into the fill line, it then percolates through to the storage container. In this percolating phase the gases heat is partially absorbed by the liquid, this has the effect of stabilising the temperature throughout the liquid, some of the gas is caused to re-condense, this will increase the liquid content.

Oxygen System - General Information

Both oxygen systems, main and emergency, are pressure demand type systems, used with the face mask or a partially pressurised helmet. Oxygen for the main system is stored in liquid form, as previously discussed, the container holds three and a half litres and is situated in the forward equipment bay, this is vaporised by transfer of ambient heat to supply the demand regulator, which is mounted on the starboard console.

A low pressure pipe has the task of conducting oxygen from the regulator to the personal equipment connector, a drawing shows where this connector is situated on the ejection seat.

There is a flexible pipe which connects the personal equipment connector to the pilot's face mask, this pipe is not shown on the drawing but the connection is at the top of the connector.

An emergency oxygen cylinder is mounted on the rear of the ejection seat, it has a demand regulator which can be used if the main system fails. This emergency system will operate if the pilot abandons the aircraft by using the ejection seat.

There are two gauges which indicate the contents of the liquid oxygen container, one is near the filling connection and the other is in the cockpit. Both gauges are calibrated, it is obviously important for the pilot to know what his oxygen situation is. The indicator will go to the 'red failure' scale if there is a power failure.

Demand Regulator

A demand and inflation regulator is mounted on the starboard console. There is an ON/OFF switch, this is normally wire locked in the ON position, this causes oxygen to be admitted from the pressure supply, and shows the pressure at which the oxygen is supplied to the regulator. On each occasion oxygen is supplied a magnetic flow indicator is operated, this is when the pilot breathes through his face mask. When the regulator is set to any other position apart from Normal, a four position manual selector control super-imposes a spring load on the demand valve linkage, thereby increasing the oxygen pressure to the mask.

There is a spring-loaded pin in the operating lever, it prevents any inadvertent movement to the mask test position. Situated at the top of the regulator is a manually operated air inlet valve, this has two positions, the Normal Oxygen position, and the 100 per cent Oxygen position. In addition to this a Personal Equipment Connector connection, the regulator possesses a plug connection for the remote flow indicator. In order to stop interference with the aircraft's radio services, a suppressor is fitted in the regulator. It is important that the regulator can be removed without the necessity to empty the system, for this purpose an isolation valve is fitted. A Diagram of the Emergency Oxygen system fitted to the pilot's seat is shown, hopefully it will clearly show the relevant components.

Personal Equipment Connector (PEC)

The PEC consists of three specific parts: the aircraft component, the seat component and the pilot's personal component. The complete component is shown on the diagram, along with the position on the seat. When the pilot engages his personal component to the seat component, the oxygen system is then complete. There is a dust cover fitted to the seat component, it should be removed and stowed before the connection is made, the cover should always be on the seat component when the personal component has been disconnected, as the title suggests it prevents any dust build-up.

Remote Magnetic Indicator

It is important that the pilot has knowledge of what the flow through the regulator is; the magnetic indicator is used for that purpose. Details of this flow show up on the pilot's instrument panel, allowing him an additional indication. This indicator works with the indicator in the regulator; it is part of an electrical circuit which has contacts in the regulator; these contacts either open or close in response to the movement of the diaphragm during breathing.

Stabilised Replenishing Circuit

It is vital in the stabilising operation of the system that the liquid oxygen that has replenished the system, is quickly brought to the same temperature as the liquid oxygen in the aircraft system. In order to do this the liquid oxygen in the aircraft container is rapidly raised from the *ground storage temperature* to the temperature in the aircraft system. This is what the *stabilising system* does. This is achieved by passing gaseous oxygen through the liquid oxygen in the container, the gas then condenses, giving off heat to the liquid; this causes the temperature to rise the appropriate amount. This system has a *non-insulated auxiliary container*, an *automatic change-over valve* and a *heat exchanger*, all inserted into the *replenishing pipeline* of the system.

Replenishing and Stabilising

It is necessary to connect the *tanker hose* to the fill and *vent valve*, this causes the *valve spindle* to displace, this in turn opens the *filling pipe* to the *auxiliary container*, it also closes the *balance circuit* and vents the main container to atmosphere. The liquid oxygen enters the auxiliary container at a pressure between 50 and 55 pounds per square inch, this then overflows through the *stack pipe* into the *change-over valve*, this operates to allow fluid to enter the main container, thereby causing the system to start the stabilising process. The tanker hose is then disconnected. The *fill and vent valve spindle* goes to the closed position, this causes the *change-over valve* to operate, isolating the stack pipe from the system. The fluid in the auxiliary container then boils and builds up pressure; this expels the remaining fluid through the filler pipe to the heat exchanger. When in the heat exchanger the liquid is caused to evaporate quickly, this makes the liquid become the gaseous oxygen passing through the change-over valve, passing through the check valve to the bottom of the main container, bubbling up into the liquid. These components are shown on the liquid oxygen system diagram. A bursting disc, also shown on the diagram, will rupture when the pressure reaches 325 pounds per square inch, this compensates for the pressure in the auxiliary container rising too quickly. Ice blockage is one of the causes of excessive pressure, or possibly the malfunction of the relief valve in the pressure control valve. It is obviously advisable that the bursting disc is not caused to rupture, but the safety precaution is there if needed.

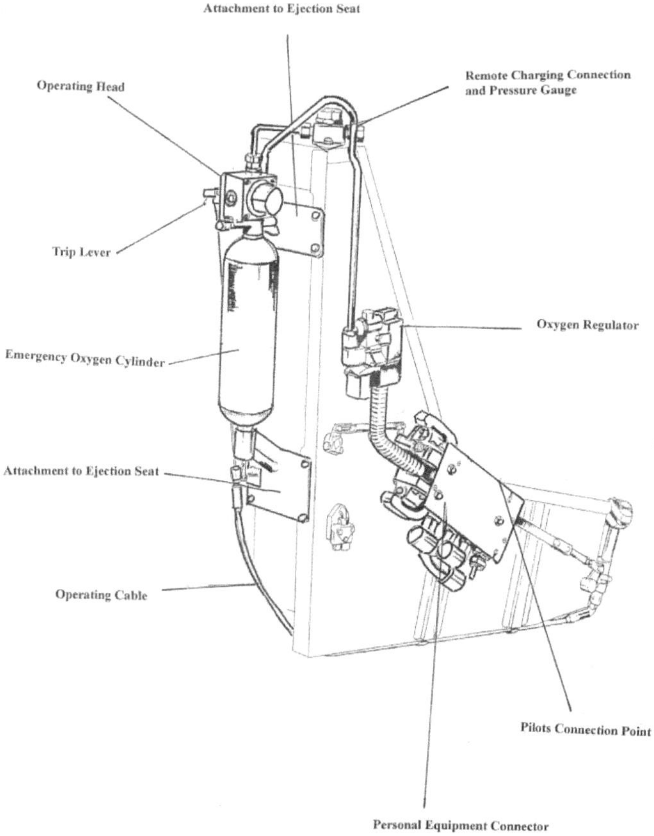

Gas Generation

Pressure Build Up

Liquid oxygen is stored under the effects of gravity. It bleeds through the *check valve* into the pipes to the *pressure control valve*, along with the *pressure regulator*, where it evaporates. This evaporation is caused by the ambient heat and is the start of a pressure build-up. The pressure is transmitted through the pressure control valve, the balance pipe and the fill vent valve to the top of the container, then through the regulator through the temperature raising coil, all are shown on the diagram. As the pressure starts to increase, the bellows in the control valve are compressed, when reaching 160 pounds per square inch, the valve closes under the influence of its spring, thereby isolating the balance pipe from the *pressure raising coil.*

Pressure in the pressure raising coil continues to increase, when it exceeds the combined effect of pressure above the surface of the liquid in the container, combined with the gravity head of the liquid, the check valve is caused to close to prevent more liquid entering the pressure raising coil. The supply pressure is controlled at 160 pounds per square inch, if it falls below that level, the check valve will open, this will allow a small quantity of liquid into the pressure raising coil.

Pressure Venting

If there is no demand made on the system, the transfer of ambient heat continues to evaporate oxygen in the container, the result of this increase in the balance pressure is matched in the pressure raising coil, causing a slight leakage through the check valve. If the balance is increased, the bellows compresses in the control valve, until at 200 pounds per square inch, the vent valve is lifted from its seat, this allows excess pressure to vent into the atmosphere.

Economiser Circuit

There is obviously a reduction in the balance pressure due to the leakage through the check valve, caused by the demand on the system. Since this would not normally be enough for the vent valve to reseat, it results in constant wastage. Elimination of this wastage is provided by the *economiser relief valve*. When the pressure increases the bellows are sufficiently compressed, balance pressure is applied which causes the valve to lift from its seat, this occurs to one side of the economiser relief valve, carried out through the by-pass passage. Providing the balance pressure and the supply pressure remain equal, the spring on the relief valve holds it in the closed position. When a demand by the pilot is placed on the system, the valve opens which causes gaseous oxygen from the balance pipe to flow into the pressure-raising coil; this ultimately satisfies the demand made, it also reduces the balance pressure below its venting value.

Pressure Relief

If the system pressure is at 160 pounds per square inch, this places a heavy demand on the system, if it is then suddenly removed, the increase in system pressure will be rapid, this is caused by the evaporation of excessive liquid oxygen that has entered the pressure-raising coil.

When the pressure exceeds a balance pressure of 50 pounds per square inch, the differential relief valve is opened to balance the pressure.

Servicing the system at ground level

Any servicing of this system must be to the highest standards; it must be maintained in an efficient working order. One of the main objectives is to keep all installations free from oil, grease and moisture, ensuring the container is stringently checked for leaks and remains topped up. The system should also be checked for damage, particularly when flexible hoses are being used. The flexible hose to the Personal Equipment Connector should be checked regularly, ensuring the fitting is correct. There are many precautions which should be observed when dealing with liquid oxygen, these are listed below.

Emptying the System

There are two methods for carrying out this task, this is necessary if certain items on the system need replacing.

This system is only going to be used if the amount in the system was low, it is a slow and tedious method. Having connected the mask to the PEC, the emergency selection is made on the regulator until the flow of oxygen ceases. Once this has occurred the regulator is returned to the NORMAL position.

Blank off the filler vent with an expanding plug, fit a emptying cap to the Fill and Vent valve, this cap has an 18 inch metallic hose fitted to it, closing the stop valve on the hose Then direct the the stop valve towards the ground before opening, ensuring all personnel are clear of the area of the venting. When the system is empty the vent plug and emptying cap assembly can be removed, the sealing cap on the fill and vent valve can be replaced. It is hoped this method will be carried out without too many problems, if the vent plug is in some way dislodged, this will cause the system pressure to be lost, emptying the system will then be down to gravity.

Topping up the System

It is basically the same as replenishing the system, with a few notable exceptions.

The bowser, or the actual apparatus carrying the liquid oxygen, must have the valve OPEN before the connection is made. Without this a pressure surge may occur, this may cause the failure of the bowser rupture discs.

When the bowser is connected to the aircraft, gas will discharge through the filler vent, this will show the operator the connection is made, an important precaution. It is a strange situation that during filling the contents gauge will show a reading that has dropped, it will of course start to rise as the filling proceeds. It is also strange that the topping up process quite often takes longer than replenishing from empty. Replenishing the Oxygen System.

Liquid Oxygen

On many occasions I used liquid oxygen to replenish aircraft and it frightened me to death. liquid oxygen has a temperature of minus 183 degrees at atmospheric pressure. If it makes contact with the skin it will undoubtedly cause severe burning and the recipient of this contact must seek immediate medical advice. Precautions taken when using it included wearing a leather apron, either goggles or a face mask and large and very well padded gloves. I feel sure you can appreciate that the thought of your fingers reaching a temperature of -183 degrees does not bear thinking about, they would snap like a twig.

Before moving on to the next section about the Canopy and the Cockpit, it seems an appropriate time to relate another true story.

Ejection Seat Advice

On one occasion I was acting as a starter crew. I was at the top of the ladder assisting the pilot while a colleague was assisting the student pilot on the other side. I think it was the student's first flight in a Lightning. The pilot was going through the normal pre-flight checks, explaining what the gauges signified, although the student was a qualified pilot, he had not qualified on the Lightning.

This starter crew took longer than usual, the pilot had apologised before entering the aircraft, stating that he had to familiarise the student with the controls. We told him that we understood and would wait until he had finished his briefing. It did not really matter to us, we did have some sympathy with both the pilot and the student.

Having completed his talk on the controls, it had been a very thorough briefing. The pilot then asked the student if he had ever ejected from an aircraft. He gave a negative reply, which did not surprise us. Not many pilots have needed to carry out such a dangerous manoeuvre. The next bit of the conversation amused me greatly, I can remember word for word what the pilot said to the student.

"When I say eject you do it, I will not be around to say it a second time," said the pilot.

The student nodded his head to show that he understood. It was a very nervous nod.

I am glad to say that about forty minutes later the aircraft returned with both pilots and both ejection seats intact.

7 | The Canopy and Cockpit

The *cockpit* is, of course, where the pilot sits and all the controls of the aircraft are located. The switches and dials within the Lightning cockpit are discussed in further detail later in this chapter, each diagram split into different functions of the aircraft.

But before we go onto that, we must look at the *canopy* of the aircraft, which covers the cockpit and protects the pilot.

In order to enter the Lightning's cockpit a ladder was provided, the diagram of this is shown. The ladder had *ball end fittings* which located into spring loaded flaps in the skin of the aircraft. On a single seat Lightning the ladder was positioned on the port side where the *canopy lever* which opened the canopy was located. For the two-seater version, ladders were fitted to both sides of the aircraft, but the canopy opening lever was always on the port side.

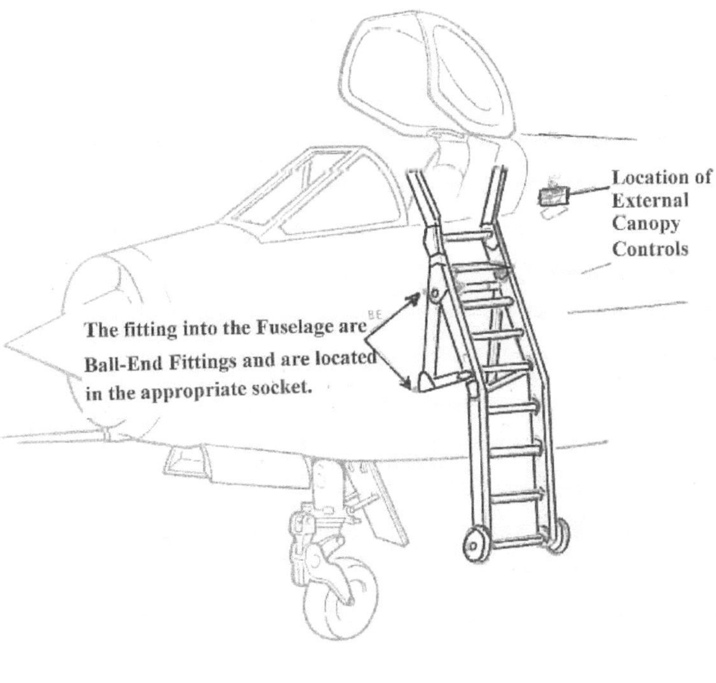

To open the canopy it was necessary to pull the locking handle to the unlocked position. This disengaged the canopy locking mechanism and operated the spring-loaded toggle-switch, which in turn controlled the canopy hydraulic jack. Inflation of the canopy seal was controlled by the locking handle. A warning buzzer sounded every time the canopy switch was operated, yet another safety precaution to overcome, and a warning lamp was also illuminated on the warning panel, and remained illuminated while the canopy was unlocked. It was still possible to close and lock the canopy using the external controls on the port side.

Once the ladder was in position and the canopy had been opened, it was time to enter the cockpit. During the servicing of a Lightning, a variety of trades may well have required access to the cockpit. It was important for tradesmen to look after their own safety when entering the cockpit, no matter what trade. The first thing to check was the ejection seat; were all the pins correctly engaged on the seat? If not, there was only one course of action; to leave the cockpit and place an AIRCRAFT LIVE sign on the ladder. Some said one should close the canopy but I did not agree. Closing the canopy might trigger the seat to eject, so I would leave the canopy as it was. The diagram shows not only the location of the *external canopy controls*, there is a close up showing each part of the mechanism.

External Controls for Opening and Closing Canopy.

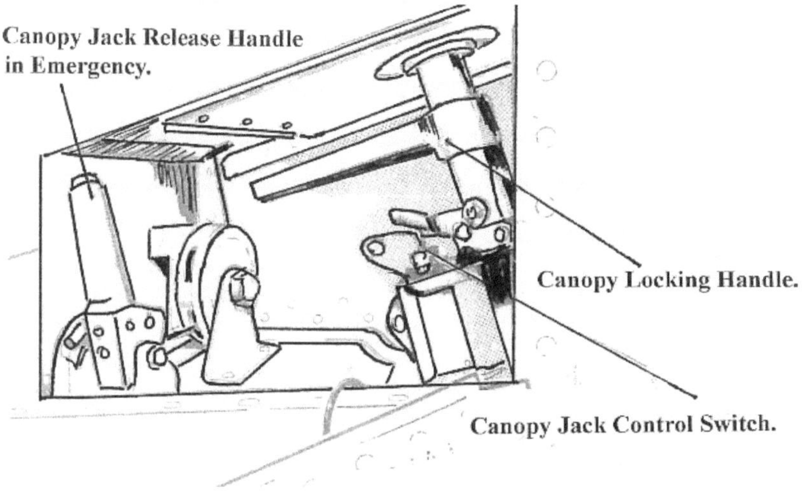

If for any reason the canopy failed to open when the lever was pulled, there was only one likely fault – low accumulator pressure in the hydraulics. This could be charged to an acceptable level by using the hand pump. The canopy was a structure which was hinged to the rear; it had bolts secured on the spine structure of the aircraft. As already discussed, it was mechanically locked. This was hydraulically actuated. In an emergency the canopy could be jettisoned; this was done by using a cartridge-operated unit. A diagram shows this system. There are safety features in the canopy opening mechanism, in that I refer to the normal opening and not the emergency opening. The canopy was therefore unlocked before the hydraulic control could be brought into play.

Consideration should also be given to the fact the cockpit was pressurised, there was a hollow rubber seal located around the windscreen arch, the inflation of which used air from the main air system. [The pressurisation of the cabin will be dealt with in greater detail later.] The canopy could be jettisoned without actuating the seat ejection mechanism, although if the pilot selected ejection by using his seat, the canopy would work in conjunction with the seat mechanism [not a good idea for the pilot to eject with the canopy still in place].

Canopy ejection was carried out by pulling one of the two handles available to the pilot; a *spade grip handle* mounted on the cockpit floor or a *T-shaped handle* connected to a lever located on the *external jettison control panel*. Once this had been depressed on the section marked PRESS, the external handle MUST be pulled outboard. It is obviously a serious problem when the canopy has to be jettisoned, when ejecting there was a need to jettison the canopy, and it would of course be a serious problem for the pilot, it is not acceptable to jettison the canopy at ground level.

The canopy Jack End-Fitting release was operated by pulling either the internal handle or, more likely, the external handle on the port side in the access panel. In releasing this fitting, the canopy could be opened manually; this would be used in the case of electrical or hydraulic failure within the system. Under these circumstances it was essential that the canopy remained in the closed and locked position until the jack end was released. The locking mechanism is shown on a diagram.

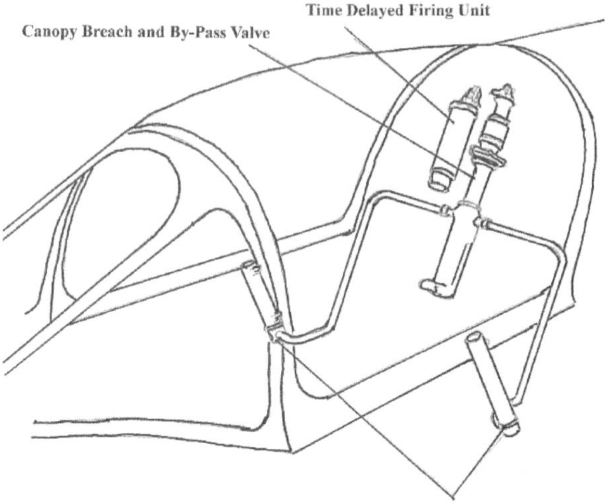

Construction of the Canopy

The canopy on the Lightning was complicated, as it is in most aircraft, because it involved a mixture of different elements, all of which must be able to cope with pressurisation. The canopy itself had a metal frame, two transparent double-skinned side panels and a clear-vision glass panel on top. Two *hinge arms* were bolted to the top of the canopy; they extended to the rear and had a *release mechanism* incorporated consisting of a hook that gripped the canopy *hinge bolt steel bush*. This was carried out under pressure, applied from an *eccentrically mounted catch*. This adjustment was locked by a *tab* situated on the eccentrically mounted catch, which engaged one of seven radial slots in the hinge arm. There were two rollers, carried by bolts, which passed through the rear side castings; they were engaged by locking hooks on the fuselage structure, thus locking the canopy. There is a detail of this on the drawing that follows.

Additional locking was provided by *shoot bolts*, carried on control rods, which extended on each side of the canopy. These rods, which were spring loaded towards the unlocked position of the canopy, possessed *yokes* at the rear end; these were engaged by the locking hooks, which caused the shoot bolts to enter or withdraw, depending on whether opening or closing. There were holes in brackets on the windscreen arch. *Striking blocks*, which were located on the rear side of the casting, were made to come into contact with the *canopy jettison jack pistons*, thus lifting the canopy during a jettisoning operation.

The panels on the side of the canopy were of contoured toughened glass with two laminations and vinyl separators. Electrical heating was incorporated in the port panel via a transparent resistive metallic compound, located between the laminations.

When HEAT ON was selected, it also energised the *canopy interspace de-misting blower.* The de-misting system is shown on the diagram, as is the *cockpit lighting assembly.* The front windscreen, was also manufactured from toughened glass, made up of four laminations with vinyl separators.

Lightning T Mark 4 Canopy.

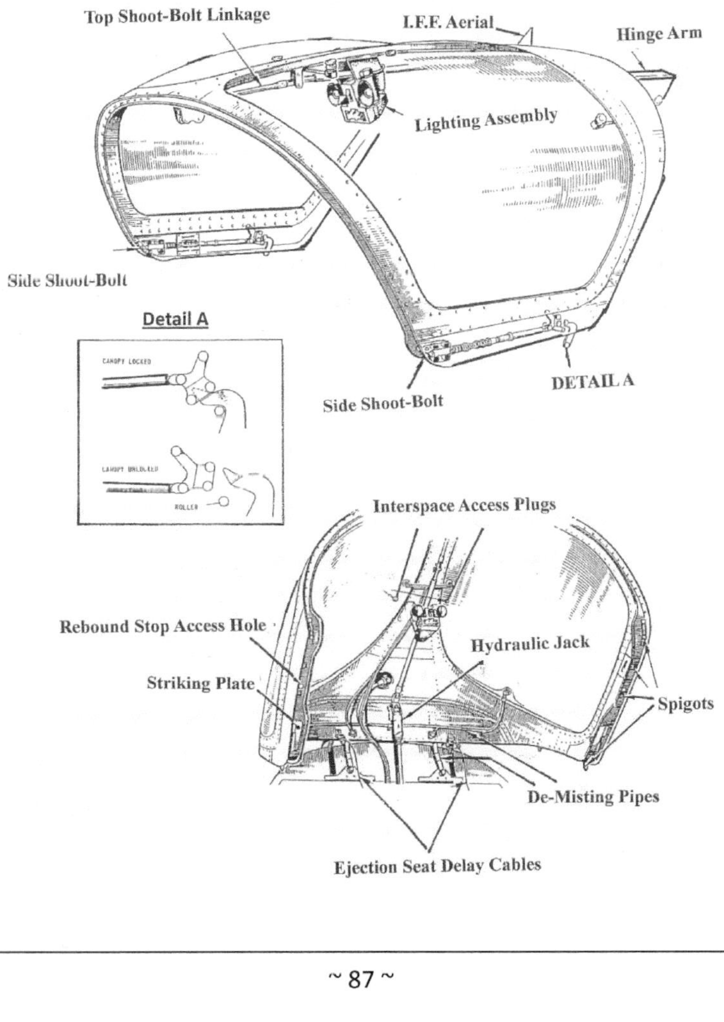

Electrical heating was incorporated within the windscreen, in the form of a transparent resistive metallic compound between the second lamination and the outer. The heat was created by the resistance of the metallic inlay to the flow of the electrical current. In order that no overheating occurred, the electrical supply was automatically controlled. This went to half heat when the aircraft was on the ground as a safety precaution.

Canopy Interspace De-Misting

For obvious reasons, keeping the canopy free of condensation was vital. The interspace de-misting system used warm air and could be activated by the pilot at any time. The switch that operated the system was located on the starboard leg panel and had two settings; *Windscreen* and *Side*. When selected, it simultaneously energised the heating circuit of the port windscreen, along with the blower of the de-misting system [the blower was located on the spine of the aircraft]. The centrifugal blower set up a closed circuit airflow, which travelled from the canopy interspace to the blower and back by way of *chemical air driers* mounted in the canopy roof [not shown on the diagram]. These were cylindrical cartridges containing the drier medium. In order to retain the cartridges in their housing, a spring-loaded and threaded cap was used, this cap had an observation window to check the serviceability of the cartridge.

Canopy Interspace De- Misting Diagram.

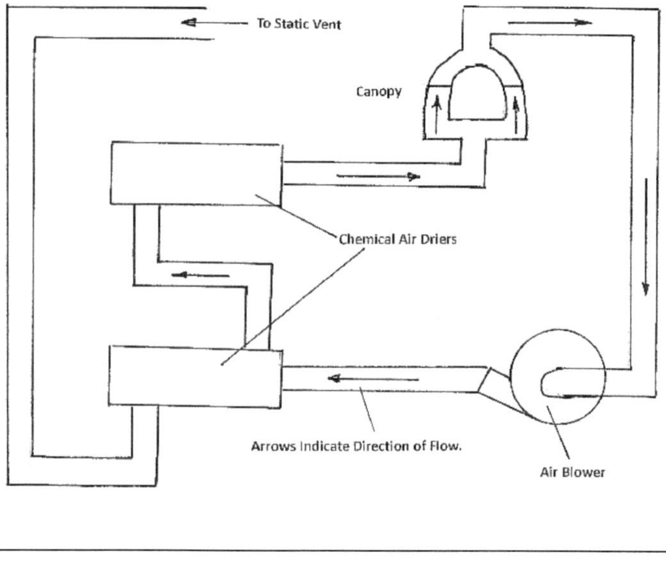

The Canopy Seal

The canopy seal system involved an *air storage cylinder* located at the rear of the canopy and a network of piping to enable the inflation of the canopy seal. The diagram provided shows how it fitted snugly around the canopy. There was a *canopy seal test gauge connection* to the rear of the canopy and the system also had several non-return valves, to avoid air leaking back into the system. The system was charged from the ground. The gauge showed the storage container content and the tradesman decided if replenishment was required.

When fully charged the system was able to provide sufficient pressure to inflate the seal approximately five times. An extra allowance compensated for any leakage in the system. The cylinder was charged by pressure from the engine compressor, normally between 170 and 190 pounds per square inch, when the engines were running. If the pressure fell below 30 pounds per square inch it was necessary to recharge the system; this would be done by foot pump, a bit old fashioned but effective.

Another personal story follows, relating to the cockpit and a lesson well learnt by one of the pilots.

LIGHTNING CANOPY SEAL

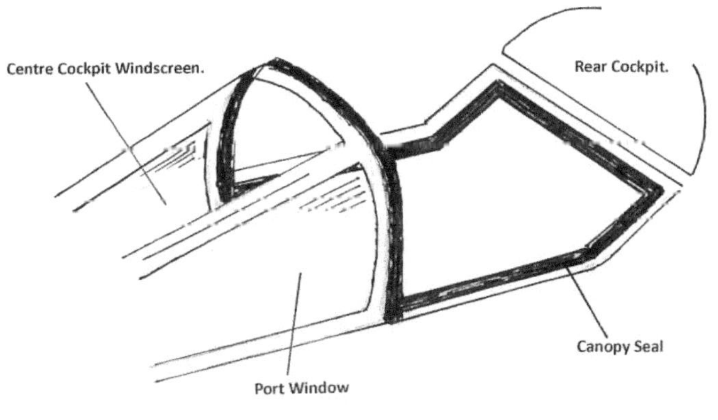

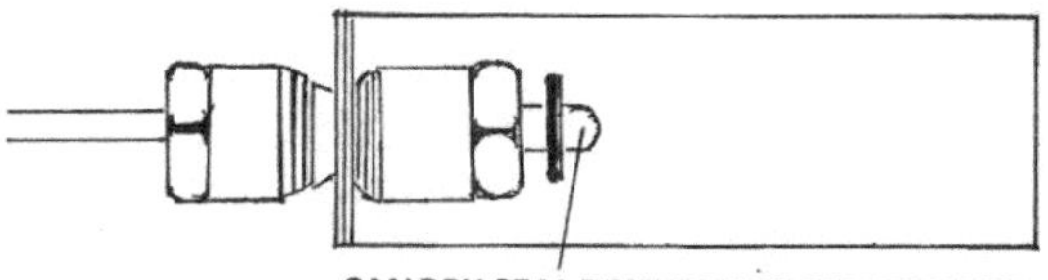

CANOPY SEAL TEST GAUGE CONNECTION

Canopy Seal Test Gauge Connection point is accessible for Ground Staff to check the gauge for replenishment.

Remember the Pins

Every time a Lightning landed, it was marshalled into a slot in the line, where servicing could begin. The pilot then got out and went to the *line office* to complete the *Form 700*, on which he would list any faults noted during the flight. For instance he might mention that the controls were sluggish or that the braking was slow or intermittent and his comments would notify those servicing the aircraft to investigate the source of the problem. The last thing he should always do before leaving the cockpit was to replace the pins in the ejection seat, thereby making the seat safe so the ground crew could enter the cockpit in safety.

On one occasion I had marshalled a single-seater Lightning into the designated bay and had fixed the ladder to the fuselage to allow the pilot to get out. Not all the pilots thanked us for that. Some felt we were only there for their gratification. The pilot in question was such a pilot, you know the sort, the arrogant type, we were merely his servants. As he left the aircraft and walked to the office to sign the Form 700, I climbed the ladder to the cockpit. I had been taught that the first job was to check that the pins were in the ejection seat but to my horror one was still in the rack. He had forgotten to replace the *face blind pin*. I could have easily stuck the pin in the hole myself but we were told never to touch it. I climbed down the ladder, closed the cockpit by using the switch on the fuselage, and placed the AIRCRAFT LIVE sign on the top of the ladder, to warn other tradesmen. I then made my way to the office to speak to the crew chief, as we had been told to do.

The pilot of the aircraft was still signing the Form 700 but I did not approach him. When I informed the crew chief of the situation he told me to say nothing. The pilot left the office without a word being said and was transported to the Officers Mess. The crew chief looked at his watch. I could see that he was making calculations and asked what he was doing. He was happy to tell me. He was waiting until the officer had changed for dinner, then he was going to telephone the mess and request that he return to the line, since his aircraft was live and nobody was allowed to go near it until the offending pin had been replaced. The officer was obliged to return to make the aircraft safe.

The crew chief timed it perfectly and the officer was transported back to the line in his mess uniform, no doubt just about to go in to dinner. He said nothing as he walked to the aircraft and replaced the pin. Strangely enough, it was not a mistake anyone ever made a second time. The word 'embarrassment' springs to mind...

Anti-Icing System

In order that the de-misting, rain dispersal and anti-icing systems worked in the correct manner, a *constant flow valve* was fitted. The importance of this valve cannot be overestimated, it was vital to all three of these air supply systems. The constant control valve ensured that the flow of air to the system remained constant regardless of upstream pressure, downstream restrictions or the altitude of the aircraft. The principle components were the valve body, the valve casing and the needle valve assembly, the diagram shows other important components.

Valve Body

This was basically a cylinder divided by a diagonal wall into two chambers, which were different in both length and diameter. Within these chambers was a spring-loaded piston incorporated in a sleeve assembly, the piston in the upstream chamber and the sleeve in the downstream chamber, connected by a rod, which passed through the diagonal wall, clearly shown on the diagram. The three parts were bolted at the top to keep the casing together. They supported the flanged angular ring in the centre, to which the casing was bolted. When the unit was assembled, the annular ring formed part of the casing of the component.

Valve Casing

The valve casing was in two parts, flanged to fit the body together, also incorporating a coupling flange. This was assembled and placed in the air system. The downstream part of the component had a *profiled nozzle* that worked in conjunction with the sleeve to assist in restricting airflow through the valve, too much being as bad as too little.

Bleed System

Two passages communicated with the piston chamber. The first led from the valve body inlet, through the piston rod, towards the outlet nozzle. The second through the support webs or annular ring area, terminating at the *bleed orifice*, clearly shown on the diagram, controlled by the *solenoid operated needle valve*. On the Lightning the solenoid was not operative, so the bleed orifice took on the duty of being a *fixed area bleed.*

Operation

The air enters the valve by flowing through the annular chamber that surrounds the valve body; it then passes through and out of the outlet nozzle. The air pressure that enters acts on the piston head, having passed through the filter, some of this air enters the bleed system, this causes it to vent to atmosphere through the bleed orifice at the bottom of the unit. One of the functions of the bleed system is to ensure the pressure across the piston is satisfactorily maintained, this makes the spring work in the required way. If by chance the inlet pressure should increase, this pressure on the piston causes the spring to compress, in doing so the sleeve moves into the nozzle, this reduces the outlet area this prevents a mass flow of air. This reduction is normally a result of the pressure rising, thereby a reduction in inlet pressure allows the spring to extend and having the opposite effect. Hot air for the canopy seal inflation, de-misting, rain dispersal and air intake lip anti-icing is obtained, they are obtained in the order given. The supplier is the main air supply downstream of the constant flow valve which is located in number one engine bay, this valve remains fully open when there is no air flowing.

Constant Flow Valve

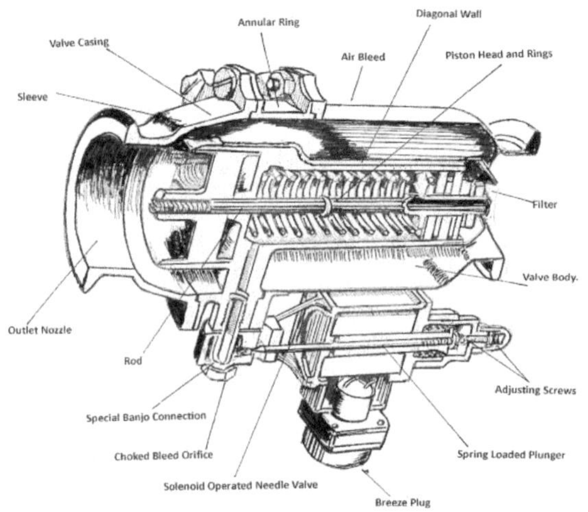

Air Intake Lip Anti-Icing

The air intake does has something called a *lip anti-icing system.* The lip is circular in appearance, has a wedged section and is made of stainless steel. It is situated on the leading edge of the Lightning Air Intake, clearly marked on the diagram. It consists of horizontal blanking plates, divided into two semi-circle constructions. The complete structure is also divided; it has what is known as an annular partition, they are in the forward and aft compartments, there is no diagram of this piece of equipment.

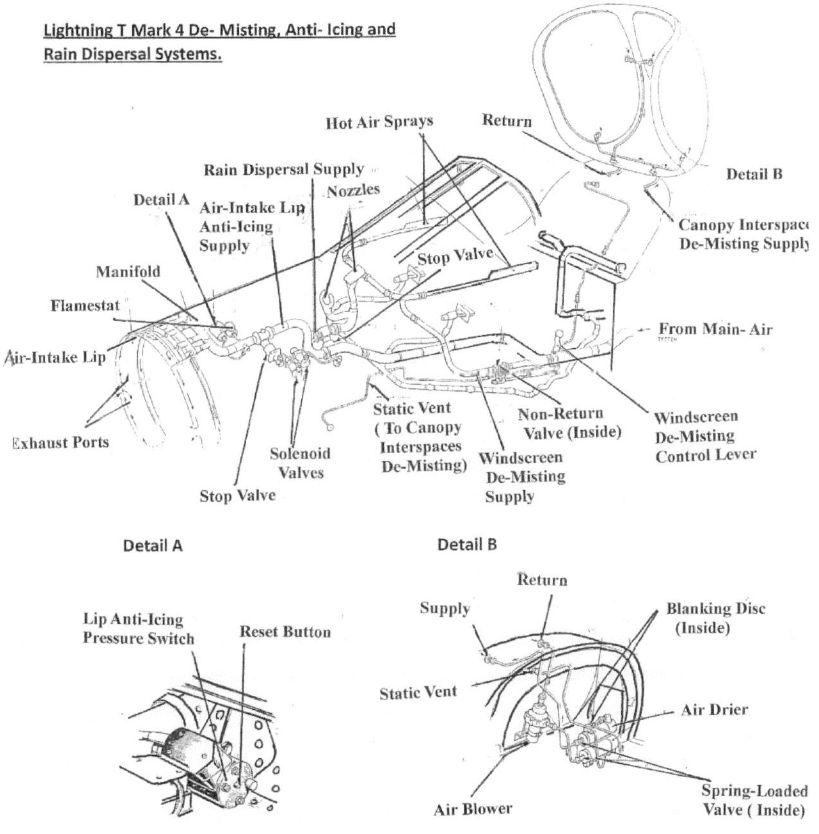

The heated air, which is electrically controlled, is also flow governed, the pressure operated air with a butterfly stop valve is piped from the main air supply, this passes to a manifold which is located behind the top edge of the air-intake lip. There are four outlet stubs which extend forward from this manifold, the inner pair are connected by a series of rubber pipes, this connection goes to the upper half of the aft compartment, the location is easily visible on the diagram.

The outer pair of outlet stubs, travel through pipes which go around the upper half of the intake, they connect to the lower half of the aft compartment. To avoid a lack of communication between the forward and aft compartments, holes are drilled to alleviate that problem. There are bleed holes which are drilled through the inner skin, this ensures a continuous flow of heated air through those compartments where it is required.

The obvious question when operating such a system is how to prevent overheating, fortunately an automatic system is in operation, this comprises of a pressure switch, as well as an item called a flamestat. The flamestat is shown on the Cabin Temperature Control system.

These systems are positioned in the anti-icing pipe in the downstream flow, they are further down than the butterfly valve, the operating pressure is between 70 and 90 pounds per square inch, as well as a temperature of 350 degrees centigrade. If either of these figures are exceeded, the manual selection is overridden and the valve is closed. The pressure switch also incorporates a reset button, once the switch has operated it can only be reset on the ground.

Stop Valves

These valves are incorporated in both the rain dispersal and anti-icing systems, they are independent switches which will signal to the cockpit when a situation arises. That situation will show on the respective indicators in the cockpit when the valves are fully open. These valves are operated by air pressure, this pressure is in the main pipe upstream of the respective valves, this is controlled by a remote solenoid valve, these are situated within the circuit of both the Rain Dispersal and Anti-Icing systems. When a situation arises when no air is flowing through the pipes of either system, the valves themselves become inoperative.

Before going onto other air systems which affect the cockpit and the safety of the crew, it might be an appropriate time to discuss the layout of the cockpit, by that I mean the dials and indicators, the cockpit that faces the pilot every time he flies.

The first cockpit layout is concerned with the Flying controls of the aircraft, as explained on the page showing the diagram, each control has a number which states the purpose of each indicator, there are a total of five cockpit diagrams.

The second layout deals with the weapons and technical equipment fitted to the Lightning, it also has the important Oxygen and Fuel indicators The third diagram has the undercarriage and brake and hydraulic gauges, as well as a few indicators for the pilots comfort, the de-misting and windscreen heater switches.

Our fourth diagram has many indicators which are used during an emergency, which includes the Engine Fire Extinguishers, as well as warning lights for the main battery, along with indicators to show low hydraulic pressure. These systems are vital if the pilot should get into any difficulty when airborne.

The fifth diagram appears to deal mainly with the Fuel and Engine part of the aircraft, buttons and switches that transfer fuel when necessary, temperatures of engines and associated parts, as well as the important throttle of the aircraft.

This is what the pilot is faced with every time he flies, I think you will agree it is a somewhat daunting prospect.

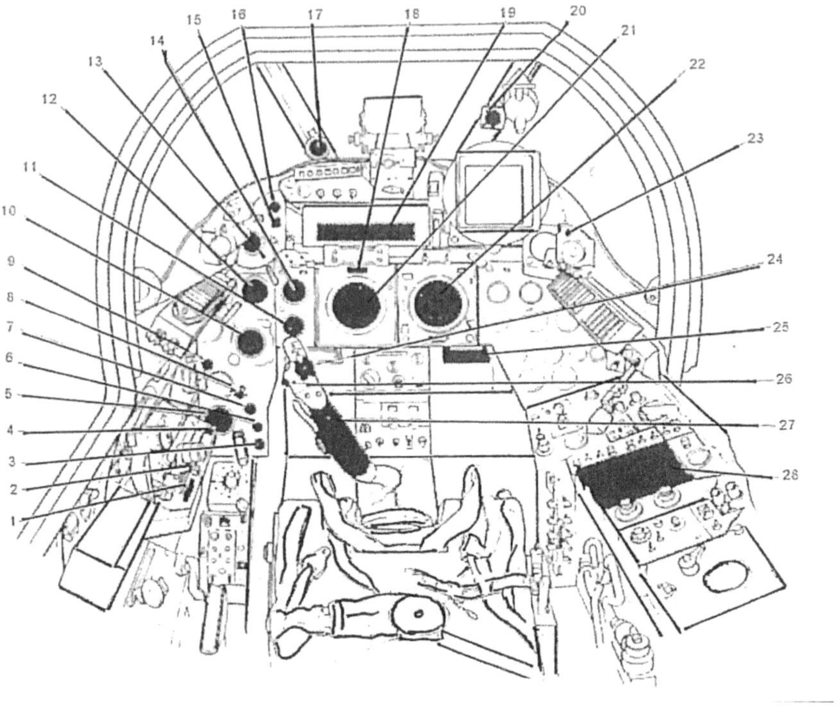

Key to diagram

1.) Rudder Trim Switches. 2) Air- Brake Selection Switch.
3) M.R.G. Pull-Off Indicator/ Switch. 4) Hydraulic Feel Cut-Off Switch.
5) Three-Axix Trim And Air-Brake Position Indicator.
6) M.R.G. Fast Ejection Push Switch. 7) Auto-Pilot Trim Indicator.
8) Flaps Selector Switch. 9) Flaps Position Indicator. 10) Stand-By Artificial Horizon.
11) Rate Of Climb Indicator. 12) Stand-By Altimeter. 13) Stand-By Air Speed Indicator.
14) Main Altimeter. 15) Inverter Switch. 16) Stand-By Inverter Indicator.
17) Stand-By Direction Indicator. 18) Slip Indicator. 19) Strip Speed Display.
20) Accelerometer. 21) Attitude Indicator. 22) Navigation Display.
23) Flight Control System Indicator (Repeater) 24) Two-Axis Trim Switch.
25) Rudder Bar. 26) Flight Control System Switch. 27) Control Column Handle.
28) Pilots Flight Control System.

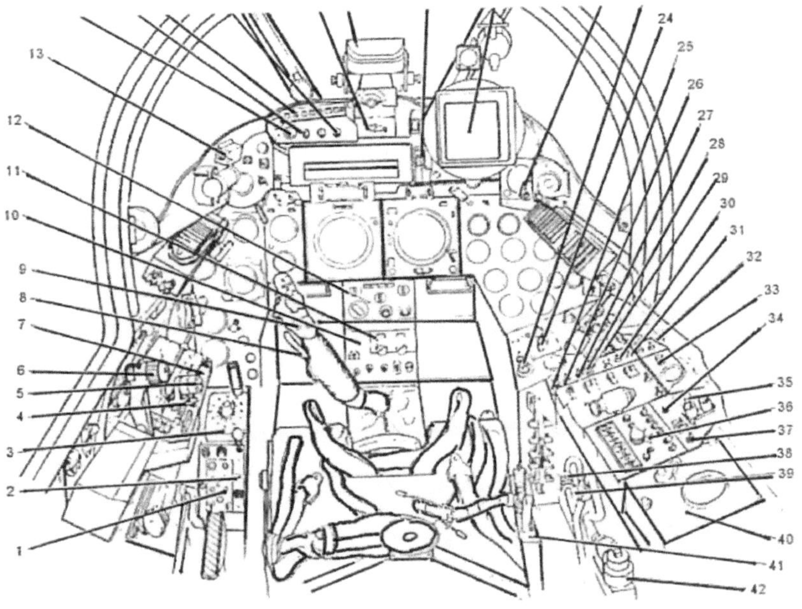

Cockpit Controls and Instruments of Lightning F6

1. Tacan Control Unit. 2. Stand-By U.H.F. Guard/ A Switch. 3. I.L.S. Control Unit. 4. Rain Dispersal/ De-Ice Switch. 5. R/T Press-To-Transmit Switch. 6. AI 23c Hand Controller. 7. Rain Dispersal/ De-Ice Indicator. 8. R/T Press-To-Tramsmit Switch. 9. Camera Push-Switch. 10. U.H.F. / I.L.S. Control Panel. 11. Tacan Offset Computer. 12. R/T Controller. 13. Flight Refuelling Switch. 14. Oxygen Flow Indicator. 15. Flight Refuelling Probe Light Switch. 16. Flight Refuelling Indicator Panel. 17. C.R.T. / I. F. S. Selector Switch. 18. Light Fighter Sight. 19. Camera Recorder. 20. AI 23c Pressure Override Switch. 21) A123 C Display Unit. 22) Telebriefing Indicator Switch, Press To Transmit. 23) Armament Master Selector Switch. 24) S-Band Homer Control Unit. 25) A 23b Recorder Switch. 26) Guided Weapons Arm/Safe Switch. 27) Guided Weapons Pairs/Singles Switch. 28) Armament Indicator. Indicates Stage Reached In Armament Firing Sequence. 29) Guided Weapons Fire Control Reset Push Switch. 30) Camera Iris Switch. 31) Camera Master Switch. 32) Frequency Card Holder. 33) Guided Weapons Telemetry Switch. 34) S.I.F. Control Unit. 35) Oxygen Contents Gauge. 36) I.F.F. Control Unit. 37) I.F.F. Master Switch. 38) A.V.S. Flow Control Valve. 39) Anti-G Shut Off Cock. 40) Oxygen Demand Regulator. 41) Personal Equipment Connector. 42) Anti-G Valve.

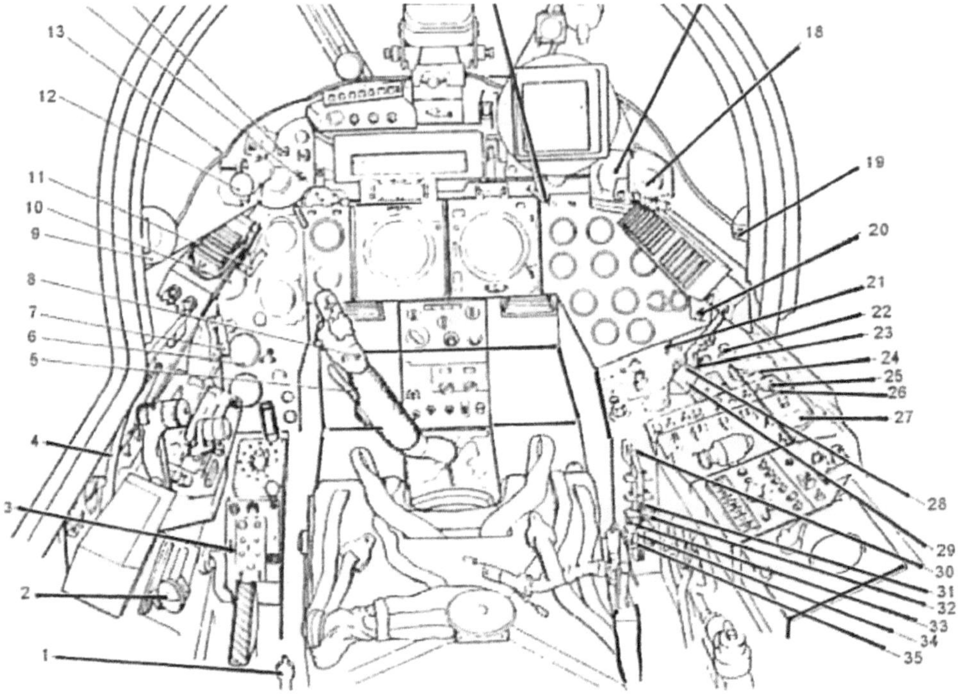

Cockpit Controls and Instruments of Lightning F6.

1. Canopy Control Handle. 2. De-Misting Control Lever.
3. Seat Height Adjustment Switch. 4. Ejection Seat / Canopy Safety Pin Stowages.
5. Wheel Brake Control Lever. 6. Alighting Gear Position Indicator.
7. Alighting Gear Selector Switch. 8. Gunsight Caging Push Button.
9. High Intensity Lamp. Wheel Brake Pressure Gauge.
10. Wheel Brake Pressure Gauge 11. Braking Parachute Stream Handle.
12. Servicing System Hydraulic Pressure Gauge.
13. Ejection Seat / Canopy Safety Pin Stowages (Post Mod. 4010)
14. Brake Parachute Jettison Switch. 15. High Intensity Lamp Switch.
16. Rudder Bar Adjuster- Lock Release Handle. 17. Ram-Air Temperature Indicator.
18. Voltmeter. 19. Frequency Card Light Switch.
20. Cockpit Lighting Switch (Stand-By D.I And E213 Compass).
21. Cockpit Lighting Switch - Port. 22. Cockpit Lighting Switch -Starboard.
23. Cockpit Lighting Switch (Centre) 24. Cockpit Temperature Selector.
25. Taxying Light Switch. 26. Navigation Light Switch. [Select Steady For Navigation Lights Only. Flash For Navigation And Anti-Collision Lights, Centre For Off]
27. Cabin Altimeter. 28. Cockpit Lighting Switch-Port. 29. Swinging-Arm Floodlight.
30. Pitot Head Switch. [Select Normal To Connect A.C. Supply To Both Pitot Heads And Fuel Vent Valve Heaters.] 31.Cockpit Air Conditioning Switch. 32.Battery Switch.
33. Instrument Master Switch. 34. Front Windscreen Heater Switch.
35. Side Windscreen Heater Switch.

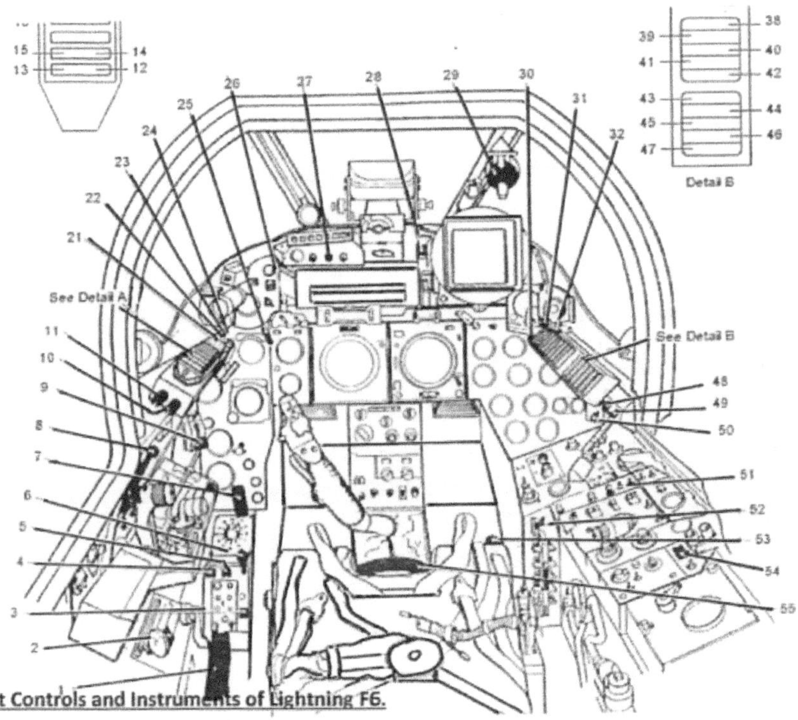

Cockpit Controls and Instruments of Lightning F6.

1. Canopy Jettison Handle. 2. Ram-Air Valve Control [forward open, aft closed.]

3. Overwing Tank Fuel Jettison Switch. [lift guard select fuel dump to jettison from overwing tanks.]

4. Overwing Tank Jettison Switch. [lift guard, select jettison (pre mod 4202) or press push switch (post mod 4202) to jettison overwing fuel tanks.]

5. Ventral Pack Emergency Transfer Switch. [lift guard, select emergency transfer, this transfers fuel back to the wing tanks. post mod 4252 lift second guard, select off to shut down pack fuel pump.]

6. Alighting Gear Emergency Lowering Control. [press button marked u/c, relating to undercarriage, pull handle in the upward direction].

7. Guided Weapon Emergency Jettison Switch. [lift guard, press switch to jettison guided weapons.]

8. Emergency Canopy Jack Release. [pull to release jack then push canopy open.]

9. Alighting Gear Emergency Raising Control. [turn selector valve clockwise as far as possible, then select UP]. 10. Fire Extinguisher Indicator/Switch Unit (#2 Engine).

11. Fire Extinguisher Indicator/Switch Unit (#1 Engine).

12. Fire Warning Indicator (#2 Engine). 13. Fire Warning Indicator (#1

Engine).
14. Reheat 2 Warning Indicator (#2 Engine).
15. Reheat 1 Warning Indicator (#1 Engine).
16. Gen D.C. Generator Failure Warning Indicator.
17. Hyd Hydraulic Pressure Warning Indicator.
18. Autopilot Automatic Trim Warning Indicator.
19. Oxy Oxygen Low Pressure Warning Indicator.
20. Cpr Cockpit Pressure Failure Warning Indicator.
21. Cancel/Indicator Switch.
22. Mute Indicator/Switch. 23. Standard Warning System Test Switch.
24. Auto Warning Mute Switch. 25. Arrester Hook Control Handle.
26. Arrester Hook Down Warning Light. 27. Emergency Lighting Switch.
28. Attention Light. 29. E213 Compass 30. Mute/Indicator Switch.
31. A.C. Reset Push Switch. 32. D.C. Reset Push Switch.
33. Canopy Unlocked Warning Indicator. 34. Ice Captions Not Used.
35. Pump Port D.C. Fuel Pump Warning Indicator.
36. Pump Starboard D.C. Fuel Pump Warning Indicator.
37. Gen Main D.C. Generator Failure Warning Indicator.
38. Fuel 1 Fuel Low Pressure Warning Indicator- #1 Engine.
39. Fuel 2 Fuel Low Pressure Warning Indicator - #2 Engine.
40. Oil 1 Oil Low Pressure Warning Indicator- #1 Engine.
41. Oil2 Oil Low Pressure Warning Indicator -#2 Engine.
42 Emergency Lighting Dimmer Switch. 43. Air-Turbine Stall Indicator.
44. Hydraulic Pressure Failure Warning Indicator- #1 Controls.
45. Hydraulic Pressure Failure Warning Indicator - No 2 Controls.
46. Ttc 1 Top Temperature Control Indicator - #1 Engine. Indicates Reheat Has Been Automatically Cancelled.
47. Ttc 2 Top Temperature Control Indicator - #2 Engine.
48. Auxiliary Warning Panel Test Switch. Press To Test All Indicator Lamps.
49. Auxiliary Warning Panel Day/Night Selector Switch.
50. E213 Compass and Standby Direction Indicator
51. Rocket Launch Emergency Retract Switch. Inoperative.
52. Pitot Heater Switch. [if AX supply fails, move guard and select STBY].
53. Emergency Oxygen Supply Control. Pull To Open Supply.
54. Generator Switch [NORMAL. for main d.c. generator, STBY for standby D.C. generator in emergency conditions.]
55. Ejection Seat Alternative Firing Handle. [pull to jettison canopy and eject seat.]

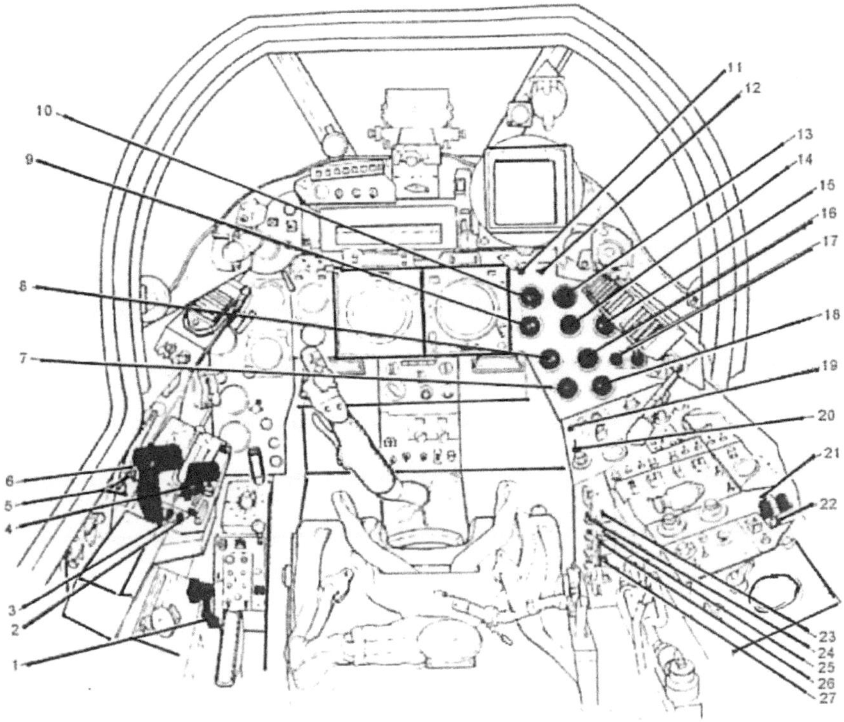

1. Throttle Servo-Clutch Handle. 2. Engine Shut-Down Lever. 3. Engine Relight Push Switches. (Both Engines). 4. Engine Control Handle - Number 2 Engine. 5. Jet-Pipe Temperature Control Switches. (Both Engines). 6. Engine Control Handle - Number 1 Engine. 7. Jet-Pipe Temperature Gauge -Number 1 Engine. 8. Engine Speed Indicator - Number 1 Engine. 9. Fuel Contents Gauge (Port Wing Tanks). 10. Fuel Contents Gauge (Port Overwing Tanks). 11. Fuel Transfer Indicator (Wing Towing). Only Illuminated When Item 122 Is Selec#Ed. _ 12. Fuel Transfer Switch. 13. Fuel Contents Gauge (Starboard Overwing Tanks) 14. Fuel Contents Gauge (Starboard Wing Tanks). 15. Fuel Contents Guage (Ventral Pack). 16. Engine Speed Indicator - Number 2 Engine. 17. Jet-Pipe Nozzle Position Indicator - Both Engines 18. Jet Pipe Temperature Gauge - Number 2 Engine. 19. Fuel Contents Push Switch - Flap Tanks. 20. Fuel Contents Gauges Test Switch. 21. Engine Start Push Buttons - Both Engines. 22. Engine Start Isolation Switch. 23) Fuel Cock Switch Starboard. 24) Fuel Cock Switch Port. 25) Fuel Transfer Pump Switch Starboard. 26) Fuel Pump Switch Port. 27) Engine Start Master Switch.

Perhaps it is now time for another story from the annals of history, I hope you will find this one quite interesting.

QRA – Quick Reaction Alert

At RAF Coltishall the QRA became a necessary evil, mainly because of our location, situated close to the North Sea. I think we were the closest fighting squadron to this location. The idea of QRA was to react very quickly to a potentially dangerous situation, in this case the infiltration of Russian aircraft. It was necessary, when there was no flying, this was usually during the night, to have two Lightnings ready to intercept. These aircraft were situated at the end of the runway. The power supply was connected for speed and there was also a small wooden hut nearby, which contained members of the ground crew.

When the alert sounded, the pilots ran to their respective aircraft. The ground crew had already switched the ground power to the aircraft. Once seated, the pilot started both engines together, then began to taxi towards the runway (this action disconnected the power supply). They were ready to take off. As soon as the wheels were off the ground the undercarriage was retracted and the pilot then selected *reheat* immediately. The aircraft would then climb almost vertically.

It was quite common for these aircraft to be scrambled, as there was a tendency for Russian aircraft to veer into British airspace, although they always apologised for the error when the Lightnings reached them. There were never any incidents when the Russians failed to do this. They were merely testing us. I believe the Lightning was expected to be airborne within three minutes of the scramble alert. These events were unknown to the British public at the time. I have no idea whether the Russians gained anything of value from these sorties but I think our aircrews learnt a great deal.

8 | Air Conditioning and Pressurisation

The temperature and pressure in the cockpit were controlled using conditioned air drawn from the main air system. It was also used to pressurise the radar head and with the pilot's air ventilated suit. The flow from the main air system was regulated by an electrically driven stop valve, which, when open, allowed the flow of hot air in the air conditioning duct to a refrigeration system, where the hot air was substantially reduced in temperature before being restored to the system.

The temperature in the cockpit was also controlled by mixing hot air from downstream of the stop valve with cooled air. This air was routed through a water extractor before entering the cockpit, which removed moisture from the mixed air to prevent misting.

As previously stated, when the canopy was closed, the cockpit was entirely enclosed. As a safety measure, if the main air supply failed or the air in the cockpit became polluted for whatever reason, a manually controlled ram air valve could be used to replace the contaminated air with fresh air. There were also connections for ground service.

Cabin Air Shut Off Valve

This butterfly valve had two settings, open and closed, and was controlled by a rotary electric actuator via the CABIN AIR switch on the starboard side leg panel, as illustrated in cockpit figure 3.

Refrigeration System

Hot air was cooled in three stages, explained below.

Primary Heat Exchanger

This could be accessed through a panel on the upper surface and was installed in the dividing structure of the engine air intake duct. As stated below, the intake and outflow locations were two flanged pipe stubs, one on each of the port and starboard sides.

When the air exited the outlet stub, it was delivered via a pressure-reducing valve in line with the cold air unit compressor after entering the intake stub and flowing three times through a matrix. A secondary intake produced on the leading edge of the dividing structure was used to admit air for ram cooling. After passing through the matrix, the air used to cool the rams then exited via a duct at the back of the access panel. The cooling air was blasted upward into the second engine's air intake through this duct.

Pressure Reducing Valve

This was an important valve in any air system, located between the primary heat exchanger and the cold air unit turbine. Its purpose was to keep the air entering the cold air unit from being too pressurised when at sea level. The pressure of the air that entered was decreased to 75 pounds per square inch, which is the maximum datum pressure computed at sea level. As a result, the pressure matched the capacity of the cold air unit.

Cold Air Unit

Located on the starboard side of the aircraft, this *turbo compressor unit* consisted of two volute (spiral) casings enclosing a *turbine-driven centrifugal compressor*. The casings were connected to the inlet and outlet ports of an *air inter cooler* and were not part of the cold air unit.

Through the reduction valve, air enters the compressor's back end. It then travels to the intercooler through a port on the spiral casing's top. The air reaches the turbine after passing through the intercooler's matrix and a water trap, where it expands and loses a significant amount of pressure and temperature.

The compressor is driven by the expanded air that is utilised to power the turbine. The cooled air is then routed to the conditioning system from the turbine exhaust by way of an ice-guard and a venturi, a small tube with a narrow throat. The ice-guard assembly was situated in the turbine's outflow pipe and was made up of gauze bolted between two gaskets. Any ice that formed on the gauze was promptly and effectively broken away by the airflow, preventing a clog downstream in the venturi. The venturi restricts the flow of air from the cold air unit, thereby limiting the turbine's operating speed.

Spill Valve

Unusual in design, this valve consists of a casing which contains an adjustable screw, below which is an adjusting plate with a spring-loaded piston through the centre. The adjustable screw rotates in the casing, causing the plate to move along the thread; this either increases or decreases the pressure on the spring. In this instant, the piston is free to slide along the plain portion of the screw, and this acts against the spring pressure.

When the situation arises that the air pressure on the underside of the piston is less than the actual spring pressure, the piston then closes the ports in the casing wall. This action will shut off the air supply to the equipment compartments, but allows the small permanent bleed to continue working, this is located at the bottom of the piston, as shown on my basic diagram.

The piston is raised when air pressure arriving from the cold air unit exceeds 5.5 pounds per square inch.

LIGHTNING SPILL VALVE.

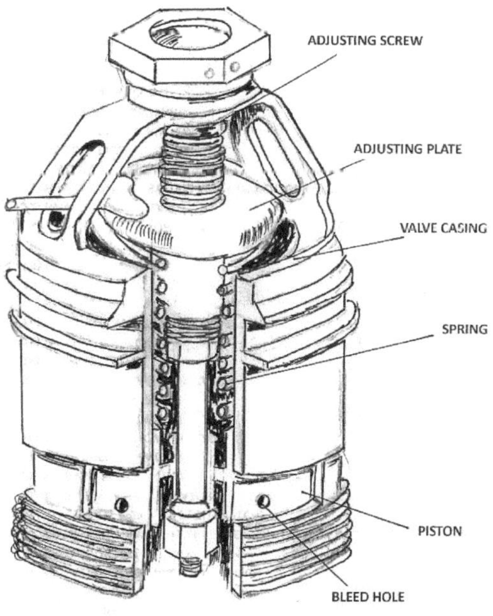

Temperature Regulation – Cockpit Temperature Control

A rotary switch on the starboard console operated this system. Two sectors were isolated by a spring-loaded plunger; one provided the manual control, the other the automatic control. On the manual system the switch was directly associated with the temperature control valve actuator; three positions could be selected – *Warm*, *Fixed* and *Cool*. The switch remained on *Fixed* until changed. The switch could be opened by degrees by deflecting it towards Warm or even Cool, the switch was then released, causing the actuator to come to the position selected. In case of *auto selection* the process was somewhat different and an electrical temperature control system came into play, to automatically maintain the temperature selected by the pilot. It only changed if the pilot decided to change it.

The temperature in the cockpit was achieved in the following way. Hot air was tapped from upstream of the refrigeration system, allowing cold air to leave the cold air unit. This hot air then passes through a pressure reducing valve, along with an electrically actuated temperature control valve, then it enters the cold air duct, upstream of the water extractor. In this simple process the pressure is reduced as necessary and the temperature of the air is controlled as necessary, as well as taking any droplets from the air. The temperature was regulated by varying the degree of opening of the temperature control valve. A small diameter bleed point downstream of the control valve directed any excess hot air that had leaked past the valve into the by-pass pipe when the valve was closed via a hole in the starboard side of the fuselage and expelled it to atmosphere.

On the diagram there are two ductstats, which I am not certain what they do, but literally speaking a duct is a passage which fluid or air can pass freely, the word *stat* is an abbreviation for stationary. In using this we can assume they are static components through which the air passes.

On that note it is probably time for another story, this story is more of a complaint than anything else, once you have read it you will understand, maybe having some sympathy.

Gash Trips

A situation that I could never understand involved non-flying employees being given the opportunity to have joyrides in the Lightning by the powers that be. Those of us who worked on the line were told that it was impossible for any of us to be permitted such a trip, since we could not be spared. It was a different tale for those who worked in administration, and young women in that department were almost guaranteed to be offered a trip. The pilots coined the term "gash trip" to describe these impromptu flights, and I'll let you interpret this as you see fit.

To say we were unhappy to help these joyriders to strap into the aircraft would be an understatement. The only compensation was that, almost without exception, they returned ashen-faced, having made full use of the sick-bags provided. Occasionally the pilots would wink at us. They knew we were not allowed on these trips and this was their revenge on our behalf.

On one occasion when I marshalled an aircraft in with a female passenger aboard, as soon as the cockpit was opened, all I could hear was this lady screaming. I quickly attached the ladder to get her out while the pilot tried to calm her down. He did have a slight smirk on his face. I never found out what caused her reaction. Whatever it was, the pilot was saying nothing. We eventually calmed her down in the crew room. She looked like a zombie when she was picked up.

I often wondered what these people were expecting from travelling in a supersonic fighter. Perhaps they thought the pilots would give them a nice little trip. Unfortunately, that was never likely to happen. I must admit that I would have been nervous about taking such a flight myself, but then of course I knew the capability of this aircraft, whereas these office-wallas clearly had no idea what they were letting themselves in for.

Pressure Reducing Valve

Used throughout the aircraft for different systems, this valve consists of a hollow cylindrical body with a piston through the centre. It is threaded internally and is therefore able to accept an end which serves as a cylinder for a friction damper piston. Longitudinal slots are located midway along the valve, to admit ambient air pressure to the underside of the valve piston.

A connecting rod joins the valve piston and damper piston, held in the open position by a valve spring resting against the base of the valve piston, and a shoulder of the end cap. When the valve is in the open position there are three rectangular ports in the valve piston skirt which match up to similar ports in the cylinder wall to allow free passage of air through the inverted valve piston body. There is limited movement of the piston in both the open and closed position, due to the fact the piston makes contact with the shoulder situated at the base of the valve cylinder.

The valve springs are loaded during assembly at 15psi plus or minus 6psi via an adjustment within the end cap. Once the cap is locked, the setting must remain and under no circumstances be altered. A vent cap which incorporates a filter is used to close the end cap. The connection for the inlet of the valve has something called a banjo fitting which surrounds three ports in the cylinder wall, not completely covering the wall because of the inlet of the valve, which appears to take up the other quarter. The complete unit is held in place against an external flange, positioned on the valve body by a screwed outlet sleeve. A machined pipe connection attached to the banjo connection accommodates conoseal gaskets; this complete is mounted on the starboard side.

During the operation of this valve, the air is provided from the engine compressors, entering the valve through the banjo body and leaving through the sleeve. When circumstances arise that the air pressure in the temperature control valve exceeds pressure exerted by the spring, this refers to the by-pass pipe part of the operation, along with the ambient air which is behind the valve piston, it causes the ambient air to be displaced and thereby closes the ports as well as stopping air supply. This reduction in pressure will allow the spring to return the valve to its open position.

Several elements determine the air pressure in the pipe; a combination of delivery pressure from the compressor at the valve inlet and the demand downstream, governed by the amount the temperature control valve is opened. If there are any sort of variations in these factors, it has the capacity to cause fluctuation of the pressure, the consequences of which amount to the valve piston regulating air flow, thereby maintaining pressure in the pipe which was set by the spring. In order to reduce the possibility of oscillation and instability within the valve, frictional loading is created by the damper piston and cylinder.

Temperature Control Valve

This is what is known as a carbon-plug type of unit, the operation is by way of a rotary electric actuator. The connection for this valve is in the hot air by-pass pipe, it is downstream of the pressure reducing valve, it is securely mounted on the aircraft.

Water Extractor

Another unit which does exactly what the name suggests is situated in the pipeline between the cold air unit and the cockpit, it is the last point for the water to be extracted before reaching the cockpit. When there is excess moisture, there is a system in place to drain it off, this is done through a small diameter ipie venting system, it vents through the fuselage on the port side.

Pressure Relief Valve

Yet another valve that is self-explanatory is situated in the cockpit air pipe. It is classed as a simple construction, it has a spring loaded poppet valve in an open body. It is screwed into the air pipe, this allows the air pressure to act on the valve head.

Cockpit Air Diffusers

Used when conditioned air enters the cockpit, passing through non-return valves, as well as a heat exchanger, all located on the port side of the aircraft. The pipes are divided into two branches, this division takes place aft of the rear pressure bulkhead of the aircraft. Both of these branches pass through flanged pressure connections located in the cockpit. The upper of the two pipes is further divided to form two pipes, one is connected to the port universal louvre, and the other to the starboard universal louvre, the second pipe goes via a spill valve. If the port diffuser is not required it is directed towards the instrument panel, whereas the starboard louvre can be inoperative by the manual selection of the spill valve, this causes the air to be discharged behind the pilots seat, and not within the cockpit environment. The lower of the two initial pipes passes beneath the cockpit floor, this air passes to an open outlet which is forward of the central pedestal. A Duckstat for detecting the air inlet temperature is also fitted, this is in the pipe aft of the bulkhead.

Cabin Temperature Control – Basic System.

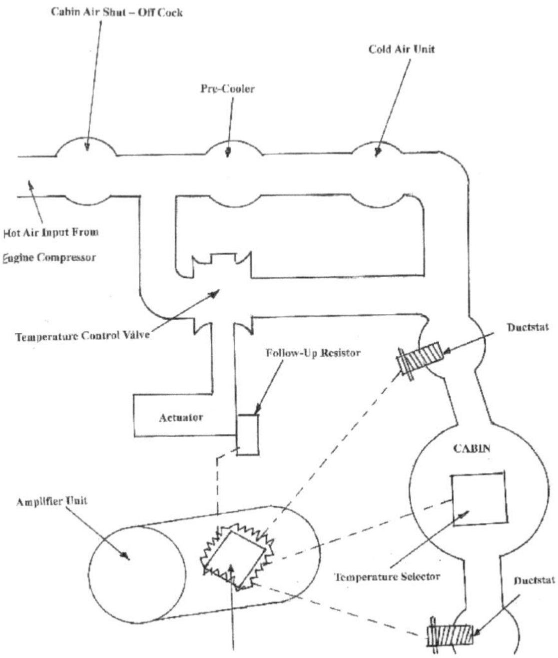

Cockpit Pressurisation

As we know the cockpit is completely sealed when the cockpit is closed, due to the effective canopy seal which was previously discussed. Pressurisation in the cockpit is brought about by using conditioned air, this is controlled from the point of discharge from the cockpit, the reason being in order to build up a differential between the cockpit and static pressures, the maximum differential being 4 pounds per square inch squared. This pressure control happens automatically, this is brought about by a combination of units, firstly the pressure controller which combines with the combined valve unit, a diagram of the combined valve unit is present in this text. A description of both the Pressure Controller and the Combined Valve Unit follows this text. The spill valve, which was described earlier, situated at the cold air unit outlet does prevent excessive amounts of air into the cockpit, it has the capacity to vent off air when it reaches above 5.5 pounds per square inch squared, this vented air travels to the front fuselage equipment cooling system. If the valve should fail in the closed position, the inevitable relief valve is in place, located in a position downstream of the water extractor, this has the function of preventing cockpit pressure exceeding 5 pounds per square inch squared. There is a pressure drop across the water extractor, this prevents the relief valve blowing off before the spill valve. When the cockpit pressure is lost, there is an automatic switch which operates, it is incorporated on the pressure controller, this is when an indicator illuminates on the starboard warning panel.

Pressure Controller

This has just been mentioned, but we now go into this unit in greater detail. This unit is located on the side face of the cabin port wall, it is bolted into position, it is also aft of the forward pressure bulkhead, an important part of the pressurisation system. There are three connections at the bottom of this unit, connecting to the true static, the static bleed, and the combined valve unit. The reason for the true static is to connect it to the static system, the open ended adaptor is where the static bleed is connected. There is in fact a fourth connection, this connects to a filter assembly, this is where the pressure to the cockpit is admitted, the unit itself must ensure the assembly has the two way cock set to the correct position.

Combined Valve Unit

The diagram for this is shown on the opposite page. This unit is located on the front face of the forward pressure bulkhead, it is secured by a clamp ring to the adaptor which is bolted as described. The unit surrounds a large hole, this is where the cockpit air pressure can act on the valve. In order to form an annular chamber, there is something called a collector shroud, this is located around the discharge grills, this passes exhausted air via the flanged coupling, this is done through a pipe leading to the radar head. This air is employed as a cooling medium for the Airpass 23S heat exchanger, the Airpass 23 S will be discussed later in the book. A further pipe is connected to a rubber hose, this goes to a pipe which leads to the radar cooling connection. A ductstat which is used to detect the cabin air outlet temperature has been fitted within the shroud which is adjacent to the flanged coupling.

Ground Pressurisation Connection

There is an attachment fitted which allows a connection for the ground pressurisation trolley connection to be fitted, obviously used for ground servicing.

Before moving onto other components in the system, this is an ideal time for some light relief, by that I mean another tale from the airfield, this one shows inter-service co-operation.

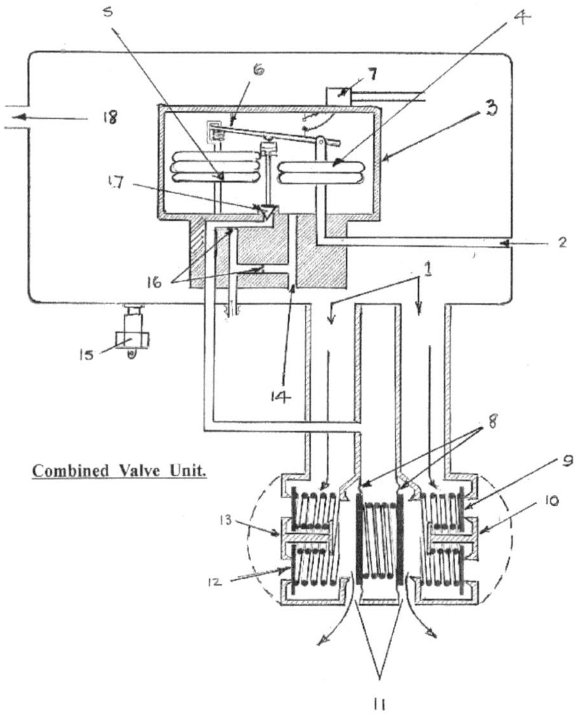

Combined Valve Unit.

Gannet Landing

On one glorious summer's day we were informed of an unscheduled visitor to the camp; a Royal Navy Gannet aircraft had a technical problem and we were the closest airfield to its present location. I believe it was from an aircraft carrier in the North Sea, on a routine mission. Naturally, we were happy to help our Naval colleagues.

I had never come across this aircraft before but I knew its nose-mounted propeller had 'contra-rotating blades' – basically, two propellers, one behind the other, turning in opposite directions. It was unusual for us to see an aircraft with propellers so we all stood on the line, looking towards the runway as the Gannet approached. It did sound quite loud. We were, of course, unaware of the problem it had but this soon became apparent when it had landed and the nose-wheel suddenly collapsed. Had it been a jet aircraft this would not have been a major problem but given the Gannet's twin props it was indeed major. The aircraft slowed considerably as the propeller started to eat into the runway, tarmac flying in all directions. I stood dumfounded at what I was seeing and immediately appreciated why this aircraft was unable to land on a carrier. It eventually came to a halt and the pilot got out, shaken but otherwise unscathed.

The same could not be said for the runway, which gave us another problem. Our own aircraft were now unable to land or take off. Until the runway was repaired, we were out of action.

I believe at the time we only had a couple of aircraft in the air, which were diverted to another station. But it was going to be necessary to remove the Gannet from the runway before any repairs could begin, and this was going to need a strong crane.

It was obviously of major concern to those in authority that, because of the QRA potential of the station, it was imperative we were back to being fully operational as soon as possible. It was treated like a National Emergency and things started to happen instantly.

The crane arrived and moved the Gannet onto the grass, whereupon the crew to tarmac the runway were ready and waiting and quickly went to work. The job was completed that day, although I think flying did not start until the following day because the tarmac needed to set, something that we had no control over.

The following day the Royal Navy engineers arrived. They took a lot of stick from us. They spent several weeks on the grass, although by now the aircraft had been raised up. It was quite a long job for them, sorting out the nose undercarriage, then getting and fitting a new propeller. We grew accustomed to their presence. When eventually it was time for them to go, they thanked us for our humour. We did actually help them out wherever we could; they also used our crew room for tea breaks and took the criticism in good faith. To the Navy guys we were affectionately known as

"Crap Air", which was a cheek when you consider their reason for being at the station.

Cabin Pressurisation

To obtain cabin pressurisation, the flow of the cabin conditioning air from the cockpit is restricted by the *combined valve unit*; the diagram is shown on a previous page. The pressure at which this valve operates is decided by the *pressure controller* [shown as number 3 on the diagram] which is dependent on the aircraft's altitude and the cabin pressure. The process of pressurisation starts at an altitude of 7,500 feet, the pressure stabilises at 10,000 feet, and the maximum in differential pressure is achieved when the aircraft reaches 34,000 feet. The operation is explained fully below.

Operation

When the aircraft is on the ground the valve is closed. This causes the *absolute capsule* [number 5 on the diagram] to contract but the *static capsule* remains in its 'normal' state [the pressure is equal on either side of the capsule]. This causes the bellows pressure line to bleed to atmosphere through the orifice.

When the canopy is closed and the engines have been started, the cabin pressure is slightly above atmospheric pressure. As the aircraft starts to climb it causes the absolute capsule to expand and when it reaches 7500 feet the control valve starts to open. When the capacity in relation to flow becomes greater than 0.016 [the orifice pressure in the bellows line] the *discharge valve* begins to restrict the flow of air out of the cabin, which causes the cabin air pressure to build, which contracts the two capsules. As the aircraft continues to climb, the cabin and atmospheric pressure differential will increase progressively until the aircraft reaches 34,000 feet, it then reaches a maximum of 4 pounds per square inch, when the controller beam makes contact with the *stop*, as shown on the diagram. At this point the static capsule will take control of the *control valve* and in doing so it maintains the pressure differential even when the altitude increases.

If there is a large fall in cabin pressure during flight, this will cause both the absolute and static capsules to expand, which will move the beam upwards and close the pair of contacts in the controller. This will illuminate the warning panel.

Finding Faults

If there is a fault in either the Air Conditioning or Pressurisation System, it is imperative it is located and cured as quickly as possible. It is also important for the ground servicing personnel, the people who are likely to fix the fault, that the flight conditions when the fault was originally found are relayed to the ground crew. This is likely to include details of the aircraft's speed and height when the fault developed. Without going into further detail, which includes details of the ram temperature, suffice to say a formula was available to check details but I intend merely to look at the faults and probable cause. The ground crew had a method of checking that the conditioning systems were working correctly and this is shown in the basic form below.

To start with the canopy must be closed and locked with the emergency air supply valve in the OPEN position. The cabin air switch is selected in the OFF position. Once this was done, a check could be made to ensure no air emanated from the diffusers. Then, with cabin air set to the ON position, a check could be made in the proximity of the diffuser for an increase in flow of air to the cockpit. With the Emergency air supply valve OPEN, it was essential no pressure build up occurred.

When carrying out process in the manual mode, it is necessary to select to full COOL and hold the selection. Again, whilst in close proximity to the diffuser, the selection was then changed to FULL WARM, you would check with your hand that the air from the diffuser increased in temperature, otherwise there was a problem with the system.

The next step was to move the selector to AUTO and again, in the first instance, to select FULLY COOL. Once again, the air emanating from the diffuser should start to cool. Once again, the selection was moved to FULLY WARM, checking that the temperature increased. This temperature increase would be slower on AUTO than on MANUAL but the increase would be apparent.

Once these checks had been carried out, the cabin air switch was set to OFF. It was then necessary that the flow from the diffuser ceased within three seconds, this time was quite specific. Then the emergency air supply valve was returned to the CLOSED position. A *ground servicing rig* was used to check the system as shown above. Checks on the front fuselage hot air systems were also carried out using this rig.

When trying to diagnose pressurisation faults, consideration was given to the following:

Low Pressure when travelling at low level [about 10,000 feet]. It was normal for this to occur due to a *shockwave effect* over the *static slots* of the pressure head. This caused the pressure controller to sense the aircraft was in a dive and thereby lower the cockpit pressure.

Low pressure at high altitude occurred when a high rate of descent caused the pressure controller to over control due to the low flow of the conditioned air, accentuated by the fact the engine started idling because of the descent.

Pressure Fluctuation was usually found below an altitude of 10,000 feet, in most cases caused by the pilot switching the temperature control switch from Manual to Auto mode, although he was probably unaware of this. This variation was because Auto Mode needed time to adjust to the condition selected. It was important before checking any components in the system to ensure that other relevant systems were in good working order, particularly the electrical system; fuses and power supplies were checked thoroughly.

Although this subject is not the most riveting, you will appreciate that fault finding was vital.

Time for another personal story, one I am fond of now but which terrified me at the time – and I think you will understand why...

A night out in Norwich

Although there were several nights out in Norwich, this particular one will remain in my memory, not because it was particularly memorable for me, in fact it was more of a disappointment. I went into Norwich with a friend. I say 'friend' although he did not work on the same section as me and I do not remember how we became acquainted. I can only assume it was one night in the NAAFI.

We went to a bar in the town called Whites, affectionately known as 'RAF Whites', as it was always full of personnel from the camp. It was situated directly across the road from a Dance Hall, as they were called in the sixties. Young ladies who were going to attend the dance congregated in this particular pub, which allowed for chance meetings beforehand. In typical service personnel form, any arrangements made in this way required the lady to meet the gentleman later in the Dance Hall, thus saving him from paying for her at the door.

On this occasion my colleague and I had met two such ladies. While he was chatting to a quite large blonde, I tried to have a conversation with her friend but was having no luck whatsoever. No matter what I tried, she made it abundantly clear that she was not interested. I used all my charm but it was clearly not as potent as I thought. A bad time to find that out. We did not venture into the Dance Hall; the blonde's brother was picking them up after the pub closed, so we stayed at Whites.

The evening went from bad to worse for me and I was unable to strike up any sort of conversation with my consort. I was quite pleased when it was time to leave. We were offered a lift back to camp via the blonde lady's house, where we had been invited in for a drink. Her father was going to drive us back to camp afterwards. At some point on the journey we reached the other young lady's house, whereupon she left the car so quickly I was unable to say goodbye, not that she was at all interested. We proceeded to the blonde's house. It became obvious that I was surplus to requirements but I stuck around so I could get the left back to camp, something I was going to regret and remember vividly, not for a good reason.

We arrived at the house and were greeted by the father. The son had decided to turn in for the night, leaving the four of us in the lounge area. The father offered us a drink, which we readily accepted. My colleague then said he was going to take his lady friend into the garden. It may have actually been her suggestion but anyway they left her father and me in the lounge. He then decided to open the brandy. At that point in my life I had rarely drunk spirits and the brandy tasted very strong to me. Having sipped my first brandy slowly, I was offered another. Under normal circumstances I would have refused, but circumstances beyond my control were manifesting themselves in the garden. At this point both the father and I were stood by the fireplace. He had his back to the patio doors, leading to the garden. I was taller than he was so I could see clearly into the garden. When a third drink was offered I had no choice but to accept, what I saw in the garden made it imperative the father kept facing me.

About ten feet from the patio doors, across a small lawn, which was well maintained, was the trunk of a very large tree. Up against the tree was the blonde girl, her skirt above her waist, with my colleague facing her with his trousers down to his ankles as they had sex in a standing position. There was some noise but I was able to speak loud enough to the father to cover it, although he must have thought I was deaf, as I was speaking so loudly. I was praying that their lovemaking session was not going to last too long but my wish was not coming to fruition, unlike my colleague out in the garden. I accepted another brandy.

I was very relieved when the clothes had been readjusted, both then returned to the lounge for a final drink, behaving as if nothing had happened, although they surely knew they were in full view.

Eventually Dad decided to take us back to camp. Of course, we were unable to discuss the events in the car. My head was spinning from the copious amounts of brandy; I hoped my colleague had appreciated my sacrifice. On reaching the camp I berated my colleague on putting me in that position and he thanked me for my efforts, although I did not believe for one minute he meant it. We never went out together again.

I later wondered whether the father was aware of what was going on. Perhaps it was a regular occurrence for his daughter. Maybe she was a nymphomaniac and he knew she needed to quell her desires. Long after the event I find it difficult to believe he never once looked towards the garden and even my efforts could not have prevented him hearing some of the noise. Maybe her girlfriend left in a rush for a reason, apart from the fact she did not like me, perhaps she knew what lay ahead. But maybe I am reading too much into it.

9 | The Lightning's Air System

Tappings taken from both engines at the 15th compressor stage provided the air for the two air systems on the Lightning. Other minor tappings from the engine supplied specific services and were not part of the main systems.

The Air Cycle System

Three principals were involved in air cycle cooling, although this might appear to be familiar, as shown in the diagrams of the Turbo Compressor, the Turbo Fan and the Brake Turbine.

Engine Tapping

In the Lightning a double tapping from each of the two engines was directed to the main duct to provide air for the two systems. Non-return valves prevented a complete loss of pressure if the engine should fail. A single tapping from each engine, in addition to the double tapping, provided air for the Auxiliary Air System, details of which will be discussed later. A further tapping from the engines powered the turbine-driven *reheat fuel pumps*, each engine supplying air to the respective pumps. Another tapping, from number one engine only, was used for *weapon pack heating*, a strange idea to me; why did the weapons need to be kept warm?

Air Cycle Cooling

There were three stages in this system.

Surface Heat Exchange

This process consists of passing air through a heat exchanger, which allows some of the air to be given up to *ram air*. During this process the charge air's temperature can never fall below the temperature of the ambient air temperature; the greater the temperature difference between the charge air and the ram air, the more efficient the heat exchanger has to be, reducing the temperature as necessary.

Expansion

Increased velocity of the aircraft causes the charge air pressure to reduce and the temperature to decrease as the charge air passes through converging ducts located in the cold air unit turbine.

Energy Conversion

When hot charge air is expected to do some work, heat is lost. The cold air unit will either be driving a fan or a compressor, diagrams in relation to this will follow, either of these methods provide energy conversion, keeping the system to the required standard. When the compressor or fan rotates, it absorbs heat energy, this is taken from the charge air, this air drives the turbine. The heat energy in this process is converted into kinetic energy.

The primary component of the air cycle system is the *cold air unit.* There are three types used in the aircraft system, there are diagrams of all three to follow, starting with the turbo compressor. It is important to appreciate the differences between the systems – their weight, given mass flow and size, their type of lubrication, along with their method of dissipating the power output of the turbine. In order to operate a turbine, a pressure difference must exist across it. In order for this to happen, the charge air is obtained from the compression stages of the gas turbine engine. This charge air will be at a relatively high temperature and this must be reduced. The heat loads on the cold air unit are reduced, this is done by installing a heat exchanger, the location of which is between the gas turbine engine and the cold air unit, so allowing the process to move forward. We now move onto the first Cold Air Unit, the turbo compressor.

Turbo Compressor

The turbo compressor consists of a turbine, which drives a centrifugal compressor. This operates in conjunction with an inter-cooler, which is ducted between the compressor and the turbine elements. The charge air will enter from the pre-cooler into the unit by way of the compressor inlet. At that point it is compressed and passes to the *inter cooler* where the temperature is reduced, then it passes into the *turbine* which it subsequently drives. At this point more heat is taken from the air and the air starts to expand, again driving the turbine, before the cooler air passes out of the unit. This cooler air is passed into the ducting and onwards to the cockpit. The intercooler can only extract a limited amount of heat; the heat that is imparted by compression raises the temperature of the air, then the actual heat exchanger operates to bring the temperature down. A further reduction of temperature takes place at the turbine. When the charge air is supplied at low pressure, the turbo compressor is ideal for that purpose. As in any good system there are always disadvantages, in this system it is the weight and size, with the given mass flow there is the necessity for two heat exchangers, which again increases the weight.

LIGHTNING TURBO COMPRESSOR

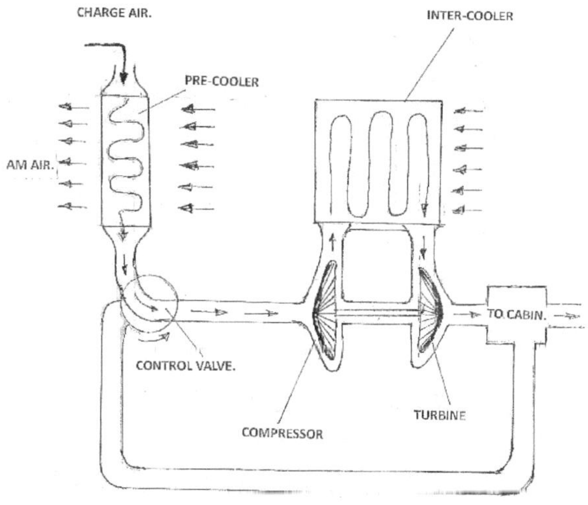

The lubrication system was somewhat out of date and needed to be primed and replenished. It also had a problem when on the ground, as the charge air cannot be cooled. The reason for this is the air through the pre-cooler and inter-cooler is provided by ram air, which only comes from being in flight. The system was improved and updated using the experience of pilots and ground crew and improved over time.

It seems an appropriate time for another tale from my annals; this one everyone who has been on a Fighter station will remember.

Station Alert

At RAF Fighter Stations in the 1960s and 70s what were known as *Station Alerts* were regularly staged in readiness for a possible war, to demonstrate the station's readiness to work under pressure over long hours and arduous conditions. Although what I have just said was not strictly true for all personnel, only those actually working on the aircraft. These alerts always took place at the most awkward times of the day or night and, although never advertised beforehand, rumours used to abound leading up to an alert, so we knew when one was imminent. If it happened in the middle of the night, the married men were not involved, unless they lived on the married quarter, most lived in the nearby towns and villages. I have two stories about these alerts; the first is the most amusing.

When the alert sounded, it was in the form of a high-pitched siren. All personnel then had to report to their place of work, the RAF Police went to each billet and made sure everyone had attended their workplace. It was about 8pm and there was just me and a friend in the billet when we heard the siren sound. We knew the alert was due but had hoped it was going to be during the day. These alerts lasted between 24 and 36 hours, so on this occasion it meant a full night shift, along with a day shift, and possibly a further night shift. As I sat on my bed, not in a particular hurry to go to work, people returned to the billet and hurriedly changed into uniform. I was unmoved by all this activity. My colleague and I looked at each other and the thought crossed both our minds that the RAF Police were going to be doing their rounds soon, so how were we going to avoid going to work?

Then a thought hit us, not a brilliant plan but worth trying. When everyone had left the billet, the plan would go into action. We both climbed into our lockers and closed the door behind us, hoping the RAF Police were not going to search the lockers. We had no idea whether they would or not, having never hidden in a locker before. I remember someone at the door shouted that the billet was clear. It must have been the police. We waited a bit longer to be certain. I think we remained in the lockers for half an hour and came out when we were certain there was no one around.

Once out of the locker we had to decide what to do. The NAAFI was the decision, but not in civilian clothes, we changed into our uniforms.

Civilian clothes would instantly show you were not at work but in uniform you might pass as someone having a break from work. It appeared a good plan. We walked up to the NAAFI, hiding behind buildings as we went, like an espionage mission, intending not to be seen. When we reached the NAAFI it was deserted, the door to the bar was closed. I tried it without success. Then I heard a noise from inside and with this in mind I decided to knock. All went quiet, then the door slowly opened. The face looking at me was someone I recognised, he also recognised me. He quickly opened the door and shunted us in. I had never seen the bar so full. All the escapers were in there. The bar door was closed as soon as the alert sounded. They had been visited by the police but the locked door had deterred further investigation.

We stayed in the bar until closing time, when people left quietly and discreetly, the door locked behind them. It was a well-oiled operation. We returned to the billet and got some sleep. The police woke us at 3am, wondering why we were not at work. We made some feeble excuse, which they accepted, then we turned up at work, having beaten the system a little bit.

There were only two alerts during my stay at Coltishall but the other occasion did not allow me to make my way to the bar. Although aware of this dodge, I never mentioned it to anyone else. To the best of my knowledge, nobody present on that night ever divulged the plan; some things are better kept to one's self, otherwise someone is bound to ruin it.

As I said previously, these alerts only affected those working on the aircraft. The aircraft flew more sorties than normal and we were on the go non-stop, servicing the aircraft as they came in. Other personnel on the camp had a different experience of these alerts. I have no doubt the cooks in the mess worked extremely hard, since we probably had more meals during these occurrences, so they are immune from my wrath. But for those in the offices, so I learned from someone who worked there, although they did go to work, it was merely a case of finding somewhere to sleep.

I now move onto the Turbo Fan.

Turbo- Fan

Mechanically similar to the *brake-turbine cold air unit*, which will be described after this, in the *turbo-fan* the turbine drives a centrifugal fan. This fan has the capacity to create a cooling airflow across the pre-cooler; this component is shown on the diagram and is upstream from the turbine itself. In a similar fashion to the brake-turbine, energy is extracted from the charge air as that air is dissipated. In this particular instance the air is drawn through a fan.

The cold air unit of the Turbo-Fan was a more modern type than that of the Turbo-Compressor. A great deal of development made the fan lighter and smaller, making it ideal for a given mass flow. The lubrication system was simplified by using an *oil pack* which lasted the lifetime of the unit instead of the normal method of priming and replenishing. This made life a little easier for the ground crew, as well as the fact that the Turbo-Fan cold air unit could be operated effectively from the ground because the cooling airflow required by the pre-cooler was not dependent on ram air taken on board during flight.

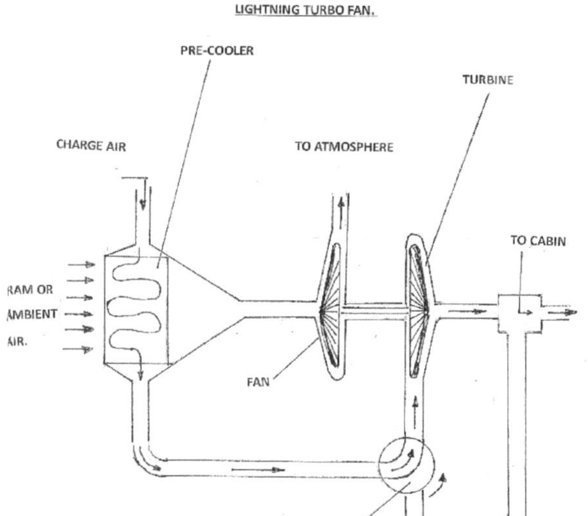

Brake-Turbine

On the selection of cold air, the charge air from the pre-cooler entered the turbine inlet, causing the turbine to rotate. This caused charge air to expand across the turbine, resulting in a drop in pressure and temperature. The cold air discharged from the turbine outlet entered the cabin supply and thereby kept the cabin cool.

A centrifugal compressor was directly coupled to and driven by the turbine. The air that passed through the compressor was from the atmosphere, where it was also discharged after use. The compressor was external to the charge air flow but absorbed the power output of the turbine and also acted as a brake. In doing this it provided energy conversion, by converting the heat energy in the charge air to kinetic energy, which decreased the temperature of the charge air leaving the turbine. At the same time, the kinetic energy that drives the compressor was converted into heat energy, which was dissipated when leaving the compressor.

Kinetic Energy is energy associated with motion, equal for a body in pure translational motion at nonrelativistic speeds to half the product of its mass and the square of its speed. I apologise but that is what my dictionary states!

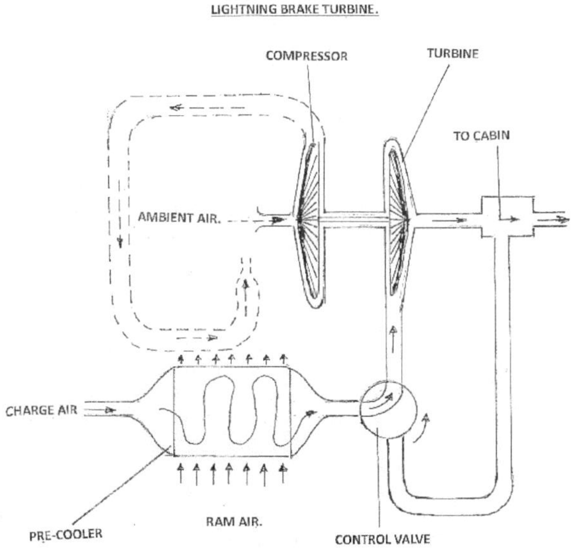

The brake-turbine cold air unit was an obvious improvement on the Turbo-Compressor. There was a reduction in weight along with space saving. This unit had only one heat exchanger in the system. Although the flow and weight ratio was better, it needed to be modified to allow the charge air to be cooled on the ground. With a variant of the brake-turbine unit, it was able to utilise the air discharged from the compressor, this induced an air flow through the pre-cooler, thereby allowing the aircraft's engines to run the charge air so it can be cooled when the aircraft was on the ground.

I feel this is the right time for another story, merely because it loosely connects to the previous yarn. This again is in connection with a Station Alert, not as interesting as the last one I am afraid.

Another Alert

On this occasion I was on what is known as 'Fire Piquet' – a duty to be endured by all personnel below the rank of corporal. This duty required you reside in a small room at the back of the Guardroom, along with several others carrying out the same duty. It lasted for a full seven days; you reported to the guardroom every day after work. In theory it was a week of night shifts but it was possible to sleep, which was a blessing, seeing as everyone had worked during the day, but to us single chaps it had another advantage. Every night at the cinema, a seat was allocated to the Fire Piquet. It was free of charge to the occupant. I usually volunteered for that job!

On this particular week of Fire Picket, the station was aware that an alert was due and I was asked when it was going to be. For some unknown reason, it was believed I was privy to this information, simply because I was working at the Guardroom. I tried in vain to inform my colleagues I had been told nothing to indicate the commencement time but they thought I must know, no matter how many times I told them otherwise. Once during the week I was asked whether or not it was that particular evening; I responded by saying that it might be but I really had no idea. This reply made them think I knew it was going to be that evening and that I was giving them a coded message to that effect.

On this basis they decided to go off camp to the local village for a drink, going by the theory that once the alert started nobody was allowed on camp. I carried out my usual shift in the cinema, returning to the Guardroom at about ten thirty, having first stopped in the NAAFI for a drink, which was accepted practice. I reached the Guardroom just as my friends returned from their trip out. They were disappointed that no alert had taken place but there was nothing I was able to tell them; I still had no idea when it was going to start.

I went to my bunk at about midnight but I had been there no more than thirty minutes when the siren started, announcing the alert. The Fire Piquet mustered in the Guardroom. We had to go to the fields surrounding the airfield where there were airmen running across the fields to get out of the camp. I thought it was hilarious but the RAF Police took it seriously. We never actually caught anyone, not that we were trying, it was like a mass escape from Colditz Castle, I feel sure quite a few had made it. My colleagues were for some reason unhappy with me, I decided to play them at their own game, I told them the alert took place on the night I told them, it was not my fault they had come back to camp too early. It seemed to work, they started talking to me again. I did wish that I could have filmed those making their escape across the fields, it was hard to believe such attempts were made, probably planned for when the siren sounded, it did not appear like something you did on the spur of the moment. This particular alert only lasted until mid- afternoon on the next day, hardly worth the effort, I thought.

We now move onto other pieces of equipment that were very much dependent on the air systems within the aircraft.

Anti – G and Air Ventilated Suits

G Force

When flying, a fighter pilot must often perform rapid manoeuvres in a dogfight situation or when trying to avoid missiles directed at his aircraft and in doing so is subjected to G Force.

G Force is the force exerted by gravity. When standing on the ground you experience 1G. A force of 2G is therefore equivalent to twice the normal gravitational pull on our bodies, thereby making everything twice as heavy. Jet aircraft such as the Lightning could make very sharp turns, subjecting the pilot to such high G forces that he would black out in a condition affectionately known as G-LOC (Gravitationally Induced Loss of Consciousness) because insufficient blood is reaching the pilot's brain. In order to counteract this effect, pilots were trained to tense their legs, arms and abdominal muscles to restrict the downward flow of blood in a process known as the Hick Manoeuvre or *the grunt*, (due to the noise the pilot makes) as the primary method of resisting G-LOC.

A G Suit is also worn by pilots, which contracts around the extremities and exerts pressure to provide approximately 1G of extra tolerance. These G Suits will be discussed later.

If the blood is allowed to fill the lower areas of the body, this will obviously deprive the brain of blood, this is likely to lead to temporary hypoxia, this is the deficiency of the amount of oxygen reaching the tissues, the oxygen is of course carried in the blood. Hypoxia will initially cause what is known as a *greyout*, this is a dimming of the vision, this is followed by tunnel vision, quickly followed by a complete loss of vision, this is followed by G-LOC.

There is a real danger of G-LOC to pilots, the process is magnified because of the relaxation of G, thereby a period of disorientation follows before a full sensation is regained. The typical resting tolerance of an average person is between 3 and 5 G's, a G Suit will add 1 G extra tolerance to that limit. Although in possession of a G Suit, pilots still need to practice the straining and tensing manoeuvres, in doing so they tighten the blood vessels, this will reduce the pooling of blood to the lower body. Even with a G Suit the high G is not very comfortable. In older Fighter aircraft 6G is considered high level, I suspect the Lightning comes into that category, more modern fighters can sustain 9G or more, which makes the pilot the critical factor and not the aircraft.

Air Ventilation Suit.

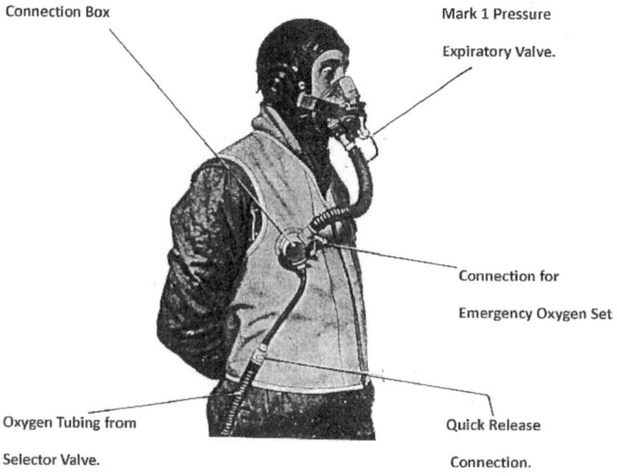

The Anti-G system uses compressed air drawn from a tapping in the air pipe, a pipe sends the flow through a heat exchanger which is inserted in the cockpit air pipe, then through a water trap and a non-return valve to a T-junction, there the flow is divided to supply the Anti-G and Air Ventilated Suit. The Anti-G system uses a T junction which is connected to the bulkhead, from this is another pipe which carries the air, firstly to the stop valve and then the Anti-G valve, both are mounted on the starboard console to a flanged pipe which is attached to the valve. There are two diagrams of the different type of non-return valves in the Air System, the Insert and the Flap type are their names.

The Stop valve is an on off cock, this is closed when the control is indicating forward. In order to make a selection with the control handle, it is necessary to pull it up to release the spring loaded catch.

The Anti-G valve is used to inflate the pilots Anti-G trousers, on this there is a high or low selector, it is manually operated, it incorporates a test button.

The next question to answer is what happens when the body is subjected to G forces.

In today's climate of very fast and highly manoeuvrable jet fighters, the increase in airway pressure is obvious. For that reason the counter pressure thoracic vest and Anti-G suit are used, this is to protect the abdomen and lower body. During G Force accelerations pressure breathing has been shown to maintain cerebral perfusion, this is done by raising the systematic arterial pressure, this increases the level of G tolerance that is afforded by wearing an Anti-G suit, and the tilting of the seat back. It assists the pilot making him less reliant on rigorous , and somewhat potentially dangerous straining manoeuvres.

If there is a loss of cabin pressure at altitude, the pilot would select the 100 percent oxygen breathing system, this enables the pilots alveolar to be maintained at a safe level during emergency descent, the alveolar refers to the lungs and the alveoli within the lungs To maintain a full fighter pilot capability, in the event of complete loss of cabin pressurisation, pressure breathing would be used at altitudes above 39,000 feet, at least that is the recommended level. With pressure breathing physiologically safe levels can be achieved following rapid decompression from 60,000 feet, this means the pilot can initiate this rapid emergency descent, or maybe he would prefer to safely eject. I know what my choice would be.

There was a sophisticated visual-choice assessment made, it found that there was greater impairment by rapidly decompression to 70,000 feet, than there was to 60,000 feet, not due in any way to hypoxia was the conclusion. Strangely enough the reason was because of the vaporisation of tears, and the subsequent increase in tear production. Vaporisation of tears happens at altitudes above 63,000 feet, this is due to the barometric and saturated vapour pressure. This latter risk is reduced by preoxygeneration to achieve denitrogeneration, I believe this means to add oxygen and remove the nitrogen. Therefore pressure breathing for highly trained pilots with healthy lungs, are better likely to survive catastrophic loss of cabin pressure at altitude.

Air Ventilated Suit System

This particular air system comprises of a single pipeline, it extends from the T connection, passing through a pressure reducing valve, to a flow controller on the starboard console. The pipe from the controller stops at a threaded union, from there a flexible pipe leads to the respective part of the personal equipment connector, something we discussed earlier.

The pressure reducing valve is to be found in the main equipment compartment. It has the function of reducing pressure for the suit, ensuring it is between 4½ pounds per square inch and 6½ pounds per square inch, this is above the prevailing cockpit pressure, taking into account the altitude of the aircraft. A datum pipe is connected to the valve, this communicates with an adaptor on the rear pressure bulkhead. There is a relief valve in the valve outlet, it has the purpose of not allowing the pressure to rise above 11½ pounds per square inch above the cockpit pressure.

The Flow Control Valve allows the pilot to make a manual selection, depending on how much he requires in his ventilated suit. The valve on the control sleeve is rotated counter clockwise, to switch on and increase the supply.

The Air Ventilated Suit – G Suit.

The G-Suit is a special garment, generally it takes the form of tight fitting trousers, which fit either under or over the flying suit, I think it most cases it is under the flying suit. The trousers have inflatable bladders, when pressurised press firmly on the abdomen and legs, this will prevent the draining of blood from the brain, not completely of course. Some of the suits have a small amount of pressure applied to the lungs, this also enhances resistance to high G.

Various designs have been made of the G-suit, the first used water filled bladders around the lower regions, later air under pressure was used, this was to inflate the bladders. The latter suits were lighter than the fluid filled version. There are several versions of these suits around the world, particular pilots prefer the suits they are provided with. G-suits are used by astronauts, who face completely different problems from fighter pilots, either way the suit is a godsend for pilots flying at speed, and of course at altitude. When it comes to Air Ventilation and Anti-G suits, there is little more to say. I will move onto other Air Systems, hopefully some of these might be of interest, but perhaps another story is due.

Battle of Britain Day

At Coltishall we had a Battle of Britain Day, the station was open for the public to come and have a look around, the aircraft were lined up neat and tidy, we were on hand for any questions. It was more a day for checking out the young ladies, although most were with their parents. I was only at the station for one of these festival days, it was a day when the American Air Force made an appearance. Two US Air Force Phantom aircraft had joined the line of Lightnings, their ground crew were also in attendance.

Bearing in mind at this time the Phantom was a relatively new aircraft, the Lightning on the other hand had been in service for over ten years. A couple of the American ground crew approached the Lightning I was standing by, they looked it over with that look of disgust, they knew it was a special aircraft, but they had to say something. One of them said in an arrogant manner why the Lightning was so special, my colleague was quicker to reply than I was, he only uttered two words, those words were 'Rolls Royce'. The Americans looked and said nothing, then they walked away knowing they had no response.

The next day, there was a Church Parade to commemorate the Battle of Britain, and the entire station was instructed to participate. The parade took place on the line, owing to the large number of people that attended. This was the day I learned a crucial lesson that I carried with me for the remainder of my career. I'm not sure when it happened in the service, but people around me were prepared, although I wasn't because no one had mentioned it to me.

The Padre was ready to say something, but it was clearly not relevant to all religions. He then stated that non-Church of England followers were free to leave the parade. Following this comment, there was a flurry of movement all around me. We'd been standing in a line about five deep, perhaps a couple hundred people on the march, but that was about to change. The Padre's appeal triggered a mass evacuation. It was so large that I was nearly alone in my line; the person closest to me was about twenty yards away. The number of non-Church of England people at the camp astounded me. And that is when I revealed how naive I was.

Most of these people had attended Church Parades before, this was my first, it was a lesson I was not going to forget, nor did I for the rest of my service. I returned to the billet to be greeted by cheers, my colleagues had changed and got into their civilian clothes. I asked how many were actually one of the religions mentioned, only one raised his hand, the rest were Church of England, they said nobody ever checked if you left the parade. During the course of my career I never got caught out again, in fact I think I only attended one other Church Parade.

Radar Head Pressurisation System

The radar head of the Lightning is pressurised, this prevents breakdown of the very delicate Airpass 23S equipment. The Airpass 23S is Air Interception Radar, hopefully we will discuss this later. Pressurised air is taken from the supply pipe to the AVS and Anti-G system, taken downstream of the heat exchanger, passing through a pipe which passes through the cockpit, then onward into the forward equipment bay. Inside the bay, this air passes through a filter, then a pressure reducing valve, then a chemical air drier, all this before it reaches the radar head.

There is an adaptor block, this is situated at the air drier outlet, it incorporates three outlet unions, two of those unions communicate with the radar head structure, there is also a test point. The third outlet possesses a pressure relief valve, this is to protect the system if the reducing valve should fail. This reducing valve is set at approximately 23 pounds per square inch, thereby opening the relief valve when 24 pounds per square inch is reached. There is incorporated within the radar head, located on the port side, a inward vent valve, this is a safeguard against rapid descent. The absolute pressure of the reducing valve is gauge pressure plus the ambient air pressure, in this case it is 24.7 pounds per square inch. One of the items in this system which needs explanation is the air drier, so here comes the reason for this component.

Air Drier

The air drier for the system is mounted in brackets on the frame of the aircraft, the base is circular and is of a light alloy, drilled so as to accept both inlet and outlet unions, a special piece of equipment for a sensitive area of the aircraft. The inlet is drilled centrally in the base, it carries a hollow stem, which has drill holes half way down the stem, the air drier is completed by a cylindrical pack. This pack has a transparent casing, this contains the important chemical drying agent, along with the upper and lower filters, this pack fits snugly over the stem of the air drier.

Air System – Rear Fuselage

The air that is employed on this main supply is derived from two interconnected compressor tappings, except for some of the cooling air. These tappings consists of one from each engine, passing through non-return valves to the main air ducts. The air ducts themselves are made up of interconnecting lengths of stainless steel ducting, this runs along the starboard side of the rear fuselage. The are expansion couplings incorporated in the system, they are sliding and of the bellows type, they allow for thermal expansion within the system, kept in place by Conoseal clamp couplings. There is lagging secured to the duct, this reduces heat transfer.

There are two valves inserted into the system, the first is the isolation valve which acts with the stand-by turbine/generator system, the second is the accessory drive unit, this acts as a turbine shut down valve. This duct divides at the forward end, the two pipes which come from this are used to supply cabin air, canopy seal, de-misting, anti-icing, and rain dispersal, systems that have been discussed previously. There is a further tapping downstream of the isolation valve, this is used to direct hot air to the equipment cooling system. At the aft end of the duct crosses the fuselage to finish on the volute casing of the accessory drive unit turbine.

There are other tappings which uses the air to drive the stand-by turbine, to operate the reheat nozzles, to bring about the reheat pipe cooling air, the reheat system will be discussed later. There is a branch pipe upstream of the isolation valve, this is used with a main ground test coupling. We will now look at different parts of the system, hopefully not in too much detail.

Accessory Drive Unit

This is located in the port side of the fuselage, comprising of a constant speed air turbine, a gearbox, a governor, control switch, shut-off valve, over-speed cut-off switch, cooling fan, along with a selection of ducts. The turbine itself is brought into operation by air from the engine compressors, it drives through the gearbox, then to the fan, AC alternator to the main DC generator. I do not want to go into this item in any great detail. Air which has been supplied to the turbine passes through the turbine, it is then discharged from the fuselage. Ram air which is passed from the fin intake is ducted to the fan casing, there it is distributed to various ducts, using it to cool gearbox oil, as well as cooling both the AC alternator and the DC generator. The exhausted air passes through the auxiliary air heat exchanger into the fuselage.

Accessory Drive Unit Shut-Down Valve

This is a electro-mechanically operated valve, which has an automatic reset button. It is situated in the main air system on the starboard side of the fuselage. It is used as a safety device, it shuts off supply to the air turbine, this occurs when the turbine is over-speeding, this is controlled electrically by the over-speed cut-off switch which is within the turbine. Once any over-speeding has occurred and the switch has been operated, it is only possible to reset on the ground.

Stanby Turbine/Generator Unit

The standby turbine/generator consists of a governor controlled air turbine and DC generator, this turbine is used with a control valve which regulates the air pressure. The air pressure being 20 pounds per square inch plus or minus 10, this drives the generator at a constant speed.

Standby Turbine/Generator Air Supply

There are two tappings, one from either side of the isolation valve, they come together to form a single pipe, this sends air through the shut-off cock to the turbine. Each of the tappings have a non-return valve located in such a position, if supply from one engine should fail, the supply from the remaining engine is enough to turn the turbine, this is when the isolation valve is closed.

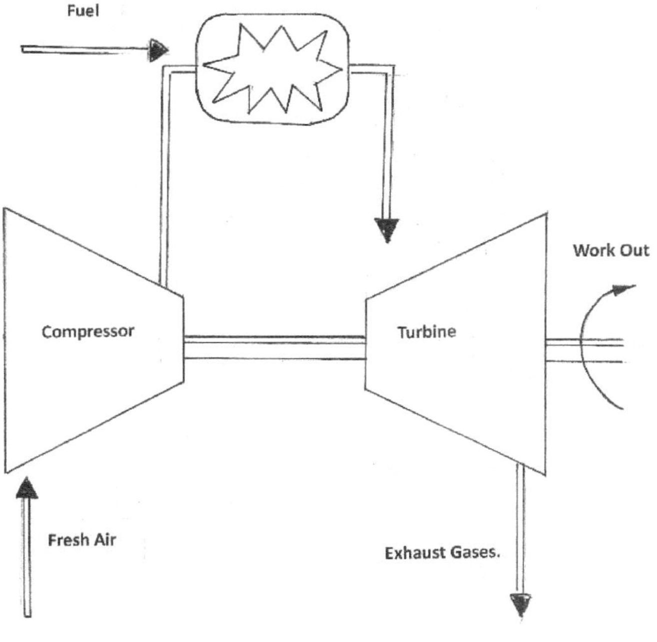

Reheat Nozzle Control

This is an important part of the system, there are several diagrams in respect of reheat systems, one shows what is known as the Brayton Cycle, as well as a diagram of the reheat system in the engines themselves. The air supply for this system is drawn from an upstream tapping after the pressure regulating valve, the pipe is divided into two, one pipe goes along the starboard side, the other crosses over the fuselage and travels along the port side. Both these pipes terminate at the motors on the reheat pipes. There is a small tapping from each pipe, used to direct compressed air to the air motor control unit.

Reheat Pipe Cooling

The reheat pipes are cooled by the cooled air passing between the inner and outer skins, this air comes from four intakes in the fuselage skin. During the course of flight, the effect of ram air pressure affects the system. There is an ejector nozzle which is used to inject compressed air, this induces the flow of cooling air, this is done when the aircraft is on the ground, obviously to compensate for no ram air being present. This compressed air is directed to the nozzles from two tappings in the air motor supply pipe. Before moving onto the Auxiliary Air System, another story is called for.

Nostalgia

The Battle of Britain Historical Aircraft Flight was also stationed at RAF Coltishall when I was there. This was made up of a Spitfire and a Hurricane. I'm sure there were others, but these were the only two planes I saw on a weekly basis. I didn't know anyone who worked on these aircraft, and I'm not sure if they were civilians or RAF members. This particular day, I was out on the line,

I had just completed servicing a Lightning when I heard an aircraft noise, but not the kind I had grown accustomed to. It was the sound of an aeroplane with propellers, and it seemed familiar. I realised why when I saw a Spitfire taxiing from one of the hangars.

Several pilots stood around, watching the aircraft, just as I was. One of them told me they were not going up whilst the Spitfire was going to take to the air, it was their way of showing respect. I then heard another aircraft noise, the Hurricane was following the Spitfire out; both aircraft were about to take to the air. I was excited at the treat we had in store.

As the Spitfire approached, I saw something that will remain with me: the pilot was looking out the open canopy; he was not wearing a helmet like the jet pilots. I assumed they were going to wear the same flying headgear as their 1940 counterparts. As he turned to face me, I noticed he was sporting a massive handlebar moustache; I appreciate he should take the job seriously, but perhaps he had gone a little too far!

We stood in admiration as the two planes taxied towards the runway, the throng on the line was growing, everyone had left the crew room, and we were in awe of what we were experiencing. Everyone was hushed as the aircraft approached the end of the runway.

The engines began to roar, and both planes lifted off side by side, ascending quickly before lowering their wings and flying across the camp. It was a demonstration solely for the camp occupants; they were never out of sight as they twisted and spun, and a couple of the Lightning pilots gazed on with jealousy as we all stood there in silence.
They made a couple of low passes over the line before coming in to land after around twenty minutes of exciting flight. Nobody said anything as they returned to the hangar; the handlebar pilot nodded as he passed, but I noticed something was missing: he wasn't wearing a white silk scarf.
These two aircraft took to the skies on a regular basis, but the first time I saw them was the greatest, two aircraft of amazing beauty, both the Spitfire and Hurricane. Everyone knows the Spitfire, but many people are unaware that the Hurricane was the workhorse of Fighter Command. The Spitfire's elegant aesthetics may have won people over, but I liked both aircraft equally.
We continued our work once they landed, the pilots began to take off in the Lightnings, and everything returned to normal - until the next time.

Auxiliary Air Systems

Compressed air from the engine is responsible for pressurisation of the fuel tanks, as well as the hydraulic reservoirs. Other responsibilities include the operation of fuel tank vents, as well as the standby generator/turbine isolation valve for driving the reheat pumps.

Air Supply

The are two tappings on each engine for the Auxiliary Air supply, one tapping provides air for the reheat fuel pump turbines, the other takes care of the fuel and hydraulic systems, the latter flows along pipes with non-return valves fitted. This supply combines in a T junction on the port side, from there a common pipeline sends the air through a heat exchanger, a filter, then onto two pressure reducing/relief valves, from there the air flow is divided. This division supplies the fuel and hydraulic system services. There is also a tapping from the supply to the heat exchanger; this goes to the standby generator/ turbine isolation valve.

Heat Exchanger

A simple process is carried out here, the engine air passes through the matrix of the heat exchanger, it is cooled by exhaust air, this air comes from the accessory drive unit oil cooler outlet.

Combined Pressure Reducing/Relief Valves

There are two of these combined valves, each combination has a pressure of 17 pounds per square inch, plus or minus 1 for the pressure reducing valve, and 19.5 pounds per square inch for the pressure relief valve. The main body of the unit is the pressure reducing valve, the relief valve is screwed into the head of that valve.

Reheat Fuel Pumps

There are two reheat pumps, each engine supplying one each. Both pumps are driven by a two-stage air turbine, controlled by a stop valve bolted to the engine compressor casing. The exhaust air from this system is exhausted through the fuselage skin.

A tapping from each engine supplies pressure air which serves the Auxiliary Air System. Both systems have isolating non-return valves to allow for loss of pressure air if one engine should fail. Another tapping from each engine is used to power the turbine driven reheat pumps.

Equipment Cooling System

In order to operate correctly there are certain systems that are cooled by air obtained from one of two sources, the systems include the wireless system, the radar system and vital electrical equipment. The equipment located in the front fuselage compartment is cooled by overload air from the cockpit systems; the equipment in the rear fuselage compartment is cooled by ram air during flight. Systems cooled by ram air include reheat jet pipes, all electrical accessories that are driven by the air turbine, the turbine oil cooler, as well as auxiliary air. These cooling systems are denoted either *front fuselage* or *rear fuselage*. Firstly we will look at the Front Fuselage Air Cooling system.

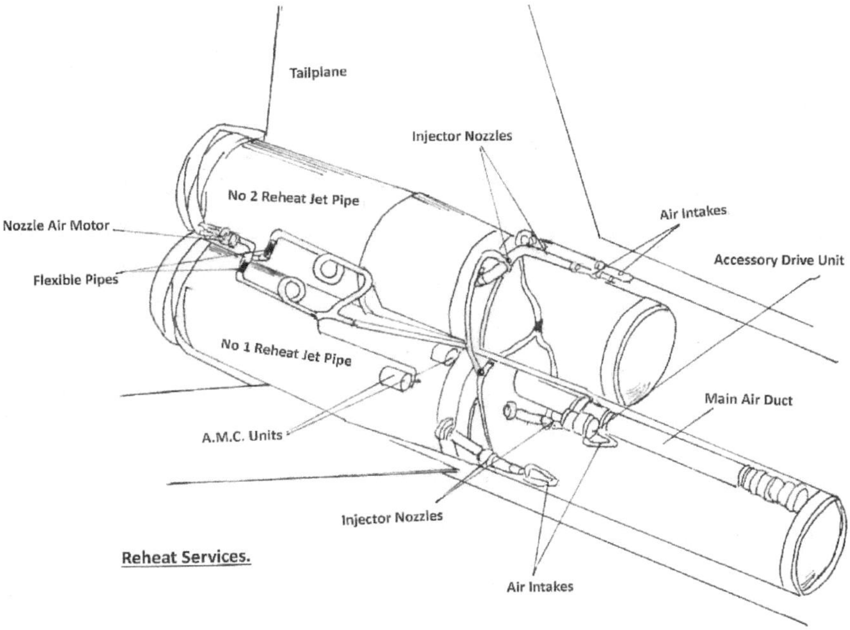

Reheat Services.

Front Fuselage Equipment Cooling

The cooling air for the systems already discussed above is taken from the cockpit air supply through a spill valve, a diagram of the spill valve is shown earlier in this book. The opening of this valve allows air to pass to the cooling system after the cockpit has taken its required share of the air. The cooling air is mixed with metered hot air from the main air supply, thereby reaching the required cool air temperature.

Both the cooled air from the spill valve and the hot air from the main supply are fed to a common duct, from this duct there are four branch pipes, they direct air to the ILS and IFF units. The branch pipes also direct air to the UHF and standby UHF, the TACAN and Airpass 23S installations respectively. The first of these branch pipes is divided, one pipe supplying the ILS and IFF units, the second pipe supplies both the UHF and the Standby UHF, the Standby UHF is to be found in the spine of the aircraft. Another branch pipe, situated at the forward end of the duct, directs the supply to three Airpass 23S units and the important TACAN unit.

This supply passes firstly through a distribution box and shut off valve, through to a manifold which is part of the Airpass 23S. There is a tapping downstream, this supplies the Airpass 23S gyroscopic unit. A section of the branch pipe, situated upstream from the valve, has a number of holes drilled in the top, this is used to spray the air on to the TACAN unit. Another branch pipe , positioned forward of the duct, directs air on the IFF coder unit, keeping it at the correct temperature.

Cooling Air Temperature Control

In order to regulate the cooling air temperature when mixing with hot air, the hot air passes through a pressure-reducing valve, a stop valve, a temperature control valve, as well as a non-return valve, it then enters the duct by way of the spill valve shroud.

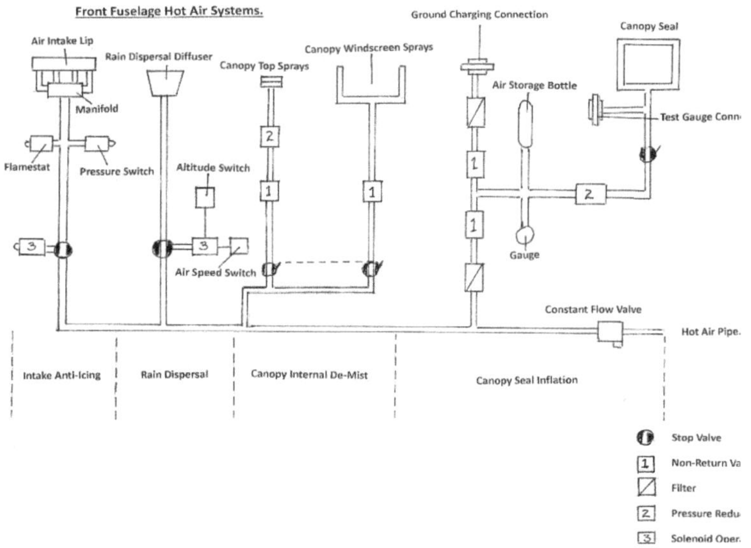

Temperature Regulation

This is obviously a vital part of the process, this is done by varying the degree of either opening or closing the temperature control valve. The temperature is maintained at 12 degrees, plus or minus 6 degrees, this is done by way of an electrical control system, this incorporates a temperature controller, a ductstat and a flamestat.

If the temperature should either rise or fall above or below the maintained temperature, the ductstat senses this variation, causes the valve to open or close, depending on whether there is a rise or fall in temperature. If at any stage the cooling air temperature rises above 35 degrees, the flamestat trips and closes the shut off valve.

Rear Fuselage Equipment Cooling

There is a system for cooling the alternator, as well as the DC generator, the accessory drive unit air cooler, and the auxiliary air. The air for these systems is brought through an intake in the leading edge of the fin, this is connected to a pipe on the starboard side.

The system has a water trap fitted, which drains to atmosphere. Ram pressure maintains the air flow during flight, when the aircraft is on the ground the pressure is maintained by a fan which is driven by the air turbine gearbox. If the fan should be blocked, or the ram air pressure exceed impeller capacity, impeller refers to the device used to force the air in a given direction, there is a by pass pipe which incorporates a non-return valve which diverts the air so it by-passes the fan. Air that flows through the alternator comes from the fan or by-pass pipe, it also flows through the DC generator, and the accessory drive unit oil cooler.

The air leaving the oil cooler is ducted to pass through the auxiliary air to air heat exchanger, there it is exhausted into the fuselage. The cooling air is introduced through an intake on the side of the fuselage, it is then directed through a water trap, a shut-off valve and finally a non-return valve, then on to a common duct. There are three branch pipes from the duct, supplying cooling air to the various compartments. As well as this there is a fourth branch pipe, within which is a non-return valve, this communicates with a ground cooling connection, located on the port side of the aircraft.

Air Shut-Off Valve

This valve has only two positions, open or closed. The valve is operated by a rotary electric actuator controlled by a flamestat. This butterfly valve is situated in the air pipe on the outlet side of the water trap, the actuator is mounted on the airframe. These two components are linked by a connecting pin. When the indicator on the outboard side of the actuator registers zero degrees, the valve is in the closed position, only opening when the registered temperature is 90 degrees, the indicator is under a small access panel.

Compartment Air-Flow Control

The way the cooling air is sent to the four equipment compartments is governed by an air shut-off valve, this is automatically controlled by a temperature sensing flamestat, which is inserted into the ram air pipe, this pipe comes from the fin of the aircraft. When the ram air temperature in the fin rises above 75 degrees, the flamestat will trip and the shut-off valve closes. The valve will reopen when the temperature falls below 65 degrees.

Reheat Jet Pipe Cooling

The engine reheat jet pipes are double skinned, the inner skins are covered with a form of insulating blanket, the temperatures during reheat are great indeed, the pipes need cooling as a matter of urgency. The ram air is sent in through four intakes, travelling to the jet pipe interspaces, these intakes are in the fuselage skin, one from the port and one from starboard for each jet pipe. The situation is slightly different during ground running, then the cool air flow is induced by hot air injected into the intake ducts through a tapping from the main air pipe. There is a diagram showing the reheat services as shown on each engine earlier in this chapter.

Time for yet another anecdote before moving onto the final chapter...

Football on the Camp

One of my biggest joys was playing football; in fact, it was one of the reasons I joined up, the promise of sport and overseas travel, both of which I obtained in abundance. As soon as I arrived at camp, I expressed my interest in the game to the guy in charge of the section team, who encouraged me to attend a trial match, which I gladly did. Following this game, I was chosen to play for the section, which I assume was part of the Engineering Wing, rather than simply the line since there were not enough players there, at least not many who had any aptitude for sport.

One personality I encountered on the football scene was the man in charge of the MT (Motor Transport) Section, which accommodated the drivers; his passion for the game was contagious. There was a league at

camp, and the MT section squad was far superior to everyone else; they were highly likely to win the league, probably without losing a game.
The individual in question was named Mick, and I won't humiliate him by giving his surname, but he had obviously done some research on the league's organisation, and what he discovered disappointed him significantly. Although the station had sanctioned the league, it appears that they were unwilling to spend money on medals for the victors, which did not upset the majority of participants because we all knew MT would win the league easily. I couldn't recall his explanation; perhaps he had never won anything for football, but he felt it was only appropriate that the league champions receive some form of medal; to make this happen, he purchased the medals himself!
The season was only half way through when he did this, he was obviously confident the MT section were going to win the league, which fortunately for him they did, and he received his medal along with his team mates.
If ever I had occasion to bump into Mick in the NAAFI, he was only able to talk on one subject, which to be honest I did not mind, his passion did him credit. I remember him telling me one evening that he had a long standing ambition when he left the RAF to drive the team bus for Southampton FC, his home town team.
I remember a few years later, when Southampton got to the FA Cup Final, I looked closely at the driver of the team coach as it arrived at Wembley, but I was unable to tell if Mick was behind the wheel.

Mick had another idea on the football front; he decided to arrange an England versus Scotland international match since there were many Scotsmen on the camp and many played football. The game was scheduled for a Sunday afternoon, but typical of Mick it was not just left like that. He had decided to become the ‘England manager’.

I do not think anyone disagreed with that decision but it went further than that; he was going to be interviewed about the game on the radio station. The camp had its own radio station, sent all around the camp through the Tannoy system, Mick decided to use this media, inviting the Scotland manager along too.

We listened to this interview about two days before the game; it was an excellent way to advertise it. Mick loved his time in the limelight. There was banter between the two managers, both stating they were going to win the game.

The Scotland manager actually had the bed next to mine in the billet. As it happens, he was going to mark me in the game; he emphasised in the interview that I was not going to get a kick, he was going to mark me out of the game. I took it in good part, partly because he was not the quickest of players; if he was going to mark me tight, he really needed to catch me first. I was confident I was going to get the better of my counterpart.

On the day of the game, England fielded a strong side. My neighbour did not mark me out of the game, in fact he spent a lot of time on the ground, usually after trying a slide tackle and missing.

England won the game seven-nil and I was fortunate to score two of the goals. My neighbour did speak to me afterwards but asked that the game was never mentioned again. I agreed with that decision.

Jock, as my neighbour was affectionately known as, along with myself, took a trip to London to watch our local team Norwich City play. That is a story I will relate later, it was strange weekend for many reasons.

❖ ❖ ❖

10 | Other Important Systems

Electrics

An important function of the electrics on any aircraft is to provide illumination; system warning lights too are important to the welfare of the pilot. If a system has failed he needs to know as soon as possible. There are many such lights throughout the cockpit of any aircraft. During the servicing of the Lightning on the ground, most ground crew used the battery of the aircraft in order to complete our tasks. There were two systems on the Lightning, which I will describe in basic terms.

DC Generator

DC is Direct Current, which I'm sure you already knew. The fundamental principle of a generator is to convert mechanical energy into electrical energy by a process known as *electro-magnetic induction*. In both the DC and AC generators, the voltage induced is alternating, the difference between the two is the way the electrical energy is collected and applied to the circuit connected to the generator.

Cooling of Generators

The output of a generator is determined by the ease with which heat can be dissipated. The most common method of cooling utilized ram air from the slipstream of the aircraft, which enters via an intake, led through ducts and discharged over the brush gear of the generator. Once the generator has been cooled, the air is exhausted through apertures. When the aircraft is on the ground it is impossible to use ram air for cooling, so the generator also had an electric fan fitted.

AC Alternator

AC is Alternating Current, which I'm sure you know too. The current produced by the alternator of an AC system builds up from zero to a maximum of one polarity, then returns back to zero, then is able to build up to a maximum in the opposite polarity, and again returns to zero. The sequence which builds up and then returns to zero is called a *cycle*, the number of cycles in unit time is called *frequency*. This unit of frequency is measured in *Hertz*. The frequency is dependent upon the speed of the *rotor*.

Airpass Radar System

This system was located in the nose cone of the Lightning and was cooled to keep it in good working order. Airpass, developed by Ferranti, was an air interception radar system and also a fire control system; it allowed the aircraft to perform tail chase intercepts by day or night in any weather conditions.

During its lifetime the Lightning several variations of the Airpass system installed, starting with the 23 system, via the 23B up to the 23S, which I believe was the last system installed. The system emitted microwave radiation, which constituted a risk to all personnel, in particular radar tradesmen working on the equipment, so safety measures were necessary.

It was suggested that an area of just over 80 feet, in a semi-circular radius, should be roped off in front of the aircraft, and notices should be displayed with KEEP CLEAR on them when the Airpass equipment was being tested, but under no circumstances should this testing be done inside the hangar, where it would affect the receiver unit, thereby testing must be carried out in the open.

Before moving on to the next piece of equipment, time for a little light relief.

A Trip to London

Jock and I had been to see Norwich City play on a few occasions; Norwich was approximately fourteen miles from the camp. In January of 1968 Norwich City had been drawn away to Chelsea in the FA Cup, and this was a golden opportunity to visit London and watch Chelsea and Norwich play. We went by train, not as expensive in those days and it only took an hour. We had decided to spend Saturday night in London.

At that time it was possible for servicemen to stay at the Union Jack Club for a few pounds. The club is still in existence, I believe, although the prices have gone up considerably, but the ambience of the place has also improved beyond recognition.

We went to Stamford Bridge, the home ground of Chelsea, and watched the game, along with many Norwich fans. Chelsea won. I do not remember the score although I believe it was a convincing victory, but the game was just one of our reasons for visiting London, the other was to sample some of the nightlife. We made our way to the West End and visited a strip club, a dingy place filled with smoke.

We took our places at the rear of the auditorium; all the seats in front of us were full. It was what they called a *continuous show*; once all the girls had done their respective routines, they started again, the same dance with the same music, but that was not the best part. In the very front row was a three seater settee. Because of its height it was impossible to see who was sat in it, but there were people there, it was the best seat in the house.

When people in the rows in front of us left, people already seated behind took their place, then everyone moved forward, it was like a queue and everyone knew their position. There were people standing, and they quickly moved into the vacated seats at the back. We had been there a couple of hours when the routines started again, we had also moved forward about three rows, although we were still four or five rows from the front, we decided to leave and go for a drink.

I never saw anybody leave the settee, bearing in mind we had been there a couple of hours and were nowhere near the front, I was only able to assume the settee occupants had probably been there about eight hours. That is what you call dedication!

We decided to go to the East End of London for a drink, I cannot remember why, possibly because we expected to see real Londoners in real London pubs. I know we drank copious amounts of ale and at one point I was convinced I was going to be sick. I made my excuses to Jock and headed towards the toilets but unfortunately I only reached the door, where I threw up a large amount of fluid before hurrying inside. I was then violently sick into the toilet. When I had brought up all I could, I felt a little better but I then realised I had to go back into the bar, make my apologies to the landlord and possibly clean up the mess I had left. When I walked back into the bar, Jock was sat quietly drinking his beer but neither the door nor the floor had any remnants of what had happened, I was not sober enough to ask Jock but I felt certain I had been sick. Perhaps it was an acceptable practice for the landlord to clean it up. It was a strange experience, I have thought about it since but I still do not have the answer. I remember looking around the bar, nobody was looking at me in a disquieting manner, did it really happen as I thought it did? Maybe the alcohol was playing tricks?

When we staggered back to the Union Jack Club it was quite late and many of the residents were in bed. We made our way to a large room containing many beds, like an oversized billet. I got into bed and fell asleep without too much trouble, glad to be lying down.

The next morning I got up and went for a wash. The bathroom was huge and full of people with the same idea. I surmised not many were British servicemen. When I went back into the billet to get changed for the trip back, I thought I had entered the UN building, it was like a league of Nations, different languages were being spoken around me. I did visit the Union Jack Club about twelve years later, it was all single rooms then with en-suite facilities, hence the massive price rise.

We never returned to London but both the strip club and the East End pub were experiences I would always remember.

TACAN – Tactical Air Navigation

Tacan was a polar co-ordinate type radio air navigation system providing the pilot with distance information from *distance measuring equipment* or DME, and bearing information, known as *azimuth*. The information provided is shown on diagram, it has two meters, the first indicates the distance in nautical miles the aircraft is from the beacon, the second indicates the direction of flight in degrees to the geographic location of the surface beacon. By using the Tacan equipment on the aircraft, the pilot is able to obtain the bearing in both direction and distance to the location of the ground station.

Tacan Principles

The concept used by Tacan for measuring distance was an outgrowth of radar-ranging techniques. Radar-ranging is determined by measuring the round trip travel time, this relates to the RF energy. The return signal of the radiated energy, we know this as the echo, depends on the natural reflection of the radio waves, a principle that has long been in existence. The Tacan beacon-transponders generate artificial replies, instead of depending on natural reflections. The airborne equipment generates a timed interrogation pulse pairs, the surface Tacan receive these replies and decodes them. Following a 50 second delay, the transponder will then respond with a reply. This allows the distance measuring equipment of the aircraft to convert the round trip time, bearing in mind the distance from the Tacan ground facility. The frequency, along with the identification, is able to provide a geographic location of the transmitting beacon, it sounds a simple process and it works.

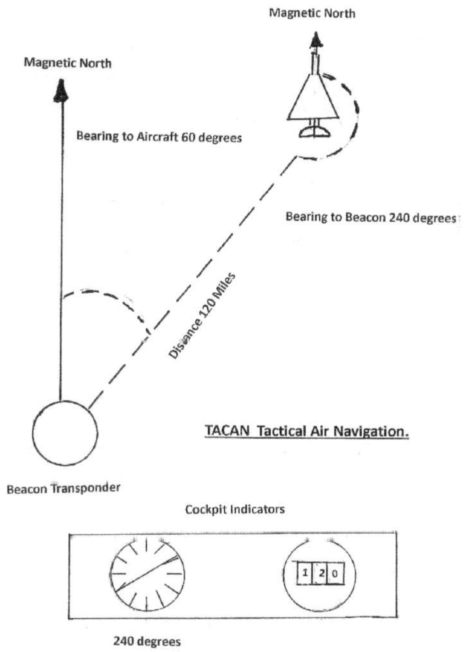

Beacon-Transponder Identification Code

It was imperative that the pilot was able to positively identify the transmitting Tacan station or he would be unable to use the equipment. The ground station transmitted an identification code at half minute intervals by momentarily interrupting the transponder distance data with squitter-generated output, sending pulse groups spaced at 1350 pulses per second. The pulse groups represented Morse-coded characters.

Tacan Signal Priorities

Priorities for transmission of various types of Tacan signal were:

1. Reference Bursts
2. Identification Group
3. Replies to Interrogators
4. Squitter

Signals 2, 3 and 4 will be momentarily interrupted for a transmission as at 1 every 37.5 seconds. The reference burst refers to the ground facility communicating to fix an aircraft's position; this takes priority over other traffic.

Tacan Equipment

The Tacan set on the ground was capable of transmitting to up to 100 aircraft at one time, giving all of them an accurate distance measuring service. Once every thirty seconds the Tacan transmits an identity pulse. Since the bearing and identification signals, which are delivered spontaneously, not in response to interrogations, a properly equipped aircraft can derive information from the Tacan. Aircraft can get a fix over a range of 200 nautical miles. For military use there was a drawback in the lack of ability to control emissions. No encryption was involved so the enemy could use the range and bearing to make an attack. Some Tacans had the ability to employ Demand Only mode and would only transmit to an aircraft that was recognised.

Christmas Dinner and Dance 1967

In my time it was a RAF tradition that Christmas Dinner in the mess was a special occasion (and hopefully that tradition continues) when officers and Senior NCOs played the part of waiters, waiting on the other ranks. I think it was their way of saying 'thank you for the hard work' – although deep down they may have resented it. We attended the mess that evening in best uniform, also part of the tradition, and the meal was served in the traditional manner, which included a certain amount of free booze. One particular Officer was happy to share his home made wine with us, perhaps he thought we would drink anything, he was very wrong, we drew the line at the concoction he called wine.

Most of our waiters were very friendly; I think many enjoyed the experience as much as we did. At the end of the meal the Commanding Officer usually made a speech, thanking everyone for the year's work, finishing by wishing us all the compliments of the season. On this occasion things were a little different, particularly from the personnel in our billet. For quite a period of time we had not been able to get hot water for the showers; it was alright if you were an early riser, the first few people got hot water, but the rest had to settle for a very tepid shower. Our billet was called Chisholm, possibly named after some intrepid airman of the past. To return to the meal, which was now over, the Commanding Officer rose to make his address, he started with the usual pleasantries, then there was a murmuring from the diners.

Somebody from our billet had decided to start a chant, not a sort of chant likely to make the pop charts, but a chant that went straight to the point, it was simply "Hot Water for Chisholm". Other people joined in and there was what I would describe as a restricted riot, the Commanding Officer was unable to finish his speech and sat down, the chanting continued, most of the mess was involved, even those who did not live in Chisholm.

Some of the Officers tried to calm the situation, which eventually they did, but the point had definitely got home; the heating engineers were in the billet two days later. I feel sure the authorities knew of the problem, why was such action needed for them to do something. I felt a little sorry for the Officers trying to calm the situation, they probably had no idea what the raucous behaviour was all about, can you imagine having tepid water in the Officers Mess, I think that would have been sorted out very quickly.

As a special treat for the troops there was a dance in the NAAFI; strangely enough it was free, although we were to be entertained by Amen Corner live on stage, a well-known group at that time. News that this group was appearing brought a few coachloads of young ladies from Norwich who did not have to pay if they went in with someone with an RAF Identity card. This was certainly Christmas, I thought, hopefully in more ways than one!

It was not acceptable to go to the dance in uniform, so everyone had to return to the billet to change. In those days it required at the bare minimum a collar and tie, most of us wore suits as well. It was a peculiar situation, most of us had consumed a great deal of alcohol at the dinner, a tepid shower to sober us a little was required, before we left to find female company. As we left the billet two coaches arrived, full of ladies who had obviously been informed of the situation and crowded around, hoping to be escorted in without paying. We were of course happy to oblige.

Alas, I cannot remember the name of the lady I took in; once inside she drifted away with her friends. I was certain I had showered and used antiperspirant but I was not the only one used in this manner. I do remember Amen Corner were excellent, at the time they had a hit record in the charts and the ladies were more interested in the group than us, but I did know of one person who met the woman of his dreams that night. Perhaps the woman of his dreams may not be accurate, what I mean to say is that he met his future wife!

The evening passed without any misadventures and I believe the majority of the ladies returned to Norwich unsoiled. After a belly full of homemade wine, that should not surprise anyone.

I.L.S. Instrument Landing System

The instrument landing system was a ground-based instrument approach system that provided precision guidance to an aircraft approaching and landing on the runway, using a combination of radio signals and high intensity light arrays. It enabled a safe landing during instrument meteorological conditions [IMC] such as a low ceiling or reduced visibility due to weather conditions. Instrument approach procedure charts were published for each ILS approach, to provide pilots with the necessary information to fly an ILS approach during instrument flight rules operations. This would include the radio frequencies used by the ILS components. These components were sometimes called *navaids.*

Radio-navigation aids had to keep a high degree of accuracy and in order to ensure this, flight inspection organisations checked the critical parameters with specially equipped aircraft able to calibrate and certify ILS precision. It was important that these periodic checks were made to allow pilots to have complete faith in the system.

Principle of Operation

The ILS itself consisted of two independent sub-systems, one to provide *lateral guidance*, shown on the diagram as the *localizer*, the other to provide *vertical guidance*, shown as the *glideslope*. The actual guidance of the aircraft is provided by the ILS receivers in the aircraft by providing a modulation depth comparison. A localizer antenna was located beyond the departure end of the runway, usually consisting of several pairs of directional antennas. Two signals were transmitted on one of a total of 40 ILS channels, one modulated at 90Hz, the other at 150 Hz, transmitted from separate but co-located antennae. Each antenna would then transmit a narrow beam, one to the left of the runway central line, the other to the right. The localizer receiver on the aircraft was able to measure the difference in modulation of both signals, to indicate where the centre line was in relation to the position of the approaching aircraft. In the cockpit a horizontal needle indicator will show the pilot which direction he needs to fly to correct an error. If the depth of modulation is zero, the aircraft is positioned on the central line of the runway, this will coincide with what the localizer is telling the pilot, no adjustments are necessary.

The glideslope antenna was sited to one side of the runway touchdown zone, the signal transmitted on a carrier frequency between 329.15 and 335 MHz, this used a similar technique to the localizer, the central line of the glideslope signal being arranged to define a glideslope of approximately 3 degrees above horizontal.

All these signals were displayed to the pilot on the instrument panel; the instrument was called the *omni-bearing indicator*. The pilot controlled the aircraft so that the indications on the instrument remained centred on the display. Vertical guidance, shown on the instrument by the glidescope indicator, assisted the pilot to reach the runway at the correct touchdown point. Many aircraft possessed the ability to route these signals to the autopilot, to allow the autopilot to fly the approach automatically.

In addition to navigational signals, the localizer periodically transmitted an identification signal which identified the airport, confirmed the facility was operating normally and that the pilot was tuned into the correct ILS. The glideslope did not transmit an identification signal, the ILS equipment relied solely on the localizer for identification.

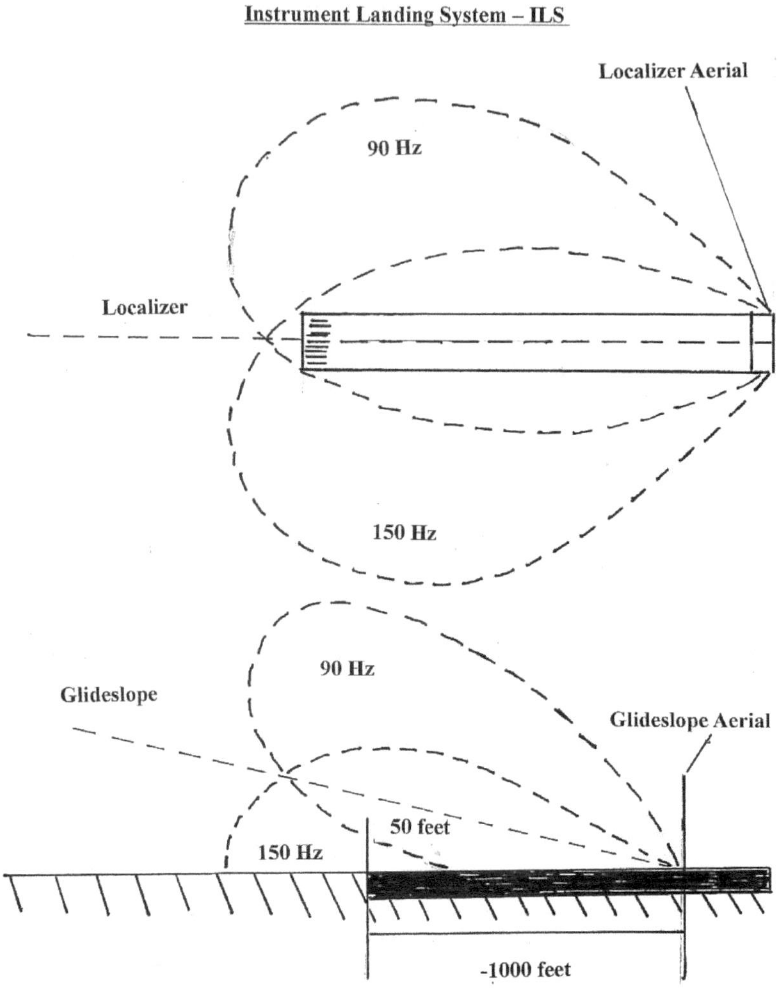

Localizer Backcourse

Modern localizer antennas are highly directional but older antennae were less directional, which meant the runway had a non-precision approach, called a *localizer backcourse.* This let aircraft land using the signal transmitted from the back of the localizer array. This signal was what was called *reverse sensing*, making it necessary for the pilot to fly opposite to the needle indication, this is very dependent on the equipment installed in the aircraft, highly directional antenna do not provide sufficient signal to support a backcourse.

Marker Beacons

On some installations marker beacons are in operation, they have a frequency of 75 MHz. When this transmission is received it activates an indicator on the pilots control panel, the tone of the beacon is audible to the pilot. The distance from the runway at which this beacon tones are heard by the pilot, is found in the documentation for that particular approach, it also states the height the aircraft should be at that moment, if this is established on the ILS. This therefore provides a check on the correct function of the glideslope. Before going into the limitations of the system, another interesting story awaits you.

A living legend makes an appearance

At RAF Coltishall we had our own bowling alley. I never actually participated in the sport myself. One evening I did visit the building, but the reason was not to bowl. A friend of mine was a bowler, and when he told me who was going to be presenting the prizes on the presentation night at the end of the season, I thought I needed to go. The man making the presentations was a legend of the air, Douglas Bader. To the best of my knowledge he finished his illustrious career at Coltishall, where I believe he was the Commanding Officer. The crowds flocked to the Bowling Alley that night; they had never seen so many people there. Even the organisers knew it was nothing to do with the bowling; everyone simply wanted to see the honoured guest.

I stood up when he made his appearance and he was applauded as he walked towards the presentation plinth, although I was not born until after the war, I knew this man was a legend in his own lifetime. As he walked down the aisle, it was impossible to believe that this man had no legs, he walked quite normally. Only when he turned was it noticeable. One thing I did notice was that he bore a remarkable resemblance to Kenneth Moore, or should it have been the other way around. It was obvious why Kenneth More had got the part in *Reach For The Sky*. I never actually met the great man, but I saw him at close quarters, something I will always remember. Not everyone can say that.

Limitations of ILS

Because the ILS localizer and glideslope systems were so complex, there had to be some limitations. The localizer systems were very sensitive to obstructions such as large buildings or hangars and the glideslope systems were limited by the terrain in front of their antennas. If the terrain was sloping or uneven, reflections tended to create an uneven glidepath for the pilot, due to unwanted needle deflections giving an incorrect reading. The ILS signal was pointed in one direction only, requiring the approaching aircraft to have a straight on approach. There was a modified system, which bore the name of IGS or Instrument Guidance System, being used most famously at Hong Kong airport. The installation of ILS can be costly, due to the complexity of the antenna system. It is also important that they are sited correctly, thereby avoiding the hazards already discussed. These antennae may not be available to every runway and this might prevent aircraft using certain taxiways within the system, causing delays to aircraft takeoff times.

In the 1980 a new system called Microwave Landing System [MLS] was introduced, which allowed aircraft a curved approach but the reluctance of airlines to invest in this system resulted in a failure to adopt it in civil aviation. The Transponder Landing System [TLS] is another system that can be used when ILS will not work or not cost effective. Many systems have been considered to replace ILS and with satellite systems in the forefront of research, it will not be long before a perfect system is in operation.

The Microwave Landing System [MLS], which fell out of favour in the United States, is starting to find favour in the UK. The first system was installed at Heathrow in 2009. The future of Landing Systems is unknown, but hopefully all the research will pay dividends, providing a safe system, as well as functioning in all conditions.

Never Volunteer

There is an old adage in the services, *never volunteer*. My Father told me that during the war he was asked if he had any musical talent, to which he replied that he was able to play a musical instrument. He had just volunteered to move a piano! I remembered the motto but on occasions situations arose when it was worth considering the options, as in the following story...

I was sat in the crew room, a little bored, which was surprising considering how busy we were, perhaps I was bored with being busy. Either way, I was looking at Station Orders, where there was a request for personnel to carry out a duty in London, at the Guildhall to be exact, to celebrate the 50th Anniversary of the Royal Air Force. I mentioned this to a friend of mine and we decided to do the forbidden act, we volunteered for the duty, since it was going to mean a few days away in London. I had forgotten about the whole thing when I was asked to visit the SWO in his office.

The dreaded man wanted to see me? What had I volunteered for? This was not the result I expected. The message was that both of had to attend his office in best uniform and with our greatcoats. We arrived at his office with much trepidation. My hair was relatively short, my uniform pressed and my shoes clean. I hoped it was going to be enough, although previous experience told me otherwise. We sat and waited. Suddenly the SWO appeared and invited us into his office. He was even smiling. This was not the man I knew.

As we sat down I was able to see the smile was continuous, then he shocked both of us, he said he was proud of us, we were the only two people in the Royal Air Force who had volunteered for the duty. He took it as personal Praise to himself and the station. I had never been complemented by a SWO before. It was a creepy experience. I was not sure I was going to recover! He then told us officially we had been accepted for the assignment, which was not surprising, since nobody else had volunteered. He checked our uniforms and showed some pleasure. I think I was starting to like this man. We then left his office and returned to work. It was to be a few days before we made the trip.

The day arrived and, with travel warrants in hand, we headed to London, we were supposed to report to Chelsea Barracks, where we were to be accommodated. On reporting at the Barracks, we were taken to a large billet by a soldier. There was nobody else there; there were to be ten of us carrying out the duty but the soldier did not know if anyone else had arrived. We tried hard to settle into our new home, which for an Army Barracks was decidedly untidy. It was if they had to find somewhere for us and had quickly cleared a storeroom to accommodate us. In this exclusive part of London, there was worse to come. Having made up an excuse for a bed we tried to sleep, but it was impossible. The mattress had a straw filling and I was itching for the whole of the night. It was my assumption, which my friend agreed with, that these mattresses had probably been used in the Crimean War and had probably been in that room since then. We decided that it was impossible to stay here and vacated the room and headed to the Guildhall, where our duty was to be to guard a Gloster Gladiator aircraft that was to be displayed outside the Guildhall for the forthcoming 50th Anniversary Dinner, at which many dignitaries were expected.

We reported to the Guildhall and were met by the staff, all elderly gentlemen who had been at the Guildhall since they were boys. They were charming and very welcoming. We were the first to arrive. We explained the disaster that was our accommodation and they sympathised but were unable to help. Then one of them made a suggestion. There was a large storeroom in which hundreds of flags were stored and we were welcome to use that as our bedroom. We checked it out and it suited our purpose for a couple of nights. Eventually the rest of the team arrived. They too had been to the Barracks and had walked out. One was a Senior NCO in charge of the operation, who told us to claim for accommodation when we returned to our units.

The atmosphere was relaxed as our duties were explained. We were to be in twos guarding the aircraft. At night it was alright to be sat in a car that someone had supplied, but by day we had to stand by the aircraft. We were only going to be doing six hours duty at a time but since it was a twenty-four hour duty, it was only fair we all did our share of night shifts, which we agreed to do. On the first night my colleague and I were on until 4am and sat in the warm car. We did not expect many visitors, which was a mistake. At about 2am we were surprised to hear the sound of Police sirens and on looking from the car, a Police 'Black Maria' pulled into the yard and out of it came about ten Police Officers who just wanted to look at the aircraft. They were a friendly bunch, promising to drop back with some tea and food, which I have to admit they did. They said their station was nearby and we had permission to drop in for food at any time. We passed this onto the other guys when we saw them, they were grateful as we had not made any arrangements for food, we were told to keep the receipts and claim it back, which we were glad to do.

During the day there were many visitors to the aircraft, mostly people visiting during their lunch periods. We were asked numerous questions, the favourite of which was, was the aircraft either Faith, Hope, or Charity

– the famous Gloster Gladiators which had defended the island of Malta during the war but we had no information as to whether this was one of them. Many of the young ladies who worked a nearby offices visited, which made me wish our stay was longer. The usual comments about men in uniform were made, but that was as far as it went.

On the night of the actual Dinner, my colleague and I were on duty when the guests arrived, the Lord Mayor of London being among the honoured guests, turning up in a splendid coach. Alongside the coach were the Lord Mayor's pikemen, who actually carried long pikes, which they struck on the ground in unison as they walked; it was a wonderful sight. RAF dignitaries were also present, mostly high-ranking officers, so my colleague and I were continually saluting. I had never seen so much 'scrambled egg' [gold braid – used on the uniforms of Group Captains and above] in one place.

Suddenly, I was surprised by someone saying my name and I turned and saw the SWO in his Mess Uniform. I must admit he looked very smart. He stayed and chatted for a few minutes and was very pleasant. Once everyone was inside, we were relieved. The Guildhall staff were confident there was going to be food later, they normally had food left over from the festivities. Our Senior NCO thought it was best if we all paraded when the guests left. We agreed it was probably a good idea, it was also very amusing, bearing in mind there had been a lot of drinking and toasting. Several of the Senior Officers who left came and spoke to us, which I thought was a nice gesture. The SWO said 'well done' to my colleague, he was only interested in his own personnel but had made the effort.

The most amusing part was when the Lord Mayor left, escorted by his pikemen, whose drill now suffered badly due to alcohol consumption, their pikes striking the ground sounding like a runaway train, with no co-ordination whatsoever.

Once the final remnants of guests had gone, we returned to our rest area with the Guildhall men. The table was piled with food, compliments of the Guildhall; they had really done us proud.

I even appeared in the *Daily Telegraph*, photographed standing by the Gloster Gladiator; I wish I had obtained a copy; all I did was cut it out of the newspaper and that cutting has long since disappeared.

We did visit the Police Station nearby, a City of London station, where they were very kind to us and we appreciated their hospitality. On one occasion when we were stood in the queue, the policeman in front of us ordered his food and a cup of tea, then ordered two jars of Brylcreem. I had sat down before I appreciated what he had said, then I smiled to myself. Diring the war, the RAF were known as 'the Brylcreem Boys', probably because the second world war pilots were well turned out, I am not sure exactly where it came from.

11 | Engines and Fuel

Engines

The Rolls Royce Avon was the first engine described as an *axial flow* jet engine. It was both designed and produced by Rolls Royce. It was used in a variety of aircraft, both civilian and military. The engine was first introduced in 1950; an improved version appeared in the Lightning.

History of the Rolls Royce Avon Engine

When the engine entered service in 1950, it was used on the English Electric Canberra. Similar versions were used on the B6 Canberra, the Hawker Hunter and the Supermarine Swift. For obvious reasons, the engine kept being updated, the line eventually topped out when the Avon was used for the English Electric Lightning, which was to eventually include a form of afterburner, needed for the tactical tasks of the Lightning.

Engines in the Lightning

As each engine was improved, so the designation of the engine changed, this was how it was to be shown to be an improvement on its predecessor. On the Lightning F1 the Engine was a Rolls Royce Avon 200R, the F1A had a Avon 210R, followed quickly by the 211R for the Mark 2 range, but all these Marks lacked the thrust available to later models. The Mark 3 possessed two Avon 301R engines, this aircraft was also changed to become the Mark 6, The T4 was to become the T5, the T used to signify they were two- seaters used for training pilots. The Avon continued to be used on the Lightning until 1974, by which time over 11,000 Avon engines had been built. The engine had an impressive safety record over that period, it was still in operational service with the Canberra PR9 until 2006. With more stories left that information on the aircraft, another story awaits you.

Strike Command Flypast

I cannot remember exactly when, but I believe it to be 1968, just before I left the station for overseas, that saw the formation of the new Strike Command. The Lightning I was working on was part of Fighter Command, as was I, because I was working on them. The RAF decided the Command structure should be streamlined, hence their decision to form Strike Command. It was going to necessitate the amalgamation of several commands, possibly the most significant being Fighter and Bomber commands coming under this new umbrella. I have a feeling one of the other Commands was also brought in but I cannot recall which one.

On the day this amalgamation was going to take place, it was decided a flypast was the order of the day, no ordinary flypast, this one was going over Buckingham Palace. The Fighter part of this flypast was to be provided by RAF Coltishall, consisting of all marks of the Lightning aircraft, I believe there were six aircraft were taking part, along with Vulcans. The Vulcans were to take off from their home stations and were then to meet up with the Lightnings before the flypast. To the pilots it was a very special occasion, flying over the Palace in front of their Monarch, but to the ground crews it was just another day; we did not really feel any excitement.

I was designated as one of the starter crew for one of these aircraft, I think it was the single-seater Mark 3. It was imperative from the pilot's point of view that all aircraft took off together, therefore it was decided that all the engines would start together, each aircraft being marshalled out in a pre-arranged order. Pretty straightforward, really.

Great plans rarely go as hoped and this was no exception. The six aircraft were lined up next to each other in the order they were going to taxi. My aircraft was number five of the six. I watched down the line to see the signal, the starter crew on the first aircraft signalled for the pilot to start his engines, on this occasion both engines were going be started together. Number two quickly followed, it came down the line to me. I signalled the pilot, who gave the thumbs up, the noise at that time was deafening. Without warning the pilot in my aircraft starting waving his hands above the cockpit, I assumed there was something wrong at not merely excitement.

He requested the ladder be engaged, apparently the engines had failed to start, this was something of a minor disaster, the flypast would be an aircraft short. The pilot, along with his starter crew, rushed into the office. Was there another aircraft he could take? Fortunately, there was. The other five aircraft were making their way to the runway to takeoff. They had to remain on schedule to meet up with the Vulcans. We made our way to the new aircraft and assisted the pilot into his seat. As the engines started, the other Lightnings were taking off. I marshalled the aircraft onto the perimeter track which led to the runway, he waved and smiled, he had some catching up to do, I was confident he would soon form part of the flypast. I watched the news that evening, they showed the flypast over Buckingham Palace. There were six Lightnings, so he had obviously caught them up.

Fuel Tanks on the Lightning

Fuel System and Tanks

The Lightning was no different from other streamlined fighters, the incorporation of systems and components into small spaces, the streamlined contours of the aircraft made this necessary, all available space was used. That is why the complete fuel system not only incorporates the fuel, there are air and electrical systems to consider. The fuel is carried in the aircraft main planes, using a variety of different areas, as shown on the diagram. There are the leading edge tanks, the flap tanks, both have become integral parts of the mainplane structure, using this space in a space saving scenario. On the underside of the fuselage is the ventral pack, this is not always carried it is dependent on the aircraft role. The engine compressors provide high-pressure air, this is firstly filtered and reduced, then it is used to pressurise the ventral pack if necessary, as well as the flap tanks, it also enables the various vent valves to have pressure. The electrical part of the system is used to control the refuelling sequence, as well as the transfer of fuel, this is achieved by something known as sequence switching, this is done to the solenoid operated fuel valves.

Both the port and starboard main plane tanks, which as the diagram shows comprises of the main tank, the leading edge and flap tanks, are in fact two separate systems, they supply fuel to number 1 and 2 engine systems respectively. The ventral pack has the ability to supply both systems at the same time. Before moving on to discussing each individual tank, a short story to wet your appetite.

Volunteering for Overseas

Although the old adage in the services is 'never volunteer' – these circumstances were somewhat different. As I sat in the crew room on the line, I was beginning to feel that military life was not quite as exciting as I thought it would be. I appreciated that I had been in the service for only a year, but my colleagues around me told some great stories, most of them a result of their trips overseas. There was only one thing to do. Along with a friend, who had been in only a few months longer than I had, I decided to volunteer for an overseas posting.

Although we held little hope for an 'exotic' posting, the chances were such that our posting was going to be of the 13-month type. These 13-month postings were unaccompanied, not that it mattered to me, but the RAF clearly thought these locations no place for ladies – or wives, for that matter. These places included Bahrain in Saudi Arabia and the best of the lot (or worst, depending on your outlook) was a little island in the Indian Ocean called Gan. Neither of these locations was likely to be our choice, and we had a choice, or should I say an opportunity of a choice, we could write down on the form our three preferred destinations.

I decided to go for Singapore, Germany or any 13-month tour. I thought the final choice was more desperation, but if I wrote it down. Maybe I would get something. I had no idea how long this process took. The way the RAF worked, I did not expect to find out the following week, my details were going to be forwarded for someone to check my suitability. Little did I know then how true that was.

While I was waiting for something to happen, although not aware of it at the time, my parents were visited by an RAF Officer who was there to carry out security checks. My father only mentioned this event years later, not that it was likely to have helped at the time, the reasons for this will become clear.

I think I volunteered in early February 1968, around the time of my first anniversary of joining. At that time one had to be in the service for a year before a posting overseas was considered. In early March I had a message to attend Station Headquarters. My first thought was what had I done something wrong, because the Station Warrant Officer's office was there, but he was not the person mentioned for me to see.

I duly went to the headquarters to keep my appointment to see the clerk who dealt with overseas postings. It appeared I had been accepted for overseas and was about to be posted to Cyprus for two and half years. It was not a posting I had considered but it sounded a good one. I asked how long I had to decide if I wanted it, bearing in mind it was not one of my choices. Apparently, that did not matter; I was going and I had no say in it!

When I returned to the crew room, several of my colleagues who had served in Cyprus said it was a good posting. The friend who volunteered with me also got Cyprus; we were going to be joining 70 Squadron, at that time using Argosy transport aircraft. I thought at the time that this was a little strange, bearing in mind that we had been working on Lightnings. 56 Squadron was in Cyprus and was a Lightning Squadron. Perhaps they thought the change was going to be beneficial. Who was I kidding?

It took a few more weeks for the truth to be revealed. I had been posted to 70 Squadron but this was for only six months of my tour. I was then going to work on the Vulcan when it arrived in Cyprus in early 1969. To the layman this might not appear too bad a situation, but to many in the RAF, a Bomber Station was the worst to work on. I believe these stations had a high suicide rate. After all the elation of my posting, I realised why I had been fortunate to land a good posting. Before leaving for Cyprus, I also had to attend a Vulcan Course, as did my colleague, that will come in a later story, something not to be missed.

Main Plane and Leading Edge Tanks

Although the main and leading edge tanks were structurally independent of each other, they operated as one unit. The leading edge tank was secured to a bracket with unrestricted communication with the main tank, achieved via the orifices on the tank, separate but also joined.

The main tank was divided into three separate sections or compartments, disposed along the mainplane. The inboard compartment, shown clearly on the diagram, was the highest and housed a *high-level float switch*. It was the highest because of the design of the mainplane. This inboard compartment also housed the *outward vent valve*, the *vent valve control valve* and the *flap tank air pressure relief valve*.

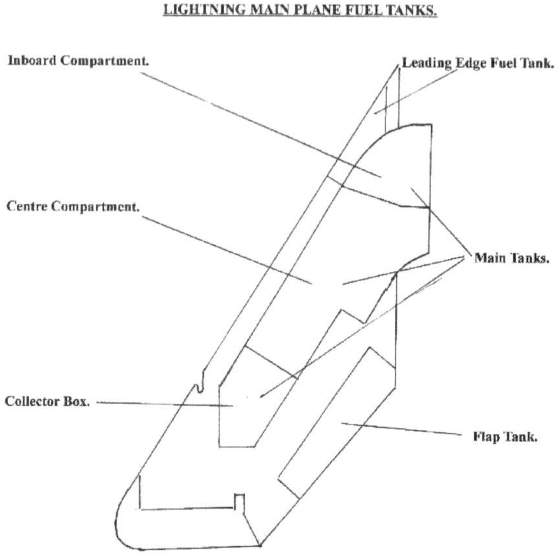

The centre compartment was connected to the inboard compartment by openings in the dividing wall, it also housed the *refuelling valve*, the *direct current transfer pump* and the *Saunderson manually-operated three-way cock.*

The outboard compartment was connected to the centre compartment by way of simple *clack valves* in the dividing wall. This compartment functioned as a collector box, being the lowest of the three compartments. Within the collector box were a *fueldraulic booster pump*, a *non-return valve* and a *suction bypass valve.*

Flap Tanks

On the Lightning the wing flap acted as a fuel tank. It was attached to the mainplane by three hollow hinge pins. This tank was divided into two compartments interconnected by the centre hinge pin and, from the outboard to the inboard compartment, by a pipe, which terminated in a *rubber non-return valve*. The inboard and outboard hinge pins were used as air and fuel passages respectively. In the inboard compartment there was a high-level float switch.

Ventral Pack

The ventral pack of the fuel system, when fitted, had three interconnected tanks arranged in tandem, the forward tank replacing the number 1 engine hatch. All three tanks use the same method of attachment. The central and aft tanks were secured by two vertical bolts, which passed through the tanks and support fittings in the aircraft fuselage. The fuel and air connectors were in the centre tank upper skin and were aligned to the corresponding connectors in the fuselage. The forward tank could either simply carry fuel or could also incorporate two Aden guns (with a loss of 98 gallons of fuel capacity). The installation of either form of forward tank was identical; no need to change anything to change the role.

Forward and Centre Tank Interconnections

The design of the fuel and fuel/venting connectors between the forward and centre tank was such that it allowed the removal of the forward tank, thus freeing up number 1 engine hatch. In these circumstances the centre tank would remain fuel tight. In order to achieve this, the connectors, which incorporated spring-loaded flap valves, one at the inner end of each valve half-section, were either opened or closed by making contact with the inclined ends of the rotatable inner sleeves. When the pack was installed, the sleeves were locked in the open position.

Centre and Aft Interconnection

The fuel connector between the centre and aft tanks was a pipe joint, this consisted of two half sections, each has an 'O' ring fitted, it was exactly what it sounds like. These two half sections were joined between the tanks by a special clip.

There was an air-pressure connector, consisting of two rubber sleeves, inserted into housings in their respective tanks, then joined between the tanks by a connector. A gap between the sleeves of 0.10 inches, plus or minus 0.02, must be obtained before tightening the connector.

The Reading Room

At RAF Coltishall, in the NAAFI on the first floor was a Reading Room. I do not think there was a library on camp but it was a long time ago so maybe there was a library as well. When I visited the Reading Room, early one evening, there was nobody there. There was a large selection of books, a table with two chairs and, in the corner, was a two-seater settee, no doubt for those wishing a longer stay.

During the course of my duties, I was again allocated the onerous task of Fire Picket, which I explained in an earlier chapter. But there was one task I forgot to mention. The Fire Picket and Duty Corporal went into the NAAFI at closing time (the Bar closed at 10.30pm in those far off days) and the duty Corporal had the keys to lock the place up after ensuring that everyone was out of the place.

There were, I believe, two bars, one upstairs and the smaller and more popular one downstairs. I went upstairs to check the bar had closed on time, which of course it had, just a few people in there finishing their drinks, who quickly made their way off the premises. The light to the reading room was out; it seems it had had little use this evening. Although the room looked unoccupied, it was our duty to check all the rooms, in case someone had maybe fallen asleep. I opened the door to the Reading Room, followed by the inevitable switching on of the light. What I saw came as a complete shock. There were two naked people writhing around on the settee, fortunately of opposite sexes. I stared in disbelief, as one would. The male person asked me politely to switch out the light and give him a minute. He had obviously not finished his tutorial!

I checked the rest of the upstairs with no further incident and as the couple left they both thanked me, although it should have been the other way around, she was certainly a well-proportioned girl!

I mentioned this to a friend, who was not surprised. Apparently, it was affectionately known as 'The Breeding Room', which I readily understood.

On further Fire Picket duties I used caution when I entered that room, but I never found anyone else in such a compromising position.

12 | Ejection Seats

An interesting subject, as well as a dangerous one if the seats are not treated with respect. I learned that valuable lesson when working on the Lightning, that what why everyone had monthly lectures on the subject. One mistake with the ejection seat and the consequences were usually going to be fatal.

The Martin-Baker Company

Martin-Baker was the world's first manufacturer of Ejection Seats and without doubt the most experienced in this field. It is the only company that offers a fully integrated escape system – not only do they have a seat, it also incorporates the parachute and all the equipment necessary for survival. The name Martin-Baker comes from the two principle figures who started the company, namely James Martin and Valentine Baker. James Martin, who was later to be knighted for his work, was a dynamic Ulsterman, described as Churchillian in character, possessing extraordinary stamina. A remarkable man, he had a strong personality, upright principles and deep religious convictions. He had exceptional powers of invention, which came to the fore at an early age. He had this great desire to build his inventions with his own hands and scorned conventional education.

By the age of 21 he was an accomplished engineer and with this skill he ventured to London. He had little money but did not intend to work for anyone else, being determined to start his own business. He was able to obtain a small workshop and tools, using these meagre beginnings to carry out his gift for design and engineering. He was able to sell the useful machines he invented, ranging from small oil engines to larger machines. James Martin was the entire company; he was not only an inventor and engineer, his skills included draughtsman, toolmaker, fitter, assemblyman, salesman, and finally, when required, delivery driver. It was in 1934 that James Martin was joined by his friend Valentine Baker.

Valentine Baker was from North Wales, born in 1888. When the Great War broke out he enlisted as a dispatch rider and was wounded at Gallipoli in 1915. His wound consisted of a bullet being lodged near his spinal cord at the back of his neck. Surgeons advised him it may have fatal consequences if they tried to remove it. The bullet remained there until the day he died. In 1916 he had the opportunity to enter into the aviation field: he took this chance and learned to fly. He eventually flew with the Royal Flying Corps, gaining both the Military Cross and the Air Force Cross for his prowess. Baker eventually took on the role of a flying instructor after the war and became chief pilot and instructor with Airwork Limited in 1929. Baker gave up the instruction flying in 1934, when he joined James Martin to form the Martin-Baker company. Baker's competence and flying experience was important in testing the company's prototypes He died in 1942 at the age of only 54, but his legacy lived on in the company he helped form.

Martin Baker Ejection Seat Model 48S

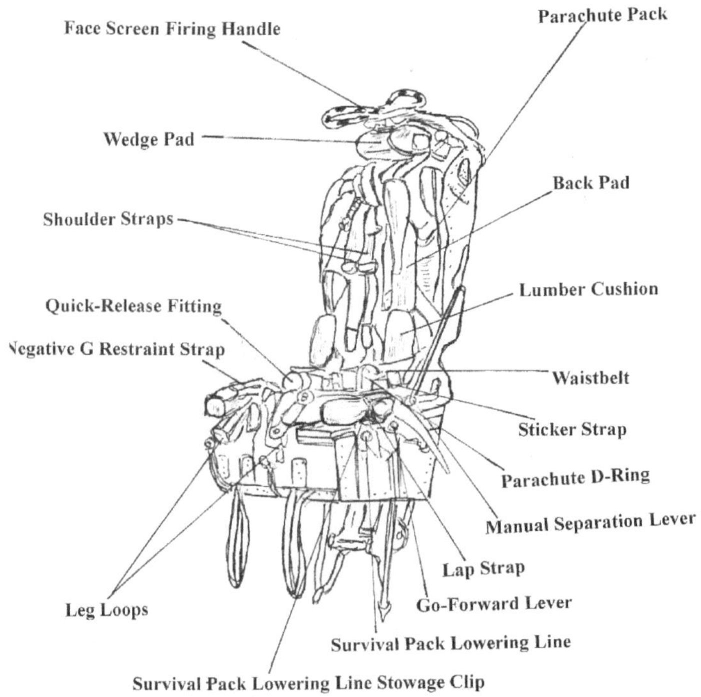

Pilot Error

I remember turning up on the line one day, having completed my servicing I went to sign the Form 700, all these books were kept in the office next to the crew room, normally manned by Senior NCOs. On this occasion a Flight Lieutenant was stood behind the desk. He was happy to pass me the relevant book. 'Perhaps the system has changed,' I thought, but then I saw he was wearing wings. It was unlikely for a qualified pilot to be doing an administration job. I was puzzled but signed the book and handed it back, thanking the officer. I walked into the crew room; surely, someone here would know why? I asked a person who I expected to know and he relayed the full facts, initially stating he had 'nine ties'. The others in the crew room laughed but I was not privy to the joke, although that changed as he explained.

If a pilot leaves his aircraft by ejecting, Martin Baker will send him a tie for using their ejection seat. I think the next tie comes from the parachute manufacturers and a third from Air Sea Rescue. I apologise if this is not correct but you got three ties when you ejected. Obviously, such an action also meant you lost the aircraft – an aircraft worth a fair bit of money. Our officer friend had lost *three* aircraft so *the powers that be* had decided to ground him, since he was costing the RAF too much!

He was certainly well able to vouch for the efficacy of the ejection seat – having become something of an expert in that field through personal experience.

Ejection Seats

An ejection seat has one specific purpose, namely to rescue the pilot and any other crew of the aircraft in the case of an emergency. The design of most ejection seats propels the seat out of the aircraft, usually achieved by way of an explosive charge or rocket. Once the ejection seat is clear of the aircraft, a parachute is deployed, hopefully bringing the pilot safely to the ground or the sea.

A history of the Ejection Seat

The first recorded escape from an aircraft took place in 1910, when the pilot used something called a *bungee-assisted escape.* I have no idea whether this was successful or not. I do not feel it sounds a successful escape plan. Everard Calthrop, who was an early inventor of parachutes, patented an ejector seat as early as 1916, which used compressed air. A design invented by Anastase Dragomir featuring what was described as a *parachuted cell*, consisting of a dischargeable chair was successfully tested on August 25th 1929 at Orly airport. It was tested again in October of that year near Bucharest. Dragomir patented it after the second test.

The first live test of a Martin-Baker system took place in 1946 when a pilot called Bernard Lynch ejected safely from a Gloster Gladiator aircraft. Martin-Baker ejection seats were fitted to production aircraft from the late 1940s and the first use of one occurred in 1949, when the pilot was testing an Armstrong-Whitworth jet aircraft.

The early seats used what was known as a solid propellant charge to eject the pilot, it ignited a charge inside a telescopic tube which was attached to the seat. With the aircraft become a faster mode of transport, this increase in speed this method of ejection proved inadequate, it did not have the capability to get the pilot clear of the airframe, something that had fatal consequences. If the propellant was increased to allow for the speed, the risk was that damage may be caused to the pilot's spine, so began further experiments with other methods, rocket propulsion seemed the answer. In 1958 a rocket propelled seat was fitted to a Delta Dagger aircraft, it was the first aircraft to have such a system fitted. The thrust from this configuration had increased, it was enough to eject the pilot clear and to a safe height from the aircraft. In the 1960's the deployment of rocket powered ejection seats was used on supersonic aircraft, this allowed pilots to eject safely at greater speeds.

A total of six pilots had ejected at speeds exceeding 810 miles per hour, no doubt this total is far greater now. The highest altitude recorded by a pilot ejecting with a Martin-Baker seat is 57,000 feet, that was from a Canberra in 1958. Despite this the majority of ejections appear to take place at fairly low speeds and low altitudes, that is when the pilot realises he will be unable to take control of the aircraft before it hits the ground. This is of course a quick history, much of which relates to the Martin-Baker seats.

As of July 2010, the Martin-Baker ejection seats had saved 7325 lives, the total figure for all types of ejector seats is unknown. Before going onto the ejection system, there is another story for you to contemplate.

Vulcan Course

News of my overseas posting was tarnished somewhat by the thought of working on the Vulcan Bomber. Although, I had no personal knowledge of this aircraft, I had spoken to colleagues who I assumed were better informed than I was, who had led me to believe that it was a difficult aircraft to work on.

My colleague and I left the station to attend the Vulcan Course at RAF Finningly in Yorkshire. The trip required we first go to Liverpool Street in London, then change stations, thereby connecting for a train to Doncaster. The trip to London was uneventful but we had a pleasant surprise on the train up north. We were sitting in a compartment that seated eight people and had a sliding door for entry. A young lady entered; she was older than we were (I was only 19 at the time and she looked about 30) but she was very attractive in every aspect of her demeanour. She was doing a survey about rail passengers, and asked if it would be possible for her to ask us a few questions. We readily agreed, if only to keep her in our carriage a little longer.

She then asked the reason for our journey, the obvious first question; we merely stated we were attending a course, the details of which we were unable to give her. We told her we were servicemen and emphasised National Security. She said she understood, left the compartment and we never saw her again. It had been our intention to impress her but instead we succeeded in frightening her away!

The course itself was instructed by a retired Senior NCO who appeared to have been retired some considerable time. Although he had some knowledge of the subject, he looked to one of our classmates to help him out. This particular class member was already working on Vulcans at RAF St Athan and had worked on the aircraft for over ten years, but in all that time nobody had thought of sending him on a Vulcan course, until now, that is. Another strange thing about our colleague was that he had signed on for twelve years in the service of the crown and had only one month left to serve. Those in high places had certainly excelled themselves this time! He had no idea what he was doing on the course, since his knowledge of the aircraft was greater than the instructor's, a fact that the instructor acknowledged and thus, when making a point, he looked to our colleague for confirmation.

We were told originally there was going to be an examination at the end of the course and that it was going to consist of ten questions. During the course our instructor emphasised certain aspects of the teaching, stating that a particular item we had just discussed may well be a question. He did that ten times during the course, so it appeared that nobody was going to fail. Bearing in mind the idea of the course was to prepare us for working on the Vulcan, if we had failed the course our posting may well have been scrapped, but since the RAF could not afford to let that happen, we were assisted as much as possible to enable us to pass the course.

On the day of the examination the instructor stated he was going to leave the room for half an hour, everyone had their notes nearby in case we had to check something, when he returned he was prepared to answer any questions we had about the paper. On three occasions he went into detail on the answer and as he spoke there was much writing done by the class.

Hardly surprisingly, and along with everyone else on the course, I passed the examination, which I felt was more difficult to fail than pass. I was going to meet several of my classmates again, since the majority of us had been posted to Cyprus.

Following the course I returned to RAF Coltishall to await my posting date.

The way the ejection system works

When a pilot is unable to avoid crashing his plane or an important system has failed, his final option is to eject. This operation is carried out in two stages. On selecting 'eject' by one of several methods, the canopy is released, the seat and the occupant are then launched through the opening left by the jettisoned canopy. Obviously it is vital for the canopy to be jettisoned before the seat leaves the aircraft and the system is designed so that both functions are carried out in a single action. By pulling one of the handles, shown on the diagram, the whole jettison system comes into operation (both handles accomplish the same task).

On the Lightning there was a Face Blind handle and a Seat Handle. The Face Blind was obviously the most popular and easiest to operate. The Seat Handle was only used if the pilot had received an injury to his arm, making it difficult to activate the Face Blind. Another advantage with the

Face Blind was obvious, when pulled it comes down over the face and protects it, because of the action the arms are pulled in tightly (it's not a good idea to have arms flapping when you leave the aircraft).

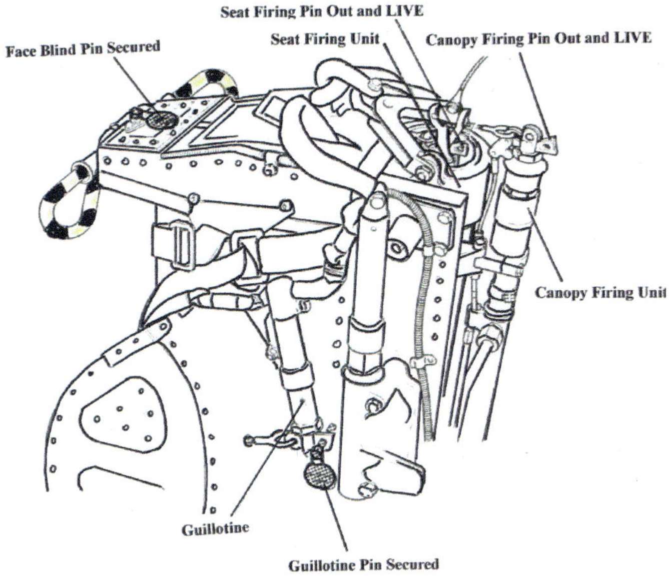

Seat Pan Handle- Situated between Legs of Pilot.

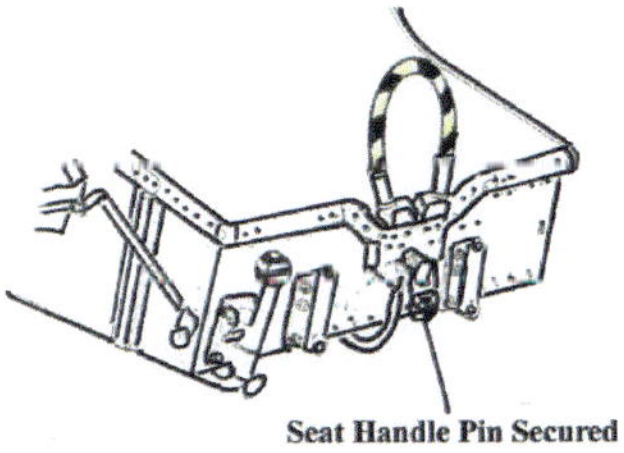

Ejection Seat Safety Pin in Profile.

The AOC's Inspection

An AOC's (Air Officer Commanding) inspection at an RAF station necessitated spring cleaning. Everyone on the station was tasked with cleaning and polishing anything that did not move, and it was a stressful period for everyone. The senior officers, who are the only ones not doing anything, are the ones who get all the credit for all the hard work. This was my first interaction with such a ritual.

Even when working out on the line, the equipment we were using was constantly cleaned and set up as though on parade. It was necessary to clean everything. Some items were being painted, while others were being cleaned.

One of the crew chiefs made a terrible mistake when he requested one of the airmen to wash the walls in the crew room. He agreed to do it, but the incorrect candidate was picked. After everyone had left the room, the wily airman started to wash the walls using a hose pipe on full blast, which came as a shock to the crew chief. With some people it is necessary to be specific about the task they have been assigned!

In this situation, the airman was expressing his dissatisfaction with having to spend weeks sprucing up a section of the station that the Air Officer Commanding was unlikely to see. He was right. Why should a senior officer be interested in us? He'd probably take a quick glance around the Station Headquarters before retiring to the Officers Mess to praise the Commanding Officer on how hard he'd worked, while also wondering if anybody on the station actually did anything because it looked so clean.

It was decided that on the day of the inspection everyone was going to be issued with clean overalls, which had never happened before.

A few days before that I was told I needed to take my *embarkation leave*, which was always given before being sent abroad; in my case it was two weeks leave, because my tour in Cyprus was for two and half years. I applied for and was granted the leave, packed everything, as I was not going to be returning and walked out of the station just as the Air Officer Commanding arrived.

My time on the Lightning was finished and I was about to move on to pastures new. What lay ahead I had no idea, the only thing I knew was that it was going to be in a hot climate.

~ END ~